全国普通高等院校公共管理类核心课程"十二五"规划精品教材
编委会

学术顾问:

朱立言 (全国MPA教育指导委员会原秘书长

中国人民大学公共管理学院教授、博士生导师)

总主编:

孙 健 (西北师范大学社会发展与公共管理学院教授 博士)

编 委:

张文礼 (西北师范大学社会发展与公共管理学院教授 博士)

刘俊生 (中国政法大学公共管理学院教授 博士)

谢 明 (中国人民大学公共管理学院教授 博士)

孙 健 (西北师范大学社会发展与公共管理学院教授 博士)

高鹏怀 (中央民族大学管理学院教授 博士)

张 强 (华南师范大学政治与行政学院教授 博士)

尚明瑞 (甘肃农业大学人文学院教授)

全国普通高等院校公共管理类
核心课程"十二五"规划精品教材

总主编：孙 健

行政管理学

Public Administration

主　编◎韩莹莹　胡晓东
副主编◎王家合　张　强

华中科技大学出版社
http://www.hustp.com
中国·武汉

内 容 简 介

本书是全国普通高等院校公共管理类核心课程"十二五"规划精品教材,共分十四章。本书逻辑结构清晰,注重理论联系实际,注重通识性和研究性相结合,突出创新。本书主要使用对象是高等院校行政管理、公共事业管理、公共管理硕士(MPA)及其他相关专业的本科生和研究生,以及公共管理的实践工作者。

图书在版编目(CIP)数据

行政管理学/韩莹莹　胡晓东　主编.—武汉:华中科技大学出版社,2013.7
(2022.1重印)
ISBN 978-7-5609-8513-8

Ⅰ.行…　Ⅱ.①韩…　②胡…　Ⅲ.行政管理-管理学-高等学校-教材　Ⅳ.D035

中国版本图书馆 CIP 数据核字(2012)第 276230 号

行政管理学　　　　　　　　　　　　　　　　韩莹莹　胡晓东　主编

策划编辑:周小方
责任编辑:章　红
封面设计:李　嫚
责任校对:周　娟
责任监印:徐　露
出版发行:华中科技大学出版社(中国·武汉)　　电话:(027)81321913
　　　　　武汉市东湖新技术开发区华工科技园　　邮编:430223
录　　排:武汉正风天下文化发展有限公司
印　　刷:广东虎彩云印刷有限公司
开　　本:787mm×1092mm　1/16
印　　张:21.25　插页:2
字　　数:543 千字
版　　次:2022 年 1 月第 1 版第 3 次印刷
定　　价:48.00 元

本书若有印装质量问题,请向出版社营销中心调换
全国免费服务热线:400-6679-118　竭诚为您服务
版权所有　侵权必究

丛书总序

20世纪70年代末80年代初,一些西方发达国家先后进行了一场声势浩大的、被学术界称之为新公共管理运动的政府改革实践。与之相应,学者们对这种影响广泛的政府改革实践进行了理论上的系统阐释,并总结出了全新的公共行政新范式——新公共管理范式。新公共管理范式以公共选择理论、管理主义以及私营部门管理方法等为理论基础,强调"再造政府"、"政府重塑",其核心思想是主张运用市场手段和企业管理方法来改造现代政府。

在以管理主义与市场化为导向的政府改革运动中,英国率先竖起了"重塑政府"的大旗。1980年,撒切尔政府推行以缩小政府规模和进行"财政管理创新"为中心的改革,其后的梅杰政府、布莱尔政府继续推进政府改革,进一步发挥市场化作用;新西兰则在1988年实施了以"政府部门法案"为蓝本的政府改革;加拿大在1989年成立"管理发展中心",并于次年发表题为"加拿大公共服务2000"的政府改革指导性纲领;美国于1993年成立"国家绩效评估委员会",用来指导政府改革,后于1998年更名为"重塑政府国家伙伴委员会"。这些改革的重要特征就是发挥市场机制在公共服务领域中的作用,积极借鉴私营管理的技术和方法,提升政府的管理水平和公共服务能力。

新公共管理凸显了以"经济、效率、效益"为核心的价值导向,在相当程度上改善了西方国家政府公共行政水平,促进了经济与社会发展,满足了民众更多的公共服务需求,更好地适应了后工业化时代公共行政实践中对公共管理绩效的需求,为其他一些国家进行行政体制改革、推动以政府为核心的公共部门提升公共服务水平等发挥了重要的作用。

改革开放30余年来,随着我国市场经济的日臻完善,要求政府改革的呼声与实践从未停息,尤其是在党中央、国务院高度重视加强与创新社会管理的时代背景下,如何构建具有中国特色的公共管理体制,既是实务界所关注的一个重大课题,也是急需学术界予以回答的一个重要命题。

最近10余年来,因社会对公共管理类专业学生需求的持续升温,有志于攻读公共管理类专业的学生愈来愈多,有人甚至认为公共管理学科已成了当下中国社会科学中的显学。与这种现实相辉映,我国学术界也形成了大量的公共管理学术研究成果,发表或出版了大量高质量的学术论文、专著、译著、教材。然而,纵观现有的公共管理类教材,一个突出的特点是共性有余、个性不足,尤其是存在着对于不同层次院校教材使用针对性不强的明显问题。

由西北师范大学孙健教授任总主编,汇集华南理工大学、南京航空航天大学、大连海事大学、华南师范大学、甘肃农业大学、首都经贸大学、中国劳动关系学院、北京电子科技学院、河西学院等10余所大学长期在教学一线从事公共管理类专业教学实践的专家、学者组成的编写团队,根据已有公共管理理论成果,结合国内外公共管理实践,被华中科技大学出版社确定为"全国普通高等院校公共管理类核心课程'十二五'规划精品教材",并即将由该出版社发行的该套教材,遵循了理论联系实际,科学性与思想性、艺术性相结合,强化理论创新等原则,凸显了以下几个方面的鲜明特色。

其一是实现了西方理论引进与本土化改造的有机结合。彼得·德鲁克说:管理首先是一种文化。公共行政大师罗伯特·达尔在《行政学的三个问题》中也强调:从某一个国家的行政环境归纳出来的概论,不能够立刻予以普遍化,或被应用到另一个不同环境的行政管理上去。一个理论是否适用于另一个不同的场合,必须先把那个特殊场合加以研究之后才可以判定。这意味着在公共管理问题上并没有放之四海而皆准的公共管理之道,只有和具体的国情相结合,公共管理理论才会体现出其应有的实践价值。该套教材在吸收、借鉴西方国家比较成熟的公共管理概念、方法、案例、理论时,并没有忘记"取其精华、弃其糟粕"的治学原则,而是紧密结合中国国情,凸显了本土化的鲜明特色。

其二是重视案例分析。公共管理是一门应用性极强的社会科学,实践性强是该学科的显著特色。该套教材在编写中引用了大量极具代表性的公共管理案例,对于培养学生独立分析问题、解决问题、动手操作的能力,强化专业理论学习,积累公共管理实务经验,培养扎实的专业实践能力不可或缺,大有裨益。

其三是注重启迪学生公共管理智慧。公共管理既是一门科学,也是一门艺术,公共管理的艺术性意味着公共管理者在公共管理实践中既需要深厚的公共管理理论做指导,更需要基于现实公共管理实践需要,充分发挥其公共管理智慧。该套教材关切公共管理最新学术成果,密切结合现实社会热点,注重联系公共管理实际,强调在给学生传授公共管理理论知识的同时,注重启迪学生公共管理智慧。

其四是创新色彩浓厚。公共管理是一门不断发展、不断完善的学科,这种学科发展现实,客观上要求其教材编写也要与时俱进,不断创新与完善。该套教材在编写中,既有理论方面的系统介绍,又有案例方面的深入分析;既有高度概括章节内容的名言警句,又有增加公共管理知识、启迪公共管理智慧的延伸阅读。这种教材编写风格在内容、形式上都具有鲜明的创新特色。

该套教材的编写者大部分是在我国公共管理学界已崭露头角的中青年专家、学者,他们是推动我国公共管理学科发展的一支重要骨干力量。真诚希望该套教材的出版发行,能够引起公共管理学界与读者朋友的广泛关注,也非常期待该套教材的编写者们继续努力,与学界其他同仁一道为我国公共管理学科的良好发展作出更大贡献。

中国人民大学公共管理学院教授,博士生导师

2013年2月

前言

一个国家或地区越是发达,其公共事务越是庞杂,对行政管理的科学化、民主化的要求必然越高。中国改革开放以后,行政管理学被当做一门科学而加以研究并得到迅速发展,取得了丰硕的研究成果,为行政管理实践提供了有力的理论指导和决策参考。当前中国正处于经济高速发展、社会快速变革的转型时期,政府管理实践中遇到了一些中国特有的新情况、新问题,迫切需要在借鉴国外行政管理理论研究成果的基础上,发展本土化的行政管理理论,这就对中国行政管理学研究提出更高的要求。

正是基于上述想法,在保持行政管理学学科内容体系相对完整的前提下,本书重点突出了三个方面的内容。

一是基础理论和理论前沿的研究。本书用了较大的篇幅,对行政管理学的一些基础理论和前沿问题,如行政职能的历史演变、行政组织理论发展、非正式组织、行政决策模式、行政发展的力场、价值导向和未来模式等进行了梳理和分析,以期进一步促进行政管理学研究内容的深化。

二是政府管理实践中热点、难点问题的研究。本书对我国政府管理实践中的一些热点、难点问题进行了深入探讨,如行政职能转变、电子政府建设、政府绩效评估与管理等,以期通过这些问题的研究,进一步增强行政管理研究的活力。

三是注重案例运用,理论联系实际。每一章都精选一个典型案例和延伸阅读材料,以期让读者在阅读案例、拓展知识面的同时,能够运用所学理论知识分析具体问题,避免枯燥的理论学习,提高学习兴趣和理论联系实际的能力。

本教材由韩莹莹副教授和胡晓东副教授担任主编,王家合教授、张强教授担任副主编。各章编写人员是:第一章(韩莹莹,华南理工大学);第二章(张强、苏可爱,华南师范大学);第三章(韩莹莹、黄梅娇,华南理工大学);第四章、第五章(胡晓东,中国劳动关系学院);第六章(文泽华,兰州工业高等专科学校);第七章(吴业国、谢锦峰,华南理工大学);第八章(韩莹莹、莫凡,华南理工大学);第九章(刘红波、刘艺默,华南理工大学);第十章(张强、赵凯航,华南师范大学);第十一章(张强、李美丽,华南师范大学);第十二章(王家合、黄蜜,湖南理工学院、湘潭大学);第十三章(韩莹莹、吴曼倩,华南理工大学);第十四章(黄蜜、王家合,湘潭大学、湖南理工学院)。

在本书编写过程中,我们参阅了许多学者的研究成果和优秀文献,在此表示由衷的感谢和敬意。由于编者水平有限,书中不妥之处在所难免,希望同行专家和广大读者批评指正。

编　者

二〇一二年于广州

目录
Contents

第一章　绪论

第一节　行政与行政管理学　　　　　　　　　　　　　/001
  一、行政的内涵　　　　　　　　　　　　　　　　/001
  二、行政的基本要素　　　　　　　　　　　　　　/004
  三、行政管理学的对象、内容和特征　　　　　　　/005
第二节　行政管理学的发展演变　　　　　　　　　　　/006
  一、行政管理学产生的历史背景　　　　　　　　　/006
  二、行政管理学发展的四个阶段　　　　　　　　　/007
第三节　行政管理学研究方法与意义　　　　　　　　　/012
  一、行政管理学研究方法　　　　　　　　　　　　/012
  二、学习行政管理学的意义　　　　　　　　　　　/014
【复习思考题】　　　　　　　　　　　　　　　　　　/015

第二章　行政职能

第一节　行政职能概述　　　　　　　　　　　　　　　/016
  一、行政职能的含义与特点　　　　　　　　　　　/016
  二、行政职能体系　　　　　　　　　　　　　　　/017
  三、行政职能的重要地位　　　　　　　　　　　　/021
第二节　行政职能的历史演变　　　　　　　　　　　　/022
  一、西方国家行政职能演变　　　　　　　　　　　/022
  二、新中国成立以来行政职能的演变　　　　　　　/023
第三节　当代中国行政职能转变　　　　　　　　　　　/025
  一、当代中国行政职能转变的重要意义　　　　　　/025
  二、行政职能转变的基本内容　　　　　　　　　　/025
  三、行政职能转变的主要问题　　　　　　　　　　/028
  四、我国行政职能转变的趋向　　　　　　　　　　/029
【复习思考题】　　　　　　　　　　　　　　　　　　/030
【经典案例】　　　　　　　　　　　　　　　　　　　/031
【延伸阅读】　　　　　　　　　　　　　　　　　　　/034

第三章　行政组织

第一节　行政组织概述　　/035
　　一、行政组织的含义及特性　　/035
　　二、行政组织的构成要素　　/036
　　三、行政组织的类型　　/037
第二节　西方行政组织理论概述　　/040
　　一、传统组织理论时期　　/041
　　二、行为科学理论时期　　/043
　　三、现代组织理论时期　　/045
第三节　行政组织体制　　/046
　　一、行政组织结构　　/046
　　二、我国行政组织的权责关系　　/049
【复习思考题】　　/050
【经典案例】　　/050
【延伸阅读】　　/053

第四章　行政领导

第一节　行政领导与行政领导者　　/058
　　一、行政领导　　/058
　　二、行政领导者　　/060
第二节　行政领导体制　　/062
　　一、首长制和委员制　　/063
　　二、集权制和分权制　　/063
　　三、完整制和分离制　　/064
　　四、层级制和功能制　　/065
第三节　行政领导艺术　　/067
　　一、行政领导艺术的特点　　/067
　　二、行政领导艺术的分类　　/068
【复习思考题】　　/070
【经典案例】　　/070
【延伸阅读】　　/071

第五章　人事行政

第一节　人事行政概述　　/073
　　一、人事行政的含义　　/073
　　二、人事行政的功能　　/074
　　三、人事行政的意义　　/075

第二节　公务员录用　　　　　　　　　　　　/076
　　一、公务员录用的适用范围和条件　　　　　/077
　　二、公务员录用的技术与方法　　　　　　　/077
　　三、公务员录用的程序　　　　　　　　　　/079
第三节　公务员培训　　　　　　　　　　　　/081
　　一、公务员培训的含义　　　　　　　　　　/081
　　二、公务员培训的原则和类型　　　　　　　/082
第四节　公务员考核　　　　　　　　　　　　/085
　　一、公务员考核的意义　　　　　　　　　　/085
　　二、公务员考核的原则　　　　　　　　　　/085
　　三、公务员考核的内容　　　　　　　　　　/087
第五节　公务员薪酬管理　　　　　　　　　　/088
　　一、公务员工资的意义和特点　　　　　　　/088
　　二、公务员工资的确立原则和构成　　　　　/089
【复习思考题】　　　　　　　　　　　　　　/093
【经典案例】　　　　　　　　　　　　　　　/094
【延伸阅读】　　　　　　　　　　　　　　　/095

第六章　行政决策

第一节　行政决策概述　　　　　　　　　　　/096
　　一、行政决策的含义　　　　　　　　　　　/096
　　二、行政决策的类型　　　　　　　　　　　/097
　　三、行政决策的地位和作用　　　　　　　　/098
第二节　行政决策体制　　　　　　　　　　　/098
　　一、行政决策体制的构成　　　　　　　　　/098
　　二、行政决策体制的类型　　　　　　　　　/100
第三节　行政决策程序与模式　　　　　　　　/102
　　一、行政决策的程序　　　　　　　　　　　/102
　　二、行政决策的基本模式　　　　　　　　　/103
【复习思考题】　　　　　　　　　　　　　　/106
【经典案例】　　　　　　　　　　　　　　　/106
【延伸阅读】　　　　　　　　　　　　　　　/111

第七章　行政执行

第一节　行政执行概述　　　　　　　　　　　/115
　　一、行政执行的含义　　　　　　　　　　　/115
　　二、行政执行的特点和意义　　　　　　　　/116
　　三、行政执行的原则　　　　　　　　　　　/117
　　四、行政执行的步骤　　　　　　　　　　　/118

第二节　行政指挥　　　　　　　　　　　　　　　　　　　/120
　　一、行政指挥的含义与作用　　　　　　　　　　　　　　/120
　　二、行政指挥的原则　　　　　　　　　　　　　　　　　/121
　　三、行政指挥的方式　　　　　　　　　　　　　　　　　/122
第三节　行政沟通　　　　　　　　　　　　　　　　　　　/122
　　一、行政沟通的含义与作用　　　　　　　　　　　　　　/122
　　二、行政沟通的机制与原则　　　　　　　　　　　　　　/123
　　三、行政沟通的障碍及克服　　　　　　　　　　　　　　/124
第四节　行政协调　　　　　　　　　　　　　　　　　　　/126
　　一、行政协调的含义与特征　　　　　　　　　　　　　　/126
　　二、行政协调的功能与类型　　　　　　　　　　　　　　/129
　　三、行政协调的模式、原则与方法　　　　　　　　　　　/132
第五节　行政控制　　　　　　　　　　　　　　　　　　　/136
　　一、行政控制的含义和作用　　　　　　　　　　　　　　/136
　　二、行政控制的原则和环节　　　　　　　　　　　　　　/136
　　三、行政控制的类型　　　　　　　　　　　　　　　　　/137
【复习思考题】　　　　　　　　　　　　　　　　　　　　/138
【经典案例】　　　　　　　　　　　　　　　　　　　　　/138
【延伸阅读】　　　　　　　　　　　　　　　　　　　　　/139

第八章　公共财政

第一节　公共财政的内涵与职能　　　　　　　　　　　　　/142
　　一、公共财政的内涵　　　　　　　　　　　　　　　　　/142
　　二、公共财政的职能　　　　　　　　　　　　　　　　　/143
　　三、公共预算与决算　　　　　　　　　　　　　　　　　/144
第二节　公共财政收入　　　　　　　　　　　　　　　　　/146
　　一、公共财政收入的内涵　　　　　　　　　　　　　　　/146
　　二、公共财政收入的形式　　　　　　　　　　　　　　　/146
　　三、公共财政收入的规模　　　　　　　　　　　　　　　/147
　　四、国家税收　　　　　　　　　　　　　　　　　　　　/149
第三节　公共财政支出　　　　　　　　　　　　　　　　　/151
　　一、公共财政支出的内涵　　　　　　　　　　　　　　　/151
　　二、公共财政支出的原则和分类　　　　　　　　　　　　/151
　　三、公共财政支出规模　　　　　　　　　　　　　　　　/153
　　四、公共财政支出的结构　　　　　　　　　　　　　　　/156
第四节　公共财政体制　　　　　　　　　　　　　　　　　/157
　　一、公共财政体制的内涵　　　　　　　　　　　　　　　/157
　　二、进一步完善以分税制为核心的财政体制　　　　　　　/159
【复习思考题】　　　　　　　　　　　　　　　　　　　　/161
【经典案例】　　　　　　　　　　　　　　　　　　　　　/161

【延伸阅读】 /162

第九章 电子政府

第一节 电子政府概述 /164
一、电子政府的内涵 /164
二、电子政府的运作模式 /169
三、电子政务的发展演变 /170
四、电子政府建设的内容体系 /171

第二节 发达国家电子政府建设 /175
一、美国电子政府建设 /175
二、新加坡电子政府建设 /178
三、瑞典电子政府建设 /180
四、发达国家电子政府建设的特点 /183

第三节 中国电子政府建设 /185
一、中国电子政府建设历程 /185
二、中国电子政府建设存在的问题与完善策略 /186
三、中国电子政府建设的未来展望 /189

【复习思考题】 /190
【经典案例】 /191
【延伸阅读】 /192

第十章 政府绩效评估

第一节 政府绩效评估概述 /197
一、绩效与政府绩效 /197
二、政府绩效评估的内涵 /199
三、政府绩效评估的意义 /200

第二节 政府绩效评估指标体系 /201
一、政府绩效评估指标体系的设计原则 /201
二、政府绩效评估指标体系的设计方法 /202
三、政府绩效评估的指标类型 /204

第三节 我国政府绩效评估的实践与展望 /206
一、我国政府绩效评估的现状 /206
二、我国政府绩效评估存在的问题 /207
三、我国政府绩效评估问题的原因分析 /209
四、我国绩效评估的未来展望：从绩效评估走向绩效管理 /210

【复习思考题】 /212
【经典案例】 /212
【延伸阅读】 /216

第十一章 行政法治

第一节 行政法治概述 /227
一、行政法治的内涵 /227
二、行政法治的基本原则 /229
三、行政法治的重要意义 /230

第二节 行政立法 /232
一、行政立法的内涵与特征 /232
二、行政立法的分类 /233
三、行政立法的程序 /235
四、其他规范性文件 /236

第三节 行政执法 /238
一、行政执法的含义与特征 /238
二、我国行政执法的完善 /239

第四节 行政司法 /242
一、行政司法的含义与特征 /242
二、行政司法的形式与内容 /242

【复习思考题】 /247
【经典案例】 /247
【延伸阅读】 /249

第十二章 行政伦理

第一节 行政伦理概述 /256
一、行政伦理的含义 /256
二、行政伦理的主要内容 /257
三、行政伦理研究的时代价值 /261

第二节 行政伦理评价维度 /262
一、行政伦理评价的重要意义 /262
二、国外行政伦理评价价值的探索 /263
三、行政伦理评价维度 /264

第三节 当代中国行政伦理失范与重构 /267
一、行政伦理失范现象 /268
二、行政伦理重构路径 /269

【复习思考题】 /272
【经典案例】 /272
【延伸阅读】 /273

第十三章 行政监督

第一节 行政监督理论 /276

一、分权制衡理论——以权力制约权力　　/276
　　二、人民主权理论——以权利制约权力　　/277
　　三、社会契约论——以道德制约权力　　/279
第二节　行政监督体系　　/280
　　一、行政系统内部监督　　/281
　　二、行政系统外部监督　　/286
第三节　我国行政监督的完善　　/289
　　一、我国行政监督存在的问题　　/290
　　二、完善我国行政监督的建议　　/291
【复习思考题】　　/293
【经典案例】　　/294
【延伸阅读】　　/296

第十四章　行政发展

第一节　行政发展概述　　/301
　　一、行政发展的概念　　/301
　　二、行政发展的基本内容　　/303
　　三、行政发展的基本特征　　/304
　　四、我国行政发展的目标模式　　/305
第二节　行政发展的力场分析　　/307
　　一、行政发展的动力　　/307
　　二、行政发展的阻力　　/309
　　三、行政发展的成本　　/310
第三节　行政发展的价值导向　　/313
　　一、公共行政价值导向的演变　　/313
　　二、我国行政发展的价值导向　　/314
第四节　行政发展的未来模式　　/316
　　一、合作治理　　/316
　　二、合作治理的条件与困境　　/317
　　三、合作治理的保障机制　　/318
【复习思考题】　　/320
【经典案例】　　/320
【延伸阅读】　　/321

参考文献　　/323

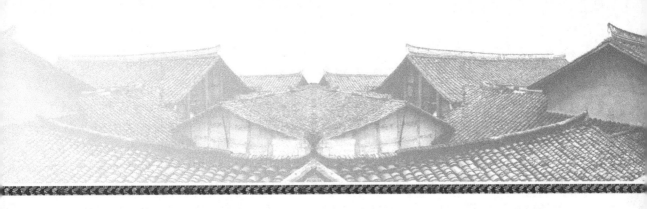

第一章
绪　　论

在一切的政治制度中只有两种基本的功能,即国家意志的表现和国家意志的执行。前者谓之政治,后者谓之行政。

——[美]弗兰克·古德诺

第一节　行政与行政管理学

一、行政的内涵

研究和学习行政管理学,首先应正确认识和把握"行政"的内涵。"行政"一词在中国古文献中早有记载。据史料考证,早在2000多年前的《左传》中,就有"行其政事"、"行其政令"的记载,其含义是指国家政务的管理。而"行政"一词最早出现在司马迁的《史记·周本纪》中,"召公、周公二相行政,号曰'共和'"。这里的"行政"是指对整个国家进行管理。在清人编撰的《纲鉴易知录》中,也记载着公元前841年的西周时期,周厉王因"国人发难"逃走,由"召公、周公行政",这里的"行政"就是管理国家政务。在西方,亚里士多德早在2000多年前就曾使用"行政"一词,英语中的"administration"源出于拉丁文"adminatrarc",意指"执行事务"。

随着社会的发展,国家承担了越来越多的公共事务的管理职能,进一步推动着行政的独立化,"行政"一词的含义也随之出现众说纷纭的局面,界说无一定论。概括起来,学术界关于"行政"的理解主要有三种。

（一）从"三权分立"角度理解"行政"

这种观点认为，"行政"是指除国家立法、司法系统以外的行政系统所从事的管理活动。早在古希腊时期，亚里士多德在《政治学》中就指出，一切政体的构成机能有三：议事机能、行政机能、审判（司法）机能。近代的洛克在《政府论》中把国家权力分为立法权、行政权和对外权。法国思想家孟德斯鸠提出"三权分立"理论，把国家权力分为立法权、行政权和司法权，分别由立法机关、行政机关、司法机关行使，相互制衡。这里所说的"行政"，就是国家立法、司法以外的国家机关的活动。这一观点一直以来被广为认可，以美国行政学家魏罗比为代表，他认为"行政乃是政府组织中行政机关所管辖的事务"。在这里，"行政"是狭义上的行政，即行政部门的政务活动，我国学者大多认可这一观点。

（二）从"政治-行政二分"角度理解行政

伍德罗·威尔逊认为，政治是立法团体和其他政策制定集团专有的活动，行政是行政官员执行法律和政策的专有活动。美国学者弗兰克·古德诺在《政治与行政》一书中进一步发展了伍德罗·威尔逊的政治-行政二分原理，他认为："在所有的政府体制中都存在着两种主要的或基本的政府功能，即国家意志的表达功能和国家意志的执行功能。在所有的国家中也都存在着分立的机关，每个分立的机关都用它们的大部分时间行使着两种功能中的一种。这两种功能分别就是：政治与行政。"① 古德诺虽然也强调为了保证国家意志的执行，政治必须对行政进行控制，但他是把行政作为独立于政治之外的一种国家功能来研究的，主张研究行政学的起点就是把行政与政治分离开来，使之成为一个相对独立的研究领域。因此，行政就是依托公共权力，围绕政治目标来制订计划、推行政治决策的各项活动。可以看出，这种观点包含的"行政"的范围比较宽泛，因为执行国家意志的不仅只有政府机关，我国学者大多认为这种观点是对"行政"一词的广义理解。

（三）从"管理功能"角度理解行政

这种观点认为，"行政"就是管理活动，将其视为一个管理运作过程，侧重于从行政技术、程序和方法的层面来解释"行政"。卢瑟·古利克认为，行政是由计划、组织、人事、指挥、协调、报告和预算等功能构成的一个过程。伦纳德·D.怀特认为，"行政是实现或执行公共政策时的一切运作"，是"为完成特定目标而对许多人的指挥、协调和控制"。约翰·M.菲夫纳指出："行政是一些人协力使政府工作得以完成。行政活动的主题是高度技术化和专门化的"，"行政的方法涉及对众多工作人员工作上的管理、指挥与监督，希望在他们的努力中产生一定的效率和结果"。赫伯特·西蒙认为行政是"若干人为达到共同目的所作的合作的集体行动"，是"为达到共同的目的，如何选择所使用的方法，如何选用工作人员并使之协调工作，如何分配权力使之完成在团体中的特定工作，并与他人和谐地努力"。简言之，这种观点突出了行政的管理特点，强调行政的动态性，但把行政等同于管理，没有凸显行政的特殊性。按照这种观点，国家的立法机关、行政机关和司法机关对社会事务的管理活动，都可称为"行政"。这一关于"行政"内涵的界定过于宽泛，并没得到大多数行政学者的认同。

---

① ［美］弗兰克·古德诺：《政治与行政》，王元译，华夏出版社，1987年版，第12～13页。

以上关于"行政"一词的诸多理解,都是从不同学科领域和不同研究视角出发,对"行政"进行诠释,为我们理解行政的内涵提供了多元视角。为了更科学地把握行政的内涵,我们有必要明确几对关系。

1. 立法、行政与司法的关系

法国思想家孟德斯鸠将权力划分为立法权、行政权、司法权,并使三种权力相互制衡的分权制衡理论,是近代资本主义反对封建专制的理论武器。200多年来,这种权力制衡的思想已逐步在英、美等资本主义国家的权力运行机制中得以充分实践,立法权、司法权和行政权分别由议会、法院和政府各自"独立"行使,这实质上是资产阶级国家权力的一种组织形式。而我国则实行人民代表大会制,全国人民代表大会是最高权力机关,行使立法权,国务院和地方各级人民政府则行使行政权,审判机关和检察机关行使司法权。因此,行政是有别于立法和司法的一种国家权力,行政活动也有别于立法活动和司法活动。

2. 政治与行政的关系

行政与政治有着不可分割的内在联系,二者相互渗透、难以截然分开。马克思主义认为,政治与行政都是建立在一定经济基础之上、为一定经济基础服务的上层建筑,两者有着密切的联系,任何行政活动都不可能脱离政治,与政治不相联系的纯粹的行政现象是不存在的,现代国家的行政机关日益参与国家政策的制定,具有强烈的政治色彩。同时,两者又有一定区别:第一,政治的实质是阶级之间的关系。在阶级社会中,政治是阶级的政治,而行政的根本任务就是巩固统治阶级的政治统治。第二,一切政治行为和政治活动,归根结底是为了夺取政权和巩固政权,而行政正是以国家政权为后盾,以维护和巩固国家政权为根本任务的。所以,"政治就是参与国家事务,给国家定方向,确定国家活动的形式、任务和内容"①。政治主导行政,行政从属于政治,行政活动具有明确的政治目标。

3. 管理与行政的关系

行政与管理有着密切的关系,但又有着严格的区别。首先,从纵向来看,管理是伴随人类社会产生而出现的一种活动,可以说,自出现人类群体活动以来,就出现了管理活动;而行政则是私有制、阶级、国家的产物,因此管理的历史比行政更久远。其次,从横向来看,管理的外延更宽,凡人类涉足的地方均有管理,它是一个大系统;行政则是对国家事务的一种有组织的管理活动,是管理大系统中的子系统。显然,行政的外延窄得多,因为在国家的政务管理以外,还有多种多样的管理领域以及由此产生的各种不同的管理主体和管理行为。最后,行政具有政治性。行政是通过国家行政机关对国家各种事务进行的管理,目的在于实现统治阶级的意志。正如马克思所说:"所有的国家都认为原因在于行政管理机构偶然或有意造成的缺欠,于是它们把行政管理措施看作改正国家缺陷的手段。为什么呢?就因为行政管理是国家的组织活动。"②从这里可以看出,行政是对国家事务的一种有组织的管理活动,目的在于实现统治阶级的意志。因此,行政与管理虽有联系,但不能等同。

4. 行政与行政管理的关系

随着行政的内涵和外延的不断变化与扩展,行政的独立化越来越清晰,行政与一般管

---

① 《列宁全集》第三十一卷,人民出版社,1985年版,第128页。
② 《马克思恩格斯全集》第三卷,人民出版社,2002年版,第386页。

理区别也越来越明显,但行政仍具有作为一种特殊形式和特殊内容的管理的特征。因此,今天的学者们为了突出行政的管理内涵,把"行政"与"管理"两个词合起来使用,创造了"行政管理"这样一个复合词语。因此,"行政管理"一词,就是"public administration",并非"administration management"。

综上所述,"行政"的内涵可以界定为:行政就是国家权力机关的执行机关行使国家权力,具体执行国家意志,依法管理国家事务、社会事务和机关内部事务的组织活动。

二、行政的基本要素

(一)行政的主体是行政机关和具有行政管理职能的公共组织

所谓行政主体,是指执掌公共行政权力、承担公共管理职能的组织,主要分为职权性和授权性的行政主体。职权性行政主体是指按照宪法和组织法的规定,自产生之日起就具有行政主体资格的行政主体。授权性行政主体是指按照法律法规的授权而具有行政主体资格的行政主体。

(二)行政的客体是国家事务、社会事务和机关内部事务

行政机关通过行使行政权实施管理活动,通常涉及全体公民、社会团体和组织。概括起来说,行政管理的客体大致可以分为经济性组织、社会性组织、政治性组织、教科文组织、新闻性组织和公民六类。

(三)行政的根本原则是依法管理

依法行政是现代行政管理的根本特征。行政管理以国家强制力为后盾,以法律为依据来管理国家事务,在法律规定的范围内实施管理。任何行政机关和行政人员都没有超越宪法和法律的特权。将个人意志取代国家意志或凌驾于法律之上的行为,都属违法行为。

(四)行政的基本依据是公共行政权力

公共行政权力是国家行政机关为有效实现国家意志,依法对国家事务、社会事务和机关内部事务进行管理,用以维护公共秩序、增进公共利益的权力。首先,公共行政权力是一种公共权力。公共权力是一种特殊的权力形式,它是为适应社会生活的需要,满足社会需求,处理公共事务而产生的。从本源上讲,公共权力来源于人民,是一种基于广泛的社会契约、对契约各方均有约束力的权力。行政管理活动就是以国家权力为根据,行使国家权力的公共管理活动。其次,公共行政权力具有合法性。行政权力的获得和运用必须符合宪法和法律规定的范围、种类、程序和限度。最后,公共行政权力具有强制性。行政管理活动就是国家行政机关运用行政权力对公共事务进行的强制性管理活动。

(五)行政的根本目标是维护和实现公共利益

公共利益是相对于私人利益而言的,古罗马政治学家马库斯·图留斯·西塞罗早就提出了"公益优先于私益"的主张,在18世纪甚至将公益视为最高的"法";公共利益是国家存在的正当性理由,是界定行政之必要性的主要界限。从社会契约论的观点看,政府及

其公共权力由人民直接或间接授予,这是民主国家的一项根本的宪政原则;虽然人民授权的具体方式和过程,政府体制不同的国家会有所不同,但这并不影响它们本质上的一致性。因此,行政的根本目标是维护和实现公共利益。公共利益与私人利益之间一般表现为此长彼消的关系,公共利益的实现通常以减损私人利益为成本,或者说以限制或者剥夺某种公民权利为代价。因此,宪法通常规定只有立法机关通过立法的形式来界定公共利益才具有合法性和正当性。行政机关作为立法的实施主体,只能依据现行有效的法律来限制或者剥夺公民权利,进而实现公共利益。

三、行政管理学的对象、内容和特征

(一) 行政管理学的研究对象

"科学研究的区分,就是根据科学对象所具有的特殊的矛盾性。因此,对于某一现象的领域所特有的某一种矛盾的研究,就构成某一门科学的对象。"[①]行政管理学与其他学科的区别正在于其特殊的研究对象——行政管理活动。因此,只有在科学地认识了什么是行政的基础上,才能认识和理解行政管理学的含义。根据我们对"行政"内涵的上述理解,我们认为,行政管理学是一门以国家行政机关依法、有效地管理国家事务、社会事务和机关内部事务为目的,系统地研究行政现象及其活动规律的科学。

(二) 行政管理学的研究内容

伦纳德·D.怀特在《行政学导论》中,将行政管理学的构成归纳为四大部分——组织原理、人事行政、财务行政、行政法规,对后来的行政学研究产生了重要影响。卢瑟·古利克指出了行政管理的七大构成要素,即计划(planning)、组织(organizing)、人事(staffing)、指挥(directing)、协调(coordinating)、报告(reporting)、预算(budgeting),这就是著名的"七要素"论,为新的决策科学的创立提供了有益的准备。我国台湾学者张金鉴用更细致的分类来表述行政管理学的构成,提出了"15M"理论,即目标(aim)、规划(program)、人员(men)、经费(money)、物材(materials)、组织(machinery)、方法(method)、领导(command)、激励(motivation)、沟通(communication)、士气(morale)、协调(harmony)、及时(time)、空间(room)、改进(improvement)。此外,有的学者认为行政管理学是以行政体系及其运行为研究内容的,是在研究行政体系及其运行机制的过程中寻找优化国家事务和社会事务管理途径的科学;也有学者把行政管理科学的新的理论和方法引入行政管理学的研究内容,提出行政管理学的主要内容包括六个方面:一般行政、专业行政、层级行政、区域行政、案例分析和政策分析。我们认为,虽然学者有不同的认识,但一般来说,行政管理学大体包括以下研究内容。

1. 行政管理的理论

行政管理的理论是对以往学者对行政管理学研究成果的概括或总结,也许是不同学者对行政管理实践的总结和思考,而这些成果对后来的研究常常有着不可忽视的影响和

[①] 《毛泽东选集》(第一卷),人民出版社,1991年版,第309页。

贡献。

2. 行政管理的主体

行政管理的主体涉及行政机关、履行行政职权的非行政机关和行政机关工作人员等。

3. 行政管理的过程

行政管理的过程由多个环节构成,主要有行政决策、行政执行、行政协调、行政监督和行政发展等。

4. 行政管理的保障

行政管理学包含着相应的行政体系得以运行的保障条件和方式,主要有财务行政、行政法治和行政伦理等。

5. 行政管理的目的

行政管理学研究是通过对行政管理活动规律的发现和总结,用于指导行政管理实践,提升行政管理的民主化、科学化和法制化水平。

(三) 行政管理学的主要特征

1. 政治性和社会性的统一

行政管理学是研究国家行政管理现象及其规律的学科,其本质是一种统治阶级利益的表现,必须体现和维护统治阶级的意志和利益;虽然行政管理活动过程包括对社会事务的管理,但最终也是服务于统治阶级的利益。同时,行政管理学揭示了社会事务管理的规律,具有社会性。

2. 理论性和应用性的统一

行政管理学的理论范畴、原则、原理等具有很强的理论性,同时它又系统总结了行政管理的模式和方法,对实践具有直接的指导作用,特别是行政管理学研究的关于行政管理的模式、手段和方法等问题,有很强的应用性、实践性。因此,行政管理学体现出理论性与应用性的统一。

3. 综合性和独立性的统一

行政管理学是一门综合性、交叉性学科,广泛运用了哲学、政治学、经济学、社会学、管理学、心理学、统计学、法学、财政学、信息学等学科的理论和方法,体现出鲜明的综合性。同时,行政管理学又具有自己独特的研究对象、范畴和理论体系,是一门独立的学科,具有明显的独立性。

第二节 行政管理学的发展演变

一、行政管理学产生的历史背景

现代行政管理学产生于西方,是在西方现代资本主义发展的基础上产生和发展的,其产生有着深刻的社会和历史背景。

(一) 社会历史背景

自17世纪开始,随着西方自由资本主义的发展,国家与社会、政治领域与经济领域开始逐步分化,但自由放任主义强烈要求实行完全的自由竞争政策,主张政府不干预、少干预经济和社会事务。因此,政府职能范围相对较小,其职能角色只是"守夜警察",其作用主要体现在保护个人财产、维护社会秩序以及国防等方面。19世纪中后期,产业革命带来的社会化大生产和科学技术进步,引起了资本主义社会经济结构的发展变化,政府开始广泛干预经济和社会事务,政府职能迅速膨胀。政府如何科学、高效地管理经济和社会事务提上了议事日程,正是在此背景下,行政管理学作为一门科学学科得以诞生。

(二) 相关理论发展为行政管理学的形成奠定了基础

行政管理学的产生得益于相关学科的发展。早在启蒙时期的著作中,行政管理学研究的基本原则和理论前提就已经确立起来了。资产阶级政治家如洛克、孟德斯鸠、卢梭等的社会契约、三权分立的思想已经包含了行政是个相对独立的领域的认识。特别是孟德斯鸠的"三权分立"学说,把国家分为立法、行政和司法领域,成为资本主义制度设计的理论基础。"三权分立"学说把行政权看做一种相对独立的权力,并提出用立法权和司法权来对它进行制约,同时,把三种权力分别交给立法、行政和司法三个不同部门或机构执掌,制度设计和制度安排的具体做法也是通过强化三个部门的不同性质来实现权力的相互制衡。托克维尔、边沁、密尔、亚当·斯密、斯宾塞等资产阶级政治家出于对政府制度设计的目的对资本主义政府职能、政府机构的构成、行政权力的结构和运行机制等进行过一些探讨,但是,这些行政管理思想由于缺乏系统化和理论化而没有形成专门的学科。

1865年至1868年,德国学者斯坦因在发表的七卷本《行政学》著作中,首次提出"行政学"一词,然而当时行政学主要是指行政法而言的,并没有把行政学视为一门独立学科,因此远没有形成行政管理学理论体系。

二、行政管理学发展的四个阶段

(一) 建构阶段

1887年,曾任美国第28任总统、普林斯顿大学校长的伍德罗·威尔逊在《政治学季刊》上发表了《行政之研究》一文,发表后很快蜚声政治学界并产生了深远的影响,该文被公认为是行政学开端的标志,威尔逊本人也因此被认为是行政管理学的创始人。在这篇文章中,威尔逊回顾了行政领域研究的历史,指出行政与政治的不同,认为有必要建立一门独立的行政科学,他指出,"行政科学是已在两千两百年前开始出现的政治科学研究的最新成果。它是本世纪,几乎是我们这一代的产物"[①]。他主张从行政管理的角度来研究政府管理,即去研究政府能够做什么,如何以最高的效率和最低的成本去做这些事情。威尔逊认为行政管理学研究的主要内容是人事问题、行政组织、文官制度和一般性的管理问题,特别是应当把注意力集中在组织的有效性和效率问题上。应当说,威尔逊的主要贡献

---

① 彭和平、竹立家等编译:《国外公共行政理论精选》,中共中央党校出版社,1997年版,第2页。

并不在于为行政学确定研究的范围和提出理论,他的贡献在于提出了行政学赖以成立的前提——政治-行政二分原理。

继威尔逊之后,曾任美国政治学会首任主席、霍普金斯大学校长的弗兰克·J.古德诺在1900年出版了《政治与行政》一书。他的政治-行政二分法是对威尔逊思想的进一步阐发,为行政管理学成为独立的研究领域奠定了基础。根据古德诺的看法,政治是国家意志的表达,行政则是这种意志的执行;政治主要与政策的制定相关联,而行政则是对政策的执行。由于具有这些不同,行政完全可以避开政治纷乱和冲突,可以被作为一个纯粹技术性的领域来加以建设,但同时他也指出,如果法律与执行法律之间缺乏协调,就会导致政治的瘫痪,或者不利于造就有条理有进取性的政府,因此,政治的需要要求国家意志的表达与执行之间协调一致。至此,由威尔逊开创的行政学正式从政治学中分离出来。

1. 科学管理时期

19世纪末20世纪初,西方资本主义发展进入垄断时期,科学管理理论应运而生。这一时期涌现了一大批研究者,代表人物有美国的弗雷德里克·温斯洛·泰勒、法国的亨利·法约尔、德国的马克斯·韦伯。

泰勒在1911年出版了《科学管理原理》,提出科学管理的理论和方法,被誉为"科学管理之父"。泰勒科学管理理论的主要内容有:①工作定额;②标准化;③科学地挑选、培训、教育、培养工人;④差别计件工资制;⑤与工人热忱合作,确保劳资双方都能从生产效率的提高中得到好处;⑥计划职能与执行职能相分离等。

法约尔于1916年发表的《工业管理与一般管理》一文,首次系统地提出管理的五要素。他认为,在所有的工商企业组织中都存在六类活动:①技术活动——生产、制造、加工;②商业活动——购买、销售、交换;③财务活动——资金筹集和运用;④安全活动——设备和人员的保护;⑤会计活动——存货盘点、资产负债表制作、成本核算、统计;⑥行政管理活动——计划、组织、指挥、协调、控制,被称为管理的五要素。法约尔还总结了管理的十四条原则:①劳动分工;②权力与责任;③纪律;④统一指挥;⑤统一领导;⑥个人利益服从整体利益;⑦合理的报酬;⑧适当的集权与分权;⑨等级制度;⑩秩序;⑪公平;⑫人员的稳定;⑬首创精神;⑭团结精神。但他同时也强调:"在管理方面,没有什么死板和绝对的东西,这里全部是尺度问题……原则是灵活的,是可以适应于一切需要的,问题在于懂得使用它。"①这是一门很难掌握的艺术,它要求智慧、经验、判断和对尺度的注意。"由机智和经验合成的掌握尺度的能力是一个管理人的主要才能之一。"②

马克斯·韦伯在1910年出版的《社会和经济组织理论》一书中提出理性官僚制组织理论,是行政管理学的重要理论基石,被誉为"组织理论之父"。理性官僚制的基本范畴包括以下几个。①一种官职事务的持续的、受规则约束的运作。②这种运作是在一种权限(管辖范围)之内。③职务等级原则。④议事的"规则"可能是技术性的规则和准则,并由经过专业培训的人员来实施和运用这些规则。⑤(在合理的情况下)行政管理班子同行政管理物资和生产物资完全分开的原则是适用的。⑥(在完全合理的情况下)不存在任职人员对职位有任何的占为己有。⑦行政管理档案制度原则,甚至在口头讨论实际上就是规则或规章的地方,也

---

① [法]法约尔:《工业管理与一般管理》,周安华等译,中国社会科学出版社,1982年版,第22页。
② [法]法约尔:《工业管理与一般管理》,周安华等译,中国社会科学出版社,1982年版,第23页。

是适用的;至少是预备性讨论、动议和随后的决议以及形形色色的指示和法令,都用文字固定下来。档案和官员们的持续运作结合在一起,就产生了办公机关作为任何现代团体行为的核心。⑧合法型的统治可以具有极为不同的形式。① 理性官僚制抛弃了经验管理过程中的"人治"因素,避免了任性专断和感情用事,体现了科学、法制和理性精神,韦伯因此认为这种理性官僚制是最科学、最有效率的组织形式。此外,韦伯的官僚制理论是同他的权威理论联系在一起的。在他看来,权威有三种形式:一是魅力权威,即权威靠自身的一些超凡脱俗的特征或天赋,或一般人不及的能力对追随者产生影响;二是传统权威,即权威的行使依赖的是传统、习俗、习惯以及公认的准则;三是合理合法的权威,也称理性权威,其行使依赖的是组织的规章制度、法律法令等。这三种权威有其各自对应的组织特征。而理性官僚制组织是以合理合法的权威为基础,通过法律确定的职位的权力进行管理。

1926年和1927年,美国学者怀特和魏罗比,分别出版了《行政学导论》和《公共行政原理》,这两本大学教科书与1930年美国加州大学教授菲弗纳的《行政学》,被誉为行政管理学的"三足鼎立"之作。1937年,美国学者古利克和英国学者厄威克共同出版了《行政科学论文集》,成为行政管理学发展到一定高度的标志。

这一时期的行政管理学深受科学管理的影响,研究偏重于管理原则、严格的等级制度、静态结构和效率等,行政管理学深深地打上了科学管理的烙印。

2. 行为科学时期

行为科学理论主要是应用心理学、生理学、社会学、人类学以及其他相关学科的成果,来研究人的行为和动机,试图建立新的机制,发挥人的创造性,提高工作效率。

行为科学以美国哈佛大学教授梅奥1933年发表的《工业文明的人类问题》为标志。1927年到1932年,梅奥等人进行了著名的"霍桑实验",从中总结出一套关于人际关系的原理、原则:①工人是"社会人"而不是"经济人";②企业中存在着"非正式组织",而且有着非常重要的作用;③金钱不是唯一的激励因素,还有社会的、心理的激励因素;④新型的领导者应具有以人为中心的社会技能。"霍桑实验"暴露出传统管理理论的不足,奠定了行为科学的理论基础。

继梅奥之后,人际关系学说得到了迅速发展,涌现了一大批重要学者和理论,极大地丰富了行为科学的内容,主要代表人物有:亚伯拉罕·马斯洛的需要层次论,弗雷德里克·赫茨伯格的"激励与保健因素理论",道格拉斯·麦格雷戈的X-Y理论,库尔特·卢因的团体动力学,维克托·弗鲁姆的期望理论,伯尔赫斯·弗雷德里克·斯金纳的强化理论,克瑞斯·阿吉里斯的不成熟-成熟理论等。

行为科学时期的人际关系学说直接影响了行政管理研究领域,最著名和最有影响的人物是切斯特·巴纳德和赫伯特·西蒙。

巴纳德是行为科学管理理论的重要奠基人,他的主要理论贡献是:①运用社会系统的观点推进了对正式组织的研究,认为任何组织都包含三种普遍的要求,即协作意愿、共同目标、信息交流;②非正式组织,非正式组织是没有正式结构、不定型的,往往也不能自觉地认识到共同的目的,而是在共同工作中自然形成的一定的态度、习惯、道德观念、社会规范和理想;③权威接受论,指出权威的实质不在于权威者或发出命令的人,而在于被命令

---

① [美]马克斯·韦伯:《经济与社会》,林荣远译,商务印书馆,1998年版,第243～245页。

者接受不接受;④组织平衡论,组织的存在取决于组织成员的贡献与满足之间的平衡;⑤组织决策论,巴纳德指出"组织理论不是要研究组织成员的操作活动,而是要研究决策活动——做决策的过程"[①];⑥管理人员职能说,指出管理人员在一个正式的组织中是最为关键的核心。

西蒙是美国管理学家、行为主义行政学家,是决策学派主要代表人物,是第一位以非经济学家身份获得诺贝尔经济学奖(1978)的学者,其代表作是1947年出版的《行政行为:行政组织决策过程的研究》。他的行为主义行政学理论的内容主要包括以下方面。①管理就是决策。西蒙指出,传统行政学只注意执行而忽视决策是不妥的,行政学的研究应以决策为主。决策过程和决策行为存在于一切组织的行政管理过程中。②借助于心理学的研究成果对决策本身和决策过程及程序进行科学分析。③与"完全理性"、"寻求最优"的"经济人"不同,"行政人"是在"有限理性"的范围内运用相对简单的经验方法,按照"满意标准"进行决策的。④对程序化决策和非程序化决策进行区分和分析。⑤决策的角度,对权威、沟通、组织认同等进行分析。西蒙的研究对行政管理学的发展有着十分重要的影响。

(二)公共政策阶段

政策科学的兴起,是20世纪70年代以来行政学、政治学发展的一个重要现象,公共政策分析也成为行政管理学研究的重要领域,行政管理学发展因此进入了公共政策阶段。1951年,哈罗德·拉斯韦尔和丹尼尔·勒纳合著的《政策科学:范围与方法的最近发展》被公认为现代政策科学发端的标志。

关于公共政策的理解,有几种比较有代表性的观点:拉斯韦尔和卡普兰认为,公共政策是"一种含有目标、价值与策略的大型计划"。他强调公共政策是政府有明确目标的活动,是政府动用大量资源,通过相关的规定、措施来实施的,包括决定、实施等环节在内的具有连续性的活动过程。托马斯·戴伊认为,"公共政策是一个政府选择要做的任何事,或者它选择不去做的任何事"。他解释说,这个定义"既包括了政府的行为,也包括了政府不行为。政府无力行为正如其行为,可能同样对社会产生重大的影响"。这一理解突出强调了公共政策的行为特征。戴维·伊斯顿认为,公共政策就是对全社会的价值做权威的分配,强调公共政策的价值分配功能。安德森认为,公共政策是政府的一个有目的的活动过程,而这些过程是由一个或一批行为者为处理某一问题或事务采取的。这些界定都强调公共政策是与以政府为主的公共部门的活动联系在一起的,是必须付诸实施的,有目的的方案、计划、措施,为解决社会发展问题的活动,只是有的侧重于公共政策的公共管理方面,有的更重视公共政策的活动过程方面,有的则较多地关注公共政策的行为规范和准则方面,但无论其界定的完备程度如何,都为公共政策的实践提供了行动指南和方法,极大地推动了行政管理学的发展。

这一时期,比较有影响力的人物还有美国著名政治经济学家查尔斯·林德布洛姆和以色列政治学家叶海卡·德洛尔。1959年,林德布洛姆在《公共行政评论》杂志上发表的论文《渐进调适的科学》被认为是渐进主义决策理论的代表作。他认为决策者应在既有的合法政策基础上,采用渐进方式对现行政策加以修改,通过一连串小的改变,逐渐实现最

[①] 丁煌:《西方公共行政管理理论精要》,中国人民大学出版社,2007年版,第129页。

终决策目标。在他看来,行政决策实际上包含五个特征:①"渐进的",总是采取小的步骤逐步去实现目标;②不全面的,不能在既定时间内考虑所有备择方案及其后果;③进行连续不断地制订和修订计划;④对各种方案的选择的标准是"满足"而不是"最佳";⑤最后的决策是折中性的。很多学者认为,这种渐进主义的决策方法描述了公共行政中运用得较普遍的决策形式,林德布洛姆的研究对公共政策领域的发展有较大的影响。

德洛尔在《公共政策制定的再审查》中构建了综合决策模型,试图将理性政策模型与渐进政策模型有机结合起来,并把二者的合理性加以综合与延伸。他强调政策分析是综合运用多种学科、各种知识、模型和方法,对未来进行预测,集中研究公共决策和公共政策的制定过程,扩大决策和政策制定的范围,强调创造性的、新的政策备选方案。德洛尔的政策科学思想对行政管理学研究中的政策制定和决策有着重要影响。

(三) 新公共行政阶段

从 20 世纪 40 年代开始,随着社会环境的变迁和大量社会问题的出现,行政权力过度膨胀,官僚制也暴露出越来越多的弊端,行政效率低下,官僚主义严重,腐败丑闻不绝于耳,公众逐渐对政府丧失信心,新公共行政由此诞生。

1968 年,在德怀特·沃尔多的倡导下,33 位年轻学者在美国雪城大学明诺布鲁克会议中心召开了一次会议,主题是反思古典公共行政、探讨公共行政面临的困境及其未来走向,这标志着新公共行政的正式诞生。以乔治·弗雷德里克森为代表的新公共行政学派首先批判了作为古典公共行政理论支柱的政治-行政二分原理,弗雷德里克森认为,政治-行政二分原理缺乏经验证据,事实上文官既从事政策执行,也参与政策制定,政治、行政是一个不断循环的连续系统。"现在的信念则坚持公共行政是政治的一部分或一种形式,公共行政在政治过程中经常起到领导作用,因而恪守中立几乎是不可能的。"[①]

新公共行政引入了社会公平,认为公平有时比效率更重要。"公共行政是政府的艺术与科学跟管理的艺术与科学的联姻。效率和经济主要属于管理理论的范畴,而社会公平属于政府理论的范畴。……由此得出的观念是政府能够而且必须既讲效率又追求公平。"[②]公共行政的精神内涵是追求公共目的、实现公共利益,这就要求公共行政对效率的追求必须建立在社会公平的基础之上,是一种社会性效率,即效率必须与公共利益、社会公正、平等和自由等价值因素结合起来。而古典公共行政是在理性官僚制和政治-行政二分原理下探讨效率,这事实上是一种"程序效率"或"形式效率",而不能体现公共行政的真正价值追求。

此外,新公共行政指出,"公共行政要支持建立取代传统官僚组织的新型组织形态,分权化、分散化、责任的扩大、对抗、顾客参与等等都是这种新型组织的要素特征"[③]。新公共行政一方面强调组织设计的分权化、扁平化、公私伙伴关系,主张服务的提供和更多的管理;另一方面重视人性和行政伦理问题的研究。

(四) 新公共管理阶段

20 世纪 70 年代开始,西方许多国家面临一系列新的问题,如财政赤字居高不下、社

---

① [美]乔治·弗雷德里克森:《公共行政的精神》,张成福等译,中国人民大学出版社,2003 年版,第 104 页。
② [美]乔治·弗雷德里克森:《公共行政的精神》,张成福等译,中国人民大学出版社,2003 年版,第 104 页。
③ [美]乔治·弗雷德里克森:《公共行政的精神》,张成福等译,中国人民大学出版社,2003 年版,前言第 4 页。

会福利政策难以为继、政府机构臃肿、行政效率低下、政府公信力迅速下降等。以市场为取向的新公共管理正是在这些背景下诞生的，代表人物有波利特、胡德、罗森布卢姆和戴维·奥斯本等。

新公共管理理论包括以下核心内容。其一，广泛引入私营部门的竞争机制和管理手段。新公共管理将私营部门的竞争机制引入公共服务领域，打破政府垄断，提高公共服务的效率和质量。同时更加重视组织的战略目标和长期计划，强调对预算的总量控制。其二，"顾客"导向。新公共管理重新对政府职能及其与社会的关系进行定位，政府不再是高高在上、自我服务的官僚机构，社会公众是向政府提供税收的纳税人和享受政府服务的"顾客"，政府服务应以"顾客"为导向，以增强政府对社会公众需求的回应力。其三，放松政府管制，实行以结果为导向的绩效管理。新公共管理反对传统公共行政重投入、过程和产出而轻结果的价值理念，主张制定行政机构及其公务员的绩效目标，并从经济、效率和效益的维度对实现绩效目标的情况进行评估、跟踪。其四，反对文官的政治中立。政治中立是古典公共行政的一个重要的理论基础，是政治-行政二分原理的必然体现。新公共管理承认并正视行政所具有的深厚的政治色彩，认为文官与政务官之间存在着密切的互动和渗透关系，不应将政策制定与行政管理截然分开。从某种层面上来说，新公共管理运动表明社会治理模式的兴起。

行政管理学历经百余年的发展和完善，日臻成熟为一门独立的学科，其理论也在不断创新，为行政管理实践提供了有力的理论支持。

第三节　行政管理学研究方法与意义

一、行政管理学研究方法

行政管理学研究方法有性质和层次上的不同，一般可分为方法论层次、学科性方法层次、工具性方法层次，各层次的研究方法之间有一定的联系。方法论层次是高层次的方法，具有指导性，只有在科学的方法论的指导下，其他各类方法才能得到正确运用和发挥最大的效用。学科性方法层次是程序性的方法，为行政管理学研究提供适当的角度。工具性方法层次是技术方法，是用以获取、分析和处理资料的方法。

（一）方法论

行政管理学研究方法的方法论层次是指导人们进行行政管理研究的总体性原则和观念，或称世界观，是最高层次的方法。从方法论层面看，辩证唯物主义和历史唯物主义是我们认识和理解行政现象及行政过程的指导思想。辩证唯物主义要求从事物的内部出发，用唯物、客观、全面、联系、发展的观点去分析和研究行政现象，把行政活动放在社会发展的客观条件下加以理解；历史唯物主义要求把行政现象放在特定的历史环境中去考察和研究，尤其要从社会经济生活中去探究其发展的动因，从一定历史条件下人们的物质生活资料的基本方式以及在这个过程中起决定作用的利益来考察行政现象和行政过程，做到具体问题具体分析。行政管理的活动、关系和形式有种种表现形态，科学的分析和研究应遵循辩证法的基本法则,透过现象看本质,揭示行政现象的客观规律性。辩证唯物主义和历史唯物主义有以下基本点。

1. 具体问题具体分析

研究任何行政现象都必须把它们放在一定的历史、社会、经济、文化条件下进行考察,联系它们产生和发展的特定历史背景和环境进行分析。

2. 从具体到一般,再从一般到具体

研究行政现象必须从具体问题入手,从中得出普遍性的结论,而不能用主观预定的模式去规定具体现象;然后将普遍性的结论应用于具体问题的分析和研究。

3. 理论联系实际

行政管理学研究要紧密联系实际情况,用行政管理理论指导行政实践;同时,理论可以在实践中不断得到丰富和完善。

4. 对客观事物的矛盾研究

"辩证法的宇宙观,主要地就是教导人们要善于去观察和分析各种事物的矛盾的运动,并根据这种分析,指出解决矛盾的方法。"[①]在纷繁复杂的行政现象中,矛盾是客观存在的,要认识到矛盾的普遍性和特殊性,明确解决不同矛盾的形式和方法。

(二)学科性方法

学科性方法就是采用其他学科的基本原理和基本方法来研究行政现象。学科性方法主要来自两个方面,即社会科学其他学科领域的理论和方法、自然科学领域的理论和方法。行政管理作为一种重要的社会现象,与社会、政治、历史、经济、法律、文化、生态等领域互相渗透、互相影响。这就要求我们掌握许多相关学科的知识,从各个不同视角透视、考察和分析行政现象。学科性方法主要有以下几种。

1. 逻辑分析方法

逻辑分析方法又称哲学分析法,主要从哲学的观点出发研究行政现象,通过运用理性判断、非理性判断、逻辑推理、因果关系分析等直接与哲学相关的分析方法,研究行政过程中矛盾的普遍性与特殊性、共性与个性的关系,进而形成普遍适用的有关行政管理的理论和行为准则。

2. 历史分析方法

历史分析方法又称史学研究法,注重行政管理学的起源、发展的过程,不同时期的特点和类型,以及历史环境对现实行政管理的影响和借鉴意义。

3. 法学分析方法

法学分析方法主要从法理、法律、法规的角度来研究政府和政府官员及其行政行为的合法性、合理性,研究政府依法行政以及法律适应行政发展的趋势,从法律与政府、公民的关系中加深对行政现象的认识。

4. 经济分析方法

经济分析方法以经济学理论为基础,分析经济对行政的要求和政府及政策在经济发

---

① 《毛泽东选集》(第一卷),人民出版社,1991年版,第304页。

展中的作用,考察政府与市场的关系,探讨政府如何有效地提供公共物品。

5. 心理分析方法

心理分析方法考察和分析行政活动中人们行为的心理因素及其作用,强调满足人的合理的精神需求,实现心理平衡,培养团队精神,建立有效的激励机制。

(三) 工具性方法

工具性方法是技术层面的方法。从行政管理研究的具体方法、手段和技术来看,应注意采用科学方法和技术,对行政现象进行精密的、细致的分析。常用的工具性方法主要有以下几种。

1. 规范分析方法

规范分析方法又称理论分析方法,主要指通过价值判断得出研究结论的分析方法,即根据一定的理念、价值标准或行为规范对"是与非"作出判断,主要回答"应该怎么样"的问题,"应然性"是其主要的方法论特征。

2. 实证分析方法

实证分析方法是指通过观察、描述事实,进而依据事实得出结论的分析方法。实证分析方法关注"是什么",着眼于发现事实,"实然性"是其主要的方法论特征。实证分析方法通过对事实的观察、描述和分析论证,研究问题的症结所在,进而得出结论或提出对策,主张对事实的客观理解和价值中立。

3. 比较分析方法

比较是理论分析和现象研究中最常用、最基本的方法之一。比较研究法是针对两个或数个不同的对象,通过比较的方式来凸显其差异性、相关性及特质。指一种考察的程序,即依据各种标准,将被视为可比较的现象所呈现的同异予以澄清,其目的在于寻求和分类现象产生与发展的因素以及它们当中的互相关系之模式。① 采用比较研究法的主要理由,在于它反映了社会科学研究的基本性质。比较研究法在社会科学研究中占有重要地位,因为与其他研究方法相比较,比较研究法确实可以发现更多有价值的东西,并已经涵盖了归纳和演绎的方法。行政管理学中的比较分析主要是指通过对不同行政体制、行政活动及其运行过程进行比较分析,研究不同政府间在行政理念、行政组织、行政原则和行政手段等方面的差异,研究实现高效、民主行政的有效途径和方法。

4. 生态分析方法

任何行政都离不开一定的环境,都受环境的影响。因而要将行政活动过程及其与环境视为一个有机整体,着重研究各个相关部分的交互影响、动态平衡,使行政不断适应环境的变化而发展。

二、学习行政管理学的意义

改革开放以来,我国行政管理学经历了从无到有、再到丰富发展的过程。新中国成立

---

① 龙冠海:《社会学》,三民书局,1991年版,第71页。

后,由于各种原因,在1952年的高等院校院系调整中,行政管理学专业和课程被取消,行政管理专业的教学和研究也随即停止。直到20世纪80年代初期,行政管理学作为一门独立学科恢复重建。经过30多年的快速发展,中国行政管理学理论体系不断充实、丰富,学科领域不断拓展,主要体现在两个方面:从广度上看,行政管理学的一些新兴学科、边缘学科和交叉学科开始兴起,如行政文化学、行政生态学、行政组织学和政策科学等;从深度上看,一些传统的行政管理研究领域(如行政思想史、行政制度史)重新受到重视。随着中国经济社会的全面转型,行政管理学迎来了良好的发展契机,也向行政管理学的研究者和实践者提出了更高要求。因此,学习和研究行政管理学有着重要的意义。

1. 为行政管理实践提供理论指导

行政管理学是一门实践性很强的学科,学习和研究行政管理学的基本理论和方法,能够帮助我们更好地理解和把握行政管理的规律,深刻分析行政现象和行政管理中的现实问题,为行政管理实践提供思想资源和理论指导,更好地履行政府职能。

2. 有助于推动行政管理的科学化、民主化、法制化

行政管理是政府对社会公共事务进行组织和管理的活动,通过学习和研究行政管理学,能够科学把握现代行政管理活动的客观规律,依法采取民主的、科学的管理途径和方法,对行政管理活动和国家行政机关自身建设中机构设置、人员配备和工作程序实施有效管理,推动行政管理活动的民主化、科学化和法制化,提升行政管理的质量和效率。

3. 有助于培养高素质的国家公务员队伍

通过学习和研究行政管理学,可以提高国家公务员的现代管理意识,全面提高他们的基本素质和管理知识、能力水平,造就一支适应社会主义现代化建设需要的国家公务员队伍。

1. 行政的内涵是什么?
2. 行政的基本要素是什么?
3. 行政管理学的发展演变如何?
4. 学习和研究行政管理学有什么重要意义?

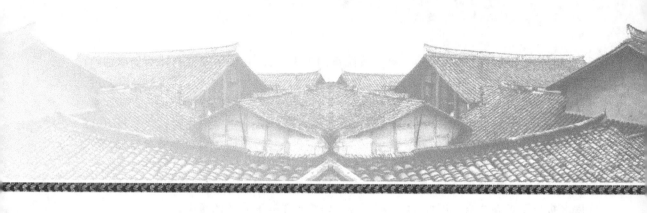

第二章
行政职能

政善于内,兵强于外。

——[唐]魏 徵

第一节 行政职能概述

一、行政职能的含义与特点

行政职能也叫政府职能。1997年,世界银行世界发展报告《变革世界中的政府》开篇就指出:"在世界各地,政府正成为人们注目的中心。全球经济具有深远意义的发展使我们再次思考关于政府的一些基本问题……"[1]世界银行的这份报告试图唤起世人对政府的重新思考,它主要围绕三个基本问题,即政府的作用应该是什么、它能做什么和不能做什么、它应该如何最好地做它该做的事情,并从经济学的视角总结了政府职能的具体内容。我国学者对政府职能的界定有很多,如许文惠等从行政与社会的互动关系角度来看,认为政府职能就是一个社会的行政体系在整个社会体系中所扮演的角色和所发挥的作用[2];夏书章则认为行政职能是行政机关在管理活动中的基本职

---

[1] 世界银行1997年世界发展报告:《变革世界中的政府》,蔡秋生译,中国财政经济出版社,1997年版,第1页。
[2] 许文惠、齐明山、张成福:《行政管理学》,人民出版社,1997年版,第55页。

责和功能作用,涉及政府管什么、怎么管、发挥什么作用的问题[①];而李文良等则把政府职能界定为根据社会需求,政府在国家和社会管理中承担的职责和功能[②]。可以看出,上述对政府职能的理解主要在于政府应该承担的责任和义务以及政府应该发挥的作用这几个方面。我们倾向于夏书章关于行政职能的界定,即行政职能是指行政机关在国家和社会公共事务中承担的职责和功能,主要涉及管什么、怎么管、发挥什么作用的问题。行政职能的主体是行政机关及其工作人员,客体是国家和社会公共事务,内容是行政机关在国家和社会中所履行的职责和发挥的作用。行政职能是国家职能的重要组成部分,体现国家意志,反映国家的性质和活动的基本方向。行政职能的特点主要体现在四个方面。

（一）执行性

从行政与立法的关系看,立法是国家意志的表达,行政是国家意志的执行。我国行政机关由各级人民代表大会产生,并对其负责、接受其监督,各级行政机关必须贯彻执行党的路线、方针和政策,必须执行各级人民代表大会通过的法律、法规和决议。行政职能作为一种执行性职能,与其他非国家活动的管理相比,具有高度的权威性。

（二）公共性

公共性是行政管理的根本属性,实现公共目的、追求公共利益是政府存在的前提和基础。政府的公共性要求行政机关对国家事务和社会事务进行管理并提供公共服务和公共物品。行政机关对国家事务和社会事务的管理必须遵循一视同仁原则,即"对所有社会阶层和成员提供普遍的、无差别的、公平公正的服务"[③]。

（三）多样性

行政职能的结构极为复杂,涉及国家和社会生活的方方面面。从横向上看,行政职能涵盖社会的各个领域,具体可分为政治职能、经济职能、文化职能和社会职能;从纵向上看,不同层次的行政机关,其职能范围、职能重心和履行职能的方法不尽相同;从运行过程看,行政职能又可分为决策职能、组织职能、协调职能和控制职能等。

（四）动态性

行政职能随着经济社会的发展而不断变化,社会变迁是行政职能发展和转变的根本原因。在不同历史环境下,行政职能的内容、重点、强度和实现方式均有所差异。因此,政府必须适应经济社会发展的需要,及时调整和转变行政职能。

二、行政职能体系

我们可以从不同角度对行政职能进行分类:根据发挥作用的领域,可将行政职能划分为政治职能、经济职能、文化职能和社会职能,又称行政管理的基本职能;根据行政管理的

---

① 夏书章:《行政管理学》(第四版),高等教育出版社、中山大学出版社,2008年版,第54页。
② 李文良等:《中国政府职能转变问题报告》,中国发展出版社,2003年版,第60页。
③ 周文生:《政府职能创新》,中国矿业大学出版社,2007年版,第15页。

过程和作用方式,可将行政职能划分为决策职能、组织职能、协调职能和控制职能等;从政府间的职能配置来看,不同层级的政府承担的职能不同,表现出层级性特征。

(一) 行政管理的基本职能

一般认为,行政职能是政治统治职能和社会管理职能的有机统一:一方面,政府是国家意志的执行者,是实现统治阶级意志和利益的工具。因此,政治统治职能是国家本质的表现和阶级统治的必然要求,是政府的基本职能之一;另一方面,"政治统治到处都是以执行某种社会职能为基础,而且政治统治只有在它执行了它的这种社会职能时才能持续下去"①,这种社会职能涉及经济、文化、社会等领域。因而,行政管理的基本职能可概括为政治职能、经济职能、文化职能和社会职能。

1. 政治职能

政治职能的核心是维护和巩固国家政权,它包括政治统治职能、保卫国家主权职能和民主建设职能。①政治统治职能。政府存在的首要目标就是维护阶级统治,加强统治阶级的合法性。政治统治职能主要表现为通过军事、警察、安全等机关来承担防范、打击敌对势力和反社会分子,维护正常的政治和社会秩序等。②保卫国家主权职能。这是政府的重要职责,主要表现为捍卫国家的领土完整和主权独立,具体包括加强国防、外交及对外事务的管理,防御外来敌人的侵略和颠覆,同时承担起应有的国际义务,保卫世界和平等。③民主建设职能。人民民主是社会主义的生命,加强民主建设、保障人民民主权利是我国政府的重要职能。一方面,应确保公民拥有知情权、参与权、表达权和监督权等民主权利;另一方面,必须向公民提供行使民主权利的制度和渠道,以建立稳定的民主政治秩序。

2. 经济职能

经济职能是指政府在国家经济管理活动中所应尽的职责和发挥的作用。经济学家保罗·萨缪尔森认为政府的经济职能主要有四项:提高经济效益、改善收入分配、通过宏观经济政策稳定经济和执行国际经济政策。② 在社会主义市场经济条件下,我国政府的经济职能主要包括几项内容。①为市场经济提供制度基础。一般认为经济自由、个人权利、政治条件和法律条件是市场经济的制度基础。③ 为避免出现公用地悲剧等问题,政府需要为市场经济运作提供基本的制度、规则及框架。它们包括:界定和保护产权、契约的执行,金融制度、专利保护、著作版权、法律和秩序的维持。④ ②社会经济管理。市场经济机制有其固有的弱点,需要代表公共利益的政府加以调节,维护市场经济的良性运行。政府的社会经济管理职能主要是对经济进行宏观调控、配置市场资源、调节收入分配、加强市场监管等。③国有资产管理。与社会主义公有制的经济性质相适应,我国拥有规模庞大的国有资产,需要设立国有资产管理机构对其进行管理,以实现国有资产的保值增值。

3. 文化职能

文化是一个民族赖以存在和发展的基石,是民族凝聚力和创造力的源泉,也是综合国

---

① 《马克思恩格斯选集》(第三卷),人民出版社,1995 年版,第 523 页。
② 李文良等:《中国政府职能转变问题报告》,中国发展出版社,2003 年版,第 10 页。
③ 毛寿龙、李梅:《有限政府的经济分析》,三联书店,2000 年版。
④ 张成福、党秀云:《公共管理学》,中国人民大学出版社,2001 年版,第 59 页。

力的重要组成因素。文化职能是指国家行政机关对全民的思想道德建设以及教育、科技、文化、卫生、体育、新闻出版、广播影视和文学艺术等方面的管理。文化职能的具体内容包括：制定教育、科学、文化发展的总体规划及与之配套的法规政策；加强文化事业的基础建设，统筹城乡、区域文化协调发展；开展教育、科学、文化体制改革，建立知识创新体系，提高国家文化软实力。

4. 社会职能

社会职能有广义和狭义之分，广义的社会职能是指所有社会管理职能，包括经济职能和文化职能。狭义的社会职能是指除了经济职能和文化职能之外，政府为社会提供各种服务和社会保障的职能。这里所说的社会职能是指后者，主要包括以下内容。①提供公共卫生和基本医疗服务。公共卫生和基本医疗具有较强的民生性，政府有责任为公众提供及时、有效的医疗卫生服务，提高全民健康水平。②环境保护职能。环境保护关系国民健康，也关系到经济的可持续发展。目前，环境污染问题严重。例如，大气污染、水污染、沙漠化和温室效应严重威胁着人类的生存和可持续发展，需要政府制定各种规章制度，采取各种措施治理环境问题。③社会保障职能。社会保障是确保公民维持稳定生活的一项重要制度。建立健全社会保障制度，如社会保险、社会福利，要努力使全体人民学有所教、劳有所得、病有所医、老有所养、住有所居，共享改革发展成果。

行政职能是变化发展的，我国经济体制转轨内在地要求行政职能在范围、内容、方式和监督等方面不断创新。行政职能转变实际上是建设和完善社会主义市场经济体制的条件和基础。为适应社会主义市场经济的发展，在行政管理的政治、经济、文化和社会四项基本职能的基础上，朱镕基总理在2002年的政府工作报告中首次提出了经济调节、市场监管、社会管理和公共服务四项完善行政职能的新目标。经济调节、市场监管、社会管理和公共服务是在建设和完善社会主义市场经济体制过程中需要特别强调和履行的行政职能，是政府角色的重新定位和职能的适应性调整。

（二）行政管理的运行职能

按照行政管理过程划分的职能称为行政管理的运行职能，是公共行政在过程和技术层面上的具体体现。国外学者从不同角度对行政管理的运行职能作了概括。法约尔提出了"计划、组织、指挥、协调和控制"五职能论；古立克和厄威克提出了著名的"POSDCORB"七职能论，即"计划、组织、人事、指挥、协调、报告和预算"；夏尔·德巴什则提出了"收集信息、准备决策、预测、决策、执行和监督"六个职能环节；还有学者提出了15要素、18职能等观点。但无论如何分类，行政管理运行职能的基本内容大致相同，可概括为决策、组织、协调和控制四项职能。

1. 决策职能

赫伯特·西蒙强调，管理就是决策，决策贯穿于管理的全过程。决策职能是行政管理过程的首要职能，在管理过程中，无论是计划、组织、领导还是控制，说到底都是由决策的制定和决策的执行两部分组成。决策主要包括目标和计划，行政机关进行管理活动之前，必须确定目标和任务，并具体设计出实现目标的方案、步骤和方法等。一般说来，越往高层，战略性决策越多；越往基层，执行性决策越多。战略性决策多为非程序性的，较为复杂；而执行性决策多为程序性的，难度相对较小。

2. 组织职能

组织职能是指政府为有效地实现既定行政管理目标和任务,通过建立行政组织机构,配备相应人员,确立职位、职权、职责关系,将行政组织内部各要素组成有机整体,使人、财、物得到最合理的使用。组织职能的根本目的在于增强公共行政的整体性和凝聚性,提高管理效率,具体表现为:有效设置、调整和运行机构,搞好编制管理;划分组织内部的职权及对人员进行选拔、调配、培训和考核;指挥和监督具体行政管理工作等。

3. 协调职能

行政管理归根结底就是为了设计和保持良好的行政环境,减少、消除不必要的冲突和能量损耗,使行政人员在组织内协调地开展工作,从而有效地完成行政目标。因此,协调活动是行政管理过程的重要环节。可以说,每一项行政管理职能的展开,都是为了更好地促进协调,以建立和谐的分工合作、相互促进的联系,从而实现行政管理的目标。协调职能具体表现为:协调行政组织之间、组织与个人之间、人员之间的关系;协调各项行政管理之间的关系;协调行政组织与其他组织以及与社会公众之间的关系等。

4. 控制职能

控制职能是指行政组织掌控行政目标实施过程,防止和纠正偏离目标行为的职能,是对政策或目标执行程序中输入的调整。控制职能贯穿于行政管理活动的全过程,控制职能的行使包括几个相互关联的环节,即确立控制标准、获取偏差信息、采取调节措施和实行有效监督等;在具体表现形式上,控制职能可分为前馈控制、现场控制和反馈控制。为了有效地发挥控制职能,必须建立健全监控的组织系统,采取有效的控制手段,以保证行政管理目标和任务的顺利完成。

(三) 行政管理的层级职能

政府作为公共服务的提供者,其履行的行政职能要与所提供的公共服务的区域范围相对应,以保证不同层次、不同范围的公共产品的供给效率。基于这一职能定位,行政管理的层级职能是指根据公共服务的区域范围,在中央政府和各级地方政府之间进行划分配置的行政职能。可分为:中央政府专有职能、地方政府专有职能、中央政府与地方政府共有职能。①

1. 中央政府专有职能

中央政府专有职能是指由中央政府负责的、对全国性公共事务的管理职能。由国务院统一领导所属各部、委、局、办,以及各级地方行政机关开展工作。中央政府专有职能一般包括国防事务、外交事务、国家产业指导与规划、基础性科学研究、空间探索、海洋开发、全国性基础设施建设、义务教育等。相应的机构设置、人员编制和经费支出等由中央政府统一管理。

2. 地方政府专有职能

地方政府专有职能主要是指由地方政府负责的、对本辖区内公共事务的管理职责。地方政府专有职能又分为县级以上地方各级人民政府的职能和乡镇一级人民政府的职

---

① 丁煌:《行政管理学》,首都经济贸易大学出版社,2009年版,第37页。

能。相应的机构设置、人员编制和经费支出等由地方政府管理。县级以上地方各级人民政府的职能主要包括：依照法律规定的权限，管理本行政区域内的经济、教育、科学、文化、卫生、体育事业、城乡建设事业和财政、民政、公安、民族、司法行政、监察和计划生育等事务，发布决定和命令，任免、培训、考核和奖惩行政工作人员。乡镇一级人民政府的职能主要有：执行本级人民代表大会的决议和上级国家行政机关的决定和命令，管理本辖区内的事务。此外，城镇和农村按居民居住地设立的居民委员会或者村民委员会作为基层群众性自治组织，主要负责办理本居住地区的公共事务和公益事业，调解民间纠纷，协助维护社会治安，并且向政府反映群众的意见和建议。

3. 中央政府与地方政府共有职能

共有职能主要是指需要由中央政府和地方政府共同承担供给责任的公共事务管理职能。这些公共事务一般涉及国家整体利益，但由地方政府具体实施比较有效。因此，带有比较明显的中央宏观意图，由中央决策并制定相关政策，地方政府则负责具体实施，如社会治安、城市发展、环境保护、国土管理、司法监督。相应的机构设置、人员编制和经费支出等则由中央政府和地方政府共同负责。

三、行政职能的重要地位

行政职能是政府开展行政管理活动的前提和依据，反映了国家的性质和政府活动的方向。行政职能的重要地位主要体现在三个方面。

（一）行政职能是行政管理活动的根本依据

自从国家产生以来，随着经济社会发展环境的变化，行政管理职能的范围和内容也在不断地变化着。行政职能的变化不仅体现了经济社会对政府需求的变化，也体现了国家行政管理的理念、性质和方向的变化。无论在任何时期、任何国家或地区，行政职能都是行政管理活动的根本依据，为行政管理活动指引方向。

（二）行政职能是行政组织设置的重要依据

行政职能是行政组织设置的前提，行政组织是行政职能的载体。一方面，行政组织是为履行行政职能而存在，行政职能在很大程度上决定了行政组织的设置、规模、层次、数量及运行方式；另一方面，行政职能的发挥，必须通过一定的行政机构来实现，离开了行政组织，行政职能也就无法实现。事实上，行政职能的确定和行政组织结构的确定是同一过程，行政管理有什么样的职能就应该建立相应的组织结构。

（三）行政职能是行政管理科学化的重要前提

行政管理过程就是决策、组织、协调、控制等职能有序运行的过程。行政职能的每个环节对行政管理的有效运行都必不可少，对其中任何环节的疏忽，将会直接影响整个行政管理运行过程，导致行政功能的紊乱。因此，只有科学地认识和把握行政职能及其相互关系，才能保证整个行政管理系统的科学化。

第二节 行政职能的历史演变

一、西方国家行政职能演变

从西欧封建社会晚期到资产阶级革命完成前,政府奉行国家干预主义以进行资本主义原始积累;在资本主义上升阶段,政府奉行"管的最少的政府是最好的政府",推崇自由放任主义;在资本主义发展的"滞涨"阶段,受凯恩斯主义的影响,人们又把注意力转向政府这只"看得见的手";现阶段,随着人们对政府与市场关系认识的不断加深,经历了从政府对经济减少干预向对经济进行适度干预的转变。人们逐步认识到政府干预过度会导致"政府失灵",市场作用过度也会出现"市场失灵",因此,政府要有选择地干预市场。

(一)资本主义原始积累时期的行政职能(15世纪初—18世纪)

资本主义原始积累时期是指从15世纪初的西欧封建社会晚期到18世纪末资产阶级革命完成前的漫长时期。期间,西方社会建立了由封建君主制逐步向资产阶级君主制过渡的专制政府,形成了高度集中的专制主义行政职能体系。在重商主义的影响下,政府奉行干预主义政策,不仅运用行政手段和立法手段干预经济活动,而且采取政治手段、外交手段,甚至是大规模的暴力和军事手段,以达到增加政府财政收入的目的。重商主义政策使国家干预主义达到顶峰,完成了双重历史使命:一方面国家干预主义促进了资本主义原始积累;另一方面加速了封建制度的瓦解。

(二)自由资本主义时期的行政职能(18世纪末—20世纪30年代)

这一时期,西方国家先后完成了资产阶级革命,建立了代议制政府,普遍推崇自由放任的经济政策,相信"看不见的手"能够自动实现资源的最佳配置。因此,政府应扮演"守夜人"的角色,不应干预经济活动。作为自由放任主义的鼻祖,英国古典政治经济学家亚当·斯密以理性经济人假设为前提,构筑了一个在市场引导下自然运行的社会经济秩序。在《国富论》中,亚当·斯密将政府职能限定在三个方面:一是"保护本国的社会安全,使其不受其他社会的暴行与侵略";二是"保护人民,不使社会中任何人受其他人的欺辱和压迫";三是"建设并保护某些公共事业及某些公共设施"。[①] 简言之,自由资本主义时期政府职能的范围主要是保障国家安全、维护社会治安并提供公共服务。

(三)垄断资本主义时期的行政职能(20世纪30年代—70年代)

这一时期,资本主义国家经济结构发生了新的变化,市场自我调节的能力弱化,资本主义固有矛盾日益尖锐。1929—1933年席卷资本主义世界的经济大危机彻底打破了亚当·斯密关于市场万能的神话,国家干预主义的行政职能论应运而生。1939年,

---

① 齐桂珍:《国内外政府职能转变及其理论研究综述》,载《中国特色社会主义研究》,2007年第5期。

凯恩斯在《就业、利息和货币通论》中认为，政府不加干预的市场经济会产生有效需求不足，出现周期性危机，需要政府采取积极措施加以清除和弥补。因而，政府的经济职能应该是全面的，不仅应当去弥补"市场失败"的缺陷，而且还要干预市场正常运行的地方，以防止市场可能出现的失败；不仅要干预生产，还要干预分配。因此，政府不应只是消极"守夜人"，还应是社会秩序与经济生活的积极干预者，特别是要熟练和有效地利用财政职能来影响经济发展。受凯恩斯主义的影响，"罗斯福新政"通过制定紧急银行法案、节约法案、农业法案、税制改革法案、工业复兴法案、以工代赈法案和社会保障法案等，大大强化了政府职能，开启了西方国家政府干预的序幕，并创造了20世纪五六十年代经济快速发展的奇迹。

（四）当代资本主义的行政职能（20世纪70年代—）

当代资本主义国家的行政职能又可分为两个阶段，即政府对经济减少干预时期和政府对经济进行适度干预时期。20世纪70年代，石油危机触发了经济滞胀和高失业率，凯恩斯主义一时难以解决，新自由主义思潮卷土重来，发起了对凯恩斯主义的猛烈批判。新自由主义经济学派包括现代货币学派和公共选择学派等。以米尔顿·弗里德曼为代表的货币主义理论认为，市场缺陷与市场失灵固然可怕，而政府缺陷或政府失灵的危害更大。因此，政府在经济中的作用并不是通过经济政策来干预经济活动和市场机制，而是为市场经济的正常运行创造良好环境。以布坎南为代表的公共选择学派主张把经济学理论和分析方法用于政治社会领域，在政府决策与社会、个人选择之间建立内在联系。20世纪80年代，受新自由主义的影响，英国政府发起了公共事业私有化改革运动，通过引入私人资本来降低政府投资和财政赤字。

公共事业私有化改革运动只是达到了减少财政赤字的目的，但公共服务质量并没有提高。20世纪90年代，一些新自由主义者开始转向新凯恩斯主义，提出了有限干预的政府职能论，主张政府必须对经济进行适度干预、增强社会责任。他们认为政府的经济职能应该限定在一定范围内，这个范围就是市场长久失败和政府干预并不会带来"政府失败"的地方。正如查·沃尔夫在《政府或市场——衡量两种不完善的选择》中指出的那样，要利用政府去弥补市场缺陷，同时要利用市场去克服政府失败。新凯恩斯主义有以下主要观点。①市场有失败，政府同样也有失败，政府失败既表现为国家对经济干预过度造成市场进一步失灵，又表现为对经济干预不足使市场无法正常运作。②政府只能干预市场的根本性失败，不能干预其非根本性缺陷。这种失败是长久的、经常的和大量出现的，而不是暂时的、偶然的和市场经过一段时间的调整后会自行解决的缺陷。在现代市场经济中，市场的根本性缺陷的影响因素主要有信息制约、搭便车行为和欺诈性行为。③政府要利用市场去干预经济。英国布莱尔政府实施的"第三条道路"和美国克林顿政府提出公众（雇员）参与决策的制度，都是超越传统自由放任主义和全面干预主义的政府"适度干预"职能的有益实践。

二、新中国成立以来行政职能的演变

新中国成立以来，我国行政职能的变迁大致可划分为三个阶段：一是从新中国成立到改革开放前,突出政治统治职能;二是从十一届三中全会到党的十六大召开前,以经济职能为重心;三是从党的十六大召开至今,强调社会管理和公共服务职能。

(一)第一阶段(1949—1978年)

新中国成立至改革开放前,我国经济基础薄弱、人民生活贫困。在稳固政权与发展经济的双重压力下,行政职能凸显两方面的特征:一是强调政治统治职能;二是在经济社会管理方式上,表现出中央高度集权、全面控制经济社会事务。这种全能型政府形态在实践中导致了机构庞大、权责不明和效率低下等弊端。期间,国家进行了多次以精简、紧缩和权力下放为主要内容的行政改革,从机构设置上对行政职能进行调整,但并没有取得积极成效。行政职能中片面强调政治统治职能,否定市场对资源配置的基础性作用,采取行政手段对经济社会资源进行控制的状况也没有得到改变,更多的是各级政府之间以及政府内部各部门之间职责权限的调整。

(二)第二阶段(1979—2002年)

十一届三中全会后,行政职能从以政治统治为中心转变为以经济建设为中心,并努力推进"政企分开"、"政社分开"的改革。期间,先后进行了四个大的行政改革:为了适应党和国家工作重心的战略转移,直接为经济建设服务,1982年进行了第一次机构改革;以"转变职能,下放权力,调整内部结构,精简人员"为指导思想,1988年的行政改革确立了以强化宏观管理、淡化微观管理、以间接管理为主、直接管理为辅的改革方案;随着社会主义市场经济体制作为改革目标的确立,1993年,我国进行了以政企分开为主要内容的第三次行政改革;1998年的第四次行政改革仍然把转变行政职能作为最主要的内容,不仅从总体上提出了建立"办事高效、运转协调、行为规范"为行政改革的总目标,而且对行政职能转变的方向作出了明确规定,即将计划经济体制下形成的行政职能体系转变到宏观调控、社会管理和公共服务上来。

(三)第三阶段(2003年至今)

随着改革开放的深入推进和经济的飞速发展,社会矛盾和问题日益凸显,对行政职能转变提出了新的更高要求。2002年,我国首次提出了现代市场经济条件下政府的四大基本职能,即经济调节、市场监管、社会管理和公共服务。党的十七大确立了当前政府工作的关键是推进行政职能转变、完善社会管理和公共服务,重点是保障和改善民生。在十七大思想的指导下,2008年,我国进行了第六次行政改革。这次改革进一步强化了政府的宏观调控职能,突出公共服务职能,并开始探索大部制改革之路。2010年,党的十七届五中全会通过的"十二五"规划再一次强调了进一步转变行政职能的目标,按照转变职能、理顺关系、优化结构、提高效能的要求,加快建立法治政府和服务型政府。

至此,我国行政职能经历了从凸显政治统治职能,到强调经济职能,再到强调社会管理和公共服务职能的变化。现阶段,我国行政职能转变的方向是继续加强经济调节、市场监管职能,更加重视社会管理和公共服务职能,以促进社会主义和谐社会的建设。

第三节　当代中国行政职能转变

一、当代中国行政职能转变的重要意义

（一）行政职能转变是社会主义市场经济发展的必然要求

经济基础决定上层建筑，以市场化为导向的经济体制改革内在地要求转变行政职能。在传统的行政职能体系下，政府仍然管了很多不该管、管不了、管不好的事情；改革开放以来，社会主义市场经济体制的逐步建立与深入发展，迫切要求转变行政职能，以跟上经济体制改革的步伐。首先，政府要减少对经济领域的直接干预，建立以间接手段为主的宏观调控体系；其次，要强化政府的市场监管职能，规范市场秩序，为经济发展提供一个良好的环境；最后，要切实加强社会管理和公共服务职能，以发展社会事业和解决民生问题为重点，优化公共资源配置。

（二）行政职能转变是实现行政职能体系合理配置的根本途径

我国传统的行政职能体系是建立在高度集中的计划经济体制基础上的，这种以高度集中统一为典型特征的行政职能体系强调政治统治职能，忽视社会管理职能；重视微观管理，轻宏观管理，导致行政职能的越位、错位和缺位。另外，行政体系内部职能分解过细，职能交叉问题严重，也导致了相互扯皮、相互推诿等问题。因此，只有切实转变行政职能，理顺职能关系，才能实现行政职能体系的合理配置。

（三）行政职能转变是政府机构改革的重要前提和基础

行政职能是政府机构设置和机构改革的依据。政府机构改革并不是简单的撤销、精简、合并，而是建立在转变职能的基础上，包括确定政府各机构的职能、合理划分各机构权限、科学配置和使用人员等。我国政府机构改革之所以走不出"精简—膨胀—再精简—再膨胀"的怪圈，其中一个重要原因就是职能不明确。由于行政职能没有根本转变，政府往往片面强调表面的"精简机构"、"缩减编制"，这是导致机构恶性膨胀的根源。因此，政府机构改革必须根据行政职能的变化来进行，在转变职能的基础上对机构及人员进行改革和调整。

二、行政职能转变的基本内容

（一）职能重心的转变

改革开放前，我国行政职能呈现出重政治统治职能、轻社会管理职能，重阶级斗争、轻经济建设的特征。1978年，党的十一届三中全会明确提出把党和国家的工作重心转移到经济建设上来。在此后的20多年里，各级政府紧紧围绕经济建设这个中心，取得了巨大

的成就,但同时也积聚了很多矛盾和问题。为适应社会发展的需要,2002年的政府工作报告中首次提出了当前政府的"四大"职能目标:经济调节、市场监管、社会管理和公共服务。从此,我国行政职能重心从经济建设转移到社会建设上,突出政府的社会管理和公共服务职能,开创了我国行政管理的新局面。

(二)职能关系的理顺

职能关系是指不同职能由谁来行使和关于主体间职责权限的划分问题。理顺职能关系也就是要分清职能、理顺关系、明确不同主体间的职责权限。在各种错综复杂的关系中,政府自身的关系,以及政府与市场、政府与企业、政府与社会的关系是要着重解决好的问题,是实现行政职能转变的关键因素。

1. 理顺政府自身的职能关系

(1)理顺中央政府与地方政府的关系。

中央与地方的关系实质上是一种利益分配关系,中央在划分与地方政府各自的职能范围的基础上分配事权和财权。中央政府代表国家整体利益,地方政府既是国家利益在地方的代表,又是地方局部利益的代表。在高度集中的计划经济体制下,权力过分集中于中央政府,地方政府实质上是中央政府的派出机构,一方面难以调动地方政府的积极性;另一方面中央政府集宏观管理和微观管理于一身,容易导致"一管就死,一放就乱"的局面。社会主义市场经济体制的建立与发展打破了中央政府高度集权的格局,要求中央政府与地方政府的权力关系也要做出适时调整。在合理划分事权和财权的基础上,中央政府下放原本属于地方政府的权力,实现地方政府的自主发展,中央主要行使指导、监督与服务职能。这既有助于维护中央政府的权威,保持政令统一,又能充分调动地方政府的积极性,因地制宜地处理本辖区的具体事务。

(2)理顺政府各职能部门间的关系。

理顺政府内部各职能部门的关系是维持政府协调运转和提高政府绩效的必然要求。科学分析和分解政府各部门的职能权限,按照责权一致、分工明确的原则,建立严格的工作责任制和岗位责任制,是理顺政府内部各职能部门关系的关键所在,进而从制度上解决职能不清、人浮于事、政出多门和相互推诿等弊端。

2. 理顺政府与市场的关系

政府与市场的关系,实质上是一个通过什么样的方式和手段配置社会资源的问题,两者的关系直接决定着政府在社会中所扮演的角色和发挥的作用。行政职能的演变过程与市场经济的不同发展阶段紧密相关。计划经济体制下政府与市场的关系是一种强政府、弱市场的关系,政府几乎直接控制了整个社会的经济活动,抑制了劳动者的积极性和企业的活力,最终导致资源配置的不合理与低效率。随着我国社会主义市场经济体制的确立和完善,市场在资源配置中开始发挥基础性作用,政府主要是通过宏观调控预防"市场失灵",或在出现"市场失灵"时弥补漏洞。因此,政府职能主要表现在:加大对市场的规范和监管力度,以维持其正常的竞争秩序,保证市场健康和有序发展;调节教育、医疗卫生和社会保障等关系到国计民生的重要问题;着力解决贫富差距、资源浪费、环境污染等市场无法解决的问题。总之,政府的角色应该是市场规则的制定者、市场秩序的维护者、经济运行的调节者和公共产品的提供者。真正做到让市场解决市场机制能解决的问题,政府只管市场做不好或做不了的事情,通过政府引导市场,以市场来调节企业。在我国特殊的国情下,理顺政府与市场的关系,要重点考察政府和企业的关系。

3. 理顺政府与企业的关系

在不同的国家、不同的经济体制下,政府与企业的关系是不同的。在我国计划经济体制下,国有企业是政府的附属物,政府控制着企业的所有权和经营权,直接管理企业的生产、运营和销售。这种政企不分的局面不仅造成政府规模庞大,还导致企业效率低下。改革开放以来,国有企业改革在经历了放权让利、转换机制之后,开始进入股份制改革阶段。当前,为实现所有权与经营权的分离,公司制正逐步发展为国有企业的一种主要组织形态,政府拥有所有权,企业掌握经营权。实践证明,要建立健全现代企业制度,就必须下放权力、政企分开。政府将属于企业的权力下放给企业,同时将企业推向市场,使企业在市场竞争中成为自主经营、自负盈亏、自我发展、自我约束的独立法人;而政府主要负责宏观指导、监督管理,为企业创造出良好的发展空间和市场环境。

4. 理顺政府与社会的关系

在计划经济体制下,政府包揽了一切社会事务,社会完全处于政府的控制之下,一方面,政府负担随着社会事务的增加而愈显沉重;另一方面,对政治统治功能的强调,抑制了社会的自我发展。改革开放以来,经济转型带来了巨大的社会效应,社会机体发育和自我管理能力不断增强,迫切要求政府改变包揽一切社会事务、凌驾于社会之上的思维和行为,重新塑造良好的政府与社会关系。政府与社会关系的转变主要体现在以下方面。一是转变政府管理体制。市场经济体制要求政府在社会管理方面的基本职能是提供"公共物品",改变原来包办一切社会事务的做法;在管理方法上,要从以行政命令方法为主转向以法律方法为主,多种手段相结合。二是培养社会自治能力。社会组织发达程度与政府职能转变息息相关。社会组织有能力接替政府转移的一部分社会服务职能,并发挥一定的监督作用;政府应重视对社会组织的扶持、引导和规范,大力培育社会中介组织,从而培养社会的自治能力。

(三) 职能方式的转变

行政职能转变意味着行政职能方式的变化。随着我国行政职能的转变以及权力关系的变化,职能方式也相应地发生变化。当行政职能以政治统治职能为主时,行政职能方式大致以微观管理和直接管理为主;当行政职能以经济职能和社会职能为主时,行政职能方式则大体上以宏观管理和间接管理为主。

1. 行政管理手段的转变

在高度集中的计划经济体制下,政治统治职能是政府的主要职能,权力过度集中于中央政府,行政职能方式以单一的行政命令为主。改革开放后,我国行政职能重心发生了变化,由原来的统治性职能为主转变为以管理职能和服务职能为主。因此,单一的行政手段已不适应现阶段的行政职能要求,以运用经济手段为主,经济手段、法律手段和必要的行政手段相结合成为政府的必然选择。

2. 行政管理方式的转变

由微观管理向宏观管理、直接管理向间接管理的转变,是综合运用经济手段、法律手段和必要的行政手段实施管理的具体体现。随着我国行政职能重心的转移,行政权力从微观领域中逐渐撤出，市场主体逐步发挥自主性作用，多元主体的社会格局初步显现。这就要求行政职能理性归位，回到以宏观调控和间接管理为主的职能方式上。职能方式的转变既是社会主义市场经济发展的必然要求，也是行政管理更加科学化的必然选择。

三、行政职能转变的主要问题

改革开放 30 多年以来，为适应社会主义市场经济体制改革的需要，我国以转变行政职能为核心的政府机构改革取得了显著成效，初步建立了以间接手段为主的宏观调控体系。但行政职能转变是一个长期的、不断深化的过程，现阶段我国行政职能仍然存在一些问题，主要体现在三个方面。

（一）行政职能缺位

行政职能缺位是指政府在本应该由其生产和提供公共物品的职能领域投入不足，甚至在某些公共领域出现"真空"的状况。在我国公共物品需求量大幅增长的同时，公共物品的供给却严重不足，带来了许多社会问题，如贫富差距扩大，区域、城乡发展不平衡，食品卫生与安全问题频发以及假冒、伪劣产品充斥市场等。行政职能缺位主要表现在两方面。一方面是经济调节和市场监管职能不完善，宏观调控体系尚不健全。虽然中央政府加大了宏观调控力度，但有些地方政府仍片面追求政绩和 GDP，忽视经济结构调整和生产方式转变，环境污染、资源浪费等问题仍在一定程度上存在。在市场监管方面，影响公正执法的体制性障碍仍然存在，各执法主体间的职责分工尚待进一步明确。另一方面，社会管理和公共服务职能仍然较弱。各级政府采取了许多强化社会管理和公共服务的措施，也收到了一定成效。但总体上还存在不少薄弱环节，医疗、养老、失业、救济等社会保障服务供给不足；应该由政府提供的基本教育服务、公共卫生服务和城市公用事业等仍然不能满足社会大众的需求。行政职能缺位的原因主要有两个：一是因为相关政府部门拥有的资源不足，履行行政职能的能力弱；二是行政职能定位不够准确。

（二）行政职能越位

行政职能越位是指政府干了不该干的事情和管了不该管的领域。行政职能越位突破了政府与市场、社会的合理边界，主要表现在以下方面。一是政府与市场的边界不明确。政府充当起市场主体的角色，用行政手段管理经济，取代市场在资源配置中的基础性作用。二是政府与（国有）企业不分。政府集企业的所有权与经营权于一身，为企业决策、掌管人事、负担亏损，使企业长期处于政府的管束与庇护之下，难以成为自主经营、自负盈亏的法人。三是政府与社会不分。政府通过主管、挂牌、指导等方式直接介入各种社会组织的内部管理与运作，社会组织难以真正依照自我管理、自我约束、自我发展的原则成长，阻碍了社会组织在公共管理中作用的发挥。四是政府与事业单位不分。既有使用事业编制的行政机关，也有使用行政编制的事业单位。造成行政职能越位的原因主要有：一是相关政府部门拥有较多的行政权力和资源，行使某项行政职能的能力强而承担的责任小；二是行政职能的定位失误，既导致政府机构臃肿、效能低下，消耗了大量的公共资源，又滋生了严重的寻租腐败行为。

（三）行政职能错位

行政职能错位是指政府内部发生的职能混乱现象，即你干我的事，我越你的权，行政职能分工不明确。行政职能错位主要表现在不同层次的政府之间或同一层次的政府部门之间职能重复设置、相互交叉以及财权和事权不统一等。在对行政职能进行大规模调整时期，这一问题尤为突出，具体表现在两个方面。在纵向上，既有中央对地方、上级对下级进行越权干预的现象，也有地方对中央、下级对上级越位干预的现象。如在人事、机构管理方面，中央、上级政府越权较多，而在土地资源管理等方面，地方和下级政府越位较严重。在横向上，主要是各级政府部门之间职能交叉重叠现象严重，导致相互推诿和政出多门等问题。

四、我国行政职能转变的趋向

我国正处于社会转型的攻坚阶段，要求政府适时变革。2004年3月，温家宝总理在全国人大会议上强调："管理就是服务，我们要把政府办成一个服务型的政府，为市场主体服务，为社会服务，最终是为人民服务。"为市场主体服务，即要在"完善社会主义市场经济体制"的目标下开展工作；为社会服务，很大程度上是指政府要围绕着"加强和创新社会管理"的目标而有所作为；为人民服务，即是指政府职能重心要围绕"优化公共服务体系"这一目标而转变；而为市场主体服务、为社会服务、为人民服务，都需要建立在法治政府的基础之上。具体而言，在服务型政府建设背景下，行政职能转变的趋向主要应体现在四个方面。

（一）完善社会主义市场经济体制

自1992年明确建设社会主义市场经济的目标以来，我国经济建设取得了举世瞩目的成就；但社会主义市场经济仍不完善，影响发展的体制性障碍依然存在，改革攻坚面临深层次矛盾和问题。为适应新形势，更好地为市场主体服务，行政职能转变必须以科学发展观为指导，着力解决影响社会主义市场经济健康发展的体制性问题。一是正确处理政府与市场的关系。政府要充分尊重市场的作用，适时、适度并间接地干预市场，调控、引导和服务市场。二是完善经济调节职能。在社会主义市场经济建设过程中，市场机制与宏观调控是相辅相成的，缺一不可。政府要进一步增强宏观调控的预见性、针对性和有效性，把促进经济增长、增加就业、稳定物价和保持国际收支平衡作为宏观调控的主要目标，创造有利于经济发展的宏观环境。三是强化市场监管职能。现代市场体系要求最大限度地发挥市场在资源配置中的基础性作用，而制定促进公平竞争的市场规则，建立健全社会信用体系，则离不开政府对市场的有效监管。四是健全法律制度体系，创造与社会主义市场经济发展相适应的法治环境。

（二）加强和创新社会管理

政府与社会互动的能力越强，越能产生巨大的能量。社会主义市场经济发展至今，经济体制、社会结构、利益格局和思想观念等都发生了深刻变化，政府唯我独大的局面愈来愈难以解决日益复杂的公共问题。在建设和谐社会过程中，政府必须切实转变职能，加强和创新社会管理：一是创新社会管理体制，坚持多方参与、合作治理的理念和原则，创新社会管理体制机制,增强社会管理和服务的合力;二是强化城乡社区自治和服务功能,全面开展城市和农村社区建设,构建社区管理和服务的平台;三是加强社会组织建设,坚持培育发展和管理监督并重,推动社会组织健康有序发展,发挥其提供服务、反映诉求、规范行为的作用;四是完善群众维权机制,拓宽社情民意表达渠道,完善社会矛盾调解机制,形成科学有效的利益协调机制、诉求表达机制、矛盾调处机制和权益保障机制,切实维护群众合法权益;五是加强公共安全体系建设,保障食品药品安全,严格安全生产管理,健全突发事件应急体系,完善社会治安防控体系。

(三) 优化公共服务体系

随着政府不断加大对公共服务的投入力度,我国初步建立了基本公共服务体系,但公共服务的整体水平仍偏低,存在着公共服务供给不足、基本公共服务均等化远未实现、农村公共服务严重短缺等问题。这就要求政府要以改善民生为重点,优化公共服务体系。为此,行政职能转变的主要方向是:坚持民生优先,完善就业、收入分配、社会保障和医疗卫生的制度安排,推进基本公共服务均等化,努力使发展成果惠及全体人民。具体而言,一是要健全基本公共服务体系,提升基本公共服务水平。一方面要继续推进基本公共服务均等化,逐步缩小区域、城乡间基本公共服务的差距;另一方面要明确基本公共服务范围和标准,创新公共服务供给方式,实现供给主体和供给方式的多元化。二是要实施就业优先战略。坚持把促进就业放在经济社会发展的优先位置,努力实现充分就业,实施更加积极的就业政策,加强公共就业服务。三是合理调整收入分配关系。初次分配和再次分配要处理好效率和公平的关系,再次分配更加注重公平,加快形成合理有序的收入分配格局,尽快扭转收入差距扩大的趋势。四是健全覆盖城乡居民的社会保障体系。坚持贯彻广覆盖、保基本、多层次和可持续的方针,稳步提高社会保障水平。加快完善社会保险制度,加强社会救助体系建设,积极发展社会福利和慈善事业。五是完善基本医疗卫生制度。健全基本医疗卫生制度,加快医疗卫生事业发展,优先满足群众基本医疗卫生需求。

(四) 建设法治政府

围绕法治政府建设,行政职能转变应着重做好四个方面的工作:一是进一步牢固树立法律至上的理念,政府的一切活动应在法律规定的范围内进行,受到法律的约束与控制;二是行政职能法治化,即将行政职能的内容、履行职能的条件及履行的方式法律化、制度化;三是加强对行政执法的监督,确保权力正确行使,健全多层次和多方位的监督渠道,加强公共监督;四是加强法制宣传教育,提高全社会的法律意识和法治观念。

1. 简述行政职能的含义与特点。
2. 简述行政管理的层级职能。
3. 简述我国行政职能的历史演变。
4. 简述我国行政职能转变的主要问题。
5. 论述我国行政职能转变的趋势。

经典案例

顺德经验：政府的作用是"掌舵"而不是"划桨"

顺德经济发达，改革开放以来一直位于全国"百强县"之前列。作为广东省综合改革的先行点，顺德在产权制度改革、政府职能转变和行政体制改革方面在国内处于领先地位。

一、改制的背景

顺德一直以其集体经济发达著称。据1993年的统计，顺德工业企业注册资本中，公有经济占74%，外资占24.7%，民间资本仅占1.24%。在北旺镇，公有企业占90%（其中镇办企业占80%），公有经济占绝对优势。顺德人推崇的是"以集体经济为主，乡镇企业为主，骨干企业为主"，当然"三个为主"也取得了相当大的成功，创造出了一系列国内名牌产品，如美的空调、容声冰箱、万家乐热水器等。与此同时也出现了政企不分的现象，企业变成了政府的附属物，政府主导经济运作方式。企业上新项目要由政府作担保向银行贷款。企业经营者不承担直接的经济责任。盲目投资，广铺摊子，重视经济的外延扩大，忽视经济的内涵式发展。企业领导制度不健全，企业领导权力过大，"厂长经理负责制"成了"厂长经理所有制"。结果是厂外有厂，账外有账，集体资产流失严重，一些企业的厂长、经理把利益转移到协作厂，通过交易，将一部分截留给私人，个人的腰包一天天膨胀起来。于是，出现"个人负盈、企业负亏、政府负债"的现象。当时的市长冯润胜说："当年靠政府担保，高投入、高负债起家，九成以上的企业是政府全资，现在有限的公有资本再难以支撑如此庞大的公有经济；政府有限的利益再难以承担无限的风险，难以适应市场经济体制，无法良性循环，再不变一变，改革开放的成果就没有了！"乡镇企业的规模越来越大，逐渐成为"二国营"，弄虚作假现象严重。一家长期戴着"先进企业"桂冠的工厂，每年上报盈利6000多万元，实际上却负债5000万元。公款消费恶性膨胀，有的企业领导用公款购买小汽车，请客送礼，任意挥霍。这些现象造成国有资产流失，企业经济效益低下，到1993年全市197家市属企业中，资产负债率高达80%。

顺德市领导层看到，"政企不分是一切问题的总根源"。一位老镇委书记说："从眼下来看，传统公有制模式，比那些以个体经济为主的市镇有更多的优越性，有更强的实力；但随着改革的深入，深层次的矛盾和问题必将日益显现，前景不容乐观。"顺德人开始认识到，在市场经济条件下，要使经济高质量、高效益地运转，必须实行政企分开，从政府包办转为由企业自主经营；从靠投资拉动转为以效益牵动，让市场、效益成为企业赖以生存和发展的基础，即转换企业经营机制，转变政府职能。于是，以产权制度改革为突破口、以转变政府职能为关键的改革在顺德拉开了序幕。

二、理顺产权 企业转制

顺德人认识到，尽管集体经济力量雄厚，但要有经济发展的后劲，必须对传统产权结构进行改造，触动"产权"这个尚未有人敢碰的"禁地"，建立适应市场经济的经营、分配机制。1993年9月，市委、市政府下发了《关于转换企业机制发展混合型经济试行办法》（下称"28条"或"35条"），明确提出要通过企业产权制度改革，"促进以股份制为主要形式的多种经济成分并存的混合型经济的迅速发展，建立适应市场机制的公有资产管理运营体制"。这个办法最初为28条,到1995年完善补充到35条,是顺德企业与政府改革的纲领性文件。

根据"28条",改制的第一步是对全市公有制企业进行全面清产核资,委托中介机构进行资产评估,然后界定产权。原国有企业和国家直接投资形成的资产为国有产权;各级政府的投资及其他行政部门担保投资兴办的企业所形成的资产,为地方政府产权;企业奖励金和福利金,可作为职工产权。产权理清以后,按照现代企业制度的要求,通过对国有和乡镇集体所有企业实行多种形式的改造,实现政企分开。一是对关系全市国计民生、带有专营性质、基础设施、高新技术的骨干企业进行公司制改造,改组为政府全资或控股的股份有限公司,或者有限责任公司;二是通过出让部分股权或扩股的办法,吸引外商注资,从而组建中外合资(合作)有限公司,调整产权结构;三是把企业全部资产作价转让给原企业全体或大部分员工,组建新的股份合作制企业;四是把企业的设备和流动资产转让给员工,把土地使用权和厂房租赁给员工,实行租赁经营;五是对微利、亏损的小企业公开拍卖,转为合伙制或私营企业。经过3年扎实稳妥的推进,到1995年年底,顺德市、镇两级1001户企业全部转制完毕,形成政府独资、控股、参股企业163家,企业职工持股企业566家,企业经营者持股和拍卖、兼并企业272家,租赁经营331家,停产21家,市、镇两级企业中,公有资产的比重由90%下降为62.4%,市、镇两级的国有资产重点转向基础产业和高新技术产业,质量和创利能力大大提高。

这样,顺德"抓住一批,放开一批,发展一批",将基础产业和高新技术产业改组为政府全资或控股企业,交由公有资产管理委员会下辖的投资公司经营;大多数企业则通过合作、转让、租赁、承包、拍卖等形式放开经营。如大良镇的德胜电机厂,前身是国有老厂,转制时资产评估为6000多万元。全厂900多职工集资买下该厂,成为工厂股东,投资150万元的最大股东做了董事长。该厂转制后,工厂员工既是工厂职工又是工厂股东,实现了"劳动者的劳动联合和资本联合",原来"人人有一份,人人都没有"的产权虚置的状况改变了,他们信奉"搞得好起楼,搞不好跳楼"的哲学,企业职工的主人翁意识普遍增强。成了企业的股东后,职工们说,"我们是企业的真正主人",因此,比以往更加关心工厂,生产积极性大大提高了。同时,企业的内部约束机制也逐渐形成:企业盲目贷款、盲目上新项目的现象少了;公款消费膨胀得到遏制,企业领导大手大脚、铺张浪费的不良风气有所扭转。总之,良性循环已经开始出现。1993年,顺德市固定资产投入达58亿元,1994年下降到41亿元,降幅达29.3%;1995年再降到31亿元,降幅达24.4%。3年间,固定资产投资规模逐年大幅度下降,说明盲目投资风得到了有效控制。

三、政府管什么

在传统的产权制度条件下,政府的行为事实上是企业行为;政府官员是在"经商"而不是行政,终日劳心费神的工作大多是企业的产、供、销问题;政府是整个公有经济的大管家,政府是个大企业。而在企业产权不明、企业还是政府附属物时,所谓的转变政府职能事实上只能是一句空话。如果在条件尚未完全成熟时硬是将职能转移出去,"做夹生饭",那无疑会造成混乱的后果。道理很简单,就是在转移出去的职能尚未有新的载体时,必然造成管理的真空地段,导致市场出现无序状态。现在顺德通过产权改革,可以说是很好地解决了这个问题。政府在一定程度上被解放了出来,真正干起了政府的事,政府不再去管

"不该管、管不了、管不好"的事。从顺德的经验看,在产权制度改革后,在市场经济条件下,要充分发挥市场在资源配置方面的基础性作用。但正如政府不是万能的那样,市场同样不是万能的。按照与市场分工的原则,顺德市政府主要承担下列职能。

一是提供公共物品。公共物品是私人不愿生产或无法生产的由政府提供的产品或劳务,包括城市环境、气象预报、邮政通信、基础教育和公共卫生,以及理应由政府负责的其他事务,如社会治安、审计稽查、环境保护等。顺德在产权制度改革、政企分开以后,政府官员再不用为企业上哪个项目操心,也不用为产品找市场、搞推销忧愁,而是在交通、通信、能源等基础设施建设方面,超前加以发展,改善投资环境。市政府组织引入外资共同经营"四路八桥",其中投资30多亿元建成准高速公路102公里。1994年,顺德市公路总里程达1027公里,密度为每百平方公里128.43公里,成为全国公路密度最高的县级市。全市的电话装机容量达25万门,电话用户12万户,移动电话逾2万户。发电厂发电能力也达64.5万千瓦,电力自给有余。自来水普及率达98%。政府还根据社会和群众需要,举办了大批公益事业。仅1994年就兴建公园8个、公厕44座、垃圾中转站27个,兴建改建中小学55所,新增派出所13个。

二是管理国有资产,确保国有资产的保值增值。按照现代企业制度的要求对公有制企业实现多种形式的改组以后,政府的一大经济职能是设立专门的机构、专门的制度来管理国有资产。当然,这种管理既不同于传统上政企不分条件下对企业的直接、微观管理,也不同于政府的宏观经济管理行为,而是严格按照市场运行机制的一般要求,保证政府的国有资产管理行为相对独立。这里,政府要管的仅仅局限于政府全资、控股或参股的企业。顺德市按照"抓住一批,放开一批,发展一批"、"抓住大的,放活小的"的原则,对大量一般性行业,让经营者责权共享,风险与利益共担,自主经营。

三是建立社会保障机制,促进社会稳定发展。在发展经济的同时,一方面要让全社会享受到经济发展的成果,另一方面市场竞争追求的是高效率,企业要根据资本的要求实现效益的最大化,而不是像传统上那样,承担过多的社会责任。这是符合市场经济的基本规律和资本运作的本质要求的,是无可厚非的,尤其是在我国生产力水平落后的情况下,很大程度上要优先照顾效率的提高。而这样发展的结果,企业必然会把冗员推向社会,也会引发社会问题,甚至危及社会稳定。因而,政府必须大力发展社会保障事业。顺德市的社会保障制度与产权制度的改革同步进行,这就保证了改革得以稳定、顺利进行。在顺德企业转制的纲领性文件"35条"中,有10条20多款专门详述如何建立和完善社会保障体系。首先是剥离改制企业的离退休人员。企业必须为已离退休的人员投养老和住院保险。离退休人员由企业保障真正过渡到了社会保险。对在职职工,全市强制推行养老保险和住院医疗保险。到1997年中,全市100多万人口中有80万参加医疗保险,35万人参加工伤保险,30万人参加养老保险。与此同时,政府还启动一系列"民心工程",保证了转制期间政情民情的稳定。这样就保证了"老有所养、残有所助、失业有靠、处处无冻饿、生病有治疗"。

【案例思考题】
1. 地方政府在公共管理中的职能应该如何界定?
2. 顺德市政府有没有做不该做的事?还有什么该做的事没有做?

平衡治理与和谐控制[①]

近年来,我国不少地方面临很多影响社会和谐的矛盾和问题:城乡、区域经济社会发展不平衡;利益群体多元化导致利益分化,社会利益矛盾和利益冲突加剧;不同社会阶层贫富差距拉大,导致人们心理产生严重不平衡;人口老龄化和流动人口带来的社会问题;就业、社会保障、收入分配、教育、医疗、住房、安全生产、社会治安等方面关系群众切身利益的问题比较突出;一些由社会矛盾引发的危机事件逐渐从"频发"到"群发",社会稳定面临严峻的挑战等。

上述几个方面问题形成的原因,概括起来有两种:一是不平衡,包括利益不平衡、心理不平衡与发展不平衡;二是失控,包括矛盾失控、人员及信息流动失控、相关人群的情绪失控。如果不能有效解决这些问题,不仅"维稳"的代价越来越大,而且非常容易形成包括经济、政治和文化在内的全面的社会危机。用传统的社会管理方法解决不了或解决不好这些问题,需要通过社会管理创新来加以解决。从"平衡治理"与"和谐控制"两个理论视角,来看待社会管理创新问题,许多问题的解决可能会有新的思路和新的方法。

所谓"平衡治理",是指按公共政策平衡理论的要求,充分发挥公共政策的平衡功能,化解或减弱各种社会矛盾,协调各种社会利益关系和利益纠纷。通过公共政策的制定、颁布、实施来保持社会公平、和谐与稳定。解决利益平衡问题是公共管理中的一个重要问题,公共管理中通过公共政策的引导,来平衡各种利益。公共政策制定和执行的过程实质上就是一个利益选择、利益综合、利益分配和利益落实的过程。

"和谐控制"就是在充分关注民生的基础上,尊重社会成员的主体地位,运用"和谐"理念和"控制"理论相结合的方法,讲究以人为本,通过建设服务型政府,对政府目标、社会目标、社会成员的目标进行整合,从而使之趋于和谐一致。和谐控制追求公共政策目标和控制准则在社会成员中的内化,以实现政府控制与社会成员自我控制的和谐统一。和谐控制理论是基于政府的目标与社会成员个人目标在本质上的一致性,并且可以对不一致的部分通过一些方法进行调整而趋于一致。

[①] 节选自庄国波:《平衡治理与和谐控制:社会管理创新的新视角》,载《中国行政管理》,2012年第5期。

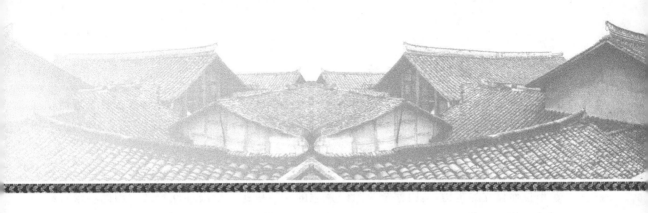

第三章
行 政 组 织

政府的行政效率从根本上来说是以行政组织中责任与权力的适当分配为基础的,这是我们必须注意的一条重要原则。

——[美]伦纳德·怀特

第一节 行政组织概述

一、行政组织的含义及特性

(一) 行政组织的含义

行政组织既可以是静态的,也可以是动态的。作为静态的行政组织,是指国家机构的重要组成部分;作为动态的行政组织,是指为完成行政管理任务而进行的具体运作过程。从范围大小来看,行政组织则有广义和狭义之分。所谓广义的行政组织是指为完成行政性任务而负有执行性管理职能的组织,它包括各类企事业单位中负有行政管理职能的机构,也包括国家机关体系中的立法、司法机关中负责管理行政事务的机构;所谓狭义的行政组织是指依据宪法和法律建立的,以推行国家政务为目的的政府系统,是中央政府和地方政府进行行政管理活动的主体。静态行政组织既包括广义的行政组织,也包括狭义的行政组织。本书所要研究的行政组织主要是指静态的、狭义的行政组织,即政府组织。

(二) 行政组织的特性

作为组织的一种类型,行政组织具有一般组织的特征;同时,作为国家行政管理活动的主体,行政组织具有与其他类型组织不同的特征。

1. 政治性

政治性即阶级性,是行政组织的本质特性。行政组织是国家统治阶级为了维护其统治地位而设立的机构,是国家统治阶级意志的执行机构。阶级性在行政组织的各项行政活动中体现出来。我国行政组织的阶级性表现为以工人阶级为领导、以工农联盟为基础,是最广大人民群众参加的人民民主专政。

2. 公共性

行政组织在本质上是公共组织,公共性是其首要特性。因此,追求公共目的、实现公共利益是公共组织的使命。行政组织必须服务于社会,施惠于社会;同时,行政组织是国家行政管理的主体,承担着管理社会公共事务的职能,只有服务于社会,为人民群众谋福利才能得到社会的认可,并最终有利于维护和巩固阶级统治和政权稳定。

3. 法定性

行政组织的法定性首先体现在行政组织必须依法设立,行政组织的职能范围、机构设置、人员编制和财政预算等都必须有明确的法律规定。其次,行政组织及其工作人员的各项管理活动都必须依法进行,不得超越法律规定的权限,不得违反法定的程序。最后,行政组织的变更和撤销必须依法进行。

4. 权威性

行政组织代表国家行使权力,服务社会,它以国家暴力机器为后盾,可以对任何破坏行政组织活动、违抗行政组织命令的组织和个人依法进行相应的处罚,从而维护行政组织的权威性和政治统治的稳定性。

5. 系统性

任何组织都是一个系统,由各个要素组成。行政组织依据一定的原则,按照不同的功能和层次,可以内设不同的部门或机构,形成一种纵横交错的结构,呈现一种层级间具有垂直隶属关系的、部门间具有相互分工合作关系的有机整体。

6. 动态开放性

各个时期、各个地区的行政组织都各不相同。行政组织并非一经建立就维持不变,它会根据政治、经济、社会和文化等外界环境的变化而做出相应的调整,以更好地服务于经济社会的发展需要。

二、行政组织的构成要素

行政组织由物质要素和非物质要素构成,物质要素为行政组织提供物质保障,非物质要素为行政组织提供物质以外的其他保障,通常情况下,非物质要素是行政组织的核心要素。

（一）物质要素

1. 财政经费

行政组织的正常运转离不开经费支持，其日常开支等行政经费由国家财政拨款予以支持。适当充足的财力供给能够为行政组织的高效运转提供经费保障；而行政经费的过多或不足，都不利于行政组织的健康发展。

2. 物资配备

除了财政经费保障以外，物资要素还包括办公设施、办公场所和日常办公用品的配备；尤其是在高科技背景下，先进的物质配备能够有效提升行政组织的运行能力和运行效率，更好地满足社会公众的公共服务需求。

（二）非物质要素

1. 组织目标

组织目标是行政组织存在的基础和运行的前提。行政组织的目标指出了行政组织的发展方向，组织的各个构成部分围绕着组织目标而设立，明确自身的职责范围，配备相应的人员和设施，有效发挥自身功能。

2. 行政机构

行政组织的目标需要行政组织各个机构及其工作人员的分工协作共同完成，行政机构是行政组织运行的实体，是行政权力行使的载体。行政机构设置是否科学合理、权责关系是否明确，直接关系着行政组织的运行绩效。

3. 权责体系

权力是履行职能的前提条件，没有权力，任何职能都不可能得到履行。但权力又是一把双刃剑，不受约束、不承担责任的权力必然带来权力的滥用，因此，有权必有责任，权责相符是行政管理的基本原理。清晰的权责体系有利于组织职能的履行和组织目标的顺利达成，而模糊的权责体系必然产生推诿、扯皮，导致组织的内耗。

4. 人员配备

人是行政组织中最重要的要素资源之一，如果组织中人员队伍的年龄、素质、能力和气质的结构不合理，行政组织的职能就不可能得到有效履行，目标就很难顺利达成。因此，行政组织要科学配置和调整行政人员队伍，做到人事相宜、人尽其才。

5. 法律制度

在法治国家，行政组织的设立、调整和撤销以及行政组织的运作、行政权力的行使等等，都必须依据法律规定的权限和程序进行，法律制度是行政组织依法行政的根本保障。

三、行政组织的类型

（一）集权制、分权制与均权制

根据上下级行政组织之间的权力集散程度，可将行政组织分为集权制、分权制与均权制。

1. 集权制

集权制是指一切行政事务的决定权由上级行政组织掌握的组织体制，下级行政组织只有执行权，没有决策权，下级依照上级的命令或指示办事。法国是典型的集权制国家。

2. 分权制

分权制是指行政组织体制内的下级行政组织对自己管辖范围内的行政事务具有自主决定权，上级行政组织对下级行政组织的决定不做过多干预，只在宏观方面发挥指导作用。美国是实施分权制的典型国家。

3. 均权制

均权制是指上级行政组织与下级行政组织之间的权力保持平衡，既不过于集权，也不过于分权，避免了集权制与分权制的缺点，是二者的折中。均权制实施起来比较困难，主要问题在于怎样"分权"，即在中央与地方之间怎样划分行政事务的管辖权。

（二）首长制、委员会制与混合制

根据行政组织内行使最高决策权的人数多少，可将行政组织分为首长制、委员会制以及混合制。

1. 首长制

首长制是指行政组织内的最高决策权由行政首长一人独享的行政组织体制，在此种类型的行政组织中，其他行政领导成员只有建议权，辅助行政首长决策。美国是实行首长制的典型国家。

2. 委员会制

委员会制是指行政组织内的最高决策权由两个以上人员组成的集体或者委员会享有的行政组织体制。在此种类型的行政组织中，一切大政方针和行政事务的决定权均由领导集体或委员会按照多数原则作出。瑞士联邦政府是委员会制的典型代表。

3. 混合制

混合制是首长制和委员会制的综合。行政组织的最高决策权一部分由行政首长享有，一部分由领导集体或委员会享有。重大事项的决策由委员会集体作出决定，而日常的、具体的事务则由行政首长作出决定。行政管理学的奠基人之一罗纳德·D.怀特曾言：执行与指挥的事应采用首长制，制定政策法令宜采用委员会制，因为集体的智慧高于个人的智慧。[①]

（三）领导机关、职能机关、辅助机关、咨询机关与派出机关

根据行政组织内部的分工协作职能和作用，可将行政组织分为领导机关、职能机关（执行机关和监督机关）、辅助机关（专业性辅助机关和综合性辅助机关）、咨询机关（信息机关和参谋机关）以及派出机关。

---

① 席巧娟、吴铁榜、王武岭：《中国行政学》，北京理工大学出版社，2004年版，第146页。

1. 领导机关

领导机关对行政组织所辖范围内的各项工作进行统一领导与指挥,对重大问题作出决策。领导机关在行政组织内是统领全局的核心机关。国务院和地方各级人民政府就属于领导机关。

2. 职能机关

职能机关是一级政府内依据职能分工而设的机关,它包括执行机关和监督机关。执行机关是分管某一类专业行政事务的机构,负责执行领导机关的命令和指示,如公安机关等;监督机关是专门负责对一级政府内各部门及其日常活动进行监督的机构,它约束行政机关及其人员违法失职行为,如监察机关、审计机关等。

3. 辅助机关

辅助机关是为了行政组织顺利开展行政管理活动,完成行政组织目标而设立的机构。辅助机关包括专业性辅助机关和综合性辅助机关。专业性辅助机关在专业性领域为行政组织提供建议,如统计机关等;综合性辅助机关一般负责行政组织中的日常行政事务和沟通协调工作,如各级政府办公厅(室)等。

4. 咨询机关

咨询机关即所谓的智囊机关或参谋机关,其主要任务是收集有效信息,进行调查研究,为行政组织作出决策提供意见和方案,如政策研究室、政策发展研究中心等。

5. 派出机关

派出机关是政府或其行政机关按照有关法律法规的规定,根据行政管理需要在其所辖范围内设立的代表机构。派出机关主要负责贯彻执行上级的决定和指示,完成上级所交代的任务,同时向上级汇报本辖区内的基本情况。城市街道办事处、派出所等都属于派出机关。

(四) 直线制、职能制、直线职能制、矩阵制

根据行政组织结构设置的不同,可将行政组织分为直线制、职能制、直线职能制和矩阵制四种类型。

1. 直线制

直线制是一种集权式组织结构形式,又称军队式结构。行政组织内实行上下级垂直领导,不设专门的职能机构,下属部门只接受一个上级的领导,各级领导对所属下级单位的一切事务负责。

2. 职能制

职能制又称分职制或分部制,是指在行政首长外,行政组织同一层级横向划分为若干个部门,每个部门业务性质和基本职能相同,但互不统属、相互分工合作的组织体制。这种结构要求行政首长把相应的管理职责和权力交给相关职能部门,各职能部门有权在自己的业务范围内向下级单位发号施令。因此,下级行政负责人除了接受上级行政负责人的指挥外,还必须接受上级职能机构的领导。

3. 直线职能制

直线职能制又称直线参谋制,是直线制和职能制的有机整合。这种组织结构形式是

把行政管理机构和人员分为两类,一类是直线领导机构和人员,按命令统一原则对各级组织行使指挥权;另一类是职能机构和人员,按专业化原则,从事组织的各项职能管理工作。直线领导机构和人员在自己的职责范围内有一定的决定权和对所属下级的指挥权,并对自己部门的工作负全部责任。而职能机构和人员,则是直线指挥人员的参谋,不能对直接部门发号施令,只能进行业务指导。中国是实行直线职能制的典型国家。

4. 矩阵制

矩阵制组织是专业分工与独立管理交互运用的混合体制,是一种为了完成某项事务而建立的组织。组织内的成员是从各职能部门借调而来,他们在接受原部门负责人的领导的同时,还要接受为完成事务而临时组建的组织的负责人的领导。任务完成之后,组织成员回到原来的职能部门。这是一种双重命令的组织形式。

(五)正式组织与非正式组织

根据行政组织的构成原则和方式,可将行政组织分为正式组织和非正式组织。

1. 正式组织

正式组织是有计划的严格按照法定原则和程序建立的,具有清晰明确的目标和权责体系的组织。正式组织在法律制度的约束下运行,以完成组织任务为目标。行政组织都是具有法定地位的正式组织。

2. 非正式组织

所谓非正式组织,是正式组织中的成员在相互接触和交往过程中,出于心理情感的需要或者对利益的需求,自发形成的具有共同意识的人际关系群体。"非正式组织"的概念是由美国哈佛大学教授梅奥在"霍桑实验"中首次提出来。梅奥指出,在所有的正式组织中都存在着非正式的人际关系,这种关系在对工作的影响上,比正式的组织体系能起到更大的作用,正式组织中的工作热情和组织效率的提高,都与这种非正式组织关系密切。切斯特·巴纳德认为:"当人们并不在一个正式组织中或并不受其管辖时,仍然常常接触和相互作用。这种接触和相互作用的特点是,并没有特别的有意识的共同目的而持续地或反复地进行接触和相互作用。不管这些接触、聚集和相互作用是怎样引起的,它们改变着有关人员的经验、知识、态度和感情。非正式组织就是指人的接触、相互作用和聚集的总和。"①非正式组织是基于人际关系而形成的群体,不需要遵循法定程序和原则建立,它存在于正式组织中,伴随着正式组织的产生而产生,对正式组织具有促进或者阻碍作用。

第二节 西方行政组织理论概述

西方学者从不同角度对行政组织进行了理论研究,并形成了不同的理论学派。一般认为,西方行政组织理论的发展大致可分为三个时期,即传统组织理论时期、行为科学理论时期和现代组织理论时期。

---

① [美]切斯特·巴纳德:《经理人员的职能》,孙耀君译,中国社会科学出版社,1997年版,第91~92页。

一、传统组织理论时期

传统组织理论(19世纪末—20世纪30年代)从制度规范的视角出发,以经济、技术为原则,侧重于研究组织的内部分工与生产活动。传统组织理论的主要代表人物有弗雷德里克·泰勒、亨利·法约尔和马克斯·韦伯。

(一) 科学管理组织理论

弗雷德里克·泰勒是科学管理的倡导者,又被称为"科学管理之父"。泰勒的组织理论在研究工厂车间生产一线的基础上,主张把人看做机械部件,只要对他们的工作行为进行分解与规范,就能制定出一套科学、高效的标准工作方法,如"计件工资制"、"标准化工具与环境"等,按照这套标准的工作方法运行,组织效率便会得到最大限度的提高。科学管理组织理论的核心思想主要有三个方面。

1. 计划职能与执行职能分开

泰勒认为,"一切计划工作,在旧制度下都是由劳动者来做的,他是凭个人经验办事的结果",这是旧有管理体制效率低下的根源。[1] 所以,组织必须设立专门的计划部门承担计划职能,而执行职能则由组织中的工人承担,变经验管理为科学管理。

2. 实行职能工长制

传统的组织机构中,一个工长为了完成自己的职责,必须同时具备从事计划、组织、管理、执行、生产等多种专业或技术素质。这对一般人来说,显然是难以实现的,必定会导致组织效率降低。所以,泰勒主张把组织内的各项工作细分,每位管理者只承担一种或少数几种工作。这样,每位管理者的职责就会非常明确,而且都能在自己的工作范围内发挥最大的作用。

3. 组织管理实行"例外原则"

例外原则就是组织中的高层管理者把一般性的、日常性的、例行性的事务授权给下级管理者去处理,而自身则保留一些例外事项的管理权、控制权和决策权,以便节省管理成本,集中精力处理好最主要的事项。

泰勒引入了标准化、专业化的管理原则和方法,创立了科学管理组织理论,对明确组织成员职责、提高组织效率意义重大;其缺陷是把人看做机械部件,忽视了人的"社会性",标准化的工作方法在实践中也困难重重。

(二) 一般组织管理理论

亨利·法约尔的组织理论注重研究组织的管理问题,他认为组织是管理的重要因素。法约尔对组织理论发展的主要贡献体现在四个方面。

1. 管理的五项职能论

管理的五项职能包括计划、组织、指挥、协调和控制,这五项职能同时也构成了"管理"

---

[1] 尹钢、梁丽芝:《行政组织学》,北京大学出版社,2005年版,2011年1月第12次印刷,第22页。

的定义:管理就是计划、组织、指挥、协调和控制。①

2. 管理的十四项原则

管理的十四项基本原则是:劳动分工、权力与责任、纪律、统一指挥、统一领导、个人利益服从整体利益、合理的报酬、适当的集权与分权、等级制度、秩序、公平、人员的稳定、首创精神和团结精神。这十四项原则是法约尔一般管理理论的核心。

3. 层级结构和跳板法则

法约尔在"等级制度"原则中指出,管理活动是按照等级序列进行的,也就是自下而上的汇报和自上而下的指挥。但也有例外:在遇到一些需要快速办理的事情时,为提高办事效率,需要跳过原有的管理路径,在两者之间建立直接联系的渠道,即建立跳板或天桥,这一情况称为管理过程中的跳板法则。②

4. 参谋机构

法约尔认为组织中的领导者不可能具备解决一个大企业中所有问题的专业知识、时间和精力,因此,设立参谋机构势在必行。参谋机构的功能主要是协助组织中的领导者处理日常工作、制订计划、研究工作改进措施等,它只对组织的最高领导者负责,接受其命令,但不能向组织的下级机构和人员发布命令。

一般组织管理理论深受科学管理组织理论的影响,但又不失其独特性。法约尔拓展了科学管理组织理论所涉及的领域,率先研究了组织的层级结构,讨论了参谋机构的重要性,注重组织内部的统一,开创了组织研究的新领域;其不足之处是他仍然把组织中的人看做是机器的附属物,过分强调等级和服从,忽视外部环境对组织的影响。

(三) 科层制组织理论

"组织理论之父"马克斯·韦伯的科层制组织理论又称官僚制组织理论,这里的"官僚"是一种组织结构的特征,而不是人们平常所说的办事作风。韦伯的研究深入到组织内部,对组织的内部结构、工作程序和过程等进行了深入研究。科层制组织理论主要包括以下内容。

1. 组织的基础是统治与权力

任何组织都是以一种权威为基础,权威能使人们自愿接受组织管理。韦伯认为有三种合法的权威存在,分别形成了三种不同的组织形式,即"神秘化组织"、"传统组织"以及"法理型组织"。"神秘化组织"的权威基于组织内部领导者的个人魅力而产生;"传统组织"的权威基于惯例和先例的沿革产生,主要有世袭制组织和封建制组织两种类型;"法理型组织"又称为"合法化-合理化组织",合法化是指组织的法定权力来源于理性规则体系,合理化是针对组织实现某种既定目标的手段而言的,这种组织的权威基础是组织内部的各种规则制度,人们对权威的服从是通过依法建立的等级体系实现的。韦伯认为,法理型组织是"理想的官僚制"。

2. 官僚制组织的特征

官僚制组织的主要特征包括:合理分工、分层定级、依规程运作、依法管理、效率取向、

---

① [法]法约尔:《工业管理与一般管理》,周安华等译,中国社会科学出版社,1982年版,第5页。
② 唐兴霖:《公共行政学:历史与思想》,中山大学出版社,2000年版,2003年7月第2次印刷,第195页。

非人格管理以及配备合理合法的人事行政制度等。

科层制组织理论是组织理论发展史上的里程碑,标志着传统组织理论走向全面成熟与完善。官僚制组织具有结构严密、分工合理、运行稳定、适用面广等优点,注重把官僚制组织同效率结合起来研究。但官僚制组织的缺陷主要有两个方面:一是把人看成是一种附属品,在官僚制组织中实行非人格化管理,过分强调层级节制,既有些不切实际,又严重压抑了人们的积极性和创造性;二是忽视社会环境因素对组织的影响。

二、行为科学理论时期

行为科学组织理论(20世纪40—60年代)深受逻辑实证主义和行为科学的影响,引进了行为科学的方法。行为科学组织理论以人为中心,从社会心理学角度出发,侧重于研究组织的行为和管理过程,重视存在于组织中的人际关系因素,并强调非正式组织的作用。行为科学组织理论的主要代表人物有梅奥、切斯特·巴纳德和赫伯特·西蒙。

(一) 人际关系组织理论

1924年开始,哈佛大学教授梅奥和他的助手在西方电器公司霍桑工厂进行了长达五年的"霍桑试验",由此创立人际关系组织理论,主要观点包括以下几点。

1. "社会人"的人性假设

组织中的人是"社会人"而非"经济人",他们不仅有通过劳动获得物质报酬的需要,更有社会心理情感的需要,对归属感、安全感和尊重感等社会需求的渴望直接影响他们工作的士气和组织效率。组织要调动员工的积极性,提高组织效率,就必须满足员工的社会心理需求。为此,梅奥提出了一系列具体原则:让员工体会到成功的喜悦;对员工进行精神及物质奖励;使员工感到自己重要;要乐于捍卫自己的利益;鼓励一定要真诚;关心别人;关心员工的成长;同员工交朋友;激发雇员的积极性;协调与下属的人际关系;了解下属之间的矛盾;让部下尽心供职。这些原则虽有重复,但怎样做到才是值得人们去思考的。

2. 正式组织中存在着非正式组织

非正式组织是人们在长期的交往过程中形成的,以情感为纽带,没有固定形式的群体。非正式组织的存在满足了组织成员在社会心理情感方面的需求,影响着组织成员的行为,进而影响着组织的整体利益。非正式组织与正式组织相伴相生,相互影响。组织的管理者应正确看待、识别和利用非正式组织,对其进行合理引导,从而有助于正式组织目标的实现。

3. 组织管理应考虑工人参与

梅奥认为,工作条件和工作报酬并非决定组织效率的首要因素,关键是看员工有没有士气,在组织中能否得到满足感。而这种满足感需要组织的管理者实行民主式领导,适当接纳工人参与组织管理,考虑工人的感受、倾听工人意见;与工人和平相处,注重沟通,营造良好的人际关系氛围。

梅奥的人际关系组织理论的最大贡献在于发现了人和人群行为的重要性,开辟了组织中人的心理和行为研究的新领域。人际关系组织理论的局限在于:太过于强调员工的社会情感需要,忽视了其他需要;否定了"经济人假设",却走进了"社会人假设"的极端。

在梅奥看来,物质利益已变得不那么重要了,这显然不太符合实际。

(二) 组织平衡论

切斯特·巴纳德的社会系统理论是组织平衡论的代表,其主要观点和内容包括:组织的本质是一个协作系统,组织作为一个协作系统,必须具备三个要素,即共同目标、协作意愿和信息交流,并提出了非正式组织理论、权威接受论、组织平衡论和组织决策论。

巴纳德关于组织平衡的主要观点是:一个组织建立起来之后,生存和发展就成为组织的最终目的;而组织的生存与发展必须具备一定的条件,组织运行离不开组织成员的贡献。因此,组织成员愿意并且能够进行协作,为组织的共同目标的实现作出贡献便是组织生存与发展的条件。这一条件包含两个方面,一是组织对组织成员具有吸引力,二是组织成员对组织作出了贡献。如果组织对其成员提供的诱因与组织成员的个人贡献相平衡或者超出个人贡献时,组织就可以实现平衡,从而达到生存和发展的目的。这种平衡分为对外平衡与对内平衡。对外平衡指的是组织作为一个整体对外部环境的适应性,通过与外部环境保持平衡来提高组织效率。对内平衡指的是组织把各种诱因合理有效地分配给组织成员,保持诱因与组织成员个人贡献的平衡性,以保证组织成员为组织目标的实现保持积极性。巴纳德进一步将这种诱因分为经济诱因和非经济诱因。经济诱因包括工资、奖金、物品等物质方面的回报;非经济诱因包括给予满足感、荣誉、参与机会、情感支持等非物质方面的回报。此外,巴纳德指出,由于外部环境处于不断发展变化之中,组织成员的需求标准也会逐渐提高,因此,组织的这种平衡也是不稳定的,只有不断发展壮大组织,使得组织自身具备成员需要的诱因,才能保障组织平衡的相对稳定。巴纳德同时也指出,组织要谨防过度发展。巴纳德组织平衡思想的缺陷是:将诱因和组织成员贡献的平衡看做组织存在和发展的基本条件,但到底诱因和贡献要达到什么程度才算是平衡呢?他没有给出具体的衡量尺度。

(三) 决策组织理论

赫伯特·西蒙是著名的组织理论家,他的决策组织理论影响巨大,主要包括以下内容。

1. 满意决策论

组织中的人是有限理性的,受到客观环境和主观因素的影响,不能全部掌握决策信息,也不能穷尽所有的决策方案并预测结果,因此不可能作出最客观的、最优的决策,而只能作出令人满意的决策。

2. 组织影响论

西蒙认为,个人加入组织之后所作出的决定与加入组织之前所作出的个人决定不同,因为前者会受到组织环境和利益的影响。"在西蒙看来,这种组织影响力主要表现为权威、沟通、组织认同或组织忠诚、效率准则和训练五种,其中,权威与沟通是决策时的外在影响力,组织认同与效率准则是决策时的内在影响力,训练在施行训练时与沟通性质相同,组织成员由训练所获得的知识、技能、态度即成为内在影响力。"[①]

---

① 丁煌:《西方行政学说史》,中央广播电视大学出版社,2009年版,第140页。

3. 组织目标论

组织的目标是追求各项决策都合理。决策需要组织成员作出，个人一旦进入组织，其内部就会形成某种组织目标的观念，组织成员也就同时扮演组织角色和个人角色。组织目标是个人扮演组织角色时的目标，它与个人目标和动机相联系，但并不是个人目标的简单相加。

4. 组织设计论

西蒙将组织设计理论建构在决策理论的基础上，组织的设计要有利于组织的决策。因此，他将组织设计分为三个层次：最高层次的组织设计是非程序化的决策，主要负责确立组织目标，并监督目标的实施；中间层次的组织设计是程序化的决策，主要负责日常操作和分配；最低层次的组织设计也是程序化的决策，主要负责具体工作的操作。

5. 组织平衡论

受巴纳德的组织平衡思想的影响，西蒙也强调组织对个人的诱因与个人对组织的贡献之间的平衡，除非能达到平衡，否则组织就会衰退。西蒙认为，人之所以加入组织并为组织作贡献，是因为组织给予个人某方面的满足即诱因。个人参加组织，有三个基础：①由于组织目标的实现而直接得到的个人报偿；②与组织规模及其增长紧密相关的、由组织提供的个人诱因；③与组织增长无关的、由组织提供的个人诱因。①

西蒙的决策组织理论影响很大，有人甚至认为西蒙就是决策的同义词。西蒙的决策组织理论使行政组织理论研究的重点从静态研究转向动态研究。决策组织理论的缺陷是在逻辑实证主义及行为主义的方法论基础上建构理论体系，但逻辑实证主义所主张的纯粹的经验事实是不存在的，事实和价值也是不能截然分开的。②

三、现代组织理论时期

20世纪70年代至今，行政组织理论研究进入了现代组织理论时期，主要代表人物有以弗里蒙特·卡斯特和詹姆斯·罗森茨韦克为代表的系统分析组织理论，和以劳伦斯、洛西、伍德沃德为代表的系统权变组织理论。

（一）系统分析组织理论

卡斯特和罗森茨韦克在考察组织管理思想史后认为，系统方法是理解组织管理理论的关键方法，系统是"能与其环境超系统划分明确界线的一个有组织的，并由两个或两个以上相互依存的部分、成分或分系统所组成的整个单位"③，它必须随着组织内外部环境的变化而变化。

1. 组织是一个整体开放的系统

组织的整体性体现在：社会系统由众多子系统构成，组织本身就是处于社会当中的一

---

① [美]西蒙：《管理行为——管理组织决策过程的研究》，杨砾等译，北京经济学院出版社，1991年版，第107～108页。
② 唐兴霖：《公共行政学：历史与思想》，中山大学出版社，2000年版，2003年7月第2次印刷，第371页。
③ [美]弗莱蒙特·E.卡斯特、詹姆斯·E.罗森茨韦克：《组织与管理——系统方法与权变方法》（第四版），傅严、李柱流等译，中国社会科学出版社，2000年版，第127页。

个子系统,这个子系统也由若干分系统构成,这些分系统包括目标与价值分系统、技术分系统、社会心理分系统、结构分系统以及管理分系统,各分系统相互协作运转而构成一个整体系统。组织系统的开放性体现在:任何一个组织都处于一个开放的系统中,并且与外界环境相互作用,它接受外界系统因素的制约,反过来也对外界系统产生影响。组织系统只有不断地与外界进行资源交换,才能维持组织的正常运转及与外界系统的平衡。

2. 组织是一个权变的系统

卡斯特和罗森茨韦克运用系统理论和生态理论,在对学校、医院和城市等组织进行个案研究的基础上认为,组织具有权变性,组织必须适应变化着的外部环境。组织完成自身基本任务需要有一个稳定的环境,但组织使自身能在社会中生存与发展又需要其具备适应性和变革性。这种权变的思想主要包括以下内容。一是组织变革须考虑效率、效益和组织成员的满足感三个因素,在此基础上有计划地进行。组织变革过程可分为:问题的感知,也就是认识到变革的必要性;考虑组织变革的条件;制定备选方案解决问题;实施改革方案;组织的后续监督与更新。卡斯特还指出,组织在进行有计划的变革中必然会碰到一些客观和主观因素的阻力,因此,要有能力实施有计划的变革必须克服阻力。二是不存在一套普遍适用的管理原则与方法。每个组织系统以及它的外界系统都处于动态变化当中,至于具体采取哪种管理方式,要视组织内外的具体条件而定。三是组织系统的最终目的是寻求组织内部分系统之间以及组织系统与外界系统之间的平衡,只有保证这种平衡,才能保证组织的效益和效率,并使组织成员享有满足感。

(二) 系统权变组织理论

以劳伦斯、伍德沃德为代表的系统权变组织理论主张组织应随机应变。系统权变组织理论在系统分析组织理论的基础上产生,"权变"即随具体情况而变,它着重研究组织和组织特性以及环境间的变量关系。这一权变理论主张"如果……那么……",强调组织的多变性,认为组织权变关系依据环境自变量和管理因变量间的函数关系来确定;没有一种普遍适用的组织模式可以适用于任一组织,因为每个组织的外部环境和内部各分系统都处于动态变化当中,任何组织模式都要与其特定的环境相适应产生;只有谋求组织与其环境之间、组织内部分系统间的一致性,才能保证组织的高效率。

第三节 行政组织体制

行政组织体制是国家行政组织内部各层级之间、各部门之间的权责关系和结构体系的总和,关系到行政组织职能的履行和效率的高低,是行政组织结构的核心问题。合理的行政组织体制能最大限度地调动行政人员的积极性和创造性,提升政府工作的效率和效益。

一、行政组织结构

行政组织结构是指行政组织各构成要素的排列组合方式,它涉及行政组织中层级之间、部门之间的权责分工和协作沟通。

（一）纵向结构

行政组织的纵向结构又称直线式结构，是指行政组织及其职能部门上下级之间的机构、职位、人员的配备和责任、权力、工作程序的等级划分。行政组织的层级与数量成反比：层级越高、管辖地域范围越大，数量越少；层级越低、管辖地域范围越小，数量越多。不同层级行政组织的职能范围和职能重心应进行科学区分。纵向结构能保证行政组织权责明确、事权集中、指挥统一、便于控制；缺点是层级过多，易导致行政信息失真，不利于发挥下级的主动性和创造性。纵向结构有宏观和微观之分，宏观的纵向结构是指全国行政组织分为几级政府，如中央、省、市、县、乡（镇）级政府；微观的纵向结构是指各级政府及其工作部门内部的层级关系。①

中国行政组织纵向结构设置可追溯到春秋战国时期，那时地方设有郡、县；从秦汉时期开始系统化，除了中央行政系统外，地方设有以郡统县的地方行政制度；东汉末年，地方行政区划发展为州、郡、县三级制；隋朝时期，地方行政区划改为州、县二级；唐宋时期，道由监察区划发展为行政区划，形成道、州（府）、县三级制；元代开始，地方行政区划进入省制时代，实行省、路、府（州）、县四级制；明代也采取省制，但取消路一级行政区划，实行省、州、府、县四级制和省、府、县三级制；清代承袭了明代的地方行政体制，采取行省制，实行省、府（直隶州）、县（散州）三级制。

我国《宪法》规定行政组织纵向结构为四级：中央—省（自治区、直辖市）—自治州、县、自治县、市—乡、民族乡、镇。事实上，我国行政组织纵向结构有五级：中央—省（自治区、直辖市）—设区的市、自治州—县、自治县、市—乡、民族乡、镇。街道办事处名义上是市辖区、不设区的市的人民政府派出机关，但实际上是作为一个层级而存在；依照相关法律规定，居民委员会是群众性自治组织，但实际上也在分担部分行政职能（如计划生育等），消耗财政资源。《中华人民共和国城市居民委员会组织法》(1989)中第二条明确规定："居民委员会是居民自我管理、自我教育、自我服务的基层群众性自治组织。不设区的市、市辖区的人民政府或者它的派出机关对居民委员会的工作给予指导、支持和帮助。居民委员会协助不设区的市、市辖区的人民政府或者它的派出机关开展工作。"2010年10月，中共中央办公厅、国务院办公厅印发的《关于加强和改进城市社区居民委员会建设工作的意见》中明确将社区居委会的工作经费、人员报酬以及服务设施和社区信息化建设等项经费纳入财政预算。

行政组织纵向结构以权力的隶属和职能的垂直分工为基础，上下级之间有着明确而严格的指挥—服从隶属关系，自上而下呈金字塔式的结构形态，以保证权力的集中统一和执行的效率与效果。世界上大多数国家的行政组织纵向结构一般有三到四级，而我国行政组织纵向结构相对较多，正式的层级就有四到五级。纵向结构体现的是决策层与执行层的距离，层次越少，信息沟通就越准确和顺畅，执行效率也就越高，压缩纵向结构，有利于提高行政效率。影响行政组织纵向层级结构的主要因素有：管辖地域范围的大小，基层的执行能力，权力纵向分配的原则和体制等。

---

① 石佑启、杨治坤：《论我国行政组织结构的优化》，载《湖北民族学院学报（哲学社会科学版）》，2010年第1期。

(二) 横向结构

行政组织横向结构又称职能式结构,是指行政组织的部门化。行政组织横向结构源于行政管理专业化、技术化的需要,有利于发挥不同部门的专业特长和优势,缺点是事权分散、责任不清、协调困难。横向结构也有宏观和微观之分:宏观的横向结构是指一级政府内部的部门分工,如中央政府、省级政府、市县政府根据职能划分为若干政府工作部门;微观的横向结构是指一个工作部门的各个机构和职位的划分,形成组织的机构系列和职位系列。①

在宏观层面,秦汉时期,微观的横向结构实行"三公九卿",中央设政务(丞相)、军事(太尉)、监察(御史大夫)三大系统和奉常、郎中令、卫尉、太仆、廷尉、典客、宗正、治粟内史、少府九大系统;魏晋南北朝时期,中央政府设有二相、八公、诸省、诸监、诸台、诸卿、诸卫等组织;隋唐时期,中央行政体制一般称为"三省六部",三省包括尚书省、中书省、门下省,六部包括吏部、礼部、户部、兵部、刑部、工部;宋代中央机构包括枢密院、中书门下省、三司使;元代取消了尚书和门下省,仅设中书省,中书省下设吏、户、礼、兵、刑、工六部;明清时期,皇权空前强化,废除了宰相制和中书省制,六部之上无统属机关,直接对皇帝负责。

截至2011年底,中国行政组织系统设34个省级行政区(23个省,5个自治区,4个直辖市,2个特别行政区,不包括台湾地区),332个地级行政区(单位)(284个地级市,15个地区,30个自治州,3个盟),2853个县级行政区(单位)(857个市辖区,369个县级市,1465个县,117个自治县,49个旗,3个自治旗,1个特区,1个林区),40466个乡级行政区(单位)(2个区公所,19683个镇,12395个乡,106个苏木,1085个民族乡,1个民族苏木,7194个街道)。② 在微观层面,国务院下设办公厅、国务院职能部门、直属特设机构与直属机构、办事机构、直属事业单位等;根据上级政府工作部门设置情况,地方各级政府设立相应的工作部门。从世界范围看,省级行政组织的数量都比较多,如美国有50个州和哥伦比亚特区;③日本有东京都、北海道、大阪府、京都府和43个县共47个一级行政区;④相对这些国家来说,中国的省级行政组织的数量过少,管理幅度过大。

(三) 行政组织的纵向、横向结构的统一

行政组织的纵向结构和横向结构相互影响、相互制约,二者各有优缺点。在实践中,一般都把二者结合起来,吸收各自的优点,形成直线职能式结构,既保证行政组织体系的统一指挥,又能很好地完成专业性工作。我国目前实行纵向层级(直线制)和横向部门(职能制)相结合的直线职能制;即以纵向层级为基础,在每一层级中设有若干职能部门。一般看来,管理层次和管理幅度呈负相关,即管理幅度越窄,管理层次就越多;管理幅度越宽,管理层次就越少。管理幅度窄而管理层次多的组织是尖塔形组织结构,管理幅度宽而管理层次少的组织是扁平形组织结构。

---

① 石佑启、杨治坤:《论我国行政组织结构的优化》,载《湖北民族学院学报(哲学社会科学版)》,2010年第1期。
② 行政区划网—中华人民共和国行政区划,http://www.xzqh.org/old/yange/2006.htm。
③ 美国—美洲—世界政区—行政区划网,http://www.xzqh.org/old/waiguo/america/5002.htm。
④ 日本—亚洲—世界政区—行政区划网,http://www.xzqh.org/old/waiguo/asia/1011.htm。

二、我国行政组织的权责关系

总体来看,新中国成立以来,我国行政组织体制是一种集权型体制;虽然近年来我国推行了一系列权力下放的改革措施,但在人权、事权和财权等重要事项上,上级行政组织通常具有最终决定权。

1. 人权

人事任免权是宪法和法律赋予各级人大及其常委会的一项重要职权,主要是指各级人民代表大会及其常务委员会代表人民的意志,对国家机关领导人及其组成人员进行选举、任命和罢免等权力。这里主要是指一级政府领导成员的任免权。

我国《宪法》相关条款规定:全国人民代表大会有权罢免国家主席、副主席,国务院总理、副总理、国务委员、各部部长、各委员会主任、审计长、秘书长,中央军事委员会主席和中央军事委员会其他组成人员,最高人民法院院长,最高人民检察院检察长。全国人民代表大会常务委员会在全国人民代表大会闭会期间,根据国务院总理的提名,决定部长、委员会主任、审计长、秘书长的人选,根据中央军事委员会主席的提名,决定中央军事委员会其他组成人员的人选;根据最高人民法院院长的提请,任免最高人民法院副院长、审判员、审判委员会委员和军事法院院长;根据最高人民检察院检察长的提请,任免最高人民检察院副检察长、检察员、检察委员会委员和军事检察院检察长,并且批准省、自治区、直辖市的人民检察院检察长的任免;决定驻外全权代表的任免。地方各级人民代表大会分别选举并且有权罢免本级人民政府的省长和副省长、市长和副市长、县长和副县长、区长和副区长、乡长和副乡长、镇长和副镇长。

2. 事权

在事权方面,国家社会政治事务和国防、海关、宏观经济调控等关系重大的全国性公共事务和国与国之间的事项由中央政府负责;而具体微观决策、区域性公共事务等权力由地方政府行使;其他民族性、宗教性事务及科教文卫事务等,由中央政府制定法规政策,地方政府负责具体实施。具体来说:中央政府的主要职责在于国家独立与安全的保证与维护,国民权利的保证和保障,国家政治、经济、社会的整体协调发展的促进,宏观经济稳定和经济发展的维持,合理、公正收入分配的建立和维护,经济发展的基本前提条件的确立与保证。地方政府的主要职责是保证中央政府政令在本地区的执行,决定区域内经济、科技、社会事业,协调管辖区域内的各种关系,兴办地区的公共服务。①

3. 财权

财权是指政府用来支撑其履行职责的财政能力,主要是政府的税收能力。自1994年以来,我国实行地方财政包干制、中央和地方分税制,其实质就是通过事权和税种的划分,形成中央政府和地方政府两个相对独立的收入体系。第一,在税收划分上,对各省、自治区、直辖市以及计划单列市实行分税制财政管理体制,将税种划分为中央税、地方税和中央地方共享税。根据中央与地方的事权划分,将维护国家利益、实施宏观调控所必需的税种划分为中央税,如关税、中央企业所得税等;将同经济发展直接相关的税种划为中央与

---

① 郭济、刘东汶:《中国公共行政学》,中国人民大学出版社,2003年版,第78页。

地方共享税,如资源税、证券交易税等;将适合地方征管的税种划为地方税,如城镇土地使用税、地方企业所得税等。第二,在税收征收上,建立中央税收体系和地方税收体系,明确各级政府税收管理权限,由国税征收机构和地税征收机构分别征收和管理中央税和地方税。第三,在税收立法权上,中央政府掌握着中央税、中央地方共享税的立法权以及税种实施细则制定权,集中了大部分地方税的立法权、解释权、开征停征权、税目税率的调整权。省级政府只掌握部分行业、某些产品的税收减免权,地方基层政府缺乏自主调节预算内收入的能力。第四,在分税制实施办法上,分税制仍保留原财政包干体制中地方上解和中央补助的办法:原实行递增上解的地方,仍按原规定继续递增上解;实行定额上解的地方仍按原规定的上解额,继续定额上解;实行总额分成的地方和原分税制试点的地区,实行递增上解。①

1. 何谓行政组织？行政组织有何特性？
2. 行政组织构成要素中有哪些非物质要素？
3. 简述首长制、委员会制与混合制行政组织。
4. 何谓非正式组织？
5. 泰勒的科学管理组织理论的主要内容包括哪几个方面？
6. 官僚制组织的主要特征有哪些？
7. 简述系统权变组织理论的主要思想。
8. 从美国、日本等其他国家的行政组织结构设置来看,我国行政组织结构应该怎样优化？

省管县引发新一轮制度探索②

纵观我国财政体制的变迁,"省管县"是自新中国成立后就一直实行的财政管理模式。1994年我国实行分税制财政体制后,各地按照"一级政府、一级财政"的原则,确定了省管市、市管县的财政模式,但是省(区、市)与县市的分配关系尚未规范,因为全国的情况太复杂了。如果省与县市之间的分配体制不够协调,就会影响县市的积极性。浙江是"省管县"这一体制的成功实践者。省管县的浙江试验,对周边省份产生了强烈的示范效应。按照浙江省财政厅专家的表述,"省管县"的本意,就是在财政收支划分、专项拨款、预算资金调度、财政年终结算等方面,由省直接分配下达到县、市,县(市)财政和市(地)本级财政一样都直接同省财政挂钩。

当时浙江"省管县"的做法在其他省份中绝无仅有,而且它与我国行政管理层级体系

---

① 陶振、邵青:《分税制视野下的府际关系特点分析》,载《甘肃理论学刊》,2007年第2期。
② 摘选自江超庸:《行政管理学案例教程》,中山大学出版社,2006年版,第428～434页。(改编自林楠、胡作华:《省管县引发新一轮制度探索》,载《瞭望》,2006年第3期。)

有不符之处，最明显的是，有不少人认为它"侵犯"了市（地）一级政府对本行政区域内（所属区县）财政工作的管理权限，阻碍了中心城市的建设和城市化进程。面对一些质疑，浙江省决策层坚持认为，"省管县"更有利于基层发展：中国区域广阔，人口众多，和国际上通行的三级政府不同，中国行政组织的层级结构为：中央—省—地级市—县、区—乡、镇，共为五级。但是，如果财政也这样设置，首先就要考虑支出成本会增大，分配到基层的实际利益会有一定的损耗。浙江有浙江的实际情况：一是全省陆域面积相对狭小，省会杭州与各省市的空间距离较小，省政府的行政覆盖范围相对较大；二是到1994年，作为改革开放的成果，浙江县域经济的实力已经显现，仅30个发达县地财政就占到省财政盘子的70%，地级市反而不如县级市重要；三是决策者看到了市场经济条件下行政主体之间可能出现的利益竞争关系。"市管县"有可能变成"市刮县"。中国最大的问题是农村问题，财政问题也一样，主要是基层的问题，是县一级的问题。要解决根本问题，把基础打结实，就不能舍县保市。

武义——一个曾戴"贫困帽"的浙南山区小县，继2004年工业产值突破100亿元后，2005年又创下新的高峰，全年完成工业总产值135亿元，完成财政总收入7.2亿元。20世纪90年代初，武义县是浙江省8个省级贫困县之一，到90年代中期，这个县还有1830万元的财政赤字。程云庆告诉记者，县财政打"翻身仗"靠的就是省管县财政体制中的一项重要内容，即针对贫困地区的"两保两挂"政策。

这个被称为"四两拨千斤"的办法是：在确保中央"两税"完成和县财政收支平衡的前提下，实行省补助、奖励与地方收入挂钩的办法，地方收入增长越多，省财政的补助奖励也就越多。政策实行初期，省财政给武义县的机动财力补助为500万元，到2004年，这类补助已增加为6600万元。"以前是会哭的孩子有奶吃"，每当年终发不出工资时，去省里"讨钱"是时任县长们的"必修课"。"有的县一年到头就琢磨着怎么想名目、打报告，找省里要钱。"新体制让转移支付变得公开透明了，用足用活政策成为基层政府考虑的"头等大事"。随后几年，当地的经济思路不断明确，在财力分配导向上大力向基础设施建设倾斜，并压缩办公经费，以安排资金用于技改、中小企业孵化、发展外向型经济等。

"省管县"不是一个制度框架，更为重要的是"怎么管"。省财政采取什么办法实施向下的转移支付，要真正解决县一级的财政问题，还需要具体设计制度细节并逐步完善。

实际上，在1994年，浙江省还有17个贫困县及欠发达县。据省财政提供的数字，1994年浙江省财政对17个贫困和次贫困县的补助总数为5500万元，换来的却是赤字1.2亿元。

1995年，"两保两挂"开始实施。当年对这17个县的补助额度是5095万元。由于补助和财政的增收挂钩，增得越多补得越多，大大调动了这些县自我创收的积极性，17个县居然当年全部收支平衡。到1997年，浙江省对17个县的转移支付补助比1994年增加了近1.4亿元，17个县的财政收入增长达4.52亿元。到2001年底，原先的贫困县已有14个进入了财政"亿元县"行列。

同时推出的还有"亿元县上台阶"奖励政策。这是一项针对经济强县的激励政策。1997年又推出"两保两联"办法，目的在于促进经济较发达县增收节支，保持财政平衡；到1999年又推出"两保两挂"的技改贴息补助政策……

可喜的是县级财政也学会了类似的巧用杠杆办法：一些县财政用贴息的办法扶持急需帮助的企业。武义县经贸局副局长罗晓林对那一过程印象深刻，1999年武义县出台政策,对每出口1美元补贴3分钱,当年财政支出6.6万元,外贸出口的税收增长却达55万元,"这一下就更加坚定了县里的决心,全县工业也开始进入快速上升通道"。

用有限的省级财政补助来激发市县增收的积极性,而市县政府在组织收入、做大蛋糕的同时,也必须调整支出结构,合理安排财政支出,强化预算约束机制,严格控制财政支出,确保地方财政收支平衡。因此,某些省份出现的贫困县不愿脱掉"穷帽子"做法,在浙江完全不存在。

此外,省与县市还实行增量"二八"分成,增收带来的大部分收入留归市县。这样,地方财政实力明显增强。到2004年末,浙江全省财政总收入上亿元县达57个(含宁波);地方财政收入上亿元的县有55个(含宁波),占全部县(市)的94.8%。各市县(市)自我积累、自保平衡、自求发展的意识和能力都大大增强。

由于活水开源,在市县可用财力增加的同时,省里集中的财力也有较大增加,省财政也更有作为。省里宏观调控能力得到增强,转移支付力度增大,特别是在专项资金补助、预算资金调度等方面具有很大优势,反过来又推动了市县经济,尤其是欠发达市县经济发展与财政状况的改善,促进了地区协调发展。2004年,省对市县的"两保两挂"补助和奖励达34.90亿元,"两保一挂"补助和奖励达7.13亿元。近年来,浙江省财政通过实施专项转移支付制度,积极引导县域财政向公共财政转变。2003年省财政一般预算内专项转移支付资金47.72亿元,2004年为59.10亿元,增幅达23.85%。与此同时,省财政进一步优化专项转移支付资金结构,向"三农"、教育、社会保障等重点公共支出倾斜,2004年安排用于支农、教育、科技、社会保障等方面的事业发展支出共计31.15亿元,比2003年增长49.95%。

这些年来,浙江不但地方经济有了较快发展,城乡居民人均收入有很大的提高,而且在全国首先实现全省城乡最低生活保障制度,着力解决农村医疗和"五保"老人的集中供养、困难家庭儿童上学等问题,这些无不与财力增加后加大了公共财政支出力度有关。

"省管县"不是全新的设计,更不是拍脑袋设计出来的东西。它本身就有一种延续性、现实性。中国历史上有2000多年历史的郡县制,原本就具有极强的生命力,直至今天,县域经济县级财政的重要性和基础性在中国也不言而喻。

"省管县"是利弊权衡之后的选择。正像一些专家分析的,浙江的中心城市建设在很长的时期内不如江苏等地,但它的县域经济确实发展得比较好,从而带动了整个省,尤其是农村经济的发展。这就是"省管县"给我们的一张答卷。浙江试验给我们的另一个重要启示是,有了好的制度框架,还要有切实可行的实施办法。制度设计和完善要一步一步走,关键部位甚至还要考虑得十分细致周到。很难想象,如果浙江的"省管县"实践中,没有"两保两挂"等具体设计,能否还有今天这样的结果。

【案例思考题】

1. 根据材料,浙江省"省管县"政策能取得成功的原因有哪些?浙江省的财政管理有什么特别之处?
2. "省管县"体制是否适合在国内其他地区推行,为什么?
3. "省管县"政策的局限性在哪里?解决省—地—县关系的关键在哪里?

政府机构改革的价值逻辑[①]

政府机构作为实现国家意志的载体和工具,具有明显的执行属性,目的在于保证公共资源配置的高效和公平,因此,效率与公平是政府机构改革的基本价值取向。价值取向是政府机构改革的深层结构,是推动政府机构改革的内在动力,因此,研究政府机构改革也必须从这里出发,才能找到制约改革成功与否的关键,并进而发现其未来变革的方向。

一、政府机构改革的价值取向

政府机构改革,在诸如撤销什么机构、设置什么机构、机构的职能和权限以及人员配备等问题上,重点应考虑如何保证公共资源的有效与合理配置,以便更好地落实政府的施政意图。因此,效率与公平是政府机构改革的基本价值取向。

政府机构改革的效率价值取向是指如何通过机构设置更快、更便捷和更低成本地提供公共服务以实现政府的职能;公平价值则是如何通过机构设置使公共资源实现合理和均衡配置,以更好地和更公平地满足民众的公共服务需求。长期以来,在马克斯·韦伯的官僚制的影响下,政府机构设置强调理性、准确和严格的职能划分,部门之间权责分工明确,不同岗位之间有严格的界限和工作标准,实现政府工作的非人格化,进而使政治意志准确无误地得到贯彻和执行。在自由竞争资本主义时代,政府只充当"守夜人"角色,政府职能相对精简,在政府机构设置上更多地遵循效率原则和价值。二战以后,西方国家在福利主义思潮的影响下,政府职能扩张,政府大包大揽,为社会提供大规模的公共物品和公共服务,导致政府机构臃肿庞大,公平价值代替了效率价值占据主导地位。20世纪70年代末,新公共管理运动兴起,政府职能大量"卸载","管理主义"重新抬头,效率至上价值再一次被奉为圭臬,导致政府机构缩减,大量裁减人员,公平问题恶化,一些国家公共部门的人员走上街头进行抗争,一些公共服务价格上升、质量下降,产生了公共性危机。于是,一种新的替代性的理念产生,即新公共服务理论,实质是对效率至上主义的修改。由此可见,政府机构设置的价值取向一直都在效率与公平之间反复和徘徊,但也说明,任何效率或公平单向度的价值取向都是有失偏颇的。价值取向关乎政府机构改革的内容和成效,评价政府机构改革成功与否必须以此为出发点,才能找到合理的标杆。基于效率与公平的价值取向,可以从以下几个方面观察机构改革的成败。一是看机构的数量。在面临同等规模的政府职能时,机构越多,效率越低。二是看政府工作效率。这可以用政府业务办结时间的长短来衡量,它直接关系到民众和社会组织的交易成本和投资吸引力,对经济社会的发展有重大的影响。一个政府业务办结的时间越短,说明机构的办事效率越高,反之,则效率越低。三是看经济部门与社会管理和服务部门之间的比例关系。如果主管经济部门的机构越多,说明机构设置更着

[①] 节选自陈天祥:《政府机构改革的价值逻辑——兼论大部制机构改革》,载《中山大学学报(社会科学版)》,2012年第2期,略有改动。

眼于效率,即政府工作重心是促进经济的快速发展;如果主管社会事务和服务性的部门越多,说明政府越重视对公平问题的关注。四是看政府成本。在同样政府职能规模的情况下,如果政府成本越高,说明政府机构的工作效率越低,反之,则说明效率越高。五是看民众对政府工作的满意程度。它反映的是民众对政府机构效率与公平的综合性评价。

二、从价值取向看中国政府机构改革的成效

评价政府机构改革的成功与否,应该从机构改革背后所蕴含的价值偏好去考察,看改革是否满足了这些偏好,然后再去检讨这些价值偏好本身,并由此出发去寻找政府机构改革的正确方向。

改革开放以来,政府改革实践强调"效率优先,兼顾公平"的价值取向,表面上两者兼得,实则效率至上,效率成为左右政府机构改革的优先准则,公平价值降至次要地位。改革开放和市场体制初期,百废待兴,效率价值取向优先有其一定的合理性:通过改革提高政府的办事效率,有助于降低经济社会组织的运行成本,促进经济社会的快速发展,在此基础上增加国家财力,为提供充足和良好的公共物品和公共服务奠定基础,解决公平问题。因而,这时的政府机构改革以效率为主导。

衡量政府机构改革的成败需要进行多维透视,其中最重要的是看它与经济社会的发展是否相适应。毫无疑问,改革开放后中国政府机构改革的最重要目的是适应社会的转型,促进由计划经济体制向市场经济体制的转变。30多年来,中国的经济和社会获得了快速的发展,虽然我们无法对政府机构改革与经济社会发展的相关性进行检验,但有一个简单的定性判断方法,即看投资环境的好坏。中国经济的发展离不开外资和民间资本,而资本投向的重要考虑因素是当地政府的办事效率。政府进行了持续的机构改革,撤销了一些直接干预经济活动的政府部门,砍掉了政治权力钳制经济活动的权力载体,从而大大放松了对经济生活的管制;与此同时,减少了政府的办事流程,提高了效率,也就减少了企业的交易费用,才使中国有较强的投资吸引力,促使外资和民间资本活跃起来,激发了市场经济的活力。到目前为止,中国非公经济总量已超过了半壁江山,形成了与其他市场主体之间的竞争态势,它们共同推动了中国经济持续30多年的高速增长。这些都说明,改革开放后的中国政府机构改革与经济社会发展是基本适应的,也是成功的。另外,我们很多人都有到政府部门办事的经历和体会。远的不说,20世纪80年代,我们到政府部门办事,如办理各种证照等,需要到很多政府部门盖章。当时政务不公开、不透明,我们往往忐忑不安,或者会找熟人打招呼、"走后门"。现在各地的政务服务中心,办理这类事务比以前方便多了。政府通过服务承诺制、问责制和"阳光政府"等措施使工作效率大大提高,群众到政府部门办事再也无须像过去那样提心吊胆。民意调查也表明,政府窗口服务的效率和群众满意度都较高。所有这一切都与政府机构改革密不可分。

基于上述两点[①],如果认可"效率优先,兼顾公平"的改革价值取向,我们就没有理由质疑政府机构改革的成效。因为,任何改革都是在一定的价值取向支配下进行的,改革也

---

① 由于本文的立论主题和研究性质的限制,无法按照第一部分所提出的评价政府机构改革的五个维度去全面评价我国政府机构改革。

必须完成价值取向所赋予它的使命。有人可能会从政府机构精简过程中某一阶段的反复或回潮来否定其效率效果。

笔者认为,应该从以下几个方面加以厘清。

一是政府机构改革不是机构精简的线性过程,即不是简单的机构数量直线上升或直线下降。从计划到市场、从直接管理经济活动到间接调控,政府职能的转变不等同于政府职能的减少。其间,有时需要一些职能的"卸载",有时又需要"加载",否则无法履行经济调控和市场监管等方面的职能。此外,随着全球化和社会的发展,政府面临新的社会风险,如毒品泛滥、艾滋病、恐怖活动等,又要求政府增加相应的职能和机构。因此,如果一味地要求精简机构,将会削弱政府的社会治理能力。

二是政府机构改革和职能转变的复杂性。它受制于政治体制、官僚集团利益、市场和社会的发育和完善程度等。在单一制国家结构形式下,下级政府机构设置的权力掌握在上级政府手中,导致"上下一般粗"的状况,而使地方的精简机构改革出现回潮;政府管理层级的刚性结构(如五级政府层级架构)决定了机构精简的空间制约,以及党政关系、政企关系、政资关系、政事关系等的约束,都使政府机构改革面临很大的困难;机构的增减会触动既得利益者的利益,在人员分流面临困境的情况下,贸然推进改革,可能会产生严重的阻力,影响政局稳定;如果不顾市场和社会发育程度仓促推进政府职能转变和撤销机构,则可能会出现"市场失败"、"社会失败"远胜于"政府失败"的局面,不利于经济社会秩序的稳定与和谐。因此,政府职能转变和机构变迁是一个循序渐进的过程,有时这一过程可能还会出现曲折,从而在精简与膨胀之间出现反复。中国政府机构改革在这么复杂的环境中艰难前行,并能取得前述之成就,实属不易。

三是"精简—膨胀—再精简—再膨胀"的现象有其一定的历史性。改革是一个学习的过程,尤其是中国政府机构改革,它适应国家的转型轨迹。中国由计划到市场的过程是史无前例的变革,几乎没有来自任何其他国家或地区的经验可供借鉴,"摸着石头过河"就成了基本的前进路径。有的时候"摸错"了,就要回过头来检讨教训,然后再继续前行。从改革的进程看,我们从"计划经济为主、市场调节为辅"到"有计划的商品经济"再到最终确立"社会主义市场经济体制",中间走了10多年。市场经济条件下政府应该履行什么样的职能、职能如何定位,我们也不是一开始就明白,中间又经历了约10年,直到2002年的中共十六大才正式确定了经济调控、市场监管、公共服务、社会管理的四大职能。此外,通过什么方式巩固机构改革的成果,也需要一个学习的过程,因为我们是在人治传统浓厚的国度进行改革,领导人个人意志对改革的干预不是短期内可以消除的,政府机构改革和精简步伐出现反复一点也不奇怪。从较长的周期来看,政府机构改革并没有背离其应有的效率逻辑。特别是1998年的机构改革,以转变政府职能为中心,涉及面最广、力度最大,确定了"建立办事高效、运转协调、行为规范的行政管理体系"的目标,撤销了所有的工业部门,将它们改组为国家局,由国家经贸委管理。因此,这次改革在转变政府职能上迈出了坚实的步伐,彰显了为适应市场经济体制而提高政府效率的价值取向。

公平价值如何体现在中国政府机构改革中呢?随着时间的推移,公平价值在机构改革中得到了越来越多的重视,明显的标志是经济管理类的机构数量逐渐减少,而社会事务类的机构数量逐渐增长。到1998年,国务院的部门机构中社会事务类机构的数量超过了经济管理类机构的数量①，显示出社会事务类管理在政府管理中占有越来越重要的地位，而这类机构多是提供公共物品和公共服务的部门，是实现社会公平价值的重要权力载体。与此同时，改革开放后，执法监督类的机构数量也呈现稳步增加的趋势②，这类机构主要承担防止和治理市场主体的"外部性"对社会的伤害和为不同市场和社会组织提供平等机会的职责，是维护公平的重要力量。

综上所述，改革开放后中国政府机构改革在"效率优先，兼顾公平"的价值取向指导下进行，以追求效率为主；近期以来，公平价值得到了提升，但仍处于从属的地位。改革一方面有利于经济的快速发展，适应了由计划到市场的体制转变需要；但另一方面，公平价值没有得到足够重视，导致社会公共物品和公共服务的缺失以及市场监管方面的失灵，食品、药品和生产安全事故频发就是重效率轻公平价值取向的结果。我们检讨政府机构改革，应该从背后的价值取向中寻找根源，即对"效率优先，兼顾公平"的价值进行反思。这一价值明显地将公平置于次要的地位。反映在政府机构改革方面，这种价值取向直接导致了以下三大误区。

一是以机构数量的多寡论成败，忽视了其背后的职能转变和体制等系统问题，缺乏顶层设计，急于求成，改革的反复和回潮现象就是这种短视改革取向的反映。

二是简单地以传统效率导向下的社会分工理论去理解政府机构改革，以为分工越细、效率越高，无视不同部门之间的业务关联性而均衡合理地配置资源，即忽视了公平对效率的促进作用，导致虽经多次改革，中国政府机构的数量仍然远多于一些西方主要国家，这同样是重效率轻公平惹的祸。

三是政府机构的天平向效率倾斜。除了经济管理部门数量仍然过多而社会事务和监管机构的数量偏少外，一些本应主要从事监管职能的政府机构如药品监管部门同时兼有"监、帮、促"的多样化职能，即它们既要承担保障社会公平的责任，又要关注行业的经济绩效，而这些职责又散落于药监、卫生、经济综合、物价和劳社等部门，"当不同部门的利益不兼容、目标不一致且行为不协调时，监管者在决策时就不得不考虑其本职工作以外的因素，这大大制约了其自主性"③。再加上地方保护主义的因素，监管机构的天平偏向效率，而把公平丢在了一边，导致监管失灵。

上述三个误区的存在最终将会导致效率和公平双输的局面，因此，必须将传统的厚此薄彼的"效率优先，兼顾公平"非均衡价值取向转变为"讲求效率，注重公平"的均衡价值取向，才能较好地解决目前政府机构改革中存在的问题。

笔者认为，应着重从以下几个方面思考政府机构改革：①涉及资源总量配置方面的政府机构改革，必须优先考虑公平价值，即"保护社会免受其他独立社会的暴行与侵略的职责"④。政府机构设置要向这些领域倾斜，相应地减少经济管理领域的机构数量。②管

---

① 1998年，国务院的各类组织在机构总数中所占比例分别为：社会事务类，37%；经济管理类，20%；执法监督类，19%；政务办公类，17%；宏观调控类，7%。参见何艳玲：《中国国务院（政务院）机构变迁逻辑——基于1949—2007年间的数据分析》，载《公共行政评论》，2008年第1期。

② 何艳玲：《中国国务院（政务院）机构变迁逻辑——基于1949—2007年间的数据分析》，载《公共行政评论》，2008年第1期。

③ 胡颖廉：《监管型国家的中国路径：药监领域的成就与挑战》，载《公共行政评论》，2011年第2期。

④ [英]亚当·斯密：《国富论》，杨敬年译，陕西人民出版社，2001年版，第759、777、790页。

专业化程度较高、业务性质较单一的领域,应该更多考虑效率价值,即走小部门体制之路。③管理专业化程度不高、业务性质多元、涉及较多利益主体的领域以及行政执法和市场监管方面的机构设置,要注重效率与公平的统一。④行政执法和市场监管的机构职能配置,更应强调公平价值,不能让这些机构在公平与效率之间进行选择,而丧失了公共责任。⑤政府部门内部机构的设置,应兼顾效率与公平之间的平衡,即从事决策的机构应兼顾效率与公平,而具体的执行机构和服务机构应着重讲求效率。

政府机构改革所蕴含的效率价值与公平价值,反映了改革的基本价值取向,"效率优先,兼顾公平"的非均衡价值取向必须向"讲求效率,注重公平"的均衡价值取向转变,才能准确找到政府机构改革的方向。政府机构改革牵涉面广,受诸多因素制约,如政治体制、政府与市场和社会之间的关系、政府职能转变等,因此,欲使其获得成功,还需要这些领域的同步改革,做好顶层设计,否则,政府机构改革将难以承担其应有之使命。

第四章
行政领导

在领导活动中,领导者与追随者是相互界定的,他们共同构成领导活动的主体,改造作为客体的领导环境。

——[美]约翰·科特

第一节 行政领导与行政领导者

群雁高飞头雁领。领导者在领导活动中处于重要的地位,起着举足轻重的作用,研究行政领导首先要研究行政领导的活动与行政领导者。

一、行政领导

行政领导是指在行政组织中,经选举或任命拥有法定权威的领导者依法行使权力,为实现行政管理目标所进行的组织、决策、指挥、控制等活动的总称。

(一)行政领导的特点

行政领导是政府公共管理活动中的领导活动,它具有一般领导的共同特点,又有自身的特定属性。主要表现有以下几点。

1. 行政领导发生在行政管理活动中

在特定的行政环境约束下,为实现行政目标,行政领导者依据法律,对纳入行政活动的被领导者进行指挥与统御,从而保证国家政策目标得以顺利实现。

2. 执行性

在我国,国家权力机关、行政机关、司法机关不属于西方式的三权分立,我国行政机关是国家权力机关的执行机构。因此,行政机关必须对权力机关负责。对行政机关来讲,它与权力机关的关系是:按权力机关的合法指示,依法行政;据权力机关的合法要求,迅速组织人力与物力资源,提高工作效率,高效地实现权力机关的决策意志。因此,执行性是行政领导的重要特征。

3. 政治性

政府是经济上占统治地位的阶级为实现其阶级使命而建立的组织,政府机关依体现统治阶级意志和利益的法律规定来行使行政权力,实行国家的统治职能。行政机关的使命是执行国家权力机关的意志。国家机构具有强烈的阶级性,行政机关也不例外。社会主义国家的行政机关是各级人民政府,政府的主要职责是通过大量的组织和管理工作保证国家的安定团结和社会主义现代化建设事业的可持续发展。因此,行政领导具有鲜明的政治性,我国行政领导者要讲政治,提高社会主义政治觉悟,牢记为人民服务的宗旨,以"服务者"的态度为人民"行"好"政"。

(二) 行政领导的作用

1. 行政领导是行政管理协调统一的保证

行政管理本身是个复杂的社会系统。为保证系统内行政活动的协调和统一,需要行政领导的统一意志和统一指挥。随着社会发展和科技进步,行政机构日益庞大,涉及领域越来越广,日常事务日益复杂,行政人员不断增加,统一意志和统一指挥的行政领导的必要性和重要性尤为突出。行政管理既有纵向层次的区别,又有横向层次的划分。形成统一的意志,实施统一指挥,是对所有行政管理的共同要求。

2. 行政领导是行政管理过程的战略核心

一般而言,行政领导的过程是推动他人去做、借助他人智慧和力量来表现的,这符合管理的特征。因此,行政领导是有管理性质的社会活动,行政管理过程与行政领导过程是交叉的,就具体过程看,行政管理是通过各环节连接起来的链条,主要环节有建立行政组织、选才用人、收集信息、确定目标、制订计划、组织实施、检察监督、调节完善等。这实质上是不断制定和执行政策的过程。决策即"出主意"。"出主意"、"用干部"是行政领导的根本职责。正是这两种领导职责构成有效的行政管理活动,并贯穿于行政管理活动过程的始终。

3. 行政领导是行政管理成败的关键

行政管理是由诸多因素构成的大系统,每个因素都对行政管理产生影响。由于行政领导有"统领"、"引导"的整体管理功能,尤其是行政决策规定了目标及达到目标的途径和措施,因而成为行政行为的指南和准则。行政效能由行政决策的效率决定。要保证行政决策的高效能,不仅要提高效率,更要保证行政决策的正确导向。否则,方向错了,效率愈高,损失愈大。正是这样的决定作用,规定了担负行政决策责任的行政领导是整个行政管理活动成败的关键。因此,正确认识行政领导的职、权、责,建立和完善科学的行政领导制度,掌握并运用科学的行政领导方法、方式和艺术,优化行政领导者的素质结构,对行政管理效能高低产生决定性影响。

二、行政领导者

行政领导者是指各级行政组织中承担计划、组织、指挥和协调等领导职能的人。

(一) 行政领导者的职责与职权

1. 行政领导者的职责

行政领导者的职责是指行政领导者违反其法定的义务所引起的必须承担的法律后果。行政领导者的职责有多方面的内容,主要由政治、工作、法律三个层面构成。

(1) 政治职责即领导职责,是指行政领导者因违反特定的政治义务或没有做好分内之事而导致的政治上的否定性后果,以及所应遭受的谴责与制裁。这种政治上的否定性后果意味着其丧失了行使政治权力的资格,意味着其不再是政府行政权力的行使者。

(2) 工作职责是指行政领导者自己的岗位职责,即行政领导者担任某一职务而所应承担的义务和应负的职责。

(3) 法律职责是指行政领导者在行政管理活动过程中因违反法律规范所应承担的法律后果或应负的职责。

2. 行政领导者的职权

法定的与行政领导者职位相当的行政权力,就是行政领导者的职权。行政领导者的职权,是其行使指挥与统御过程的支配性影响的实质条件。同时,职权不仅意味着行政领导者具有从事一定行为的可能性,而且意味着必须从事这一行为,否则就构成失职。因此,职权对行政领导者来说,既是他们的权利,又是他们的义务,职权是权利与义务的共同表现。

行政领导者的职权与职位密切联系,可以从两方面来认识。

(1) 从职权的特点来看,第一,职权是与职位联系在一起的。职权是由职位衍生出来的,职位的性质决定职权的性质,某一行政领导职位相应地有某种数量规定的工作任务、工作指标、工作绩效,职权与职位均与个人因素无关。第二,职权与职位有对称关系。职权的大小与职能的高低、职责的轻重需相适应。任意扩大职权,即为滥用权力;随意失职失权,即为渎职行为。第三,职权是法律认可与确认的权力。它一方面要约束行政领导者的思想与行为,另一方面又要确保这种权力的稳定性,使其不能以任何形式进行私人性的转让。任何行政领导者都应以有效的工作,即最少的投入、最大的产出来保证自己行使权力的正当性、合理性与有效性。

(2) 从职权的范围来看,行政职权是有限度的权力,它由国家权力机关因社会公共管理分工的不同而进行功能性划分,并由国家依据这种划分授予,被授予者需对权力有明确的认知,从而掌好权、用好权。行政领导的权限范围包括人权、物权(即对物质资源的配置与使用权)、财权、组织权。

(二) 行政领导者与行政管理者的区别

根据《汉语词典》的解释,主体是对客体有认识和实践能力的人,承担领导活动的主体是"领导者",承担管理活动的主体是"管理者"。由于"领导"与"管理"的本质不同,决定了"领导者"与"管理者"的工作内容不同,组织对其的要求不同,他们对自身的要求不同。

1. 工作的内容不同

韦尔奇先生曾形象地指出:"把梯子正确地靠在墙上是管理的职责,领导的作用在于保证梯子靠在正确的墙上。"[1]可见,领导者与管理者的工作内容不同,领导者注重组织目标和方向,管理者注重贯彻和落实。领导者具有全局性,注重整个组织和社会的利益;管理者具有局部性,注重某一局部和某项工作的利益。领导者具有超脱性,不管具体事务;管理者具有操作性,必须事无巨细。领导者具有战略性,注重组织长期和宏观的目标;管理者具有战术性,注重短期内和具体任务的完成。领导者的功能是推进变革,管理者的功能是维持秩序。领导者善于激发下属创新,管理者习惯告诉下属按部就班。领导者乐于追求风险,管理者则往往回避风险。领导者富于感情,管理者注重平衡。领导者善于授权和扩张,管理者乐于限定和控制。领导者善于思考并产生新的思想,管理者善于行动并进行新的验证性实践。

总体说来,领导者围绕着"领导"开展工作,其具体工作内容包括战略制定、协调沟通、激励下属、选拔用人、关系运用等。在从事这些具体工作时,需要领导者强化自身的能力,运用科学的方法和艺术。领导者的领导工作如图4-1所示。

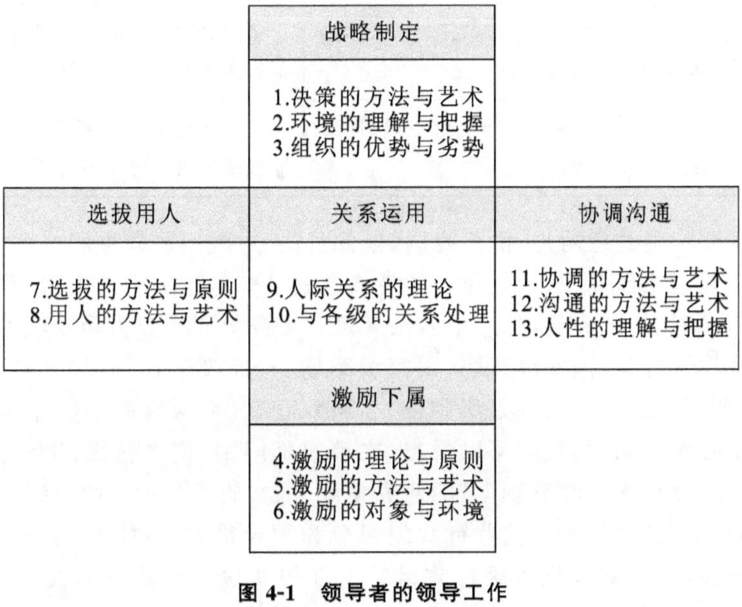

	战略制定	
	1.决策的方法与艺术 2.环境的理解与把握 3.组织的优势与劣势	
选拔用人	关系运用	协调沟通
7.选拔的方法与原则 8.用人的方法与艺术	9.人际关系的理论 10.与各级的关系处理	11.协调的方法与艺术 12.沟通的方法与艺术 13.人性的理解与把握
	激励下属	
	4.激励的理论与原则 5.激励的方法与艺术 6.激励的对象与环境	

图4-1 领导者的领导工作

2. 组织的定位不同

领导者工作中的领导职能与管理者工作中的领导职能虽然名称相似,但承担的角色却有所不同。这要从领导者和管理者在组织的定位说起,领导者是组织中制定组织战略,进行相关事务的决策,并带领组织成员完成组织目标的人,在组织结构中属于最上层的人员,在企业中一般称之为"企业高管",在政府组织中,称之为"行政首长"或"行政领导班

---

[1] 李永利:《一流的领导者》,中国纺织出版社,2003年版,第9页。

子"，他们为了能够很好地工作以实现组织目标，需要从事决策、沟通、协调、激励、自身管理、关系管理等工作。而管理者在组织中的位置则处于领导者之下、基层员工之上，在企业中，我们称之为"中层管理人员"，在政府中，我们称之为"领导"、"领导者"或"行政管理者"，他们是为实现领导者的意愿，也会在本职责范围内，进行决策、沟通、协调、激励、自身管理和关系管理等工作，管理者所从事的这些工作与领导者所从事的这些工作有着深度和广度的区别。行政领导者与行政管理者的组织定位的比较如表4-1。

表4-1 领导者与管理者的组织定位之比较

区别	领导者	管理者
决策	领导者对组织的战略目标进行决策	管理者对在自身岗位职责范围内的工作进行决策
沟通	领导者与上级、同级、下级的部门或人员进行沟通，以及领导班子内部成员间进行沟通	管理者与其上级、同级、下级的部门或人员进行沟通
协调	领导者对本组织内部的部门、人员进行协调，以及领导班子内部成员间进行协调	管理者对其本部门成员间工作进行协调
激励	领导者主要对本组织内的各部门负责人或团队进行激励	管理者主要对本部门的成员进行激励
自身管理	领导者对自身的道德行为、工作行为、生活行为和能力等进行管理	管理者对自身的道德行为、工作行为、生活行为和能力等进行管理
关系管理	领导者在组织利益的基础上对上级、同级或下级进行关系管理	管理者在本部门利益的基础上对上级、同级或下级进行关系管理

在这里需要特别注意的是，由于我国《公务员法》中规定了领导职位和非领导职位，使得在实践中或理论研究中，人们对领导者概念的认知产生一定的混淆，我们有必要在这里予以分析。我国《公务员法》第十六条规定："公务员职务分为领导职务和非领导职务。领导职务层次分为：国家级正职、国家级副职、省部级正职、省部级副职、厅局级正职、厅局级副职、县处级正职、县处级副职、乡科级正职、乡科级副职。非领导职务层次在厅局级以下设置。"因此，我们可以看出，在政府部门中，把乡科级以上公务员都编入了领导序列，从"领导学"和"管理学"的研究角度来看，属于各种行政组织的负责人或班子成员，我们称之为"领导者"，这些行政组织分为领导机关、职能机关、办公机关、咨询机关和派出机关等，而把承担本级行政组织内部的其他领导职务的人员称之为"管理者"。实际上，我国《公务员法》中的领导职务序列的公务员既包括行政领导者，也包括行政管理者。

第二节 行政领导体制

行政领导体制是公共组织的领导机构设置和领导权限配置二者的统一体，外在表现为领导机构的组织形式。领导机构设置和领导权限配置是公共行政领导体制的两个基本构成要素。在多层公共组织中,领导机构形成一个金字塔形的组织体系,公民一般可以从组织图或机构标志中了解公共行政领导机构设置的详细情况。领导权限根源于宪法和法律,非均匀地分布于领导机构和领导体系中,由于领导权限配置更多依赖于传统、习惯和领导人间政治互动结果而非法律,致使公民从宪法和法律中只能了解公共组织领导权限配置的概貌,而不能观察到权限配置的细节,只有长期工作在公共组织中的人才能切身地感受到领导权限的详细分布状况。

一、首长制和委员制

就行政领导过程中担负责任的人数而言,公共行政领导体制可以分为首长负责制和委员会负责制两类。凡组织的事权交由一人单独负责处理的是谓首长制,凡组织的事权交由若干人共同负责处理的是谓委员制。首长制又称独任制或部长制,其基本特点是多数服从一人,行政大权独掌于首长一人手中,其他人员只是首长的部属,而非同僚,行政会议仅备咨询而已,首长对决策结果担负最终责任。一般认为,美国的总统制是首长制的典型。委员制又称合议制,其基本特点是少数服从多数(或曰首长服从多数),行政权力由委员会共同执掌,行政首长只有一票的权力,委员之间是同僚关系,而非首长的部属,行政事务由委员共同讨论决定,委员会集体对决策结果担负最终责任。一般认为,瑞士联邦委员会是合议制的典型。

首长制虽责任明确,事权集中,行政效率可能会高,但首长易于独断专行,营私舞弊;委员制虽能集思广益,相互牵制,处理事务不受上级干涉,但责任不专,摩擦增加,行政效率可能会低。历史一再证明了这一点。[①] 法国大革命时期的公安委员会是由11人组成的合议制行政机关,引发了无政府状态的恐怖时期;罗马共和时代的寡头政治曾发生恺撒和奥克特弗纳斯的两次独裁。两种模式,各自长短优劣分明,适用于不同的政治环境和行政环境,"执行与指挥工作应采首长制,政策的寻求与研究或商讨应采委员制"[②],但行政机关事务并非能够如此明白地划分,故政府领导体制经常采用独任制与合议制的混合形式,是谓混合制,它有四种方案可供选择:①行政委员会决定政策或方案后交由一人(称之为秘书长、执行长、总经理等)执行,该方案实际上是由组织内专司决策的委员会和委员会之下专司执行的执行长混合而成;②顾问委员会以讨论或研究的形式提出方案,然后交由负责的行政首长执行,该方案实际上是由组织外的设计者(委员制)和组织内的行政首长(独任制)混合而成;③委员会和行政首长并立而行,委员会专司规则制定,行政首长专司行政管理,二者并行不悖,相互制约,该方案实际上是由相互约束的委员会和行政首长混合而成;④行政委员会集体开会决定政策,共同对决策负责,同时各个委员兼任部门首长,负责相关事务的执行,该方案是委员制和首长制彻底合为一体的混合制。

二、集权制和分权制

就行政领导过程中不同层级行政权的集散程度而言,行政领导体制可以分为集权制

[①] L. D. White, Introduction to the Study of Public Administration, Macmillan, N. Y. 1962, 90.

[②] Dwight Waldo, Ideas and Issues in Public Administration, Mcgraw-Hill, N. Y. 1953, 163.

和分权制。凡组织的事权完全由其最高领导机关自行负责处理、不设置下级或派出机关，或者虽设置但下级或派出机关处理事务完全秉承中央机关的意见者，是谓集权制。凡组织设立各具独立法律地位的上下机关、各级机关有处理其事务的全权且下级机关不受上级机关指挥和监督者，是谓分权制。就中央与地方关系而言，单一制国家采用集权制模式，联邦制国家采用分权制模式；就政府管理而言，领导体制更多地倾向于集权制模式。但事实上，权力在组织层级间的配置方式，就像一个连续的光谱，没有一个定规，上述定义的集权制和分权制的模式是这个光谱的左右两个极端，现实中很难找到彻底的集权制或彻底的分权制模式，故集权制和分权制的区别是相对的。

集权制虽能实现层级节制，集中行政力量，保持政令统一，但其密而不疏，知控制而不知纵舍，重内轻外，形成头重脚轻的权力倒形宝塔，过分者，要么权力拥塞，上下不通，要么权力滥用，上下仇视，反而动摇统一的基础，故沃尔多称集权制是"四肢贫血，中枢中风"的领导体制[①]。分权制虽含有民主精神并能激发下级或地方自主积极性，但其疏而不密，能放而不能收，枝强干弱的分权制，是一种"四肢发达，头脑不灵"的领导体制，易使政府支离破碎，脆弱无力，降低政府能力。故寻求集权与分权适当平衡的领导体制，是古今中外的思想家和政治家的一个梦想。宋代的叶适上光宗札子对此就有论述："昔之立国者，知威柄之不能独专也，故必有所分，控持之不可尽用也，故必有所纵。三代以上，星分棋布，悉为诸侯，其自居者千里而已。……历代相承，莫之或变，盖非不欲其密，而亦不能不使之疏也。然则尽收权变，一总事机，视天下之大如一家之细，孰有如本朝之密者欤！呜呼！靖康之祸，金人作难而中国拱手欤！小臣伏死而州郡迎降欤！……岂其能专而不能分，能密而不能疏，知控持而不知纵舍欤？"[②]孙中山创立的均权制理论对此也作了很好的概括："政治里头有两个力量：一个是自由力量，一个是维持秩序的力量。政治中有这两个力量，正如物理学中有离心力和向心力一样。政治中的自由太过，便成了无政府。束缚太过，便成了专制。自由同专制这两个力量，不要各走极端，像物体的离心力和向心力互相保持平衡一样。"[③]

总之，集权制和分权制各自利弊明显，公共组织应根据自己的文化传统和政治环境，在集权与分权的连续光谱中确定一个适当的平衡位置，以满足多方的利益要求。19世纪50年代以来，由于各国政府在经济和社会领域的职能扩张，政府管理呈现集权化趋势，但集权化趋势是建立在政治民主化和行政民主化基础之上的，是以不伤害社会和个人的责任心和创造精神为原则的，并且目的在于实现公共利益而非成为个人或少数人谋取私利的工具。

三、完整制和分离制

就行政领导过程中同一层级行政权的统属情况而言，公共行政领导体制可以分为完整制和分离制两类。凡组织中同一层级的工作机构接受上级直接指挥与控制的权力都集中于一个行政首长手中者，是谓完整制。凡组织中同一层级的工作机构接受上级直接指

[①] Dwight Waldo, Ideas and Issues in Public Administration, Mcgrav-Hill, N.Y. 1953, 163.
[②] 《叶适集》，中华书局，1966年版，第842页。
[③] 《孙中山五权宪法讲演》，转引自张金鉴：《行政学典范》，三民书局，1979年版，第243页。

挥与控制的权力分属于两个或两个以上平行的行政首长手中者,是谓分离制。完整制又称一元统属制或集中制,其本质是由统一领导原理①所决定的,完整制公共组织的一体化程度较高。分离制又称多元统属制或独立制,其本质是由相互制衡原理所决定的,分离制公共组织的制约程度较高。就政府领导而言,中国中央政府的行政部门都归国务院总理统一领导,是完整制的典型;日本中央政府的有些行政部门,如人事院和会计院(独立于内阁的机构),并不受内阁首相的直接指挥,是分离制的典型。需要特别注意的是,无论是完整制还是分离制,特别是分离制,都不能违反统一领导原理,若一个下级要接受多个直接上级的指令并对他们负责,那是违反分离制模式的本质要求的。

完整制虽权责集中,政令统一,有利于减少冲突,统筹全局,但权力缺乏制衡,易于造成一元首长的专断;分离制虽权力牵制,防止首长独裁,但违反统一指挥原则易于政出多门,事权冲突,使政府首长倍感指挥吃力。完整制与分离制利弊互见,但为谋求行政统一和政府效率,政府首长多会将完整制作为理想模式全力追求,"行政国家"一词就概括了现实中的这种情况。各国在设计行政领导体制时,通常遵守激励与约束相结合原则,尽量将行政权统一于一元政府首长行使,以期减少事权冲突,但必须考虑必要的制约。在西方发达国家,对于事权集中易于导致腐败的行政事务,如官员的选拔、公共财政预算、财政审计、行政监察等,通常从政府统制中分离出来,建立独立机构负责这些事务,以制衡政府的公共行政,在这个意义上讲,西方国家的政府领导体制多为分离制。

四、层级制和功能制

就行政领导过程中行政权的纵向和横向统属情况而言,公共行政领导体制可以分为层级制模式和功能制模式两类。凡组织的事权交由一个层级节制的纵向机构负责处理、每个纵向机构具有完全的功能、同级机构的任务相同的,是谓层级制。凡组织的事权交由一个不相统属的平行的横向机构负责处理、每个横向机构具有不同的专职功能、平行机构的任务不相同的,是谓功能制。层级制又称分级制或科层制,典型者如军队的军、师、旅、团、营、连、排、班的领导体制,其本质是上级对下级具有指挥命令权,每级机构的首长无论何事皆管,但他师他旅他团的事无从过问,不构成平行制衡,这种领导体制就是管理理论描述的直线制管理模式,即由直线人员构成的领导体制。功能制又称分部制或专职制,典型者如美国联邦政府的立法、司法、行政三大机构并立的国家领导体制,其本质是平行的各个机构各自为政,专司不同的职能,构成平行制衡,这种领导体制就是管理理论描述的职能制管理模式,即由职能人员构成的领导体制。

层级制模式虽事权集中,节制严明,重服从,尚纪律,命令易于贯彻执行,但各级首长忙于例行琐事,样样皆管,样样难精,广博而不专业,难以适应高度分化的专业行政;功能制模式虽能实现专业行政和相互制衡的两大作用,但可能产生部门分离和本位主义之弊端。当公共组织规模较小,事务单一或较为简单,更多地关注行动,宜选层级制领导模式。当公共组织规模庞大,事务多样且十分复杂,更多地关注专业化决策,宜选功能制领导模式。层级机关的作用是行动,独掌指挥和命令的权力。功能机关依照职能性质,划分若干

---

① 统一领导原理可表述为:不可分割的同一行政事务或行政计划应由一个领导人负责执行。违反这个原理的现象称为"多头领导"。

平行部门,各自负责推行专业。[①] 传统政府功能单一,行政领导模式多以层级制为主,但当代政府在经济和社会管理领域职能的扩张,公共事务趋向多样化和复杂化,公共政策的制定和执行要求科学化、专业化和技术化的程度越来越高,在地方自治成为一种历史发展趋势的背景下,功能制成为当代行政领导的主导模式。当然,统而言之,政府领导体制采用的都是层级制和功能制的混合模式,即管理理论中揭示的直线职能制管理模式。如中国,在国务院→省政府→市政府→县政府→乡政府的链条中,从上到下具有领导关系,这就具有层级制领导体制的基本特点,在国务院和县级以上各级地方政府中,各自设有几十个工作部门,如计划、财政、人事、司法、教育、卫生、商务、农业、国土资源等部门,这些部门在不同的管辖范围内各自履行不同的专业行政职能,这就具有功能制领导体制的基本特点。但应注意,在联邦制国家,联邦政府与成员国政府之间不具有指挥命令关系,不存在层级制模式,而是一种以法律为基础的平等合作关系;在高度分权的单一制国家,地方实行高度自治,中央政府与地方政府间的权威关系已经弱化,层级制模式的特点也已基本消失。总之,纯粹的层级制或纯粹的功能制在当代公共行政中已不复存在,层级-功能混合制的领导模式已取得主导地位。

表 4-2 所示为领导体制模式一览表。

表 4-2 领导体制模式一览表

	划分标准	理论模式	特征	典型举例
领导体制	公共组织中担负最终责任的人数情况	首长制	多数服从一人;首长负最终责任	联邦总统制(如美国)
		委员制	少数服从多数;委员共同负责	联邦委员会制(如瑞士)
	公共组织中不同层级行政权的集散情况	集权制	权力集中于组织最高机关;上下级具有指挥命令关系	中央集权的领导体制
		分权制	上下级机关各具独立法律地位;不具有指挥命令关系	联邦国家政府领导体制
	公共组织中同一层级行政权的统属情况	完整制	统一领导;同级机构都接受一个首长的指挥命令	各行政部门都接受总理指挥的政府领导体制(如中国)
		分离制	相互制衡;同级机构分别接受数名平行首长的指挥命令	行政部门并非都接受总统指挥的政府领导体制(如美国)
	公共组织中行政权的纵向和横向统属情况	层级制	纵向层级节制;同级机构各具有完全的功能,执行相同任务	部队中军、师、旅、团、营、连、排、班的纵向领导体制
		功能制	横向职能分离;同级机构各具有不同的专业功能,执行不同任务	财政、商务、卫生、教育等职能分离的政府领导体制

[①] 林尚立:《国内政府间关系》,浙江人民出版社,1998年版,第303页。

第三节 行政领导艺术

行政领导工作不但是科学,而且是艺术,是科学与艺术的统一。行政领导艺术使行政领导工作丰富多彩、生动活泼,是行政领导者领导方法的个性化、艺术化,是行政领导者在工作中结合普遍经验和个人体会而形成的,它属于行政领导方法中创造性、随机性、权变性较强的部分。

一、行政领导艺术的特点

行政领导艺术不同于一般的行为艺术,它体现了领导者在公共行政中表现出的特征,学者肖陆军[①]把行政领导艺术的特点归结为四个方面。

(一)行政领导艺术具有科学性

从表面上看,领导艺术具有的随机性、灵活性,似乎是行政领导者灵机一动采用的,没有什么科学性可言。其实不然,它是建立在科学的基础之上的,是科学理论和实践经验相结合的产物。优秀的行政领导者都具备双重优点,既掌握了丰富的行政管理知识,又善于运用行政领导艺术,而且行政领导者只有把领导艺术建立在科学的基础上才能运用自如,发挥它的巨大作用。

(二)行政领导艺术具有多样性

这是由行政领导活动的多样性和行政领导者的不同特点所决定的。不同的行政领导领域和领导层次需要不同的行政领导艺术,就是同一领导层次的行政领导者,由于个人的智慧、学识、才能、经验和胆略不同,在处理同类行政事务时采取的策略也有所不同。即使是同一行政领导者,在不同的时间、地点和条件下,在处理同类行政事务时,往往也运用不同的行政领导艺术。

(三)行政领导艺术具有实践性

行政领导艺术是在行政领导活动的实践中产生、发展和提高的,是行政领导者实践经验的提炼和升华。行政领导艺术,只有在行政管理的实践中与行政领导者的实践经验相结合才会产生;同时行政领导艺术只有在行政领导者的实践经验的基础上,经过不断丰富和发展,才会不断提高。

(四)行政领导艺术具有随机性

行政领导艺术是一种离开数学领域的才能,属于经验形态的东西,是行政领导者对领导知识和领导经验的运用,具有明显的个性特征,具有随机性。行政领导艺术的运用,一般都是因人、因事、因时、因地而异的,它既没有固定的程序,又没有确定的模式。它是在

---

① 肖陆军:《论行政领导艺术》,载《哈尔滨学院学报》,2004年第1期。

特殊条件下,领导者用以解决问题的特殊方式和手段,这些特殊方式和手段往往出自杰出的领导者之手。高超的领导艺术往往在特殊性和偶然性的事件中得到不平凡的显示。在历史上,虽然有许多杰出人物的领导艺术被传为美谈,但时过境迁,后来的领导者往往不易或根本无法仿效,至多只是具有借鉴作用。因此,行政领导者必须从实际出发,根据具体情况,随机应变,灵活运用行政领导艺术,以适应不断发展的行政环境,更好地提高行政领导效能,决不可墨守成规,拘泥旧法。

二、行政领导艺术的分类

行政领导艺术存在于每一个行政领导行为之中,有多少种领导行为就会有多少种领导艺术,李鸿艾[①]把行政领导艺术从影响范围与事务类别上做了划分,从范围影响上进行区分,可规划为总体性、局部性、专业性的领导艺术;从领导事务的类别上进行区分,可规划为授权艺术、用人艺术、处事艺术、运时艺术。

(一) 行政范围影响意义上的行政领导艺术

1. 总体性的领导艺术

即着眼于全局性问题,善于洞察全局形势,善于分辨时机,抓住有利时机,并能够利用良好机遇,这是行政领导有效工作的基本要求。

2. 局部性的领导艺术

它是指在正确处理整体与局部关系,在解决局部微观问题的基础上,提高工作效率。

3. 专业性的领导艺术

行政领导只有真正透彻地了解和掌握所在行业部门的现状、问题、潜力、趋势,并具备相关专业技术技能,对领导工作了如指掌,才能灵活机动调动各种有利因素,面对问题从容不迫地应对与解决,确保提高效率。

(二) 行政领导事务类型上的领导艺术

1. 授权艺术

授权是由上级授予下级以一定权力与责任,使下级在其领导、监督下为达成目标而有相应的自主权和行动指挥权。适度放权可以授权。既然是领导者将适当的决策权授予适宜的下属,因此决定授权有效性的关键是适权适人。即确定授什么、授给谁、怎么授。

第一,授权的方式。针对工作的具体情况和下属的工作能力等不同因素,可分别采用以下几种授权方式:公开授权、充分授权、不充分授权、弹性授权、制约授权。公开授权即授权要公开,领导要向有关部门和个人公开工作目标、工作内容、权力与职权范围等等相关事项,避免被授权人在授权后遇到不必要问题,比如"不买账"等问题,同时也有利于其他人对被授权者的监督;授权有据,即领导者以书面形式载明双方权利义务。这样既有了依据,还可以对授权界限进行清晰的界定,限制授权人越位或不到位。

---

① 李鸿艾:《浅谈行政领导艺术》,载《科教文汇(中旬刊)》,2008年第6期。

第二,选择"受权者"。授权对行政领导者来说很重要,那么选择合适的被授权人是关键,所以需要制定一个选择标准,它会帮你从茫茫人海中找到你所需要的人才,在人才选拔上任人唯贤。作为一个行政领导者,必须摒弃私心,惜才爱才,"亲贤臣而远小人",唯才是举,选择出最优最佳的人才,使下属的作用发挥更充分。同时,领导者要克服求同弃异的排他心理和狭隘的嫉妒心理。以下几个要素是值得注意的:惟贤惟德、因事择人、适应能力和灵活性、态度、热情、忠诚、沟通技巧、独立工作的能力、团队合作技巧、领导技巧及创造力等等方面,其中,态度、热情、忠诚是最为重要的素质。

2. 用人艺术

用人艺术,主要讲究知人善用,人尽其才,这是最大限度利用人力资源的必然要求,也是对用人艺术的最低要求。然而,"知人善用"四个字看似简单,实际上做起来并不容易。如何知人识人,古今中外领导科学中,有太多的理论和具体方法。所谓"知人",就是全面地了解别人的长处和短处,及时地发现和识别人才。人有"长"有"短",每个人都有他独到的优点,也有其不可回避的缺点,人无绝对的优点和缺点,关键是领导者如何用其所长。"知人"是为了"善任",即做到人尽其才,才尽其用,充分发挥各类人才的作用。我国古代思想家和政治家们通过对实践经验的总结,提出了许多重要的用人原则,其中在社会上影响较大的有:知其短长、扬长避短、了解下属、奖罚合理、适当激励、用养结合。春秋初期的政治家管仲在《管子·权修》篇中说:"察能授官,班禄赐予,使民之机也。"荀子也主张"察能授官",他说:"论德而定次,量能而授官。"以后,凡是有作为的君臣也都实施这个政策。刘邦主张"爵以功为先后,官以能为次序"。在"察能授官"的问题上,陆贽不仅从理论上作了系统的论述,而且提出了一套具体的做法。他主张,经过严格考核,定出官吏政绩、才能的等级,作为升降的依据。可见,陆贽把选拔、任用人才与考核人才联系起来,强调量才录用,能职相称,这是很值得重视的。人性是最变幻莫测的东西,管理者如果能掌握其中的奥妙,所有管理问题都将迎刃而解。

3. 处事艺术

行政领导者在干好自身领导工作、忠于职守的同时,还要树立正确的权力观,谦虚谨慎,实事求是,清正廉洁,光明正大,因人制宜,宽容处事,等等。纵观世界全局,事情零星而杂乱,实际却只有两个因素,一是人,一是事,人要做事,事要人做,做好人的工作,就等于把事情办好。在领导者的位置上所遇到的处事对象是人。人的性格、思想认识、思维方式、精神境界、个人追求各有不同,能力也有强弱,不能用同一方式去处理,要视各人不同的情况而采取不同的方法去对待,而这些恰恰都是行政领导者处事的要则。

4. 运时艺术

运时艺术,既包括领导者对自己本职工作事务处理的时间安排,也包括他对本组织内各类事务处理的时限的了解和运筹。总的来说,对提高领导效率大有帮助的运时艺术主要有以下几个方面。

第一,科学运筹时间。这是提高领导效能的最重要的途径。领导者想要完成组织行政目标,并试图获得最佳的效果,就必须科学运筹时间。在领导工作中科学地运筹时间,是一项重要的领导艺术。对于领导效能来说,赢得了时间的主动,就等于赢得了胜利。

第二,合理安排工作程序。就是领导者合理安排时间消耗比例,把要完成的工作,依据工作的轻重缓急、规模大小进行分类,按照时间先后次序安排好,然后按预定计划逐步完成。合理安排工作程序的基本要求有:①明确工作先后的次序,先主后次;②建立严格的时限要求,提出具体工作的明确时限要求,严格规范时限计划,并按预先规定的时限检查或总结完成情况;③最重要的是安排处理好整体工作与局部工作的日常工作计划。

第三,提高时间利用率。处理工作事务,要专心致志,利用各种有利因素,延长内在时间,努力提高每一单位时间的利用率;要善于挤时间,充分利用现代化的科技手段,把握高效率的黄金时间段,从而提高效率。

1. 行政领导者与行政管理者有什么区别?
2. 行政领导艺术的含义、特点是什么?它如何分类?
3. 结合行政领导体制的不同模式,谈谈你对我国行政领导体制的看法。

欧阳健的领导艺术

蓝天技术开发公司由于在一开始就瞄准成长的国际市场,在国内率先开发出某高技术含量的产品,其销售额得到了超常规的增长,公司的发展速度十分惊人。然而,在竞争对手如林的今天,该公司和许多高科技公司一样,也面临着来自国内外大公司的激烈竞争。当公司经济上出现了困境时,公司董事会聘请了一位新的常务经理欧阳健负责公司的全面工作。而原先的那个自由派风格的董事长仍然留任。欧阳健来自一家办事古板的老牌企业,他照章办事,十分古板,与蓝天技术开发公司的风格相去甚远。公司管理人员对他的态度是:看看这家伙能呆多久!看来,一场潜在的"危机"迟早会爆发。第一次"危机"发生在常务经理欧阳健首次召开的高层管理会议上。会议定于上午9点开始,可有一个人姗姗来迟,直到9点半才进来。欧阳健厉声道:"我再重申一次,本公司所有的日常例会要准时开始,谁做不到,我就请他走人。从现在开始一切事情由我负责。你们应该忘掉老一套,从今以后,就是我和你们一起干了。"到下午4点,竟然有两名高层主管提出辞职。此后蓝天公司发生了一系列重大变化。由于公司各部门没有明确的工作职责、目标和工作程序,欧阳健首先颁布了几项指令性规定,使已有的工作有章可循。他还三番五次地告诫公司副经理徐钢,公司一切重大事务向下传达之前必须先由他审批,徐钢抱怨下面的研究、设计、生产和销售等部门之间互相扯皮,踢皮球,结果使蓝天公司一直没能形成统一的战略。欧阳健在详细审查了公司人员工资制度后,决定将全体高层主管的工资削减10%,这又引起公司一些高层主管辞职。公司内部对于欧阳健的评价也褒贬不一,研究部主任这样认为:"我不喜欢这里的一切,但我不想马上走,因为这里的工作对我来说太有挑战性了。"生产部经理也是个不满欧阳健做法的人,可他的一番话颇令人惊讶:"我不能说我很喜欢欧阳健,不过至少他给我那个部门设立的目标我能够达到。当我们圆满完成任务时,欧阳健是第一个感谢我们干得棒的人。"采购部经理牢骚满腹,他说:"欧阳健要我把原料成本削减20%,他一方面拿着一根胡萝卜来引诱我,说假如我能做到的话就给我油水丰厚的奖励。另一方面则威胁说如果我做不到,他将另请高明。但干这个活简直就不可能,欧阳健这种'大棒加胡萝卜'的做法是没有市场的。从现在起,我另谋出路。"但欧阳健对被人称为"爱哭的孩子"销售部胡经理的态度则让人刮目相看。以前,销售部胡经理每天都到欧阳健的办公室去抱怨和指责其他部门。欧阳健对付他很有一套,让他在门外静等半小时,见了他对其抱怨也充耳不闻,而是一针见血地谈公司在销售上存在的问题。过不了多久,大家惊奇地发现胡经理开始更多地跑基层而不是欧阳健的办公室了。随着时间的流逝,蓝天技术开发公司在欧阳健的领导下恢复了元气。欧阳健也渐渐地放松控制,开始让设计和研究部门更放手地去干事。然而,对生产和采购部门,他仍然勒紧缰绳。公司内再也听不到关于欧阳健去留的流言蜚语了。大家这样评价他:"欧阳健不是那种对这里情况很了解的人,但他对各项业务的决策无懈可击,而且确实使我们走出了低谷,公司也开始走向辉煌。"

【案例思考题】
1. 欧阳健进入蓝天技术开发公司时采取了何种领导方式?
2. 试用强化理论说明欧阳健对销售部经理采取了何种激励方式?

公共行政领导者与工商企业领导者的区别

领导者可以分为公共行政领导者和工商企业领导者,他们有所不同。公共行政领导者主要指政府的领导者,还包括一些公共管理的非政府组织,工商企业领导者主要指企业领导。公共管理和工商管理是社会生活的两大领域,它们是社会前进的两大巨轮。在1998年政府机构改革之前,我国政企不分,角色混淆,公共行政领导者干的是工商企业领导者的事情,也在搞经济;工商企业领导者干的是公共行政领导者的事情,也在管事,也有行政级别。1998年后,政企分开,企业自主经营,自负盈亏,照章纳税;政府停止创收,搞公共管理,政府基本职责是市场监管、经济调节、社会管理。公共行政领导者和工商企业领导者的区别有以下四点。

一、两者追求的价值不同

公共管理追求的是社会公平和正义,虽然在公共管理过程中也要计算成本,讲究经济效益,但归根到底是为了追求社会的公平和正义,贪污腐败是最大的犯罪;企业管理追求最大的市场份额和利润的最大化。虽然一些优秀的工商企业也参加一些社会公益活动,搞一些捐赠,但本质上是为了实现利润的最大化,没有一个企业是为了建立希望工程而存在的。

二、两者提供服务不同

政府提供的是公共产品和公共服务,公共产品和公共服务的特点是非排他性、非竞争性,具有垄断、独占的特点。比如广场、城市绿化,这些地方原则上政府是免费向公众开放和提供的。公众所交纳的税收，有时是为了弥补政府公共财政支出不足或者为了平衡经费。现在有一种理论叫"经营城市"理论，讲成本、效益，但不能光讲经营城市，光顾商业目标而忘了公共服务。企业管理提供的是本企业的特殊产品和服务，这种产品和服务只有消费者花钱才能享受，它不同于公共产品。因为公共产品服务需要长期、持续、大量投入人力、物力、财力，且回报率很低。

三、两者行使的权力不同

公共管理行使公权力，这是国家法律赋予的普遍有效的权力，以国家暴力机关军队、警察、法院、监狱等为后盾。企业管理行使的是私权力，也叫协议权力，是通过企业与员工签订协议才产生的权力。这种权力只在企业内部有效，走出企业大门就无效。公共行政领导者和政治关系密切，公共行政领导者的素质要求和工商企业领导者不同，要讲政治；工商企业领导者则讲市场运作、市场开发。

四、工作方式不同

公共行政领导者作为公众人物，工作是开放式的，特别是在制定公共政策的时候，要开放，要听证，凡是涉及的人都有知情权。而工商企业的工作有很多是秘密运作的。企业有很多商业秘密，是不开放的。

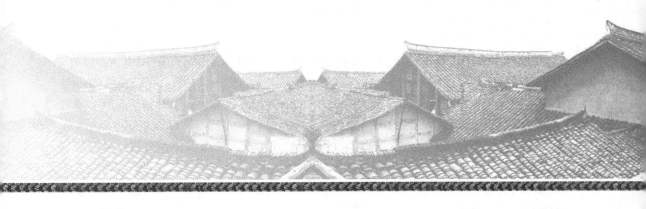

第五章
人事行政

教育人就是要形成人的性格。

——[英]罗伯特·欧文

第一节 人事行政概述

一、人事行政的含义

"人事"一词在我国古代就被广泛使用,是指世间的人情事理,其内涵广泛,与现代"人事"一词的含义不同。现代管理学中的"人事"概念则专指人们在社会生产和生活中形成的人与人、人与事之间的社会关系。这种社会关系是客观存在的,随着社会的发展,这种关系也必然会随之发展并复杂化。这种关系的存在构成了人类社会存在和发展的基本条件。

要处理好人与事的关系及协调好人与人之间的关系必须做到以下几点。首先,一定数量的事务应由与之相适应的数量的人员去完成,达到两者数量上的平衡与协调;否则,人多于事会造成人浮于事,人少事多则会造成人手不足,人事脱节。其次,不同性质、不同种类的事务应由具备相应素质、能力的人员去完成,达到人与事在结构上的协调;否则,就会造成学非所用,能位不适。调整好各方面人事关系,实现人与事、人与人之间关系的最佳状态,是人事管理的基本目的。因此,人事管理是指运用科学管理方法和手段,组织、协调、控制社会生产生活中形成的人与事、人与人的相互关系,达到人事相宜、人尽其才、事竟其成的一系列管理活动。人事管理有广义和狭义之分。广义的人事管理是指对参与全社会生产过程中的全部人与事、人与人之间关系的管理;狭义的人事管理则是指对特定的一部分人与事、人与人之间关系的管理。

人事行政是狭义上的人事管理,它以行政机关工作人员为特定的管理对象。所谓人事行政(personnel administration)是指国家行政机关运用科学的管理手段,凭借一系列法规、制度、措施对国家行政活动中形成的事务与人员之间的关系以及人员之间的关系进行的组织、协调、控制、监督等管理活动。具体讲,人事行政包含以下四个方面的含义。

(1) 人事行政是特指政府对其工作人员的管理活动,人事行政的范围仅限于政府系统内部。在西方国家,为与其他领域的人事管理活动区分开,人事行政又称为"公共人事行政",而"人事管理"(personnel management)一般是指除政府系统以外的其他领域,主要是指工商企业界的人事管理活动。

(2) 人事行政的内容主要体现为政府的人事管理机构依据法规制度,对政府人事问题所做的规划、决策、组织、指挥、协调、控制等活动。人事行政制度并非人事行政本身,它只是人事行政所依据的规则,而人事行政在一定程度上可以看做是人事行政制度的实际运作。

(3) 人事行政的根本目的是力求使政府中人与事的协调统一,使政府中的人力资源得到充分利用,达到人尽其才,才尽其用,并在适才适用的基础上达到事竟其功。

(4) 人事行政的核心是人才,具体表现为:①选才,即争取最优秀的人才来为政府服务;②用才,即让人人发挥其所长,个个得到重用;③育才,即人才只有靠培育才能产生,只用人不育人,则断绝人才之源;④留才,即要尽可能地使人才留在政府中,为国家服务。要做到上述四点,人事行政就必须建立有效的管理机制、更新机制、保障机制、监控机制和激励机制等,最终形成具有取才、用才、育才、留才功能的科学的人事行政制度。

二、人事行政的功能

人事行政的功能是指国家行政机关在管理行政工作人员的过程中,本身具有并发挥的基本作用和功效。人事行政的功能表现了国家人事行政活动的基本性质、方向和目标,同时也决定了人事行政管理活动的内容和基本范围。人事行政的基本功能包括以下几点。

(一) 计划功能

人事计划功能是人事行政的首要功能,是指国家人事管理机关预先确定人事工作的内容和实施步骤,为实现国家行政目标提供人事的保证。国家行政机关为有效地协调其内部人员与事务的关系,高效地实现行政管理目标,必须预先对各级各类行政机关工作人员的数量、人员的结构进行统一的规划和调配,以有效地控制行政人员的规模,保证行政队伍的合理发展,防止用人和治事严重脱节。人事行政计划的主要内容包括:编制行政机关人员计划;行政人员录用、任免、提拔、调配计划;行政人员工资、福利计划及人员培训计划等。人事计划功能作为人事行政的一项基本功能,它预先确定其任务、目标及实现任务、目标活动的内容、手段和方法等，使人事行政活动有条不紊地按统一计划进行，同时为其他功能发挥作用奠定基础。

（二）组织功能

人事行政计划必须通过一定的组织体系来实现。组织功能是指通过建立一整套国家人事行政的组织体系为具体组织和实施人事行政计划和决策提供组织保证。它包括宏观和微观两个层次，在宏观层次上，国家在中央政府和地方政府内自上而下地建立了人事行政职能部门。它们通过制定法规、编制人事计划、制定岗位规范、从事人才预测等手段，对全国或本地区的人事行政工作进行宏观的组织和管理活动。目前，我国的人事行政宏观调控的组织体系已建立，并正在日益完善。在微观层次上，即在具体的行政单位也建立了人事主管部门，它们根据人事计划和职位规范，通过录用、选拔、调配、培训、考核、奖惩、提职、降职、工资、福利等管理手段，具体组织本单位的人事工作，使人事计划得以执行和落实。组织功能由许多亚功能组成，它们包括指挥功能、协调功能、沟通功能和监控功能。

（三）开发功能

人事开发功能指人事行政部门通过一系列人事行政活动不断开发工作人员的潜在工作能力，激发其工作热情和创造力的功效。在人事行政中，存在着两种完全对立的管理观念：一是消极、被动的适应观，即以事适应人。能力高的人多办事，能力低的人少办事，人只是完成事务的被动的工具。二是积极、主动的适应观，即以人适应事，通过培养、开发人员的潜在工作能力能动地适应事务发展的客观需要。这是以发展、开拓的态度对待人事管理活动。随着社会的发展，行政事务日趋繁多和复杂，对工作人员科学管理行政事务的要求日益提高，因此，人事行政工作仅仅停留在将行政事务合理分配给工作人员上面是远远不够的。社会发展要求人事行政立足于积极地开发工作人员的智能，提高工作人员的整体素质。只有这样，才能高效地完成行政任务。开发功能的主要工作内容有人员培训、引进竞争机制、建立激励机制、建设合理的组织机构和人员配备等。

（四）保障功能

国家行政工作人员要满足衣、食、住、行等基本生活需求，以维持其劳动力的生产和再生产。人事保障功能是指通过提供物质生活及与之相关的种种服务措施，为行政工作的正常开展提供保证。它是行政工作人员生存的基础，也是调动行政工作人员工作积极性的基本前提。人事保障措施已成为行政工作人员基本权利的一部分。保障功能主要包括基本生存条件保障（如工资、居住条件等）、工作条件保障、医疗条件保障、福利保障以及离退休生活保障等等。

三、人事行政的意义

（一）人事行政在行政管理中居于核心地位

人事是行政之本。因为国家、政党以法律、政策、法令、规章等手段对社会事务进行管理,而国家行政管理的权力必然由人来掌握,法律、政令等也必然由千千万万的人来推行才能转化为现实。人的能动作用决定了人在国家管理中的地位。自古以来,人们从长期的行政管理实践中,总结出"为政之要,惟在得人"、"人存政举、人亡政息"的经验。现代行政学更加重视人在完成国家管理职能中的主体地位。因此,人事行政能否将德才兼备的合格人才选入行政管理领域,行政工作人员是否具备对国家、社会、人民负责的职业道德和完成行政事务的素质、能力,都直接关系到法令、政令的执行结果,关系到对社会有效控制和管理的程度,从而影响到国家行政管理的成败。可见,科学的人事行政能够提高国家对社会管理的能力,相反,不合理的人事制度和行为也会阻碍和破坏国家行政管理的有效性。

(二)人事行政是促进经济发展、文化繁荣的重要条件

在现代社会中,一个国家的经济增长速度和文化发展水平不仅仅取决于人们对物质资源的合理开发和利用,更重要的是取决于人力资源的综合利用。通过科学的人事行政管理工作,把人们的体力和智能科学地组织和管理起来,充分调动人的积极性和创造性,就会创造出先进的科学技术,大幅度提高劳动生产率,从而推进经济发展和文化繁荣;反之,落后的人事行政制度压抑行政人员的创造力,阻碍生产力的发展。目前,我国正加速建设富强、民主、文明、和谐的现代化国家,这就要求发挥人事行政的功能,创造出科学、高效、富有生机的管理机制,最大限度地开发人员的潜能,为经济发展、繁荣文化提供智力支持。

(三)人事行政是开发人才和合理使用人才的重要保证

现代科学管理的实践表明,国家之间科学技术和管理的竞争归根到底是人才的竞争。一个国家所拥有的人力资源及其开发和利用程度,是该国经济发展、社会进步的重要标志。人力资源获得开发和利用,即人才在其工作领域中能否被安排在合适的工作岗位,能否充分发挥其专业知识和聪明才智,人员队伍的整体素质是否不断提高,新生力量能否被及时吸收到管理队伍中,优秀人才能否得到重用,这都依赖于一整套科学的人事行政管理制度。我国"目前的问题是,现行的组织制度和为数不少的干部的思想方法,不利于选拔和使用四个现代化所急需的人才"[1]。坚持解放思想,克服重重障碍,打破旧框框,勇于改革不合时宜的组织人事制度,大力培养、发现和破格使用优秀人才,坚决同一切压制和摧残人才的现象作斗争,才能为开发和合理使用人才创造条件。

第二节 公务员录用

录用是公务员管理的入口,政府正是通过这一"入口"从社会中吸收"新鲜血液"、实现人员的更新。因此,录用是公务员新旧交替的关键环节。

---

[1] 《邓小平文选》(第二卷),人民出版社,1994年版,第326页。

一、公务员录用的适用范围和条件

（一）适用范围

公务员录用范围为仅限于担任主任科员以下及其他相当职务层次的非领导职务公务员。我国公务员分为领导职务和非领导职务，主任科员以下非领导职务，包括办事员、科员、副主任科员和主任科员四个职务层次。"其他相当职务层次的非领导职务"是适应职位分类制度而确定的，包括担任专业技术类、行政执法类中相当于主任科员以下非领导职务的公务员。因此，录用制度适用于担任综合管理类主任科员以下非领导职务的人员。担任领导职务和相当于副调研员以上非领导职务的公务员，不采用这里规定的录用方式。因为高职务层次的职位特别是领导职务公务员，需要较高的领导才能、扎实的业务知识、丰富的工作经验和处理复杂问题的能力。这些都需要在实际工作中经过长时间的积累。

（二）录用条件

公务员的录用必须具备法定条件，包括基本条件和报考职位要求的资格条件。基本条件即《公务员法》第十一条所规定的七项条件：①具有中华人民共和国国籍；②年满18周岁；③拥护宪法；④具有良好的品性；⑤具有正常履行职责的身体条件；⑥具有符合职位要求的文化程度和工作能力；⑦法律规定的其他条件。

报考者除符合上述基本条件，还要具备报考职位所要求的资格条件。不同职位的资格条件要求各异，因此对资格条件不作统一规定。如年龄条件，考虑到机关用人成本和人才成长规律，一般规定报考人员年龄不超过35周岁。有些职位，如某些行政执法类职位，年龄上限会低一些。而对于学历要求，按现行规定，报考公务员一般应具有大专以上学历；但有些职位，如专业技术类职位，会要求本科甚至研究生以上学历，而对于偏远落后地区或某些少数民族地区的部分职位，经省级以上公务员主管部门批准后，可以放宽到高中、中专学历。而有些职位，如警察，对身体等条件有特殊规定；有些职位还会对所学专业、掌握某项专门技能或者技术等级等有特殊要求，如会计，对会计师资格有特殊规定等。需要指出的是，对招录机关和录用主管部门来说，凡是符合公务员基本条件和报考职位要求的资格条件的人员，都享有报考公务员的权利，任何单位和个人不得对报考者无理阻挠，不得规定性别、家庭出身等歧视性条件。但另一方面，为了防止政治素质、业务素质不良的人员进入公务员队伍，《公务员法》同时还规定了报考公务员的限制条件：①曾因犯罪受过刑事处罚的；②曾被开除公职的；③有法律规定不得录用为公务员的其他情形的。

二、公务员录用的技术与方法

按照《公务员法》的要求，录用担任主任科员以下非领导职务公务员都应采取公开竞争性考试的办法，测验报考者的业务知识和技能。公务员录用考试通常包括笔试、面试。

（一）笔试

笔试是让考生运用文字解答事先拟好的试题、主要是测试报考者的知识水平、理论水平、写作能力、阅读能力以及综合运用知识的能力。笔试的优点是：在同一时间、不同地点对众多人员进行考试，因而效率高；题量大、内容广泛因而包容性强；考试背对背、评分有同一标准因而客观公道。笔试的缺点是：对某些素质，如政治态度、品德修养、实际工作能力等难以测评；在答卷时考生有可能凭猜测、作弊等方法取得高分，也有可能因心情紧张或疏忽大意而答错，却不能及时纠正。

因命题及要求不同，笔试可分为以下三种。第一种是直答式笔试，即在规定的时间内让考生以较简单的文字或符号回答问题，一般以选择、填空、判断及简答等题型为主。它能较全面地考查考生的知识广度与准确程度。第二种是论文式笔试，即考生根据指定题目在指定范围内选择题目，在规定的时间内独立完成一篇议论文的写作。它能较好地考查考生相关的知识水平、文字表达能力、独立思考和解决问题的能力。第三种是自传式笔试，即要求考生在规定的时间撰写自己的传记，并提出自己未来的发展计划。它能较好地考查考生的创造力与想象力，了解其对自身发展的基本设计，分析其政治倾向和人格状况。

（二）面试

面试是指主考者和考生之间运用口头语言提问作答的一种考试形式。面试的优点是：考查内容能深入某一知识点，侧重考查考生分析问题的能力，同时综合性地考查考生掌握相关知识及语言表达、逻辑思维的能力；主考者与考生当面接触，能更好地测试考生的交际能力、应变能力以及仪表、风度、性格、气质等。面试的缺点是：不能大规模地进行，费时多而效率低；提出问题"取样"较少，考查面较小；评分主观性大，考试结果易受主考者对考生感官印象的影响；考生面对主考官容易产生心理压力而影响自己水平的发挥。

（三）情景模拟考试

情景模拟考试也可以说是面试的一种形式，指根据工作性质要求，设计一种与岗位工作近似的情景或环境，让考生置身其中处理和协调有关事务，以观察其工作情况、考查其工作能力的考试方式。这种方式可以根据工作性质设计出许多形式，如"环境适应法"、"公文一揽子处理法"、"无领导小组讨论法"等。这种方式的优点是：逼真具体，针对性强，进行实际操作，具有动态性，有利于根据需要选出有真才实学的人；其缺点是：不能很好地考查考生的知识水平、文字表达能力，对考生未来的潜能也难以测试。

（四）实际演作考试

实际演作考试是指让考生在规定时间内完成某项具体工作操作程序的考试方式，主要用来考查考生某项专门技能。如报考秘书职位的考生，除要进行笔试、面试外，可对其进行实际打字能力测试。而报考计算机操作岗位的考生，要对其进行计算机操作能力的考核。这种考试方式主要适用于公务员中某些专业性较强的职位。

以上四种考试方式是目前各国公务员录用考试中常见的方式，具体应用哪一种，应根据具体情况而定。不过,笔试和面试仍是各国也是我国公务员录用考试最基本的方式。

三、公务员录用的程序

录用公务员,必须在规定的编制限额内,并有相应的职位空缺。这是对招录机关和录用主管部门的要求,也是公务员录用的前提条件。除此之外,录用公务员,还应遵循以下程序。

(一)发布招考公告

发布招考公告,不仅是录用的首要程序,也是体现公开、平等、竞争、择优原则的程序保证,是面向社会敞开大门、广聚人才的标志,是动员一定数量的优秀人才报名参加考试的重要措施。报考公告由录用主管部门负责发布,一般应当载明下列内容。

1. 报考职位、名额

报考公告应载明招录机关的名称、职位名称和名额等,以方便报考者根据自身情况进行选择、报考。

2. 报考的资格条件

报考的资格条件是指具体职位要求的条件,它是基本条件的延伸和补充。这些条件必须符合职位特点。资格条件一经确定,招录机关在招考过程中不得随意追加或者减少。

3. 招考方式和时限

招考公告应当说明网络报名的方法或者现场报名的地点、方式,明确报告起始和截止的时限要求。

4. 考试内容、科目、时间、地点和区域分布

录用主管部门应当公布考试科目和各考试大纲,便于报考者提前做好准备;公布考试时间,便于报考者统筹安排;公布考试地点和区域,方便报考者就近选择考点,节省开支。

5. 考试需要提交的申请材料

材料主要包括两个部分:一是原单位或者学校同意报考的推荐资料、成绩单等;二是职位要求的证明材料,如毕业证书、学位证书,英语、计算机等级证书,司法资格考试合格证书等。招录机关应当根据职位的要求,明确提出需要审查的申请材料,便于考生做好准备。

6. 其他注意事项

如考试成绩发布日期和差选方法、考试需要携带的用品等。

招考公告一般在考试前一定时间发布。要通过报纸、电视、互联网、招贴公告等多种方式向社会发布,以便广大报考者及时了解报考信息。要加大对报考公告的宣传力度,以便能广泛吸引报考者报名参加考试。

各招录机关有责任采取方便报考者报考公务员的措施。如招录机关大多采取了网上报名的方式,便利考生报考,中央机关公务员录用考试已经全面实行网上报名;招录机关对资料审查工作规定明确时限,为资料审查未通过者提供报考其他机关的时限等。不仅

招录机关如此,录用主管部门也采取了很多方便报名和参加考试的方法。如考试时间相对固定,使考生可以统筹安排,准备考试。在考试地点设置上,中央机关及其直属机构公务员招考,在各直辖市和省会城市设有考点;地方公务员招考,一般在各设区的市一级公务员主管部门设置考点,方便报考者就近参加考试,节省开支;对享受国家最低生活保障金的城镇家庭和农村贫困家庭的报考人员,可以免考务费用等。

(二)组织考试

考试是公务员录用的关键环节,其目的是全面测试应考者的文化知识、业务知识、适应职位需要的业务素质及工作能力。考试包括笔试与面试。

1. 笔试的组织

笔试的科目有公共科目与专业科目两种。组织笔试的工作环节包括以下几点。①组织好笔试命题。要组织有关专家命题。命题内容要难易适中,符合大纲要求,不能超纲,也不能出偏题怪题及没有考察意义的题。考题拟好之后还要制定标准答案及规定评分标准。②组织笔试。要做好一系列组织笔试的具体事务工作,包括:安排考试地点,布置考场,编制考号和座位,配置监考人员,主考人员和监考人员在现场监督,主持考试。③组织评卷。首先要对评卷人进行培训,使其领会命题意图及答案要求,掌握评卷标准;其次要加强纪律约束,要求评卷人遵守评卷纪律;在此要先进行试评,然后全面展开;最后组织复查和统计分数。④公布成绩。要及时公布考试成绩。

2. 面试的组织

凡笔试合格者,都可以获得面试的资格。组织面试包括以下工作:①确定参加面试人员的名单;②设立由用人单位代表、政府人事部门的人员、测评专家等人员组成的测评小组,测评小组的人员要公道正派、精通业务、掌握面试的方法及评分标准,必要时可对他们进行短期培训;③布置面试现场;④组织面试,由测评人员对应试者进行面试;⑤公布面试成绩。

(三)考察和体检

1. 考察

首先,对考试合格者要进行考察。这是全面评价报考者和择优录用的重要依据,如果考察不合格,即使笔试和面试成绩再好也不能录用。考察对象是根据考试成绩而确定的人选。考察人选确定后,首先由招录机关对报考者进行资格复审,采取查阅有关证书和文件材料等方法,确认其提交材料的真实性和准确性。如果发现报考者提交虚假材料,或发现报考者有意隐瞒某些问题,招录机关应当淘汰该人选,并按照成绩递补新的人选。考察的内容包括:政治素质、道德素质、工作表现、职务回避、报考资格条件等。考察之前要拟定好可操作的考核评分标准,以克服主观随意性。考察组织应是专门成立的考察领导小组,下设考察小组,其组成以用人单位的人事部门为主体。考察方法有三种:一是查阅档案,运用此法要与现实表现相结合,注意区别档案材料的真伪及完整与否;二是召开座谈会,广泛听取考察对象的领导、同事及群众对考察对象的意见;三是个别谈话,了解考察对象各方面的情况。经过严格考察,要做出公正结论,形成完整的考察材料。

2. 体检

体检是在考试和考察的基础上，对报考者适应职位要求的身体条件的检查。《公务员法》规定，体检的项目和标准根据职位要求确定。因为不同的职位要求不同的身体条件。但也不能理解成一个职位实行一个体检项目的标准。在实际工作中，考虑到机关工作在工作方式、工作性质上对身体条件基本要求一致的特点，绝大多数职位应该实行基本一致的项目和标准。对少数具有显著工作特点的职位，如警察等，要专门确定。具体办法由中央公务员主管部门会同国务院卫生行政部门规定。2004年，国家人事部、卫生部在总结实践经验的基础上，根据机关工作的需要，坚持尊重科学的原则，在充分调查研究并广泛听取各方意见的基础上，制定了《公务员录用体检通用标准（试行）》。在公务员录用工作中，要严格按照该标准的要求，对报考者进行身体素质的检查，确保其具有承担报考职位所需要的身体条件。对体检不合格者，招录机关应当按照《公务员录用体检通用标准（试行）》的有关规定，向报考者作出必要的解释说明。

（四）提出拟录用人选及备案或者审批

根据拟任职位的要求，综合报考者的考试、考查和体检结果，经招录机关领导研究讨论同意，确定拟录用人员名单。拟录用人员名单由公务员主管部门或招录机关通过网络等适当形式，按照规定予以公示，公示时间一般为7天。公示期间，报考者和其他知情者对拟录用人员名单的确定有异议或者发现拟录用人员存在不符合资料条件要求等情形的，可以按照规定向招录机关或者录用主管部门举报。招录机关和录用主管部门接到举报材料后，要认真调查核实，确有问题的，应当取消录用。

公示期满不影响录用的，由招录机关将拟录用人员名单按照规定报录用主管部门审批或者备案。中央机关及其直属机构将拟录用人员名单报中央公务员主管部门备案；地方各级招录机关将拟录用人员名单报省级或者设区的市级公务员主管部门审批。根据我国目前的实际情况，县级以下公务员主管部门无权审批拟录用人员名单。这主要是为确保录用工作质量，使之充分体现公开、平等、竞争、择优原则而考虑。拟录用人员名单报主管部门备案或者审批同意后，由公务员主管部门印发录用通知，招录机关给报考者办理录用手续。

第三节 公务员培训

培训意味着人力资源的开发和挖掘，有利于提高公务员的素质和技能，使他们掌握最新的科学理论知识，运用现代化的行政管理方法和手段，促进国家行政管理科学化。它作为公务员管理的人员发展提高机制，关系到公务员队伍建设的好坏，关系着政府工作的成败，是公务员管理不可缺少的重要环节。

一、公务员培训的含义

公务员培训是指国家根据国民经济和社会发展的需要以及职位的要求，通过各种形式,有计划、有组织地对公务员进行政治理论、文化知识、科学技术,操作技能等方面的培养和训练。为弄清公务员培训的含义,有必要将它与常规教育区别开来,二者的区别主要有下面几点。

(1) 从性质上看,公务员培训是一种终身的继续教育,属于"第二教育过程"的再教育;而人们在小学、中学以至大学所受的教育,可称为第一教育过程,主要学习一般的知识和技能。公务员培训是对受过第一教育的公务员,根据工作需要进行的扩宽或追加知识的教育,是常规教育的发展和延续。

(2) 从目的上看,公务员培训是以工作为中心,其目的是使受培训者掌握岗位所需要的知识和技能,以提高工作效率和水平。而常规教育则是以人为中心,其目的是传授知识,以提高人的一般文化水平和思想道德水平。

(3) 从内容上看,公务员培训是根据工作需要和职位要求,向受培训者传授专门知识和特殊技能。而常规教育则是培养新生一代准备从事社会工作的过程,从德、智、体、美、能等方面对受教育者进行全面的、通用的培养,着眼点是使人获得全面发展。

(4) 从形式上看,公务员培训形式灵活多样,适应性强;而常规教育在形式上则采用的是从小学、中学到大学的梯次教育,每一梯次都有固定的教育内容,需要固定的时间完成,其规范化程度很高。

从以上公务员培训的含义及其与普通常规教育的区别中,我们可以看出公务员培训的主要特点有以下几点。①全员培训,即凡是在职的公务员,无论职务高低和资历深浅,都可以和必须接受培训。这是每一个公务员的权利和义务。②相关培训,即是根据社会发展,紧密联系职位的要求,适应工作的需要而进行的,因而针对性强,层次分明,由浅入深,前后衔接,使公务员在整个工作期间的各个不同阶段都能有的放矢地受到培训,以适应工作。它还要求把公务员在培训期间的学习成绩和鉴定,作为任职和晋升的依据之一,将公务员的培训与使用紧密相连。③多样化培训。公务员培训是一种多学科、多层次、多形式的教育活动,它包含的学科内容几乎涵盖所有科学文化知识和管理知识;以职位的分类与分层为基础,对公务员进行分级分类的培训,并采取灵活多样的培训形式和方法。

二、公务员培训的原则和类型

(一) 公务员培训的原则

1. 理论联系实际原则

理论联系实际,是党的优良作风和党一贯坚持的干部培训方针,也是公务员培训应遵循的根本性原则。理论联系实际原则在公务员培训中应体现为:以马克思主义理论为指导,从实际出发,立足于中国的政治、经济、社会和文化现实,注重实践,同时借鉴国外的优秀成果,来规划和设计中国公务员培训的目标、任务、机构和方式,形成一套中国特色的公务员培训制度。要运用马克思主义的立场、观点和方法,分析和解决培训中的实际问题,根据我国现有公务员的知识水平及素质的实际状况确定培训内容和方法,引导培训对象联系实际学习理论知识,运用学到的理论知识总结工作经验,指导解决工作中的问题,从而既学习掌握基本的理论知识,又提高分析解决问题的能力。

2. 学用一致原则

学用一致原则要求公务员培训的内容要与培训的目的相一致,把公务员的培训与培训后的工作及使用统一起来,学以致用。通过培训,开发公务员的潜能,提高公务员的政治思想水平和解决实际问题的业务能力,提高行政工作效率。贯彻学用一致原则,要求在选送公务员时,要切实根据对公务员使用的需要,对口选送。主办培训的单位应区别不同的培训对象,确定不同的培训内容,并要求培训的内容、方法与公务员的工作需要有机结合起来。对接受培训的公务员,要严格要求,认真考核,反对把学习当成应付差事、凑热闹,或当做解决文凭的手段的倾向,使他们真正学到本领,并把培训期间的学习成绩作为选拔和晋升的依据。

3. 按需施教原则

这是就公务员培训的内容而言的,它是根据不同社会、经济发展的不同需要以及各类各级公务员职位不同的要求决定培训内容,以进行切合实际的培训。贯彻按需施教原则,关键是解决需要什么的问题。主要有以下几个方面。一是社会需要,也即不同社会发展阶段需要不同的行政职能,对公务员的职业素质有不同要求。二是政府职能需要。从中央到地方,各级政府有各个不同的部门、不同性质的管理工作,对公务员政治思想、业务知识在深度和层次上的要求是不同的。三是职位需要。不同层次,不同职位,在培训目标、培训内容上是不同的。总之,要根据社会经济、政治、文化发展的需要,针对政府不同部门的职能及不同职位的要求,来确定培训的内容和方式,做到"学其所需,补其所短"。

4. 讲求实效原则

这主要是针对公务员培训的实际效果而言。时效和质量是公务员培训的关键,公务员培训务必讲究实效,保证质量,这样才能达到培训的目的,为行政管理服务。否则,徒具形式走过场的培训,不仅不能收到培训效果,还会造成浪费。培训工作讲究实效要做好以下几个方面的工作。一是制订全面而周密的计划,其内容包括培训的指导思想、目标、任务、原则、内容、方式、网络、经费等。所有这些都要在明确公务员岗位职责的前提下,以国家培训政策为指导,在认真调查研究本地区、本部门公务员现状的基础上制定。二是要充实培训内容,改进培训方式。要总结继承党和国家培训干部的经验和优良传统,借鉴国外培训的先进做法,充实培训内容,改进培训方式,使公务员培训的内容和方式科学、实用。三是把培训与公务员的任职、晋升挂钩,以督促公务员在培训期间认真学习,确保培训收到实效。

(二)公务员培训的类型

公务员培训的种类很多,分类不尽相同,如根据受训时间长短可分为短期培训、长期培训;根据受培训人员担任工作的实际情况,可分为脱产培训和在职培训等。《公务员法》将公务员培训划分为以下几种。

1. 初任培训

初任培训是指对尚未正式任职的公务员所进行的岗前培训。培训对象是经过公务员考试考核资格已被录用的人员;培训内容主要是学习公务员岗位必备的基本知识以及岗位要求的专门知识和技能;培训目的是使受训者了解党和国家的方针政策、政府机关的性质和职能、职位工作内容,掌握工作的一般方法和程序,懂得自身的使命、责任和应有的工作态度,为正式上岗做好准备。初任培训一般采用两种方式:一是在工作中学习,即新录用人员在有经验公务员的指导下,亲自从事实际工作,从工作实践中学到知识,掌握程序。二是集中培训,即将新录用的公务员集中起来培训,或将其送到专门培训基地进行培训。初任培训一般安排在试用期,时间可长可短;初任培训的成绩是其能否通过试用期的依据。

2. 任期培训

任期培训也称资格培训,是指国家行政机关组织的、对拟晋升一定领导职务的公务员的职前培训。培训对象是拟担任一定领导职务的公务员,包括从行政机关以外调入国家行政机关担任领导职务的在职人员和行政机关内晋升一定层次领导职务的在职公务员。培训内容应围绕拟担任职务的要求来设计,以提高受训者的政策水平、组织领导能力和专业素质为主。培训目的是为公务员担任一定的领导职务做准备。任期培训的方式有专题研讨、案例分析和模拟演示等。培训时间不少于30天,以离职培训较为理想。

3. 专项业务培训

专项业务培训是指国家行政机关组织的、旨在增强公务员某些专项业务能力的培训。培训对象是从事专项业务工作的公务员,如计算机操作、财务、税收、科技、文教等。培训内容根据岗位工作的需要进行设计,主要包括专业理论知识和专业技术、技能两类。培训方式一般采用脱产培训的方式,可采取长短班相结合的方法,集中时间和精力,实行系统的教学。

4. 更新知识培训

更新知识培训是指国家行政机关有计划地组织公务员旨在更新知识的培训。培训对象包括所有在职公务员,因而其规模和范围较大。培训内容根据公务员的岗位职责来确定,强调与工作实际结合,着重传授新的知识和技能。培训目的一方面是更新公务员的知识结构;另一方面是提高公务员的专业知识水平和实际工作能力。培训方式一般采取轮训形式,分期分批脱产学习。

5. 作为后备领导人员公务员的培训

作为后备领导人员公务员的培训也即后备干部培训。培训对象是列入后备队伍的人选;培训目的是促进后备领导人员的成长,使其在需要时担当起更高层次的领导职务。对担任领导职务的公务员,要求其具备较高的理论素养和政治素养。因此,作为后备领导人员公务员培训的内容包括马克思列宁主义、"三个代表"重要思想和科学发展观,同时根据实际需要学习社会主义市场经济基本知识、领导科学和管理科学知识、法律知识等。作为后备领导人员的公务员培训有多种形式,培训方法上提倡采用自学、研讨、选修等符合领导人员特点的方法。

第四节 公务员考核

一、公务员考核的意义

公务员考核是指国家行政机关按照其管理权限,依照公务员法的有关规定,对公务员的思想品德、工作能力、工作成绩、工作态度和廉洁情况进行考察审核,作出全面评价,以此作为对公务员进行惩罚、培训、辞退及调整职务、级别和工资的依据。

建立科学的考核制度,定期对公务员的德才表现和工作成绩进行公正的评价,对于提高公务员素质,调动公务员的积极性,提高政府工作效率,具有重大意义。

从管理的角度来看,考核是对公务员进行各项管理的基础。公务员制度是由公务员的职位分类、职位任免、培训、交流、回避、工资福利、辞职辞退等管理内容构成的完整体系,考核是其中一项重要内容,对其作出公平的评价,以此形成对该公务员进行培训、奖惩、职务升降、工资增减等的客观依据。没有考核或考核不公正,就失去衡量公务员的客观依据,公务员管理的其他环节也就难以实现公正性与科学化,难以保证对公务员的科学管理。因此,考核是公务员管理的基础。

从激励的角度来看,考核是激励公务员奋发努力的有效措施。通过考核,使公务员的工作业绩得到社会的承认与尊重,从而满足了公务员对荣誉的追求,有利于提高公务员的积极性;同时通过考核对每个公务员作出客观的评价,就能分清功过优劣,根据考核结果,确定公务员的奖惩、升降和工资待遇,从而起到鼓励先进、鞭策后进的作用;最后,考核过程也是公务员检查自己、相互比较的过程,必然对公务员产生督促和激励作用,促使公务员发扬优点,改正缺点,追求上进。

从选人用人的角度来看,考核是合理使用人才的前提。通过考核,实事求是地评价公务员的能力、表现和实绩,就为准确识人提供了可靠依据,使有关部门能准确地鉴别公务员素质的优劣、了解他们每个人的长处和特点,从而根据每个人的实际能力和特长,把他们推荐到最能发挥其优势的职位上,安排最适合施展他们才华的工作,真正做到知人善任,用人所长。可见,考核是合理使用人才的前提。

从依法监督的角度来看,考核是依法监督公务员的重要途径。公务员是人民公仆,应该接受领导和群众的监督。实施考核,通过行政首长对公务员的考察和群众对公务员的评议,把领导和群众对公务员的监督结合起来,可以促使公务员认真贯彻执行党的路线、方针、政策,自觉遵守国家法律和政府法规,正确行使权力,认真履行义务。

二、公务员考核的原则

(一)客观公正原则

公务员的考核,必须从被考核者的实际情况出发,严格地按照标准,实事求是,公平合理地确定考核结果。考核对象及其表现是客观存在的,考核结果会成为对公务员的评价,作为公务员晋升、奖励等的依据,关系到对公务员的正确使用和管理,因而必须首先坚持客观公正原则。客观地考核要求做到:一要实事求是地对公务员作出评价;二要全面地反映公务员的情况。公正原则要求对任何公务员都要严格按规定的标准进行考核,不因公务员的职务高低及与领导的亲疏远近而在标准掌握上宽严不一。

(二)民主公开原则

考核机关应将考核的各个事项公布于众,在考核的各个环节,认真听取群众的意见,让群众参与和监督,以保证考核结果的准确合理。国家权力属于人民,公务员是代表人民行使权力、管理国家事务的。因此,考核公务员是发扬民主,接受群众监督,是我国人民当家作主、参与国家管理权力的体现。同时,公务员的工作是为公众服务的,只有群众参与监督,才能保证对其考核的客观公正性。实行民主公开原则要做到:①群众参与监督,要实行领导与群众相结合,通过征求意见、民主评议和民主测验、群众代表参加的方式,让群众参与考核、监督考核;②考核对象公开,便于接受监督;③考核内容和要求公开,使被考核者心中有数;④考核程序和方法公开,有利于群众直接参与;⑤考核结果公开,有利于激励先进,鞭策后进。

(三)注重实绩原则

要在对公务员进行全面考核的基础上,重点考察与评价公务员的工作实绩,这是因为,工作实绩是公务员实际为社会奉献并为社会所承认的劳动成果,是衡量公务员对社会贡献大小的尺度。把工作实绩作为公务员考核的重点,可以防止领导者凭个人好恶或主观印象来评价公务员,从而使考核更具客观性。另外,工作实绩是公务员思想、能力、素质、作风的综合反映和外在表现,是对公务员德、能、勤、廉的整体检验。没有绩,德无以见,能无以显,勤和廉也无实在意义。最后,突出工作实绩也是一种导向,有利于培养公务员脚踏实地的工作作风。

注重实绩原则,要求把考核的着力点放在实绩上,围绕实绩考核公务员的德、能、勤、廉;要求正确把握公务员的工作行为与工作业绩之间的因果关系,把天时、地利、基础、政策、上级支持、互相协作等影响实绩的主客观因素联系起来进行综合分析,与重点考核有机地结合起来。全面考核是对公务员德、能、勤、绩、廉五个方面逐一进行的考核。德、能、勤、绩、廉五个方面相互关联、互为补充、不可分割地统一在一起,缺少对任何一个方面的考核都不可能得出全面、准确的考核结果。重点考核就是在全面考核德、能、勤、绩、廉的基础上,着重考核工作实绩,并把工作实绩作为评价公务员的主要依据。因为工作实绩是公务员实际为社会做出并为社会所承认的劳动成果,是衡量公务员对社会贡献大小的尺度。另外,工作实绩是公务员思想、能力、素质作风综合反映,是公务员德、能、勤、廉的整体体现。以工作成绩为考核重点,能使考核更加客观,有利于引导公务员踏实工作。

(四)依法考核原则

考核要严格依照法律规定的标准、程序和方式进行,考核结果具有法律效力。依法考核对于维护考核的规范性和严肃性,排除任何形式的主观性和随意性;对于统一标准,保证考核的客观公正;对于依法对公务员进行管理等,都有重大意义。依法考核要求建立健全公务员考核的制度,任何公务员都要接受定期考核,任何机关都不得随意取消本单位的考核;对考核原则、内容、程序、方法等在法律上作出规定,并严格依照法律规定执行。

三、公务员考核的内容

考核内容是否科学、合理,直接关系到考核工作的质量。我国公务员的考核内容包括德、能、勤、绩、廉五个方面,这五个方面综合体现了公务员的素质及其履行岗位职责情况。

(一)德

德包括政治品德、遵守职业道德和社会公德的情况及个人品德。政治品德主要指公务员的政治思想表现,包括理想信念、宗旨观念、政治立场、政治方向、政治敏锐性和政治鉴别力等。职业道德主要看公务员是否具有正确的职业观念和良好的职业态度、职业纪律和职业作风,是否忠于职守、服从命令、严守国家和工作秘密。社会公德主要看公务员在社会交往和公共生活中是否模范遵守社会行为准则,勇于同不良现象作斗争。个人品德主要看公务员能否牢固树立正确的世界观、人生观、价值观,是否正直、真诚、诚实、守信、谦虚谨慎,是否襟怀坦荡、光明磊落。

(二)能

能是指业务知识和工作能力。业务知识是指公务员的政策理论水平、文化程度、专业知识水平。工作能力是指公务员认识问题、分析问题和解决问题的能力,主要包括理解判断能力、规划预测能力、开拓创新能力等。不同机关、不同层次、不同岗位的公务员,应当具备与岗位工作相适应的业务知识和工作能力。

(三)勤

勤是指事业心、工作态度、工作作风和勤奋精神。所谓事业心就是看公务员是否敬重和热爱本职工作,是否勤勤恳恳、尽职尽责、甘于奉献。工作态度主要看公务员工作是否积极主动,认真负责,能否严格遵守工作纪律。工作作风重点看公务员是否深入实际,调查研究,尊重群众的首创精神。勤奋精神重点是看公务员是否善于开动脑筋,刻苦钻研业务,精益求精,不断开创工作新局面。

(四)绩

绩是指工作实绩,即公务员在完成任务目标和履行职责过程中,通过所提出的工作思路、采取的措施、发挥的具体作用而取得的绩效等。它包括完成工作的数量、质量、效率和所产生的收益。对绩效的考核看公务员是否具有科学发展观和正确的政绩观,重点看公务员工作是否取得了明显的成效,有没有突出的贡献。

（五）廉

廉是指廉洁自律情况，主要看公务员是否遵守党和国家廉洁从政的有关规定；是否廉洁奉公、忠于职守，有无利用职权和职务上的影响谋取不正当利益和行为；是否严格遵守公共财物管理的规定，有无假公济私、化公为私的行为；是否艰苦奋斗、勤俭节约、有无讲排场、比阔气、挥霍公款、铺张浪费的行为等等。对公务员中的领导成员，还要考核其是否严格遵守领导干部廉洁从政和廉洁自律的有关规定；是否遵守组织人事纪律，有无借选拔任用干部之机谋取私利，搞用人上的不正当之风等等。

第五节 公务员薪酬管理

在经济社会生活中，工资有着特殊的职能作用。工资的职能作用的发挥，在很大程度上取决于工资制度的选择。虽然工资制度的选择会受到各种因素的制约，但公务员工资制度的选择必须充分体现公务员的劳动特点。只有这样，才能充分发挥公务员工资制度的作用，充分调动公务员的积极性，保证公务员队伍的精干、高效和稳定。

一、公务员工资的意义和特点

公务员工资就是公务员以其知识和技能为国家提供服务后，以货币的形式从社会领取的合法劳动报酬。

（一）建立公务员工资制度的意义

公务员工资制度是公务员制度的有机组成部分，是公务员管理过程中的重要环节，它对公务员制度的有效运行起到保障、激励和调节的重要作用。

1. 工资对公务员及其家庭生活起到重要的保障作用

在社会主义社会，工资作为对公务员进行个人消费品分配的一种主要形式，是公务员本人及其家属生活费用的主要来源，是改善和提高公务员生活水平的手段。公务员在任职时，为国家服务，有取得国家给予的生活费用和劳动报酬的权利。而国家也有根据按劳分配原则，为对国家进行服务的每一个公务员给予劳动报酬的义务。因此工资能满足公务员维持和延续服务的需要，从而具有保障的作用。

2. 工资对调动公务员积极性和提高工作效率具有激励作用

工资作为公务员的劳动报酬，与其生活密切相关。工资制度，只要能合理分配，充分体现个人的贡献大小，并随着公务员的贡献不断增多，而不断提高公务员的工资，就必然能激励公务员的工作积极性，促进工作效率的提高。反之，工资分配不合理，会对工作起消极作用，影响工作效率，不能发挥工资制度所应当发挥的激励作用。

3. 工资对促进公务员队伍的优化具有调节作用

由于工资的激励作用对劳动力的流动具有导向的作用，从而对劳动力资源的合理配置产生一定的调节作用。这种调节作用,一方面表现为劳动者会自发地向工资水平较高的部门、行业、单位等流动;另一方面表现为国家利用工资这一经济杠杆,使人力资源按照社会政治、经济、文化发展的要求进行配置。因此,国家机关在精简人员、提高效率的基础上,合理地提高公务员的工资水平,建立正常增资制度,使公务员职务工资档次的正常晋升和工资标准的定期调整经常化、制度化,并使公务员工资增长步入制度化的正常运作轨道,这对于吸收优秀人才进入公务员队伍,促进公务员队伍的优化,将起重要的调节作用。

(二) 公务员工资的特点

1. 公务员工资分配是以职务、级别和年限的计量标准来确定,实行职级工资制

公务员是我国社会主义劳动者的一个重要组成部分,他们从事的是国家行政管理的工作。这一工作的特点决定了公务员属于非物质生产部门的劳动者,他们不直接生产物质产品,他们的直接劳动成果是决策、计划、法规、文件的制定,是执行决策的组织,是决策的协调者和监督者。其劳动产品及其创造的价值难以量化,也不像物质产品那样能以必要的劳动时间来衡量。依据公务员劳动及其劳动成果的特点,为了使公务员工资制度更好地贯彻按劳分配原则,就决定了其分配标准只能实行职级工资制。

2. 公务员工资水平不直接取决于物质生产部门的经济效益,而取决于国家预算分配

公务员工资收入来源于国民收入的再分配。国民收入是社会总产品的构成部分,它由工业、农业、矿业、林业、建筑业等物质资料生产部门和直接为生产服务的交通运输业、邮电业等部门以及为生活服务的流通及服务部门的劳动者创造。所有直接从事物质产品生产的部门创造的国民收入,首先在其内部进行分配,一部分以税金等形式上缴国家,构成预算收入的重要来源,是国家集中的纯收入;另一部分作为企业基金留给企业,用于企业生产发展和福利奖励等;还有一部分以工资形式分给职工,作为物质生产部门的职工工资收入的初次分配。而国家公务员的工资不包括在国家收入的初次分配中,它来自于国家集中纯收入的再分配,通过预算支出的形式分配给国家公务员。这是由于公务员的管理劳动是一种特殊的社会劳动,它虽不直接生产物质产品,但对社会物质生产和精神文明建设起着导向和保证作用,产生难以估量的社会物质价值和精神价值,从而体现了社会经济效益和社会价值。因此,公务员的工资应根据国家收入的水平,通过预算支出的形式分配给公务员。

二、公务员工资的确立原则和构成

(一) 公务员工资制度的确立原则

公务员的工资制度是有关公务员工资的原则、规范以及工资关系和形式的统称。我国的公务员工资制度是整个公务员制度的一个重要组成部分。因此,在公务员工资制度确立的指导思想上,一方面主要与整个公务员制度相配套;另一方面要贯彻按劳分配原则,克服平均主义,根据公务员的职务、级别和作用,建立符合机关公务员劳动特点的工资制度。为此,在确立公务员工资制度时,应遵循以下基本原则。

1. 按劳分配、合理差距原则

按劳分配是社会主义的客观经济规律，也是社会主义国家个人消费品分配的主要方式。这一原则既适用于社会主义社会的物质生产部门，也同样适用于包括国家行政机关在内的社会主义社会的非物质生产部门。因此，我国公务员的工资实行按劳分配、合理差距原则，公务员工资的确立，就要以其工作职责、级别和贡献为基本依据，并适当考虑资历和贡献、受教育程度和地区环境等因素，充分体现脑力劳动与体力劳动、复杂劳动与简单劳动、熟练劳动与非熟练劳动的区别，并要与公务员工作的好坏、能力高低、贡献大小挂钩，在不同职务、级别之间合理拉开差距。这样，才能有效防止平均主义带来的弊端，使公务员的工资水平与其职务、级别和作用相适应，从而激励他们勤政廉政、积极向上，保证国家行政管理的正常进行和行政效率的提高。

2. 平衡比较原则

《公务员法》第七十五条规定："公务员的工资水平应当与国民经济发展相协调、与社会进步相适应。国家实行工资调查制度，定期进行公务员和企业相当人员工资水平的调查比较，并将工资调查比较结果作为调整公务员工资水平的依据。"所谓平衡比较原则，是指国家在确定公务员的工资水平时，应将企业职工的工资作为参照系来调整公务员的工资，使公务员的工资水平与国有企业相当人员的工资水平大体持平，保持合理的比例关系。这是协调公务员系统与外部系统分配关系的主要原则。在市场经济条件下，企业等营利部门的工资报酬是根据市场供求法则波动的，其薪酬水平随着企业经济效益和物价变动而自然升降。公务员的薪酬是依据立法程序进行调节的。因此，存在着两种截然不同的薪酬形成和调节机制，势必造成二者之间的差距，尤其是同类人员薪酬待遇方面的不平等。实行平衡比较原则，主要目的之一是在全社会的平均水平下，不使公务员工资与其他行业工资变化脱节。公务员薪酬的增长又取决于社会经济发展水平，企业作为社会财富的直接生产者，其工资的增长大体反映社会劳动生产率的发展水平。因此，坚持这一原则，使公务员的工资水平与企业有关人员的工资水平大体持平，将更符合公平合理和按劳分配原则。如果国家公务员的工资水平低于企业同类人员的工资水平，必然导致政府部门缺乏足够的吸引力和凝聚力，无法保证优秀人才进入公务员队伍，也就不能保证公务员队伍的稳定。反之，公务员的工资也不宜过高。因为公务员的工资过高，除了加大政府的开支、增加税收外，也不能合理地体现公务员的社会贡献，从而引起社会其他职业人员的不满，形成社会不安定因素。

3. 定期增资原则

定期增资就是国家定期增加公务员的工资，即国家在每年的财政预算中，按法律规定保证必要的经费用于定期增加公务员工资。坚持这一原则，既是国民经济的发展和劳动生产率的提高使公务员工资不断提高的要求，也是实现晋级调资规范化、制度化和法制化的要求。当然实行公务员定期增资制度，必须充分考虑到国家财政收入状况，从而克服增资的人为随意性，避免财政宽裕就调资，财政吃紧就不调资的不规范行为。定期增资有利于公务员能够对本人的晋级增资进行合理预测，激励他们尽职尽力，廉政勤政。

4. 物价补偿原则

物价补偿就是国家根据物价指数的变动，定期调整公务员的工资，使公务员的工资增长率高于或等于物价上涨率,以保证公务员的实际工资水平不因物价的上涨而下降。物价补偿原则是各国工资制度中的通用原则。社会主义按劳分配的原则是,社会产品总量在进行了各种必要的社会扣除之后,以劳动量作为分配消费品的统一尺度,按等量劳动领取等量产品。当物价上涨时,如果货币工资不相应增加,等量劳动领取等量产品的按劳分配原则实际上就遭到了破坏,劳动者的生活水平就随之下降,这就违背了社会主义的分配原则。因此公务员工资制度必须实行物价补偿原则,以此保证公务员的实际生活水平不因物价上涨而降低,实现等量劳动领取等量产品的原则。

5. 法律保障原则

法律保障是指公务员的工资受国家法律保护,除国家法律和政策规定外,国家行政机关不得以任何形式增加或者扣减公务员的工资,否则公务员有权提出申诉,并追究其法律责任。坚持这一原则,不仅可以保证公务员的基本权利不受侵犯,而且可以使公务员工资制度的基本原则得以实施,同时也有助于防止晋级调资方面的不正之风和舞弊行为。

(二)公务员工资的构成

工资构成又称标准结构工资或组合工资,相对于单项工资而言,是指若干具有不同性质和职能的工资组成公务员工资收入总额。结构工资的组成部分及各部分工资的数额不是一成不变的,而是由国家根据政治、经济和社会发展的需要加以确定和调整的。虽然各部分工资具有不同的性质和职能,但它们之间是相互联系、相互影响的。在通常情况下,组成结构工资的各部分工资,一般是以一种性质和职能的工资为主,其他性质和职能的工资为辅。这种以特定内容为标志的主辅结构组合而成的工资结构,又恰恰体现了特定时期公务员工资的功能和特点。

新中国成立以来,我国国家机关先后进行了1956年和1985年两次大的工资制度改革。1956年的工资制度改革在国家机关建立了职务等级工资制,就是根据工作人员的职务、德才和资历,将国家机关工作人员分别归入不同的级别。职务等级工资制的建立,曾起过积极的作用。1985年的工资改革,决定在国家机关实行以职务为主的结构工资制。这种工资制度的基本形式由基础工资、职务工资、工龄工资和奖励工资四部分组成,每个部分分别发挥不同的职能,工作人员工资的多少主要决定于职务的高低。实行以职务工资为主的结构工资制,对解决"职能不符、劳酬脱节"以及工资标准过多过繁等问题,具有明显的作用。

但这种结构工资制也存在很多缺陷。一是工资分配过于强调职务因素,不利于处理职务、资历、贡献三者的关系。在实践中,以职务工资为主,客观上造成只有提升职务才能长工资的"官本位"现象,从而诱发了机构升格、滥提职务的问题。二是工资标准偏低,级差过小,既加剧了工资分配中平均主义倾向,又诱发了偏低的工资收入中各种名目的津贴、补贴逐年增多,使基本工资所占的比重日渐下降。三是国家机关、事业单位实行同一种工资制度,没有各自的特点,既不适应干部科学分类的要求,也难以与各类人员多样化的劳动相吻合,从而不利于调动广大公务员和其他脑力劳动者的积极性。因此,改革这种结构工资制,建立公务员工资制度,已成为一项重要的和迫切的任务。为了使公务员工资制度更好地贯彻按劳分配的原则,体现公务员劳动和劳动成果的特点,在总结和吸收以往工资制度改革经验的基础上,按照党政机关逐步建立起符合其特点的工资制度的要求,我国公务员实行职级工资制。新制定的《公务员法》第七十四条规定,公务员工资包括基本工资、津贴、补贴和奖金。

1. 基本工资

与1993年《国家公务员暂行条例》确定的工资制度相比,《公务员法》确定的工资制度简化了工资结构,将基本工资由职务工资、级别工资、基础工资和工龄工资的"四结构"归并为职务工资和级别工资的"两结构"。也就是说,公务员的工资将由两块组成:一块反映职务,为职务工资;一块反映级别,为级别工资。职务工资主要是按照公务员的职务高低、责任大小、工作难易程度确定,是公务员工资制度中体现按劳分配原则的主要内容。级别工资即根据公务员的级别确定的工资。公务员的级别根据所任职务及其德才表现、工作实绩和资历确定。其中,资历包括公务员的学历状况、工作年限和任职年限等因素。设置级别工资的好处在于以下两点。①由于国家机关干部90%以上是科级以下的人员,而机关领导的职数是有限的,受机构规格的限制,有相当一部分人员难以晋升更高职务。通过设置级别工资,能够使机关工作人员不提升职务也能享受晋升级别而提高工资待遇,从而避免为解决待遇问题而滥提职务和随意将机构升格等弊端,有利于鼓励公务员在一个工作岗位上安心工作,减少跑官要官现象,加强公务员队伍的职业化建设。②有利于克服工资"平台"问题,更好地贯彻按劳分配原则。同一职务层次的公务员的工作年限、任职年限、承担的责任和能力等各不相同,通过设置级别工资可以反映同一职务层次公务员的差别。

2. 津贴

津贴是根据不同公务员的不同情况给予的补贴。公务员津贴是公务员工资的一种补充形式,是工资制度的重要组成部分。公务员按照国家规定享受地区附加津贴和艰苦边远地区津贴、岗位津贴等。

(1) 地区附加津贴。地区附加津贴主要反映地区间经济发展水平、物价消费水平等方面的差异,根据各地区经济发展水平和生活费支出等因素确定标准,同时还考虑机关、事业单位工作人员工资水平与企业职工工资水平的差距。实行地区附加津贴,可使不同地区的机关、事业单位工作人员工资的提高与经济发展联系起来,能够体现不同地区经济发展及物价变动情况的差异。

(2) 艰苦边远地区津贴。艰苦边远地区津贴主要体现不同地区自然、地理环境的差异,根据不同地区的地域、海拔高度、气候以及当地物价等因素确定。艰苦边远地区津贴是对在艰苦边远环境下工作的公务员额外劳动消耗和特殊生活费支出等的适当补偿。建立这项津贴,体现不同地区在自然地理环境等方面的差异,有利于发挥工资的补偿和导向作用,鼓励人们到艰苦边远地区工作。

(3) 岗位津贴。岗位津贴是国家对在特殊工作岗位上工作的公务员支付的额外劳动报酬,根据公务员的工作岗位性质及工作条件确定。由于在不同岗位工作的人员、工作条件差异较大,因此,对在特殊岗位上工作的人员实行岗位津贴,有利于更好地体现按劳分配原则,鼓励和吸引特殊人才。岗位津贴是与岗位相联系的,公务员离开该岗位后,相应津贴即行取消。

3. 补贴

一是公务员的住房补贴。我国现行的公务员工资水平,没有完全反映公务员的住房需求。长期以来,我国公务员的住房消费采取实物分房的方式解决。这种形式弊端甚多。20世纪90年代以来,国家实行住房制度改革,相继取消实物分房,采用货币化补助的形式。目前在这一领域里,各个地方、各个单位的做法还不完全统一。有的是在职工购买住房时,由单位一次性给予资金补助。有的是由单位建设、购买住房后,再按一定的优惠价格出售给职工。这里都含有金额不等的住房补贴、补助。国家为了积极推进住房制度改革,还建立了住房公积金制度。住房公积金由职工和单位按工资的一定比例(不得低于当月职工工资的5%)交纳储存,属于职工个人所有,用于职工购买、建造、翻建、大修自住房屋。二是公务员的医疗补贴。公务员医疗补贴是在城镇职工基本医疗保险制度基础上对公务员医疗保障的补充,是保持公务员队伍稳定、廉洁,保证党政机关高效运行的重要措施。根据2000年由劳动保障部、财政部提出的,经国务院批准的公务员医疗补助的意见,补助水平要与当地经济发展水平和财政负担能力相适应,保证公务员原有医疗待遇水平不降低,并随经济发展有所提高。补助经费列入同级财政预算,具体筹资标准应根据原公费医疗的实际支出、基本医疗保障的筹资水平和财政承受能力等情况确定。补助经费专款专用、单建账户,与基本医疗保险基金分开核算。

4. 奖金

从理论上讲,公务员的工资构成中应该包括奖金。所谓奖金,即通常所说的奖励性工资,它是对劳动者超过定额劳动的物质奖励,是根据按劳分配原则采取的作为工资补充的劳动报酬形式。奖金的发放原则主要体现为奖勤罚懒、奖优罚劣。不能搞平均分配,人人有份。否则,发挥不了应有的激励作用。新的工资制度中不再包括奖金制度,但对于工作表现突出、取得突出成绩的公务员,可以按照规定晋升工资和发给奖金。根据《公务员法》的规定,公务员在定期考核中被确定为称职和优秀的,按照国家规定享受年终奖金。根据现行有关规定和做法,年终奖金一次性发放,数额按公务员本人月工资的一定比例计发。采用奖励、晋级增资,有利于克服目前我国国家机关实际的按人头发放奖金的做法,同时对那些作出重大贡献的公务员通过一次性发给奖金的办法给予奖励,可真正发挥奖金的激励作用。

1. 人事行政的含义与功能是什么?
2. 公务员录用的范围与条件是什么?
3. 公务员培训的原则与类型有哪些?
4. 公务员考核的内容有哪些?
5. 公务员的工资由哪些方面构成?

人事行政管理应依法行为

申请人于1988年至1992年4月患病住院治疗,1992年4月出院后曾找单位领导要求上班,单位领导因其患病身体不好无法正常安排其工作。1992年4月申请人递交了因病提前退休的申请,因其年龄不足50周岁,被告知只能按退职办理。至此,被申请人既未安排申请人上班,申请人也未办理请假手续且未到单位上班。被申请人自1993年起至2002年11月期间以旷工为由扣发了申请人的全部工资,申请人曾要求给予生活补助未成。1995年被申请人主管部门印发了《××系统教职工管理暂行规定》。2000年该系统实行全员聘任合同制,2002年11月被申请人为申请人办理退休手续,但退休费至2003年5月才向申请人发放。申请人曾向被申请人及其主管部门多次反映无果,引发争议。

申请人认为自己因病治疗好转后,向被申请人要求上班,被申请人一直未安排自己上班,方才离开单位休息。自己有病不能上班,被申请人知道,应享受病假待遇,不应扣发工资;办理了退休手续后,应从其下月享受退休费待遇,但被无故扣发5个月,直至2003年5月才领到当月的退休费。故请求补发1992年年底至2003年4月期间被扣发的工资及退休费65800元。被申请人认为1988年至1992年申请人患病,履行了请假手续,被申请人按月足额发放了其工资。1992年4月后申请人申请病退不成,只能按退职办理手续,被申请人告知申请人后,直到2000年期间未见其踪影。被申请人按旷工扣发了其工资,本应给予开除处分,因找不到申请人,无法给予处理;2002年11月为申请人办理退休手续后,已为其发放了退休费,申请人提起仲裁申请,超过了仲裁申请时效。

事实是,申请人1988年至1992年4月患病治疗,被申请人为其正常发放了工资,1992年4月申请人要求上班,被申请人因申请人有病告知其无法正常上班;申请人提交了病退申请,因年龄不足50周岁,不能办理病退,只能按退职办理手续且要进行病退医务鉴定方可。自此,申请人未提病退之事,既未请假也未到单位上班。被申请人没有对申请人进行纪律教育,也没有要求其履行请假手续,即从1993年起扣发了申请人的工资。其间申请人曾要求给予生活补助未成。1995年被申请人主管部门印发了《××系统教职工管理暂行规定》,要求"各单位建立严格的考勤制度",明确了办理请销假的具体手续。被申请人没有告知申请人请销假制度。2000年该系统实行全员聘任合同制并要求所属单位"传达贯彻到全体教职工",被申请人没有告知申请人,对其仍按旷工处理,使申请人失去了竞争上岗和双向选择上岗工作的机会。2002年11月被申请人为申请人办理了退休手续,退休工资2003年5月才向申请人发放。

仲裁结果:申请人自1992年4月起至2000年2月被申请人实行全员聘任合同制期间,身体有病不能正常上班是事实,但必须办理请病假相关手续,方可休假和享受病假生活待遇。申请人不履行请假手续,不应享受病假待遇,被申请人对其按旷工对待,扣发其工资应得到支持。但被申请人没有对其进行管理和教育,未按有关规定给予纪律处分,应承担懈怠管理之责。2000年2月被申请人全系统实行全员聘任合同制,被申请人应按上级要求通知申请人参加竞聘上岗但未向其告知,使申请人失去了上岗机会而成为落聘人员,被申请人负主要责任,应按落聘人员规定为申请人发放生活费。申请人提起的工资争议是在双方人事行政关系存续期间提出的,被申请人超过仲裁时效之辩称不成立。据此,仲裁委裁决:①申请人1993年1月至2000年2月期间为旷工行为,被扣工资不予补发;

②补发申请人 2000 年 3 月至 2002 年 11 月落聘期间的生活费;③补发申请人退休后应发的退休费。

【案例思考题】
1. 案例中双方均负有责任说明了什么?
2. 被申请人不安排工作存在的不当之处在哪?

郑州公务员试点:不能忽视聘用制公务员的后顾之忧①

郑州市公务员局传来消息,2012 年将启动聘任制公务员试点,这意味着今后公务员"铁饭碗"将被打破。

所谓的聘任制公务员,是指机关在规定的编制限额内,经中央或省级公务员主管部门批准,以合同形式聘任、从事专业性较强或辅助性工作、由财政负担工资福利的工作人员,聘任合同期限一般为 1~5 年。简单地说,聘任制公务员,也就是实行合同制,合同期间,享受公务员编制和相关福利;合同结束,将不再享受编制和福利。

在现行公务员管理体制下,公务员既未参加社会养老保险,也未参加专业技术职称评定,启动聘任制公务员试点后,聘用制公务员会随着合同结束不再享受编制和福利,这虽然意味着今后公务员手中的"铁饭碗"将被打破,但也给聘用制公务员带来了养老无保障、再就业困难的后顾之忧。因此,笔者认为各地在开展公务员聘用制试点中,切不可忽视解决其后顾之忧。

首先应该将社会养老保险机制引入公务员管理体制。按照现行的公务员管理体制,公务员退休后按在职期间职务高低领取其在职期间工资不同比例的退休金。启动公务员聘任制试点后,就意味着有公务员将会被解聘,而被解聘的公务员退出公务员队伍就意味着要放弃原本到退休年龄就可以享有的退休金,如果不给予被解聘者一定的经济补偿,这对其是很不公平的。如果给予其经济补偿,标准是多少?多了影响社会公平,少了对被解聘者不公平。只有将聘用制公务员纳入社会养老保险,才能较好地解决这个问题。

其次是要将专业职称评定机制引入公务员管理体制之中。在现行的公务员管理体制下,公务员的工资福利待遇是与其职务高低挂钩的,从事专业技术类工作的公务员若职务难以晋升则待遇也上不去,他们又不能像企事业单位人员一样通过职称评定提高待遇,这就使得这类公务员到了一定年龄后工作动力和热情减退,影响其工作积极性和创造性充分发挥。只有允许聘用制公务员参加专业技术职称评定晋升,并将其工资福利待遇与专业技术职称高低挂钩,才有利于充分调动其积极性、激发其创造性。

倘若如此,就能防范和化解聘任制公务员被解聘的风险,从而解除聘用制公务员养老无保障、再就业困难的后顾之忧,使之在被解聘之后易于另谋职业继续发展。如果能将其再拓展到更大范围乃至整个公务员队伍,也就打开了公务员退出的"绿色通道",进而打破长期以来公务员队伍难进难出的僵局,使公务员"终身制"得以终结,并将公务员统一纳入社会养老保险平台,其进步意义也就更大了。

---

① 资料来源:http://www.offcn.com/yuedu/2012/09/11893.html,略有改动。

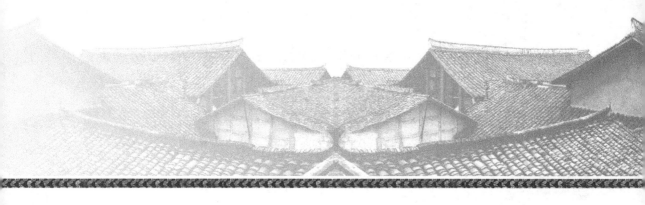

第六章
行政决策

管理就是决策；决策贯穿于管理过程的始终。

——[美]赫伯特·西蒙

第一节 行政决策概述

一、行政决策的含义

决策是人们就需要解决的问题所做的行为设计和抉择过程,也就是通常所说的出主意做决定的活动。行政决策是指行政主体为履行行政职能,针对所要解决的问题进行的行为设计和抉择的活动。行政决策作为决策的一个特定形式,除了具有一般决策的特性外,还有区别于一般决策的特殊性。

(一) 行政决策主体的特定性

只有具有法定行政权的组织和个人才能成为行政决策的主体。根据我国的宪法和法律规定,我国行政决策主体包括:各级人民政府及其职能部门;国家行政机关内的公务人员;依宪法、法律规定或法律法规授权的其他享有行政权的社会组织。

(二) 行政决策内容的广泛性

现代政府管理的范围极其广泛,行政决策的内容涉及国家和社会范围内的一切公共事务,包括政治、经济、文化教育以及社会生活等各个方面的重大事务,都要通过行政决策进行筹划处理。因此,行政决策涉及的面广,机构众多,动用的人、才、物等资源量大。而其他决策一般只涉及各自的内部事务,一般不涉及整个国家和社会范围的事务。

(三) 行政决策的权威性

为维护公共利益、实现公共目的,行政主体依据法定权限和程序作出的行政决策具有权威性,主要体现在以下方面。首先,行政决策反映的是国家的意志和利益,因此行政决策是以国家权力为后盾。其次,行政决策是依据国家的法律法规而作出的,不仅对行政组织本身,而且对行政组织以外的企业、事业单位、社会团体和个人等一切管理对象都具有约束力。

二、行政决策的类型

(一) 中央行政决策和地方行政决策

根据行政决策主体地位的不同,行政决策可分为中央行政决策和地方行政决策。中央行政决策又称国家决策,是由中央人民政府及其职能部门作出的。中央行政决策一般是关于全国性的有关行政管理的方针、政策和法规;全国性的对国家管理具有战略意义的问题;以及其他只适宜于由中央政府统一处理的行政问题。中央决策具有战略性、全局性、长期性等特点,通常称宏观决策。省(自治区、直辖市)、市、县、乡(镇)政府对其管辖范围内的地方性行政管理问题作出的决策,则属于地方决策。

(二) 战略决策、战役决策和战术决策

依据行政决策涉及问题的规模和影响的不同,可将行政决策分为战略决策、战役决策和战术决策。战略决策是以最高领导层为主体的决策,其内容涉及的范围广、影响大,且具有全局性、宏观性和方向性的特点。战役决策是服务于战略决策并将之具体化的具有局部性、阶段性、中观性的决策。战术决策则是技术性问题的决策,是有关特定方法和步骤的技术性、细节性、具体性的决策。因为战略决策多解决宏观问题,战役决策多解决中观问题,战术决策多解决微观问题,因此又可将其划分为宏观决策、中观决策和微观决策。

(三) 程序化决策和非程序化决策

依据决策目标性质的不同,可将行政决策分为程序化决策和非程序化决策。程序化决策是对重复出现的、有一定常规可循的问题的决策。非程序化决策是对偶然发生或首次出现的、没有现成规范和原则可循的问题的决策。非程序化决策一般更为复杂,领导者应将主要精力集中在非程序化决策上。

(四) 确定性决策、风险性决策和不确定性决策

依据决策问题的条件和结果的不同,行政决策可分为确定性决策、风险性决策和不确

定性决策。确定性决策是指决策目标明确,决策问题所面临的客观条件是确定的,决策者可以在多个相对确定的备选方案中选出最佳方案的决策。风险性决策是指在面临不可控的状态同时,各种备选方案在不可控的因素作用下可能出现不同的结果,但各种方案的后果可以进行概率预测的决策。不确定性决策是指从不同的角度考虑,可以作出不同的选择,但每一种选择的条件和结果都难以预测的决策。

(五)最优决策和满意决策

依据决策目标要求,可将行政决策分为最优决策和满意决策。最优决策是指追求理想条件下的最优目标的决策。满意决策则是指在现实条件下求得满意目标的决策。由于行政管理内容的广泛性和目标的多样性,绝对的最优目标实际上是无法实现的。因此,行政决策通常都是满意决策,即相对的"最优决策",在现实的条件下力求选择最佳决策方案。

此外,依据决策目标数量的不同,可将行政决策分为单目标决策和多目标决策;依据决策方法的不同,可将行政决策分为经验决策和科学决策;依据决策进程的不同,可将行政决策分为一次性决策和渐进性决策等。

三、行政决策的地位和作用

(一)行政决策是行政管理的首要环节和执行各项管理职能的基础

决策是行动的先导,行政管理实践中遇到的各种需要采取行动的问题,都首先依赖于行政决策。同时,行政管理的各项职能都是为实现决策目标服务的,各项职能本身也都有需要采取行动的问题,有各自的决策。因此,行政决策贯穿于行政管理的各方面和行政管理的全过程,任何行政管理活动都离不开行政决策。

(二)行政决策正确与否是行政管理成败的关键

行政决策是行政管理成败的关键,这已为行政管理实践所证明。新中国成立初期我国人口决策的失误,导致了人口盲目增长的恶果;"大跃进"和"文化大革命"时期几次重大经济决策的失误,使国民经济濒临崩溃的边缘。十一届三中全会以来,以经济建设为中心、坚持四项基本原则、坚持改革开放的一系列正确决策,开创了社会主义现代化建设的新局面。可见,行政决策直接关系着行政管理的成败和国家的前途与命运。

第二节 行政决策体制

一、行政决策体制的构成

行政决策体制是指行政决策机构和人员所形成的体系及其制度。行政决策体制由两个要素构成,一是决策权力及其运行方式,二是决策主体及其职责划分。行政决策体制随社会政治、经济、科学技术等条件的变化而变化。在封建专制时代下，行政决策体制是独断专行的家长制，君主的决定就是"圣旨"。而现代行政决策体制一般是由三个部分组成：行政决策中枢系统、行政决策咨询系统、行政决策信息系统。

（一）行政决策中枢系统

行政决策中枢系统是现代行政决策体系的核心，其主体是由拥有行政决策权的领导或领导集体构成。一个行政机关只能有一个决策中枢系统，切忌多中心、政出多门。行政决策中枢系统在决策体制中具有权威性和主导性：行政决策中枢系统享有法定的权力，对决策方案拍板定夺并对决策结果的正确与否负有法定的责任；行政决策中枢系统对行政决策的运行过程和其他系统进行有目的的组织、指挥、协调和监督，控制着行政决策的方向和发展进程。行政决策中枢系统的主要任务是统筹考虑决策目标和抉择决策方案、控制行政决策的运行过程。行政决策中枢系统的决策水平和工作质量，直接影响着整个行政管理的成败。因此，现代行政管理要求行政决策中枢系统的每一位成员都应具备良好的决策素质、丰富的决策经验，并具有良好的决策组织能力；掌握现代行政决策的科学方法和技术，具有高瞻远瞩的战略眼光和准确的决断能力；善于发挥专家在行政决策中的作用。作为决策中枢系统的领导集体，还必须有科学合理的结构，使之发挥最优的集体效能。此外，为了适应日趋复杂繁多的行政决策工作的需要，县级以上的行政机关，特别是中央和省（自治区、直辖市）一级，有必要设立决策工作机构，其职责是直接协助领导核心决策，作为决策中枢系统的有机组成部分。现代行政决策是多脑决策而不是单脑决策，因此，作为行政决策中枢系统的领导集体，还必须发挥其年龄、智能等整体结构优势，发挥最佳的效能。

（二）行政决策咨询系统

行政决策咨询系统是行政决策的辅助机构，是行政决策的外脑。行政决策咨询系统的主体由掌握各门类知识的专家学者组成，基本职责是"谋"而不是"断"，主要任务是协助中枢系统分析决策问题、界定决策目标、拟定可供选择的决策方案，为决策者评估优选、确定决策方案提供科学依据。行政决策咨询系统具有群体性、辅助性、相对独立性、科学性等特点，是现代行政决策体制不可缺少的重要组成部分。群体性是指参谋咨询系统是由拥有不同知识背景的专家群体组成；辅助性表现在参谋咨询系统是协助决策中枢系统提高决策的科学性，起到"谋"的作用；相对独立性则要求参谋咨询系统以客观事实为依据，客观中立地分析问题、提出建议；科学性是指参谋咨询专家运用科学的知识、先进的技术手段、科学的分析技术和方法为决策者提供服务，以取代简单的经验判断。由于现代行政决策任务的复杂性、艰巨性和咨询系统自身的特性，咨询系统在现代行政决策体制中彰显出日益重要的作用。各级决策者必须高度重视咨询机构的作用，支持他们进行独立的科学研究，提供良好的工作环境和条件。当然，咨询系统的作用始终只具有"谋"的性质，它只能辅助中枢系统决策，而不能代替中枢系统决策发挥"断"的功能。

（三）行政决策信息系统

行政信息是行政决策的基础。行政决策信息系统是由从事行政信息处理的机构、人员及信息处理的各个环节构成的有机整体。行政决策建立在掌握大量的行政信息的基础上。现代行政决策要求行政信息及时、全面、准确。因此,行政信息系统的主要任务是把来自各种信息源的信息收集起来,进行科学加工和处理,然后传输给决策中枢系统和咨询系统,为中枢系统和咨询系统的工作提供服务。在现代信息社会,为了保证行政决策的科学性,必须建立健全行政信息网络,注重行政信息人员的培训和素质的提升,保证行政信息通道的畅通。

二、行政决策体制的类型

依据不同的标准,可将行政决策体制划分为不同的类型。当代行政决策体制主要有独裁制、议会制和人民代表大会制三种类型。

(一) 独裁制

独裁制的主要特点是通过传统继承或政变等方式产生的权威人物享有最高决策权,具体类型主要有下面三种。

1. 宗教领袖型

在神权制国家中,议会和政府活动的依据是教义。相应的,高居于决策权力最顶端的是不受任何约束的宗教领袖,议会和政府的活动也要受其监督。

2. 君主亲政型

君主亲政型是指君主既当朝又亲政,这种类型的决策体制是传统君主专制在当代的延续。在这种决策体制下,君主既是国家元首,又是政府首脑,君主属下的大臣会议相当于内阁,拥有立法和行政权力。君主通过对大臣的选择权和监督权而成为实际上的最高决策者。

3. 军人独裁制

军人独裁制是指通过政变上台的军人掌握最高行政决策权的决策体制,具体表现形态又有两种:①军队首领自始至终是国家的最高决策者,并以暴力镇压持不同政见者;②当军队首领认为大权在握时,采取还政于民的方式,鼓励新的决策者参与,并通过举行大选来建立新的"民主"程序。第二种形式通常容易形成一种近似于议会—总统制的决策体制,军队首脑往往被选为总统,并拥有比一般总统更大的权力。

(二) 议会制

议会制决策体制的基本含义是,首先由公民选出自己认为能代表自己意愿的代表或议员,然后由代表或议员来代表公民直接或参与作出行政决策。议会制决策体制在当代主要有三种形态。

1. 议会—总统制

在以美国为代表的议会—总统制国家,国会和总统都分别由选民选出,各自对选民负责;政府由总统组织,总统既是国家元首,又是政府首脑,掌握行政事务决断权,政府成员不得兼任国会议员;国会的决策需经总统签署方能生效,总统对国会的决定方案有否决权;国会有权弹劾总统,但总统无权解散国会;总统在外交和军事方面的某些决策要受国会制约。

2. 议会—内阁制

议会—内阁制的典型代表是英国,其主要特点是:议会是国家最高权力中心,内阁由议会产生,对议会负责,受议会监督;国家行政权力属于内阁,国家元首是"虚位";内阁所作的重大决策须取得议会的多数支持;内阁首脑为议会多数党领袖,内阁通常由议会多数党组成;议会可以对内阁提出不信任案,内阁也可以提请元首解散议会,由重新大选产生的议会来决定内阁的去留。

3. 议会—委员会制

议会—委员会制的典型代表是瑞士,其主要特点是:议会至上,不仅具有立法权,而且掌握行政权;由议会产生的委员会主持日常行政事务,但委员会只是议会的一个执行机关,委员会成员可以为议会的最后决策提供咨询;委员会不能解散议会,议会也不能解散委员会;委员会所作出的决策,须经委员会集体讨论通过,委员会的主席或副主席的权限与其他委员平等。

(三)人民代表大会制

1. 人民代表大会制的主要内容和特点

我国实行人民代表大会制。各级人民代表大会都由民主选举产生,对人民负责,受人民监督;各级人大及其常委会严格按照民主集中制的原则集体行使权力;实行"议行合一",国家行政机关、审判机关和检察机关都由人大产生,对它负责,受它监督;中央和地方国家职能的划分遵循中央统一领导,充分发挥地方主动性、积极性,但全国人大对地方人大不是领导关系,而是法律监督关系、选举指导和工作联系关系;在少数民族聚居的地方实行民族区域自治。

人民代表大会制的另一个重要特点是,中国共产党在人民代表大会制中起着领导作用,主要体现在:国家的重大决策,是由党首先提出建议,再由人民代表大会或其常务委员会讨论决定的;党培养、选拔优秀干部到国家机关去工作。因此,中国共产党在中国的行政决策体制中具有重要的作用。[①]

2. 中国共产党、人大、政府在决策中的作用

中国共产党主要是制定路线、方针、政策,确定重大决策的目标,尽量减少干预政府部门的具体事务,不能以党代政,更不能出现决策中心多元化的现象。人民代表大会及其常委会作为国家的最高权力机关,国家的重大公共事务,应该由它进行决策。但是,这种决策必须以中国共产党的路线、方针、政策为指导,必须在中国共产党的领导下进行。

政府(国务院)作为国家的执行机关,它在决策中的作用除执行之外,主要是负责设计方案和预测后果等具体工作,同时也参与形成决定以及修正方案的过程。在重大公共事务的决策过程中,它的任务重,责任大。无论是决策形成前,还是决策形成后,它都担负着重要而繁重的工作,在设计和初选方案时,应该以党的路线、方针、政策为指导,在执行决策时,又必须服从人民代表大会的决定。

---

① 国务院学位委员会办公室等组织编写:《行政学》,中国人民大学出版社,2002年版,第101~103页。

第三节 行政决策程序与模式

一、行政决策的程序

行政决策程序是指决策过程中的逻辑顺序、基本步骤,是科学决策的重要组成部分。一般认为现代行政决策的基本程序主要由五个阶段构成。

(一)发现问题

任何决策都是从发现问题开始的,对决策问题的确认、分析是行政决策的逻辑起点。所谓行政决策问题,就是进入决策议题的各种社会矛盾,或者说是理想和实践之间的差距或偏差。决策问题确认就是要从纷繁复杂的问题群中区分出轻重缓急,抓住需及时解决的关键问题。所谓决策问题分析,就是要弄清问题的性质、范围、程度及其价值和影响等,并找出问题产生的原因,包括主观原因和客观原因、主要原因和次要原因、直接原因和间接原因等。决策就是为了修正偏差而作的决定、采取的行动。决策主体必须善于在纷繁复杂的矛盾中,抓住关键问题、深刻剖析问题、确切表述问题,这是一切决策的前提。

(二)确定目标

行政决策的目标是决策主体希望通过决策实施达到的一种结果。确定科学的决策目标是进行科学决策的重要一步,也是起决定作用的一步。决策目标规定了设计决策方案的方向,是判断决策方案优劣的基本标准及检验决策执行结果的基本尺度。行政决策目标的确立,涉及许多复杂的因素和条件,因此,在行政决策目标的确立过程中,必须坚持几个主要原则,如抓住主要目标原则、目标明确原则、目标可行原则、目标系统原则。

(三)拟订方案

方案拟订是在明确决策目标的基础上,经过调查研究,运用适当的技术和方法,设计或规划诸种实现目标的备选方案的行为或过程。拟定决策方案可以分两步:第一步是初步设计。初步设计就是从不同角度、不同途径提出多种多样的方案设想。这一步要求行政决策的设计者充分利用创造性思维,广开言路,大胆设计。第二步是决策方案的精心设计。精心设计就是将轮廓设计中提出的较为合理的方案进一步充实,使之具体化。这时,决策设计者必须倾听各方面的意见,集思广益,进行可靠的分析和严密的论证。

(四)方案评估

方案评估就是评价方案的可行性,又称可行性分析。可行性分析包括:政治可行性分析——决策方案是否遵循国家的路线、方针、政策,是否符合人民的意志;法律的可行性分析——决策方案实施的法律依据是否充分;经济可行性分析——方案实施的经济条件;技术可行性分析——方案实施所应具备的技术手段及设施;环境可行性分析——方案实施的社会文化环境。

（五）方案抉择

方案抉择是在方案评估的基础上，对各种方案进行精心的比较和鉴别，精心筛选，对比选优，确定最佳或满意方案的过程。在选择决策方案时，必须坚持严格的选择标准和选择原则，如效益最大原则、可行性原则、风险最小原则等。方案抉择是行政决策中枢系统的主要职责，主要方法有经验判断、决策树技术、实验和模拟等。

二、行政决策的基本模式

行政决策模式又称为决策行为模式，是决策者有规律的、反复出现的、标准的、可以使人照着做的标准样式。根据不同的标准，可将行政决策模式划分为不同的类型。

（一）依据决策活动过程的步骤与方法为标准的分类

1. 理性决策模式

这是由亚当·斯密首先提出并长期被人们认可、接受、流行较广的决策模型，赫伯特·西蒙则称之为经济人的无限理性决策模式。在这一模式中，人被假定为具有全知全能理性的人，他们"有一个完整而内在一致的偏好体系，使其总能够在他们面临的备选方案中作出选择；他们总是完全了解有哪些备选的替代方案；他为择善从而进行的计算，不受任何复杂性的限制；对他来说，概率计算既不可畏，也不神秘"。也就是说，经济人在应付复杂的"现实世界"中，能够为他所要完成的特定目标采取各种措施，选择最佳方案，即选择经济效益（利润）的最大化。决策者能够通过其理性的认识能力确切知晓整个社会的价值重心，能够寻找到达成目标的所有决策方案及其后果，知道每个决策选择方案的收益与费用比例，知道每个方案的价值和优劣性，从而排出优先顺序，然后从中选择最有效的决策方案。理性决策模式的主要特点是在目标上追求最优化，使决策方案达到收益最大、损失最小、效用最好。但是追求最优化使之在理论上具有一定的局限性。因为在现实中，决策者不可避免地要受到知识、能力、资源、时间及其他环境因素的制约和限制，因此，难以具有完全的理性及认识能力，不可能作出最佳选择。由此可见，理性决策模式是一种过于理想化的决策模式。

2. 有限理性决策模式

有限理性决策模式是赫伯特·西蒙在批评了理性决策模式之后提出的一种决策模式。西蒙认为，纯粹理性是不可能的，在现实中，所有决策都是在有限理性基础上的决策。这是因为，第一，人的知识具有不完备性，要受主观认知、理解能力和客观条件的限制。决策者对政策问题及其环境的理解总是零碎不全的，不可能具备完备的知识。第二，预见的困难。决策是面向未来的，方案的选择是以对未来的预见为前提。由于对未来的预见是以现象、而非实际体验为基础，任何预见都不可能是完整的。第三，选择范围的有限性。按照纯粹理性的要求，决策主体要在全部可能的备选方案中进行比较和选择，但实际上人们只能想到全部可能方案中的很少的几个。第四，时效的局限。即使每种可能的行动方案以及每一种行动方案的全部后果都能够考虑到，这在成本上也往往是不合适的。因为决策要考虑时机，决策的时机稍纵即逝，一旦时机错过，再好的决策也无济于事。正是由于理性有限,决策者不可能达到如理性决策模式所要求的那么完善,只能是在有限的、力所能及的范围内,对可能找到的备选方案作出"满意的"或是"够好的"决策。因此,行政决策的模式只能是有限理性决策模式。

3. 渐进决策模式

渐进决策模式是由美国著名经济学家、政策学家查尔斯·林德布洛姆针对理性决策模式的缺陷而提出的一种决策模式。林德布洛姆认为,人的理性由于受到种种不利因素的制约,决策无法达到完全的理性,因而理性决策模式提出的决策必备的条件是不现实的。它不仅使决策成本大大提高,而且使决策分析过分依赖于专业技术人员,强化了政府权力,减少了公民参与决策的机会和可能性,并且无法解决决策面对的价值冲突和不确定性政策问题,与政府实际的决策活动不大相符。林德布洛姆认为,政策的制定既是一个科学的过程,又是一个社会互动过程,由于多重主体的参与和制衡,行政决策实际上只是根据过去的经验,经由对现行政策作出局部的、边际性的调适过程达到共同一致的政策。因此,决策者只需考虑那些与现存的政策具有渐进差异的政策方案,不必调查与评估全部的政策方案;只需考虑有限的几个政策方案而不是涉及所有逻辑上可能的方案;对每个政策方案也只评估几个很可能产生的并且很重要的后果。这样一来,新政策的出台不过是过去政治体系活动的继续,是对过去老政策作某种程度上的修正。据此,决策的制定和完善是一个渐进发展的过程,是谨慎的试错过程,而不是对以往的政策的推倒重来。按照这一理论要求,决策者在进行决策时,首先要认真分析研究以往的决策方案,总结经验教训,然后再作出改革措施。

4. 系统决策模式

系统决策模式的主要代表人物是美国政治学家戴维·伊斯顿。这一模式改变了传统政治学单纯从制度上进行静态分析的弊端,进入动态的、研究政府运行过程的政治系统论。这一模式将政治系统简单地视为一个"箱子",从外部环境流进箱子内的便是输入。在这个箱子或系统内,这些输入又通过不同的政治结构和过程转变成输出或政策,反过来又影响社会环境——经济、文化、社会结构、生态等,或者影响政治系统自身。然后,这些影响通过种种不同的复杂的社会过程再流回即反馈到政治系统中,开始影响下一轮的输入,如此循环不已。为了使分析进一步简化,重要的输入被减少到两种:要求和支持;输出也被设想成为一种,即具有约束力的决策。要求可来自于任何方面(人民、政治家、行政官员、思想领袖等等),这要取决于政权的性质。支持则更为重要,因为它的多样性影响到政治当局(即政府)、政治体制(民主还是独裁等)和政治共同体的命运。在所有的政治系统中,输出都通过特定的过程产生,这样便使得社会的绝大部分成员在绝大部分时间内承认输出的约束力。总之,系统分析模式描述了涉及政治决策过程的诸因素,即系统、环境、需求和支持的投入、转换过程、产出的政策以及反馈等,并描述了这些因素在整个政治运行过程中的位置,为科学地认识政治过程提供了一套有效的概念工具。

(二) 依据决策主体的构成及其活动方式为标准的分类

1. 精英决策模式

这一模式是托马斯·戴伊和 H. 齐格勒提出的,它将公共政策看成是反映占统治地位的精英们的价值观和偏好的一种决策理论。精英决策模式的基本观点是,公共政策不是由人民大众通过他们的需求和行动决定,而是由占统治地位的精英们决定,然后由政府官员和机构加以实施。精英决策模式的具体内容有下面几个方面。①社会总是分为掌权的少数人和无权的多数人。社会价值的分配是由少数人来决定,群众因无权而不能决定公共政策。②少数的统治者和精英人物主要来自社会中经济地位较高的那个阶层,他们不是被统治者的代表。③在社会制度的基本价值观和维护这一社会制度方面,精英人物的看法一致,并竭力维护这种制度。④公共政策所反映的不是大众的要求,而是精英人物的利益、感情和价值观念,公共政策的变化将是渐进性的,而非革命性的。⑤群众麻木不仁,活跃的精英人物很少受群众的直接影响。相反,精英人物影响群众远远超过群众对他们的影响。

精英决策模式无疑是一种唯心主义的英雄史观。在任何一个大众参政议政程度比较高的社会中,人民群众的影响占主要地位。从现代民主政治的要求看,政府最基本的目标是维护和增进公共利益,为此,他们在制定政策时,必须反映广大民众的利益要求和价值取向,必须获得他们的认同和拥护,否则任何一个政治系统都不可能稳定和发展。

2. **集团决策模式**

集团决策模式是由阿瑟·F.本特利在《政府程序》中提出来的,是西方决策理论的主要模式之一。其基本假设是,政府是一种"中立的"执行部门,集体之间的相互作用和斗争是政治生活中的基本事实。一般而言,具有某种共同利益的个人,均正式或非正式地结合成某一个团体,以便向政府提出他们的利益要求,并希望通过影响政府的决策行为,来实现自己所追求的价值取向。利益集团的存在是政治生活的主要特征之一。个人作为一个个体,其作用是微乎其微的,他如果要影响政府的行政决策行为,必须借助代表其利益的集团的力量。个人在政治上如要有其重要地位,就必须代表团体利益而行动。"个人只有当他是团体的成员或代表时,他在政治上才是重要的。只有通过团体,个人才能试图获取他的政治优先权。"因此,集团便成为个人和政府间的重要桥梁。政府的行政决策过程实际上是集团间设法影响政策的过程,在这种影响下,政策便成为各个利益集团之间竞争后所造成的均衡。这种均衡取决于各个利益团体的相互影响力,一旦这种影响力的格局发生变化,政策便可能随之改变。在这种情况下,集团利益往往是高于或等同于公共利益或国家利益。该模式着重分析了各种政治力量、利益集团对行政决策的影响。

此外,比较有影响的决策模式还有博弈决策模式、体制决策模式、公共选择决策模式、综合决策模式等。诸种决策模式的提出为我们理解决策过程提供了有效的手段。但是也要看到,这些模型依据的主要是西方发达国家政治运行实践,并不完全符合中国的政治实践。比如,被西方学者认为对政策制定有决定性影响的集团决策模式并不适用于中国的实际。美国的政府构架是三权分立,鼓励社会多元化和各种经济、社会力量的公平竞争,产生了许多利益集团。它们每年花费巨额钱财,在白宫和国会内进行游说,以影响政府决策,使政府和国会制定出有利于它们行业、团体的政策。因此在美国,利益集团间的争论、谈判、妥协和竞争是政府决策时的重要依据,在很多时候有着决定性的影响。中国虽然也有社会团体和群众组织,但它们的数目比美国要少得多,影响也弱得多。另外,中国的政治体制也不同于美国。在美国三权分立的政治体制下,利益集团施加影响的渠道很多,造成利益集团不仅数目庞大,影响也比较大。但是中国不同,中国各级政权虽然有党委、政府、人大、政协等,但它们不是平行关系,中国共产党居于领导地位。共产党和其他组织的关系不是分权关系、竞争关系,而是领导与被领导关系。

1. 行政决策的特点是什么？
2. 行政决策体制的基本构成有哪几部分？
3. 行政决策的基本程序有哪些？
4. 行政决策的基本模式有哪几种？

电动自行车争议考验制度变迁中的行政决策

一、梗概

从 2002 年北京市公安局发布《关于加强电动自行车管理的通告》规定，到 2006 年 1 月 1 日起禁止电动自行车在北京市道路上行驶，再到 2009 年国家标准化管理委员会（下称"国标委"）发布的《电动摩托车和电动轻便摩托车通用技术条件》规定电摩新标准，电动自行车这一民用消费品的命运一再引发民众的热议，而关于此项产品从生产到使用的行政决策也在经受着我国社会转型期制度变迁的考验。

1. 禁令出台激起千重反响

关于电动自行车命运的最初热议源于是否承认和允许其作为一种合法的交通工具而被使用。20 世纪 90 年代中后期以来，电动自行车由于省力和价格相对较低等原因逐渐成为原脚踏自行车的替代品而被中低收入家庭所青睐。但是电动自行车在我国上市的最初阶段，由于缺乏统一的技术标准和管理规范，故从生产到使用一直处于自生自灭的状态。虽然国家在 1999 年颁布了《电动自行车通用技术条件》，但法律上对电动自行车是机动车还是非机动车的界定及其能否上路行驶的问题仍未见分晓。同时，很多生产厂商为了抢占市场而迎合消费者需求，陆续生产的产品也呈现出车速过快、质量偏大的"电摩化"趋势。从而造成：一方面，真正严格按照《电动自行车通用技术条件》标准生产的产品比例并不高；另一方面，由于电动自行车限速阀很容易拆卸，致使部分消费者自行拆卸而使电动自行车速超限的现象十分普遍。为此，很多地区如北京、广州、福州、珠海、海口、西安等政府管理部门都相继作出决策，出台了与电动自行车有关的地区性规章或具有法律效应的规范性文件，用以规范电动自行车的使用。其中最引人注目的当属 2002 年 8 月 1 日北京市公安局发布的《关于加强电动自行车管理的通告》。该通告规定："本市公安交通管理部门对本市范围内已有电动自行车自 2002 年 8 月 5 日起至 8 月 31 日止核发临时牌证，逾期不再核发临时牌证。申领人可到就近地点申领临时牌证。临时号牌须安装在电动自行车明显位置；行驶证使用本市 2002 式非机动车行驶证。临时牌证有效期截止到 2005 年 12 月 31 日，期满后不再换发牌证。自 2006 年 1 月 1 日起，禁止所有电动自行车在本市道路上行驶。"

不管是作为全国政治文化中心的北京，还是对电动自行车实行限制的其他城市，此项行政禁令一出均引起广泛而热烈的讨论。一时，从报刊信件到电视网络，议论之声不绝于耳。其中，抱怨和反对多于理解和接受。

2. 决策调整但未严格治理从而埋下"国标之争"

2003年，第十届全国人民代表大会常务委员会第五次会议通过了《中华人民共和国道路交通安全法》。该法将电动自行车归类于非机动车，并规定："依法应当登记的非机动车的种类，由省、自治区、直辖市人民政府根据当地实际情况规定。"

鉴于交通安全的立法内容和部分城市关于电动自行车禁行规定引起的不同反响，包括北京在内的很多地区都在进一步调研的基础上对原来作出的行政决策进行了调整。如2005年12月，北京市公安局发布了新的通告："自2006年1月4日起，凡是符合国家标准，并被列入本市电动自行车产品目录的电动自行车可以进行登记，并由公安交通管理部门核发牌证。"而那些整车质量大于40千克、不具有脚踏功能、最高时速大于20千米的电动自行车及电动三轮车均不符合此项规定。燃油助力车同样因没有列入国家机动车产品目录，仍被视为非法车辆，交管部门对这些车辆不予登记发牌。一旦在道路上发现此类车辆，交警将立即依法扣车并对骑车人处以罚款。通告中还规定，成年人驾驶电动自行车时，允许带一名12岁以下儿童。同时规定，2002年8月核发的有效期至2005年12月31日的电动自行车临时牌证到期后继续有效，交管部门不再换发新证。

然而，不知何种原因，政府有关部门并未严格执行调整后的有关规定，致使电动自行车生产者和消费者都认为规定是规定、现实是现实，政府不会再就这个问题怎么样了。所以，当2009年国标委《电动摩托车和电动轻便摩托车通用技术条件》即将颁布的消息传出后，引起了社会上更大规模的骚动。从电动自行车消费者到生产厂家和行业协会，都在通过媒体和其他方式表达自己不同的诉求，从而又一次将政府的决策推到必须面对争论考验的前沿。

为此，根据"国标之争"的现实情况，国标委于2009年12月16日发出通报，国标委会同国务院有关部门和行业协会，共同研究了《电动摩托车和电动轻便摩托车通用技术条件》等4项国家标准的相关问题。由于考虑到目前电动摩托车生产是一个新兴的产业，制定好一系列相关配套政策还需要一个过程，经各方研究决定，标准中涉及电动轻便摩托车的内容暂缓实施。

国标委表示，将责成相关标准化专业技术委员会，在充分听取相关方面意见的基础上，加快修订《电动自行车通用技术条件》国家标准，以便使这个标准既能够符合产品在安全、环保和节能等方面法律法规的要求，又能够为产业健康有序发展留有空间，更能够切实维护消费者的安全与权益。至此，"国标之争"进入法定程序。

3. 新老争议焦点凸显众多分歧

来自民间的、与此次国标委颁布新标准相左的论点很多，既有决策程序方面的，也有决策内容方面的；既有技术方面的，也有管理方面的；既有关于决策主体的，也有关于决策客体的。其中，争议最大的问题有以下几个。

（1）关于管理方面的问题。

既然早在1999年国家就发布了《电动自行车通用技术条件》，为什么有关部门在长达10年的过程中并未严格执行？现在，在电动自行车普及到1.2亿辆的情况下，国标委突然将1999年的相关规定植入新标准来实施，岂不令消费者和厂家措手不及？如果还把

10年前的标准当做规定执行,那为什么允许并非一夜能完成的1.2亿辆电动自行车的销售和使用?那么多"违规的"电动自行车在每个城市都成了一道风景线,难道决策者到现在才看见?如果说限制电动自行车的规定是合法合理的,那么,有关管理部门的失职就顺理成章了。部门的失职要让民众来买单,实在让人难以接受。

(2) 关于技术标准的问题。

1999年发布的《电动自行车通用技术条件》中关于"设计时速不超过20千米、质量不大于40千克"的标准规定在很大程度上受制于当时的电池性能。现在,随着电池容量的增大,车辆的自重也相应增加,而20千米的时速更是一辆人力自行车顺风状态下就能达到的。而且,在一般情况下,车辆的自重会增加车辆的稳定性,包括行驶的抓地力和刹车的摩擦力,在合理的范围内是安全行驶的保证,如果车辆的强度或性能不匹配,恐怕反而不安全。

(3) 关于决策主体的问题。

2009年12月16日新华社"新华视点"刊发题为《"电摩国标"背后的路权之争》的文章,直指这次的"暂缓"远非句号,这个问题仍将在较长的时间里困扰众多消费者和商家,也为政府部门提出了公共交通管理的新课题。

也有专家指出,超速电动自行车的问题是一个绕不过去的坎,必须从源头、从生产环节加以规范。科学、客观、公平地制定相关标准,才能兼顾各方利益,促进社会和谐发展。但令人不能接受的是,国标委把一个关系行业生死存亡的强制性标准的制定工作,交给了直接与其竞争的另一个行业,片面地采纳了全国汽车标准化技术委员会起草的标准,而后者是代表汽车摩托车企业的行业利益组织;由于现行《道路交通安全法》第119条将非机动车的界定与国际标准中的设计最高时速等相关要求挂钩,国际标准中对非机动车的相关要求的实施将自动改变现有电动自行车的法律地位;一夜之间,1.2亿辆电动自行车变为废铁,2000多家生产企业陷于无牌生产的非法境地,500万名工人须另谋出路。一些电动自行车销售代理商在接受记者采访时,感觉十分突然。"我也是看网上的消息才知道的,按说,这样的规定,厂家应该事先和我们说,毕竟马上就要执行了。可问了厂家,厂家也不知道。"

同时,中国自行车行业协会是电动自行车行业的代言者之一,但是电摩新国标的制定并未征求该协会首席专家的意见。公开报道显示,电摩新国标由全国汽车标准化技术委员会的电动车分标委与摩托车分标委共同制定。为此,清华大学教授、中国自行车行业协会首席专家马贵龙公开表示,电摩新国标是由摩托车行业主导的,作为电动车行业的专家,他本人并没有参与该标准的制定工作。马贵龙还说:"按照已有标准划分,电动自行车属于非机动车辆,而电动摩托车属于机动车辆。"

(4) 关于环境保护的问题。

关于环保,电动自行车使用的蓄电池与汽车蓄电池所造成的影响基本一样。由于蓄电池有很高的价值,定向流动到回收企业是毫无疑问的,不可能发生因为蓄电池的废弃而污染环境的社会问题。事实上,目前汽车蓄电池的用量仍然数倍于电动自行车,为什么汽车用了100多年的蓄电池到了普通老百姓这里就会成为"问题"呢?关注蓄电池回收机制中可能发生的对环境不利的影响是对的,但解决问题的思路应更富有建设性和具有积极倾向。即在大力发展循环经济、建设节约型社会的同时保持良好的环境,绝不是通过遏止二次电池工业发展而实现环保目标。

（5）关于交通安全的问题。

公平地说，现在道路上行驶的电动自行车辆确实存在很多问题，比如说因为电动自行车行驶时没什么声音，所以它们经常就会像耗子那样突然窜出来；骑电动自行车不规范驾驶甚至在马路上横冲直撞的现象屡见不鲜；还有质量低劣的电动自行车的制动不灵等，这些都为交通事故埋下了隐患。但这些问题的解决是可以通过严格的交通执法和严格遵守生产质量标准予以解决的，而不应通过将婴儿与洗澡水一起泼掉这种因噎废食的办法加以解决。

同时，越来越多的老百姓选择骑电动自行车说明它满足了大家的需求，有一定的市场价值。伴随电动自行车增多所出现的诸多问题，国家出台新标准无可厚非，但电动自行车操作简单，是否一定需要考证才能上路？若超标了的电动自行车都变成了机动车，今后都行驶在机动车道上，那么城市的交通会不会变得越来越糟糕呢？出台新国标本意是减少安全隐患，但若执行不好，容易流于形式。所以新国标的制定更应符合百姓交通的实际情况。

（6）关于电动自行车与民生问题。

无论是"电动自行车的禁行"还是新国标的出台，都很少考虑到老百姓为什么那么热衷于电动自行车的购买和使用。许多老车主在网上抱怨，如果放弃电动自行车，上下班、接送孩子、送货物等等，都变得更麻烦、更昂贵了。电动自行车之所以在中国有非常大的市场空间，是因为中国拥有巨大的工薪阶层消费群体。从全国用户构成来看，三部分群体特别突出：老年人、职业女性和农村消费者。老年人是电动自行车最早也是最积极的支持者，电动自行车为他们的晚年生活带来了方便和乐趣，其用户比例大约为20%；职业女性也是不小的消费群体，因为体力的原因，骑自行车太累了，特别是要送子女入托、上学的女性最需要电动自行车，女性用户比例大约为50%；近年来，农村用户的比例在快速上升，他们购买电动自行车主要用于城乡交通，如进城卖菜做小生意、进城务工等等。

二、要点分析

电动自行车作为新型的民用交通工具，由于其特有的优点，为普通居民所喜爱，所以，它的命运才牵动着千家万户的心。而对此种产品的行政决策也应尽量体现我国社会转型期以人为本的原则。然而，电动自行车的禁行新国标的出台却未能尽如人意。个中缘由虽然颇多，但其中属于行政决策本身的问题却是不能回避的。

1. 倾听民意是行政决策必须遵从的原则

电动自行车从开始投放使用，到后来引发一系列争议，利益最相关的主体应该是其使用者，但对电动自行车进行的每一次行政决策，最初均很少听取他们的意见。只是当作出的决策引起电动自行车消费者较大反响时才又返回来进行调整。计划经济时代，出现这种情况实属正常，因为那时人们衣食住行的一切都由政府统揽，老百姓只要做好自己工作岗位内的事就万事大吉了，但当经济体制改革所推进的社会发展进入转型期以后，行政决策的作出则必须遵从公民社会的法则，使公民参与决策程序成为必然。也就是说，在市场经济建立以后，社会公共资源被各种利益主体所共有，如果在对其进行分配时不考虑主要利益主体的意愿，不倾听他们的呼声，不吸收他们参与决策，那么政府部门作出的有关行政决策肯定不为社会所接受。

当然，在我国，"大量分散的、未经组织化的利益主体由于高额的组织成本和搭便车效应,缺乏足够的动机参与决策程序。及时参与行政过程,也会因为在人、财、物以及信息等资源方面的限制而显得"人微言轻"①。因此,在行政决策过程中,这一数量虽然巨大但却处于分散状态的群体的利益往往被忽视。相对而言,组织化的利益主体由于在行政决策过程中利益会受到较大的影响,而且在人力、物力和信息资源占有方面都有更强的优势,有更强的动机和能力参与行政决策过程,表达其利益诉求,进而可以影响行政决策。这是处在转型期的我国公民社会的特点。所以,愈是这样,政府愈应该针对转型期的特点,有意识、有准备、有措施地引导处于分散状态的相关利益主体参与决策。政府应该通过周密的调查研究、详尽的情况说明和广泛的意见征求,使民意在行政决策的内容中得到充分的体现,而不是像已经发生的在决策颁布后又不得不回炉再次调整,使自己处于被动的状态。

2. 多元主体参与决策的必要性

电动自行车事件中,在电动自行车的禁与不禁、标准如何确定之间,不仅涉及行政决策直接指向的电动自行车的购买者和使用者(包括潜在的购买者与使用者)的利益,而且涉及电动自行车及相关产业的生产者、销售者以及竞业者的利益;不仅关系到交通发展战略,而且关系到广大居民出行方式的自由;不仅涉及本行政区域内相关主体的利益,其影响还会扩展到其他行政领域;不仅涉及电动自行车的专业技术问题,同样也涉及一般民众对该政策的认知及态度。因此行政机关在面对如此复杂的利益关系而作出相关的行政决策时,除了要尊重相关法律的优先性以外,还必须通过民主行政程序,充分考虑民意及相关因素,审视其拟定的行政目的及实现目的所需要的手段,以作出最终决策,而不能简单地以"污染"、"不安全"、"妨碍交通"、"城市交通发展战略"为由作出即使是有一定道理的行政决定。也就是说,要使制定的决策做到周密而不失误,必须吸收多元主体参与决策。

多元主体参与行政决策可以促使行政机关考虑相关利益,促使行政决策的科学性与正当性,形成政府与社会之间的良性互动,同时将纠纷解决机制前置,促成多元主体之间的妥协与让步,化解冲突与矛盾,实现社会和谐。

随着我国民主化进程的不断推进,非政府组织(NGO)在行政民主决策过程中的作用也开始不断凸显。如在贡嘎山下的木格措水坝建设、与都江堰相邻的杨柳湖水坝建设、怒江水坝建设、北京市动物园拆迁等事件中,NGO 的积极参与对相关公共决策的出台均产生了重要影响。然而,可能是担心代表不同行业利益的行业组织共同参与决策会引起不必要的麻烦,所以,关于电动自行车的行政决策未能注意征求所有相关行业组织的意见,反而使决策过程变得更为复杂。

同时,由于现代行政事务日益专业化、技术化,行政决策必须经过对专业问题的科学论证才能实现决策的科学化,因此有赖于专家对决策提供所必需的技术支持。如在电动自行车事件中,对涉及的专业技术问题,如污染问题、安全技术标准问题、公共资源的使用问题、城市交通发展战略问题等等,都需要专家的参与和论证。只有这样,行政部门作出的决策才能经得起推敲而具有科学性。

多元主体参与的决策,并不一定会扰乱行政决策的过程。因为,一方面,决策权是行政权的核心,决策的最终决定权始终把握在政府手中;另一方面,行政决策的科学性,取决

---

① 赵银翠:《公民参与行政决策研究——以电动自行车事件为例》,法律教育网,2006-11-28。

于信息的充足性、事务的专业性、利益的权重性以及相关的政策判断及价值取舍等多重要素。所以,经过多元主体参与而产生的行政决策,至少可以在缺少法律明确规定的情况下,通过程序的正当性来获取结果可接受性,从而最大限度地降低决策实施的阻力,实现公共利益最大化。

3. 行政执行必须与行政决策有效对接

围绕电动自行车所作的行政决策,从发布禁行通告到允许合法使用,从颁布新的国家标准到推迟相关条例的实施,不仅反映出政府有关部门在决策过程中考虑不周的问题,也反映出政府决策与决策贯彻执行之间在有效衔接方面的不足。由于政策活动各方衔接的系统性不够,导致行政决策相对人①在对有关行政决策的理解和遵守方面出现了与预期效应大相径庭的状况,从而在一定程度上削弱了政府的权威和增大了行政成本。比如,国家在1999年就发布了《电动自行车通用技术条件》,但这一行政规章在长达10年的过程中未被认真严格执行。同样,北京和其他地区作出的交管部门一旦在道路上发现违反国家标准的电动自行车将立即依法扣车并对骑车人处以罚款的规定也常常流于形式,交警似乎已经习惯了超标电动自行车的出现而对其视而不见了。

疏于管理造成人们对规定的漠视,而当这种漠视积累到一定程度就会在人们潜意识中形成"此规定是不算数的"的刚性化反应。正如管理学的"破窗理论"所云,由于对触犯规定小节的放纵会造成人们对整体规范的不遵守,从而使制度形同虚设,再要让其发挥作用则还要通过增大行政成本的超常手段,重新建立民众的秩序信心才能奏效。所以,正是行政决策和行政执行之间的这种断层使很多行政法规未能真正发挥作用,而政府的公信力也就在这种非系统化的状态运行中逐渐被消泯掉了。需要指出的是,这里探讨的不是某某法规是否合理的问题,而是政府权威的严肃性问题。试想,如果政府有令不行已成为一种司空见惯的现象,那么其对行政决策效果的影响是可想而知的。

综上所述,政府有关电动自行车的行政决策过程和决策本身,虽几经争议,但终归趋于平和。同时,我们也不应苛求政府部门十全十美。因为,与其他各类社会要素一样,政府毕竟也处在社会转型期的变革之中。可以相信,通过"电动自行车事件"热处理般的"淬火"洗礼,建立在公民社会基础上的我国政府一定会不断成熟起来。

【案例思考题】
1. 谈谈案例中的行政决策在程序上存在什么问题?有何体现?
2. 结合案例,谈谈你对多元主体参与行政决策的认识。

关于行政决策法治化的理论思考②

行政决策作为国家行政机关或行政人员为发挥行政管理职能、处理国家公共事务而进行的一种决定政策、对策和方案的活动和行为,是政府行政管理的首要环节。随着我国

---

① 行政决策相对人是指在行政管理法律关系中,处于与行政机关所作决策相对一方的当事人,即其权益受到行政管理机关行政决策直接影响的被管理者。

② 张华民:《关于行政决策法治化的理论思考》,载《天府新论》,2009年第2期,略有改动。

行政环境的变化和社会主义民主政治的发展,提升政府行政决策的能力,提高政府行政决策的水平,防止、避免和纠正行政决策的失误,已成为我国社会对各级政府提出的一种必然要求[①],其中的一个重要方面就是加强政府在行政决策过程中的法治化建设。行政决策法治化的基本理念包括公众参与、程序公正、权责统一,其中公众参与是基础,程序公正是保障,权责统一是关键。

一、公众参与

法治化的行政决策过程是体现多数人的意志、保障多数人的利益的过程,公众广泛和深入的参与是这一过程真正实现的基础。从行政决策角度看,公众参与应该包括除国家机关行政决策主体之外的所有个人和组织的参与,而且这种参与是积极的、有效的参与,其主要内容包括以下方面。

首先,扩大公众参与主体的广泛性。市场经济主体既包括代表国有财产利益的主体也包括代表非公有制经济利益的主体,既包括公共利益主体也包括私人利益主体,既包括直接利益主体也包括间接利益主体。当前,必须摒弃公共利益、集体利益无条件高于私有利益的传统观念和习惯思维,认识到在改革过程中利益群体的分化和重组是常态,利益群体之间的利益矛盾也是惯常现象,在这种情况下,就必须充分注意各利益群体的特殊利益,在协调各方不同利益的基础上作出各方均可接受的行政决策。

其次,提高公众参与决策的有效性。公众参与行政决策,不仅要求有充分的机会表达自己的意见,更重要的在于公众的主张能对行政决策者的决定产生实质性的影响。我国的社会结构已经开始向"阶级+阶层+利益群体"转化[②],因此,社会公众参与行政决策应由保留个体参与方式及引导个体参与方式向群体参与方式转变,这是保证公众有效参与行政决策的必然选择。顺应这种选择,应鼓励公民依法结社,以法律保障各界人士(特别是弱势群体)的平等结社权,把鼓励和培育独立的利益代表团体作为保证行政决策民主化的一个重要环节,因为只有利益代表集团真正具备独立性,其参与行政决策才可能具有代表性和针对性,才可能毫无顾忌、不遗余力地维护其所代表的利益。[③]

再次,强调公众参与决策的专业性。专家在行政决策中的咨询论证作用是公众参与决策的特殊形式。现代经济、科技的发展使社会分工越来越复杂,不同领域知识的专业性越来越强,这就要求公众参与在广泛性的基础上必须强调其专业性,公众参与的专业性主要是通过发挥专家在行政决策中的咨询和论证作用来实现的。从行政决策法治化的角度看,当前,提高专家在行政决策中的作用的关键是构建一个具有开放性、独立性的专家咨询论证格局。开放性要求政府由原来将行政决策事项指定由特定专家提供咨询和论证的封闭式,转变到政府只公开行政决策事项的有关材料,由不同专家提供竞争性的咨询和论证意见,政府从中取优、整合以应用于行政决策的开放式;独立性要求专家咨询论证机构由原来依附或半依附于政府而存在,转变到主要取决于市场需要和自身科技水平而存在的竞争性的市场独立主体,从而最大限度地发挥专家咨询论证的潜能。专家咨询论证的开放性为其独立性提供了前提和条件。另外,专家咨询论证的开放性和独立性也为普通公众获得参与行政决策的专业知识提供了方便,提高了参与的能力和水平。

---

① 陈炳水:《论我国行政决策中的公民参与》,载《社会科学》,2005年第2期。
② 许耀桐:《利益集团和利益群体的区别》,载《党政干部文摘》,2007年第2期。
③ 杨海坤、李兵:《建立健全科学民主行政决策的法律机制》,载《政治与法律》,2006年第3期。

二、程序公正

完善政府关于行政决策的程序规则,是防止政府行政决策专横的必备要件。政府有关行政决策的所有行为都必须遵循必要的程序规则,而且,这些程序规则必须体现现代法治国家的正当法律程序精神,即既要符合程序性正当法律程序(其核心是一切权力的行使必须听取当事人的意见),又要符合实质性正当法律程序(其核心是一切权力的行使必须符合公正与正义)。为了实现行政决策法治化,完善以下程序显得尤为重要。

首先,信息公开程序。信息公开是行政决策法治化的必要前提,是公众知情权的重要保证。行政决策法治化应该是一个开放的、互动的行政决策过程组成的体系,开放的关键是行政决策信息对普通公众的公开,充分满足公众对涉及自身利益的公共事务和其他重大决策事项的知情权,从而促进公众在知情的基础上作出理性的分析和判断,保证公众与行政决策之间保持一种良性互动关系。政府信息公开,要真正做到服务于行政决策法治化而不至流于形式,就必须对信息公开权的权属、信息公开的范围、内容、形式和监督进行符合现代法治要求的科学规范,其重点是确认代议机构在信息公开权权属、信息公开范围、内容、形式上的决定权,规范政府的执行权,强调公众的监督权。尽管不属人大立法,但我国政府颁布并于2008年5月1日开始实施的《政府信息公开条例》也是一种有益的尝试。

其次,公众听证程序。举行听证是行政决策法治化的重要形式,是公众表达权的重要保证。公众参与行政决策的形式有多种,听证是其中比较正规的一种,它是行政机关指定有关的公民、法人或其他组织,在其主持下,就预定的决策主题,进行口头举证、质辩和辩论的活动。从国外的规定来看,举行听证会都有较为严格的程序要求,包括对听证主持人的确定及权力、证据的取得、当事人质证与辩论、案卷排他性原则、作出初步决定等都有明文规定。[①] 为保证公众通过听证有效参与行政决策,应根据国外的规定和我国听证实践的成功经验,完善我国行政听证程序,如:明确听证参加人员中保持各种不同意见的人对等参与;听证参加人员有权对草案内容提问、质证并提出自己的意见和依据;各方有权交叉盘问并展开辩论;听证结束后,听证笔录交参与人员审核无误后签字;正式听证实行案卷排他主义,形成的结论与行政决策必须有因果关系。[②]

再次,权利救济程序。行政决策法治化不仅要有保障公民知情权和表达权的法律程序,而且还要有保障公民对因违法和不当行政决策行为造成权益受到侵害而提起救济的法律程序。没有救济的权利不是真正的权利,所以,对由于违法和不当行政决策行为造成行政相对人损害的,应该使受害人的合法权益得到保护和恢复,从而使行政决策部门在运用决策权力时更加谨慎。由于行政决策一般都具有公益性,很少有直接的利害关系人,而根据我国《行政诉讼法》的程序规定,我国法院只对具体行政行为的合法性进行审查,而把行政立法决策行为排除在外,并且缺乏公益诉讼的制度规定,原告资格过窄,所以,为了完善权利救济程序,应该扩大法院审查范围,把行政立法决策行为纳入受案范围,同时建立公益诉讼制度,原则上使利害关系人乃至任何人均可对违反法律的行政决策提出行政诉讼,把行政决策案件的原告资格扩大到所有与案件有关的直接和间接利害关系人。

---

① 王名扬:《美国行政法》,中国法制出版社,1995年版,第417~544页。
② 魏建新:《论我国行政决策听证制度的完善》,载《云南行政学院学报》,2005年第3期。

三、权责统一

国务院总理温家宝指出有权必有责,用权受监督,侵权要赔偿。在行政决策法治化过程中,必须强调行政决策主体的权责统一,完善行政决策监督体系,健全行政决策责任追究制度。

首先,完善行政决策监督体系。行政决策监督体系法治化是保证行政决策具有科学性、民主性、实现行政决策权责统一的重要条件。从权力运行的流程看,行政决策监督应该贯穿于行政决策的全过程,行政决策监督体系应该是一个多元化、多方位的综合系统,一方面包括行政决策内部监督体系,如因隶属关系实行的自上而下监督、政府监察机关的监督、审计机关的监督等;另一方面,包括行政决策外部监督体系,如人大的监督、人民政协的监督、司法审判机关依申请进行的审查、社会舆论的监督等。现代民主国家更是将自由的大众传播媒介称为民主政治的保护神,有"第四种权力"之称,规范和强化社会舆论监督,使公众可以通过各种媒体或利益集团,公开反映对行政决策的意见,对违法的行政决策进行披露,从而达到对行政决策行为进行有效的监督。

其次,健全行政决策责任追究制度。明确行政决策权责分配是健全行政决策责任追究制度的条件。由于我国行政机关实行行政首长负责制的特点,决定了行政决策的权责划分应当以个人权责划分为基础,以集体权责划分为辅助。实现这一要求,必须明确划分行政机关的决策权限和行政机关负责人的决策权限、行政机关负责人在行政机关中的地位和对决策所起的作用、行政机关的决策责任和行政机关负责人的决策责任及其责任追究方式。明确划分行政决策权责分配与责任追究,目的就是要防止无决策权却承担决策责任和有决策权却不承担决策责任现象的发生,既要防止行政决策当断不断、久拖不决,又要防止行政决策越权违法、责任不明,行政首长"一言堂"。实践中,应当通过制度确定行政机关不同层级、不同岗位决策责任的具体内容及承担方式,使决策责任能够在实践中得到具体实施和履行。① 在法治化的行政决策责任中,承担法律责任的主观要件应该是"过错"。在行政决策中出现决策失误是不可避免的,但要区分造成决策失误的客观因素与非客观因素。由客观因素引起的决策失误,决策行为应该是合法的行为,造成损害应由国家负责赔偿,决策者不承担责任;由主观过错引起决策失误,决策行为是违法或不当行为,造成损害国家应负赔偿责任,同时决策者应承担决策失误责任。只有做到权责分明、有责必究、损害赔偿并使之规范化,行政决策才能真正达到权责统一的法治化要求。

---

① 杨海坤、李兵:《建立健全科学民主行政决策的法律机制》,载《政治与法律》,2006年第3期。

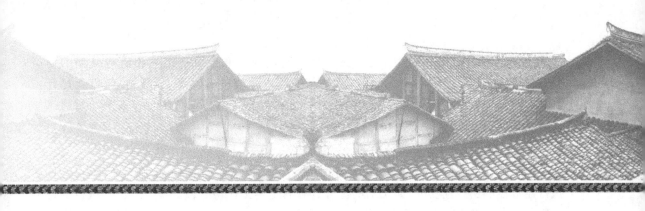

第七章
行 政 执 行

虽然人们普遍地认为行政管理机构自觉地执行了其他政策制定者制定的政策,但事实并非如此。

——[美]安德森

第一节 行政执行概述

行政执行是从决策形成后直至决策执行完毕的全部活动,它关系到决策目标的实现程度,直接影响到行政管理的效果,是行政管理活动的重要环节。

一、行政执行的含义

行政执行是指行政机关及其工作人员为使行政决策付诸执行,达到预期决策目标而进行的全部活动。对行政执行的理解,要明确以下三点。

1. 行政执行是一种执行决策的行为

行政机关作为权力机关的执行机关,它的主要任务是执行权力机关的决定,权力机关所代表的统治阶级的意志,通过行政机关的执行活动得到实现。

2. 行政执行是一种进行再决策的行为

实际上,行政机关在执行权力机关的决策时,同样要作出一系列决策来保证权力机关决策的执行,这就是行政决策。在这个意义上,行政执行和行政决策是就行政管理环节上的划分,具有相对的性质。在行政实践中,一个行政机关对上级行政机关来说,是执行上级机关的决策,对下级机关来说,它的决定又是下级机关所要执行的决策。所以行政执行和行政决策是相对意义上的划分。所谓"管理就是决策",是强调行政决策在行政管理中的重要性,所谓"执行就是行政"是强调行政机关和权力机关的区别,两者正是从两个角度说明了行政决策和行政执行的关系。

3. 行政执行并非事事都需决策

实践中,行政执行并不是事事、时时都在执行新的决策,尤其是在日常工作中,主要是执行经常性的例行性任务,如文书的保管、归档,定期工作检查、总结等。当然,执行例行性任务也是对以前所作行政决策的继续和重复执行,如文件保管归档是根据过去确定的程序和方法进行;组织各种活动是根据有关政策,甚至是当地的传统惯例,如民政部门组织春节拥军活动,邀请哪些部门、人员参加,举行什么活动,各地常有自己的惯例。这些政策、惯例和程序都是过去的决策,在这个意义上,行政执行也是执行过去的决策,所以,执行和决策是交织在一起的。

二、行政执行的特点和意义

(一) 行政执行的特点

行政执行作为行政机关的一项重要活动,和其他环节相比,有许多共性,如经常性(国家行政管理活动是不停顿、不间断的)、目标性(人类的一切理性活动都是有目的的)、创造性(一切复杂劳动都具有创造性)。行政执行与行政决策、行政监督等环节相比,它的特殊性在于以下两点。

1. 实务性

行政决策、行政咨询是一种研究、预测、判断活动,其结果是形成行动方案,但并不包含具体行动。行政执行则是一种具体的实务活动,只有通过这种实务活动,行动方案才具有实际意义,行政决策才能取得实际效果,才能使主观和客观沟通,使理想与现实一致。

2. 强制性

行政管理是依照宪法和法律的规定来处理国家事务,实现统治阶级的意志,因此行政执行具有国家强制力。行政执行作为行政管理的重要手段,所有社会组织和公民个人都必须服从。行政执行和行政决策、行政咨询等环节所采用的方法、方式有很大不同。行政决策、行政咨询主要是采取调查、研究、讨论的方法;行政执行则是用直接命令、指挥的方式,要求下级服从上级,地方服从中央,局部服从全局,多方协调一致,迅速及时地执行决策方案,以完满实现决策目标。

(二) 行政执行的意义

1. 行政执行是行政管理中必不可少的一个环节

决策方案如果得不到落实,再好的方案也等于零。所以决策只有通过执行,才能实现其价值;执行工作的好坏,也直接影响决策方案的客观效果。因此,行政执行对于行政决策具有制约作用,或者说,是相互制约的。

2. 行政执行是检验、补充、完善决策的根本途径

由于现代行政事务的复杂性，由于人类认识的局限性，难以完全把握决策对象，也难以充分预料一切意外因素。因此，决策只有在实践中才能得到检验，只有在执行中才能确定决策的优劣。决策中的缺陷与不足，要依赖执行过程来发现和弥补，使之完善。

3. 行政执行效果是检验行政管理各环节的根据

执行的效果，不仅是对决策的检验，也是对整个行政管理各个环节的检验，如行政组织的优化程度，行政工作人员的素质结构，行政管理科学化、法制化、现代化的进程等等。行政执行的结果，标志着行政管理的水平，是行政管理效应的终极表现。

三、行政执行的原则

行政执行必须遵循一定的原则，以保证执行的有效性。

（一）主体原则

行政管理的主体是国家行政机关和行政工作人员，后者包括各级领导和全体工作人员。主体原则就是确立行政工作人员的主体感。主体原则是完成行政管理任务的保障，复杂庞大的行政管理任务并不是依靠少数人就能完成的，要依据广大行政工作人员的共同努力。每个工作人员所担负的职责任务都是整个行政管理任务的组成部分，只有依靠每个工作人员的主动性、积极性，忠实于本职工作，才能在总体上完成行政任务。主体原则是和行政执行的创造性相应的，决策是一种建立在预测基础上的设想，它依靠执行过程加以具体化，充实行政决策的细节；并且，行政决策作为设想方案，难免和实际情况有偏离，要依靠执行来修正；或是根据决策目标的要求来改造客观环境，创造条件，最大限度地缩小方案和现实之间的差距，因此，行政执行并不是僵化地原封不动地执行决策，而是要因地制宜，创造性地执行决策。创造性劳动只有具有强烈的主体意识，才能承担并完成。

我国行政工作人员的主体原则是公仆原则的体现，行政工作人员的公仆意识越强，他的责任感和主体意识越明确。只有树立全心全意为人民服务的思想，才能提高工作效率，克服官僚主义，取得行政管理的良好效益。

（二）公开原则

行政管理的内容包括政治、经济、文化、教育等各个方面，直接关系到人民的利益，关系到党和国家的大政方针，因而行政执行必须贯彻公开原则，即所谓增加透明度。这是社会主义民主政治的必然要求，也是行政执行得以顺利进行的重要保障。因为只有公开行政，党和人民群众的监督才有保障，才能博得人民的理解和信服，并获得其他国家机关和社会团体的支持与配合，使行政执行取得应有成效。

（三）忠实原则

行政执行必须忠实于决策，决策目标的系统性决定每一个子目标都是系统目标的有机组成部分。如果决策目标在执行中走样，就将影响整个目标系统，使某项行政管理的大

目标打折扣或难以实现。为了忠实地执行决策,首先要对决策有充分的了解,明确决策意图、决策目标的依据以及决策成败的后果;其次要建立严格的纪律和制度,以保证步调一致,圆满地完成任务。

(四) 效率原则

行政效率是行政管理注意的中心问题。所谓效率,主要体现在执行阶段,也即行政效率的高低,主要体现在执行的速度。决策目标的实现,大多有一定的时限,超过时限,就将失去战机,或是决策对象发生新的变化,原有方案失效,执行就失去意义。现代社会发展迅速,竞争激烈,缺乏效率就意味着落后,行政效率就更具有重要意义。执行本身的任务并不在于充分的研究、探讨,而在于雷厉风行地执行,使决策目标尽快实现,所以速度是执行的关键。当然,效率所包含的内容不仅仅是速度,还包含数量和质量两方面,即衡量行政管理工作,离不开量的要求,要考察工作数量、工作进度,同时还要考察工作质量。这里质量的含义不仅仅指工作做得好坏,还包括工作效果是否和预定的目标一致。如果背离预定目标,则质量无从说起,甚至会造成相反的后果。如违背精简原则,高速度地组织起新机构,则即使该机构组织严密,人员素质好,其社会效果适得其反。因此,行政效率首先是与既定目标相符的质与量的统一。此外,还要考察投入的人力、物力情况,要以最小的投入,获得最大的成效。

四、行政执行的步骤

行政执行作为贯彻执行行政决策的过程,它是具有阶段性的。行政执行的步骤主要体现在执行前的准备阶段、实质性的工作阶段和执行后的总结阶段,每一个大的阶段又由若干环节组成。

(一) 行政执行前的准备阶段

行政执行前的准备阶段,即行政执行的预备时期,是行政执行的基础。行政执行准备阶段的重点是如何具体地为行政执行提供前提条件,主要包括计划、法律、组织、思想、物资和技术等方面的准备。其中,计划准备指制定具体行政执行的行动计划,通过编制具体步骤和具体的程序,使行政执行活动得以固定下来,成为规范和衡量行政执行活动的依据。法律准备是指在采取具体措施之前,要检查行政决策是否有法律依据或者是否与有关的法律法规相抵触,必要时还要写出可行性论证报告并向上级申报,以取得上级行政机关的批准与认可,不得先斩后奏或边斩边奏;或者根据执行活动制定必要的程序规则,这样可使执行活动有法可依、有章可循,如有纠纷,也能明辨是非、判明责任、及时处理。组织准备主要是指建立与确定从事行政执行活动的机构和人员,通过这些机构和人员使行政决策和计划变成现实。思想准备是指通过宣传、动员等多种方式,使执行者和执行对象能比较全面和深刻地了解行政决策和法令的内容、意义,从而以积极的态度、旺盛的精力投入行政执行中去。物资准备是指资金与各种办公物资的筹备、购置和分配。技术准备既属于物资准备但又不完全是物资准备可以解决的,它既包括技术设备的适当水平,又包括技术人员与专家力量的使用。

（二）实质性的工作阶段

各项准备工作就绪后，随之而来的便是投入实质性的工作阶段，各项工作进入了实质运行阶段，才算是真正意义上行政执行的开始。具体的执行阶段是由管理工作的若干功能性环节组成，这些环节主要包括行政指挥、行政沟通、行政协调和行政控制等环节。

（三）行政执行的总结阶段

行政执行的总结阶段是指在行政执行工作结束后，对整个行政执行工作进行全面而又认真的总结，其目的是为了肯定成绩以获得经验、检讨缺点以明确教训，通过总结经验教训，为下一轮新的行政决策提供实践材料。总结阶段包括以下内容。

1. 对行政执行活动进行全面的回顾和检查

将既定的指标或标准与执行结果进行对比，检查行政执行活动是否如期地实现了预定的目标，完成的进度和效果如何，在完成行政任务的过程中有哪些成绩与创新、存在哪些问题，对存在的问题采取了什么纠正措施，等等。在检查中一定要坚持实事求是、客观公正的原则。

2. 对行政执行活动进行科学的评价

在回顾和检查的基础上，依照规定的要求和标准对行政执行的情况作出评判，并予以奖惩。对在完成行政任务的过程中所采取的创新措施，评价其究竟新在哪里，有多大的影响力和作用力，所产生的效果如何；在纠正存在问题时所采取的措施是否得力和及时，对问题的纠正程度有多大；有哪些行政组织和行政人员在行政执行活动中表现出色或不良，并给予适当的赏罚。

3. 认真总结经验教训

对经验的总结，切忌就事论事，一定要上升到理论的高度去分析和研究，使之实现从感性认识到理性认识的飞跃，从而更具有现实的指导意义。对于失败的教训，同样要进行理论上的概括，从理论上寻找失败的原因和根源，从而为新的决策提供前车之鉴。总结的具体方式、步骤大致有如下几个方面。①考核。即考查、核实。根据有关数据及有关资料检查执行工作的进度、质量是否与原计划相符，决策目标是否实现，偏离幅度如何，在此基础上对组织制度、工作方式等方面的成功与不足、经验与教训进行总结。考核要注意客观、民主、具体。客观：必须根据客观事实进行，切忌主观臆断和个人好恶。民主：主要采用民主、公开的方式，以被考核者自我考核为基础，考核的初步结果予以公布，并允许被考核者提意见。具体：要以具体事实、数字、资料为依据，要有客观的标准和要求。②评定。根据考核的结果，对执行情况进行评定。考核是核实，它是评定的依据，但不能代替评定。评定是依据考核的结果进行评价，评价的项目可以根据工作性质、工作情况设定，如组织制度是否严密、技术力量是否适应需要等。③奖惩。根据评定结果，对有关部门和个人给予表彰和批评、惩处，以强化工作总结的效果，使之转化为今后工作的动力。

第二节 行政指挥

一、行政指挥的含义与作用

（一）行政指挥的含义

行政指挥是指行政领导者在行政执行过程中，按照既定的决策目标和执行计划，通过命令和引导等方式或方法对其部属进行领导、指导和调度，推动下属从事某种活动，以实现行政执行活动的全过程。行政指挥是行政执行的重要环节之一，是领导作用在行政执行过程中的直接体现。尤其在现代行政执行过程中，参与的人员多、分工细、协作性强，各项工作相互联系、相互制约，必须有高度统一的指挥。

（二）行政指挥的作用

在行政执行过程中，行政领导的指挥能力直接反映着领导者或者领导集团是强还是弱、是好还是差。所以，行政指挥有着重要的意义和作用。马克思在《资本论》中曾经指出，"一切规模较大的直接社会劳动或共同劳动，都或多或少地需要指挥，以协调个人的活动，并执行生产总体的运动——不同于这一总体的独立器官的运动——所产生的各种一般职能。一个单独的提琴手是自己指挥自己，一个乐队就需要一个乐队指挥。"[1]恩格斯在《论权威》一文中也非常强调权威与服从的关系，指出联合劳动如果没有统一指挥是无法组织起来的。著名管理学家 H.法约尔也曾从企业管理的角度，指出了指挥的重大作用，认为指挥的目的是为了整个企业的利益，为了从该单位全体人员中取得最大的效果。

行政指挥在行政执行过程中，具有重要的作用，表现为以下几点。

1. 行政指挥是保证行政执行活动协调一致的重要手段

现代社会的联合劳动、互相依赖的工作过程，正在取代个人的独立活动。随着社会化大生产程度的日渐提高，工作分工日趋精细，协作日益复杂，且连续性增强，唯有高度统一的指挥，才能使各部门的执行活动协调一致，使行政目标得以迅速有效的实现。

2. 行政指挥是高效贯彻行政决策目标的根本保证

在行政决策已经作出，计划、方案等已经确立，责权利均已划定的情况下，唯有行政指挥，才能把行政管理从静态推向动态，从观念变为行动。所以，行政指挥是行政执行的发动机，它可以使行政管理活动沿着既定的方向和轨道前进。

3. 行政指挥是保证各种行政资源得以充分利用的必要条件

有效的指挥还可以使各种行政管理资源得以充分利用，尤其是人力资源。通过指挥可以激发人们的士气，发掘潜在的积极性、主动性和创造性。

---

[1] 《马克思恩格斯全集》（第23卷），人民出版社，1972年版，第367页。

4. 行政指挥是衡量行政领导者的政策水平和领导能力的重要标准

行政指挥作为行政领导者的一种重要职能,其指挥能力的大小和水平的高低直接反映了行政领导者的政策水平和领导能力的高低。

二、行政指挥的原则

行政指挥的实际成果还必须依靠贯彻和坚持一系列正确的原则来保证,这些原则包括以下几个。

1. 统一指挥原则

行政指挥的目的是为了达到统一。任何决策的执行,如果仅有完美的计划,没有强有力的、有权威的指挥系统,就必然会造成组织混乱,决策目标就不能得到很好实现。统一指挥原则就是指有一个权威的指挥,不能形成多头指挥。它有两个方面的含义:一方面是行政指挥主体只能对其直属下级发布命令和指示,一个下级只能服从一个上级的指挥;另一方面是指挥主体所发出的指挥命令应保持稳定统一,协调一致。多头指挥容易使领导者之间产生不同意见,甚至造成相互猜疑和对立,最终必然使权力受到损害,秩序受到扰乱,从而影响目标的实现。

2. 法定权威原则

行政指挥是一种具有强制性的管理形式,行政领导者必须拥有一定的强制权力,才能够命令下级。因此,行政机关在授予行政指挥者一定的行政职位的同时,应明确赋予其相应的法定权力,包括指挥权、命令权、审批权、奖惩权等,并规定统一的纪律和制度。

3. 果断有力原则

果断就是看准了就拍板,迅速作出决定。行政领导工作由于是执行性的,需要解决的问题往往时间紧、任务急,因此,行政领导在进行行政指挥时应养成意志坚定、多谋善断、雷厉风行、百折不挠的工作作风。推动各项工作要坚定有力,迅速及时。但也要切忌鲁莽、盲目拍板定案。应在周密权衡利弊得失的基础上,不失时机地作出决断。坚持果断有力的原则,对于行政领导来讲具有特别现实的意义。

4. 坚定不移原则

行政执行特别是重大的行政决策的执行是一个比较长的活动过程,在指挥时会遇到各种阻力与干扰,因此,指挥者需要有坚强的毅力、持之以恒的精神,才能将决策贯彻到底。行政指挥的坚定不移原则,就是要求行政指挥者在遇到困难和阻力时,不为困难所吓倒,不为表象所迷惑,能够在危难之际,不乱方寸,指挥若定,指挥被领导者取得胜利。如果遇到困难就动摇,半途而废,决策就无法得到贯彻执行,预定目标也永远不会实现。

5. 灵活权变原则

灵活权变的原则就是要求指挥者在行政指挥过程中,当情况发生变化时能审时度势、随机应变,灵活地调度人力、物力,灵活变换行动的方式、方法和战略战术,而不墨守成规、刻板行事。当然行政指挥的灵活权变绝不是主观随意、朝令夕改,否则,指挥会失去权威性,从而影响指挥的合理性和有效性。[①]

---

① 吴江主编:《行政管理学》,中国农业出版社,2007年版,第118~121页。

三、行政指挥的方式

1. 口头指挥

口头指挥是领导者运用口头语言进行面对面的直接指挥。口头指挥简单明了、及时方便,是指挥者广为采用且深受欢迎的指挥方式。据美国《幸福》杂志的一次民意测验,就经理人员来说,55%以上的人都喜欢把下属叫到面前作口头汇报。随着科学的发展与管理手段的进步,口头指挥已不只局限于面对面的交谈,电话指挥也占有重要的位置。在运用口头指挥时,应注意语言艺术,对不同对象要有语气区别。

2. 书面指挥

书面指挥是通过指示、简报、通知等各种行政公文形式进行行政指挥,这是行政机关最为常见的指挥方式。书面指挥一般是受地域、时间及指挥层次等方面限制,不便口头指挥时所采用的方式。书面指挥可以使责任明确、信息准确并能保留较长时间,又便于核查。运用书面指挥要注意规范性和严肃性,规范性就是要按照国家行政机关公文的规范形式进行指挥,严肃性就是要严格控制书面指挥的质量和数量,防止文牍主义现象。

3. 会议指挥

会议指挥是领导者运用各种类型的会议进行指挥的很有用的手段,会议指挥也是一种常用的指挥方式。要有效地运用会议进行指挥,必须注意会议的类型、会议的准备、会议的组织技巧、会议效率及对会议主持人的要求等问题。运用会议进行指挥还要特别注意提高会议质量,防止会议过多或过长。

4. 现代通讯指挥

现代通讯指挥是一种运用现代信息网络系统传达上级意图、下达工作任务的指挥方式,是一种高效率的现代化指挥方式。随着现代信息技术的发展,这种指挥方式的运用将会越来越广泛。

口头指挥、书面指挥、会议指挥和现代通讯指挥等方式,都有各自的使用范围和优点。行政指挥者要善于根据具体的情境权变地运用各种不同的指挥方式。

第三节 行政沟通

一、行政沟通的含义与作用

(一)行政沟通的含义

"沟通"一词,在汉语中最早见之于《左传》,原意是指开沟而使两水相通,后泛指彼此相通。

行政沟通也叫行政信息沟通,是指在行政管理活动中,国家行政组织及其人员在内部以及内外之间，凭借一定的媒介，进行的政务信息的交流与传递，以达到相互理解、协同合作的一种管理活动。简言之，即行政系统内、外政务信息的交流和传递。

（二）行政沟通的作用

行政沟通是行政组织的血液，它在行政管理中起着不可低估的作用。

1. 行政沟通是消除矛盾、改善关系的必要手段

要克服行政组织的无序状态，必须进行行政协调，而行政沟通是行政协调的前提。当行政部门产生矛盾和冲突时，必须通过行政沟通，及时地交流思想和意见，在彼此交流沟通中互通情报，增进相互间的理解和谅解，积极改善相互之间的关系。

2. 行政沟通是调节矛盾、提高效能的重要途径

在行政机构之间，条块分割、互相扯皮、相互推诿等现象时有发生，这些现象的存在和蔓延，导致行政组织各自为政，影响行政效能的提高。这是因为各职能部门由于管理职能与职责上的差异，在相互沟通不足的情况下，就极易出现思想不统一、步调不一致的现象。行政沟通的作用正是通过互通有无的思想与信息交流，使各职能部门协调一致，形成一种精诚合作的行政环境，为提高行政效能、发挥整体效应创造良好的条件。

3. 行政沟通是鼓舞士气、克服官僚主义的有效措施

一方面，行政沟通能增进行政组织内部人与人之间的友谊，增强认同感和凝聚力，以高昂的士气投身到行政管理活动中去。另一方面，行政沟通还能加强行政组织及其人员与社会公众的联系，广泛听取公众的意见和建议，并依据其正确、合理的意见及时地制定或修改决策，减少官僚主义的发生，实现行政决定的科学化。

二、行政沟通的机制与原则

（一）行政沟通的刚性机制

所谓行政沟通的刚性机制，指不以行政沟通参与者的意志为转移的、有形的、具体的制度规定，它是行政沟通必须遵循的约束规则。应该做到以下几点。

1. 理顺各行政机关的职能

避免各部门的职能交叉，尽可能使密切相关的职能归并到同一个部门，减少部门之间不必要的沟通往来，以便于作出决策，迅速地采取行动。

2. 变部门间的沟通为部门内的沟通

部门内的沟通相对于部门间的沟通有两个优势：一是沟通可以经常化，做到深入细致；二是沟通的渠道缩减了，减少了不必要的行政沟通的信息失真。可以依据职能要求设置行政管理的幅度，以便于提高信息沟通效率和质量。

3. 使经常性项目的沟通制度化

当某个问题经常出现时，应考虑将这种沟通过程固定化为制度，减少每次为沟通协调而进行的工作。

（二）行政沟通的柔性机制

所谓行政沟通的柔性机制，是指在行政沟通中具有较大可变性的约束因素，这些因素具有可塑性、可改变的特性，它包括语言机制和心理机制。

1. 语言机制

行政沟通需要大量的公文往来，要求有一套规范化的、为大家接受和掌握的语言信息表达系统，如公文的固定格式、规范用语，特定语言包含的特定行政意义，公文往来的特定途径以显示其重要程度、保密级别的差别，等等。只有在行政系统内外的信息沟通参与者都能掌握这些约定的机制时，沟通才能够准确迅速地进行，否则容易出现误解和偏差。

2. 心理机制

沟通的实质也是人与人之间的交往，是人的活动通过信息符号传递的延伸。人们对沟通的态度、期望和反应方式等心理机制也会影响沟通的效果，这种影响有时甚至是决定性的。因此，从心理机制建设的角度，要加强机关工作人员的信息化意识，加强机关的民主作风，从心理上激励其自觉主动地加强信息沟通。

（三）行政沟通的原则

要取得良好的沟通效果，必须遵循以下沟通原则。

1. 准确性原则

发送的信息内容要真实、准确，必须是经过证实的客观事实或经过充分论证分析的科学理论。信息内容使用的概念术语要准确、清晰，切忌含混不清、词不达意等信息沟通中的"噪音"。

2. 针对性原则

在行政沟通过程中，提供的信息要与利用该信息的对象相关，要有明确的针对性。也就是说，要尽可能地根据信息接收对象的需要，提供有用的、针对性强的信息，起到雪中送炭的作用，避免和防止大量"垃圾信息"的干扰。

3. 主动性原则

信息源产生的信息，有的是不能自行传播的，有的在传播中容易因受各种干扰而失真，有的则不能为客体所完全接受。为了排除障碍，信息源应具备主动传输的精神，必要时还要进行灌输，使有价值的信息较理想地被接收，发挥出信息的导向作用。

4. 全面性原则

在行政沟通中，输出的信息不仅要准确，而且还要全面。所传递的信息应该能够提供足够的信息量，客观地反映事物的全貌。支离破碎、以偏概全的信息，只能导致沟通的失误。

三、行政沟通的障碍及克服

（一）行政沟通的障碍

行政沟通要准确无误差、速度快，才能取得良好的效果，但是，在沟通过程中，往往也会出现沟通效果不佳的情况,其障碍可能来自沟通要素、沟通过程的任何部分,一般主要有以下几种。

1. 观念习俗障碍

行政沟通的重要内容之一是思想交流、观念交流,因此,观念是行政沟通的一项内容,但不正确的观念却会成为影响行政沟通的一个障碍。例如,自我封闭的观念就必然与外界隔绝不沟通,如同小农社会里"鸡犬之声相闻,老死不相往来"的局面,在自我封闭的条件下,一个地区、一个单位就成了一个独立王国,缺乏与外界的联系与交流,使行政沟通受阻。

2. 心理障碍

沟通的实质是人与人之间的交往,是人的活动通过信息符号传递的延伸。人们参加沟通活动总是带着某种情感状态的,不可避免地会因认知不当、情感失控、态度欠妥等而造成沟通的心理障碍,有时这种影响是具有决定意义的。例如,有的领导缺乏正确对待批评的心理承受能力和宽容心态,一听到不同的意见就暴跳如雷或表现出一种不耐烦的态度。久而久之,下级有问题、有意见也就不再向上级反映,造成了下情无法上达的沟通障碍。

3. 语言障碍

语言是口头和书面沟通的重要工具,语言极其复杂,出现了障碍就会导致沟通失真或失灵。首先,语言有语系、语族、语支、语音等差别,可使沟通发生障碍。不同民族和国家之间语言交流往往只能通过翻译来进行。即使在同一国家、同一民族之间,由于地区上的差异,也会形成不同的相互难以听懂的语言,这也成为沟通的障碍之一。同时,同样的语言,不同的语气、语调也会反映出不同的情感,把握不好容易产生误会,影响沟通的效果。

4. 职务与专业障碍

担任不同职务的人,由于其所在的位置不同,看问题的角度有所差异,得出的结论也就不同。同时,因专业分工不同,不同部门、专业的人,相互之间不仅缺乏共同语言,也容易产生专业上的偏见。在行政管理活动中出现了分歧,往往都从各自的专业来考虑问题,各执一端,互不相让,使正常的沟通难以顺利进行。

5. 组织结构障碍

组织结构障碍主要表现为组织结构不合理,机构数量多,传递层次多,相互重叠交叉,严重影响着行政沟通的速度和准确度。管理理论认为,行政层次越多,行政距离越长,行政信息的失真度也就越大,行政沟通速度也越慢。

6. 信息障碍

信息的来源不同,对信息的理解不同,势必造成行政沟通的障碍。从信息源来看,有的信息来源的渠道单一,信息量少,无法进行正常的沟通;有的信息来自小道消息,流言蜚语,当谣言四起时,势必会对行政沟通造成障碍。从对信息的理解来看,人们在传递和接受信息的过程中,往往掺杂着个人的价值判断和主观偏好,并以个人的价值判断和主观偏好来影响信息的收集与取舍,以致影响行政沟通的效果。

(二)克服行政沟通障碍的途径

为了克服现实生活中存在的行政沟通障碍,改进人们之间的信息沟通,增强行政沟通的效果,其有效途径有以下几个。

1. 提高行政人员的综合素质

加强对行政人员的教育与培训,使他们在政治思想观念、文化知识和心理素质各方面得到全面提高,以有效地克服行政沟通中的观念障碍和心理障碍。同时,随着行政人员文化科学知识的增多,视野拓展,素质提高,就能理解各行各业的紧密联系,易于消除专业和语言上的沟通障碍。

2. 完善行政沟通体制

根据市场经济的发展要求,对政府职能进行合理的分解。在科学设定政府职能的基础上,按照精简、统一、效能的原则,进行政府机构改革,理顺行政机构内部的各种关系,建立起办事高效、运转协调、行为规范的行政管理体系,以减少由于机构重叠交叉、层次繁多而带来的沟通障碍,保证行政沟通的顺利进行。

3. 顺畅行政沟通渠道

建立和健全行政沟通网络,以形成一个四通八达、方式简便、传递迅速的顺畅的沟通渠道。要对非正式沟通渠道加以科学利用,达到不断增强组织凝聚力的效果,但要注意克服其信息易失真的缺点。应该注意:一方面加强对非正式团体耐心、正确、及时地引导,使之向健康的舆论方向转化;另一方面加强民主建设,增强工作透明度,控制流言,杜绝不健康的舆论。

4. 改善信息质量

信息质量影响着沟通的效果。一条虚假信息传递出去,不仅毫无价值,而且还有可能因此导致决策上的失误,产生无法估量的损失。含糊不清的信息达不到有效沟通,反而可能越传误解越多。改善信息质量,既要求准确、完整,也要求适量。要建立完善的行政信息系统,保障信息的有用性、准确性和时效性,提高信息的利用率,有效地克服信息障碍。[①]

第四节 行政协调

行政协调同行政沟通息息相关,沟通是协调的前提,是求得思想上的统一。协调是沟通的结果,是谋得行动上的一致。行政沟通的目的之一就是为了促进行政协调。行政协调的目的则是为了使行政管理运行有序化、高效化。

一、行政协调的含义与特征

(一) 行政协调的含义与要素

1. 行政协调的含义

从哲学角度看,协调是指事物存在的一种和谐平衡状态。在汉语中,"协"是力量众多

---

① 郭小聪:《行政管理学》(第二版),中国人民大学出版社,2008年版,第185~191页。

但一心的意思,"调"是四周说话但一音,是调和、调节的意思。协调是人们为实现共同目标而相互配合,从无序走向有序的状态。

行政协调,就是指行政执行主体为了有效地实现行政总目标,对行政执行的具体活动进行调节,并调整行政系统内部各组织之间、行政人员之间、行政运行各环节各阶段之间的关系,以及行政系统与外部环境、管理对象之间的关系,引导各行政机关之间和人员之间分工协作、协调配合,同步和谐地完成任务和工作的活动。行政协调的本质在于协调行政组织之间、行政人员之间以及行政组织与其他组织和人员之间的目标,减少各组织及人员中因目标差异而产生的"内耗",以利于相关组织及人员互相协同配合,共同有效地达成预期的行政目标,取得行政工作的最佳效率。

2. 行政协调的要素

有效的行政协调必须遵循客观规律和科学程序,它是一个复杂的动态的过程,其中包括以下几个基本要素。

(1) 目标。清晰明确的目标是行政协调的前提,在此基础上,梳理与协调目标相关的利益相关者(行政系统内部和外部的利益相关者),明确界定利益相关者的责任、权力和利益;只有这样,才能在行政机关及其工作人员之间,以及行政机关与外部管理对象、环境之间建立起协调一致的合作关系,从而有效地实现预期的行政目标。此外,能否达到预期的协调目标也是检验一项行政协调工作成效的客观依据和标准。

(2) 主体。行政协调主体主要是指行政机关及其工作人员。在实践中,作为行政协调主体的行政机关主要是政府的办事机构和综合管理部门,它们是行政协调活动的核心。因此,树立协调机构的权威,加强协调机构的自身建设,是做好协调工作的重要内容。事实上,所有协调机构的协调职能都不可能自动履行,而是必须通过协调机构中的协调者来履行,而协调者的素质在很大程度上决定着行政协调的质量和效率。

(3) 客体。行政协调的客体主要有三类。一是协调行政活动。无论是哪种类型、哪种层次的行政协调,都是同行政管理活动紧密联系在一起的,其目的是使行政管理活动开展得更加顺畅、更加有序、更加高效。二是协调组织机构。行政组织机构是行政管理活动的载体,是实现行政目标的组织保证。调整和改善各行政组织的内部结构和外部关系,是行政协调的重要内容。三是协调人际关系。行政协调活动涉及人、财、物等内容,但核心是要处理好人与人的协调,形成人与人之间的团结合作关系。协调人际关系,妥善处理个人之间、个人与群体之间的利益矛盾和冲突,统一思想和行动,是行政协调的又一重要内容。

(4) 方法。行政协调方法是指行政协调主体为了实现预期的协调目标所采取的方法和手段。不同领域、不同层次的行政协调有不同的方法和手段。现代行政管理事务日趋复杂,常常涉及众多利益主体,行政协调的难度越来越大,这就要求采用多种形式、行之有效的协调方法和手段。从行政协调的技术操作上,可分为矛盾中和法、利益平衡法、谈心法、跟踪处理法等。事实上,无论哪种行政协调,都要采用合适的方式方法,才能达到事半功倍的效果。

(二) 行政协调的特征

行政协调是行政管理的重要内容,与企业组织、事业组织和其他组织的协调活动相比,行政协调体现出五个方面的典型特征。

1. 广泛性

从过程上看,行政协调贯穿于行政管理的组织、领导、决策、执行、督促、检查、总结和交流的全过程;从范围上看,行政协调包括行政系统内部的协调和行政系统外部的协调。其中,行政系统内部的协调包括上下级政府或部门之间的协调,以及平行部门之间、地区之间的协调;从问题分类看,有政策协调、利益协调和思想认识协调等。总之,有行政管理活动,就必然有行政协调,离开行政协调,行政管理的效率必定受到影响,整个行政管理活动就有陷入混乱的危险。从这个意义上来说,行政管理学也可称之为行政协调学。

2. 客观性

行政协调的客观性突出体现在两个方面。首先,行政协调是由协调者通过一定的方式方法作用于被协调对象的客观过程,因此协调者必须遵守行政管理的客观规律,决不能主观随意地协调。如对经济协调工作而言,除了要遵循行政协调的科学原则、程序、方法外,还必须遵循经济活动的客观规律;对教育协调工作而言,还要遵循教育活动的客观规律。其次,行政协调过程是客观的。通过行政协调活动达到行政系统由混乱向有序的转变,是行政协调者遵循客观规律的结果,是不以人的主观意志为转移的客观过程。

3. 连续性

行政协调是行政系统内部各要素之间以及行政系统与外部环境之间动态平衡的连续过程,并在一定条件下形成协调的统一体;一旦条件变化,原有的协调统一体就会解体,产生新的不协调,而后在新的条件下逐渐形成新的协调统一体。不协调—协调—新的不协调—新的协调……如此循环往复,这是行政协调的重要特性。正因为如此,行政协调必须连续不断地进行,才能保证行政管理活动的正常有序运转。

4. 强制性

在行政协调过程中,当引导、教育、帮助等手段无法奏效时,常常采用命令、指挥等强制性手段,以保证行政意志和行政行为的协调统一,这使得行政协调凸显出直接强制性。此外,随着行政管理法制化的不断推进,内在地要求运用法律和政策手段进行协调,从而有效地规范和约束协调各方的行为,更好地达成预期的行政协调目标,使得行政协调体现出强烈的间接强制性。

5. 相对性

在现代社会,随着行政管理职能的不断扩展和行政管理事务的日益复杂化,行政协调无处不在、必不可少。其中,既有围绕既定目标的常态化协调,也有突发性、非常态的协调。通常情况下,按照一定的原则、程序和方法,行政协调能够实现预期目标;然而,并不是所有事务都可以通过常态协调来解决,尤其是对于非常态的协调而言更是如此。如在行政管理过程中,不同层级的政府或政府部门因同等效力的法律法规之间相抵触而发生摩擦或冲突,行政机关就很难通过行政协调来解决,在这种情况下,通过立法机关裁决是一个有效途径。又如,在突发公共事件中,政府只有迅速反应,及时成立突发事件工作小组或指定相关工作人员,组织、协调、指挥突发事件应对工作,达到情况"一线"掌握、问题在"一线"剖析、对策在"一线"形成、责任在"一线"落实、成效在"一线"体现。

二、行政协调的功能与类型

(一) 行政协调的功能

行政协调能保证行政管理过程的稳定有序运行,发挥正常的行政功能,提高行政效率和效益。具体来说,行政协调的功能主要体现在以下几个方面。

1. 提高政府绩效

近年来,政府绩效的提升成为国内外公共管理理论和实践共同关注的热点问题;与传统行政效率不同,政府绩效在关注行政效率的同时,更加关注行政管理的社会效益。以目标为导向的行政协调可以在很大程度上减少行政系统内部各因素之间的功能损耗(特别是行政人员之间互相掣肘产生的损耗),降低行政运行成本,从而最大限度地提高行政效率。更重要的是,在行政管理过程中,良好的行政协调有助于相关各方及时有效地进行沟通,纠正偏离预期目标的行为,并根据社会公众的实际需要不断调整和完善行政目标、政策和行为,从而使得行政管理能够取得最大的社会效益。

2. 保证行政管理有序运行

在瞬息万变的现代社会,政府面临的经济事务、社会事务和公共事务异常复杂多变,加之行政系统本身的复杂性,行政管理过程中的不确定因素日益增多,行政系统处于极不稳定的状态。而行政协调的一项重要任务就是要及时跟踪各种信息变化,做到每一位行政人员各司其职、各负其责,每一个政府及其部门职责明晰、任务明确,及时化解行政管理过程中的各种矛盾和冲突,减少行政系统的内耗,增强行政系统迅速适应外部环境的能力,从而使不同政府、部门与人员协调一致地开展行政活动,保证整个行政系统在不断变化的环境下始终处于最佳状态,实现行政管理的有序化。

3. 增强凝聚力

现代管理学理论告诉我们,一个组织系统组合得好,就会产生"1+1>2"的效果;反之,如果一个组织系统组合得不好,就会产生"1+1=2 或 1+1<2"的效果。同样,一个行政组织是否具有生命力和效率,取决于行政组织系统、行政人员的向心力和聚合力的程度。在行政管理实践中存在诸多不协调的现象,职责不清、机构不顺、以邻为壑、相互设卡;上面意见分歧,关系不和,下面无所遵循;官僚主义、拖拖拉拉等。[1] 这就必然导致工作费时、耗资甚至误事。基于此,必须重视和加强行政协调工作,一方面要调整行政组织中的部门关系、群体关系和人际关系,化消极因素为积极因素,变阻力为助力,积极寻求解决问题的最佳办法;另一方面力图使全体行政人员了解目标计划、进度、任务,增进理解和信任。通过调动各方参与行政协调,使参与者感到被重视和信任,增强主人翁意识,在以后的工作中自觉从整体利益出发,思想和行动上更加与组织保持一致。

(二) 行政协调的类型

政府犹如一架庞大的机器,由成千上万的部件组成,彼此相互协作又相互制约;而行

---

[1] 吴春华:《行政管理学》,南开大学出版社,2008年版,第233页。

政机器的有效运行又必然依赖外部条件,与外部环境形成互动关系。因此,行政协调大致包括行政系统内部协调和行政系统外部协调两大类型。

1. 行政系统内部协调

行政系统内部协调是指行政系统内部各部门和人员之间的协调活动,包括行政系统内部母系统与子系统之间的纵向协调和子系统与子系统之间的横向协调。

1)纵向协调

纵向协调就是指上下级政府之间、上下级政府部门之间和上下级行政人员之间的协调。首先,上级政府或部门在决策过程中,要充分考虑下级政府或部门的客观需要和实际情况,订立合理的目标,建立明晰的权责体系。其次,下级政府或部门在贯彻执行上级决策时,要随时保持与上级的联系,遇到重大问题或特殊情况,应及时向上级请示汇报。再次,在上级领导与下属成员之间的协调上,一方面要求上级领导关心、支持和鼓励下属,得到下属的理解与合作;另一方面,下属也要尊重并维护上级领导的权威,尽量完成上级下达的目标任务。

2)横向协调

横向协调又称水平协调,是指同级的政府之间、部门之间、人员之间的协调。首先,在现代社会,地方政府之间的联系和交流日益增多,也有了比过去更大的利益互惠,因此,必须通过互访、互援和合作等途径有效协调。其次,政府内部平行部门之间职责交叉重叠、利益冲突或处理问题的角度不同而引起的矛盾日益增多,如果处理不当,就会产生巨大的内耗、法规政策的执行扭曲,这就需要通过加强协调得到及时妥当的处理。在转型期的中国,这一问题尤为突出,在此背景下,党的十七大报告明确提出要健全部门间协调配合机制。基于此,我们必须高度重视部门间的协调问题,理顺部门间的权力、责任和利益关系,建立健全部门间的协调配合机制,打造一个职能有机统一、权责明晰、高效协同的服务型政府。再次,加强政府内部人员之间的横向协调。一是行政部门领导班子内领导成员之间的协调,坚持在总体目标原则基础上互相尊重、同舟共济;二是不同行政部门领导人员之间的协调,有关单位领导人之间应互敬互爱、互助互依,带领全体人员为完成共同目标而奋斗;三是行政部门内部的非领导职务工作人员之间的协调,主要是加强民主管理、增强集体观念、改进工作制度。[1]

2. 行政系统外部协调

行政系统外部协调是指行政系统与系统以外其他主体之间的协调。现代行政系统是一个开放的系统,它必须根据外部环境的变化不断调整自身的职能体系与组织结构,增强行政系统适应能力。具体来说,行政系统外部协调主要包括以下几个方面。

1)与执政党的协调

我国现行的政治体制中,中国共产党是政府系统的领导核心。"由于党处于国家权力体系的最高层次,这种最高的决策权、领导权、指挥权、否决权的运用,必然要形成对行政、立法、司法等机关的支配。"[2]因此,政党领导国家政权,执政党是政府的领导核心。党的领导,主要是政治领导,就是党提出和运用正确的理论、路线、方针、政策和策

---

[1] 吴春华:《行政管理学》,南开大学出版社,2008年版,第235页。
[2] 李景鹏:《权力政治学》,黑龙江教育出版社,1995年版,第223~224页。

略,领导制定和执行宪法和法律,采取科学的领导制度和领导方式,动员和组织人民依法管理国家和社会事务、经济和文化事业,有效治党、治国、治军,建设社会主义现代化国家。执政党可以说是政府的导航灯,而政府就相当于大海中的船舶。政府是在既定的国家宪政体制内,通过制定和执行品质优良、积极而有效的公共政策,最大可能地动员、利用、组织、发掘、培植资源,为社会和公众提供广泛而良好的公共物品和公共服务,理性地确立社会普遍遵守的正式规则并积极引导更为广泛的非正式的社会规则,维护社会公正和秩序,形成有效调节社会关系和社会行为的制度及其机制,进而促进国家快速、均衡、持续、健康发展。

2）与人大的协调

人民代表大会制度是我国的根本政治制度。我国是人民民主的共和国,实行人民代表大会制度,能充分反映各阶层、各方面的意志,完整体现人民当家做主的政治要求。国家权力统一由权力机关——人民代表大会行使,行政、审判、检察机关只是权力机关的执行机关,由此保证国家权力在根本上的完整统一,避免权力分立带来的种种弊端;同时通过国家权力机关对行政、审判、检察机关具体执行上的监督,促使执行机关能有效协作和高质量运转,从而保证整个国家政权真正按照民主的旨意运行。① 这是宪法和法律对人大制度的规定。现实中,人大制度仍然在不断建设。处理好人大与行政机关的关系,一方面行政机关要深刻认识"谁向谁负责"的法定关系;另一方面要做好党政分工,特别是要在组织上使现行的监察部门从行政机关独立出来,不断完善人大的监督机制。

3）与司法机关的协调

社会的复杂性为行政权力创造了自由裁量的广阔空间,行政权力是国家权力中最为活跃的权力。行政权最需要自由又最容易自由无度,对它必须有所制约,而司法权是制约滥用行政权的有效保障。依法治国的重点是依法治权,而依法治权的重点又在于制约行政权力,确保依法行政。在依法行政的问题上,要坚持依法、公正、公开的原则,规范执法行为,运用法律手段破除前进中的障碍,为保障人民群众的合法利益提供健康的司法环境。

4）与媒体的协调

新闻媒介作为现代发达的信息传播渠道,具有权威性强、覆盖面广、传播速度快等特点,政府应重视与新闻媒介建立密切关系,加强新闻发布工作,积极为媒介提供有关资讯,营造良好的舆论氛围,从而推动政府形象建设的顺利开展。

5）与公众的协调

在政府与公众的关系中,政府首先应该信任和尊重公众——信任公众的能力、尊重公众的知情权。政府只有紧紧依靠社会公众,赢得公众的理解、支持和配合,才能有效履行职权,使政府的各项方针政策得到严格顺利执行。其次,政府应努力追求公众利益、为公众服务。邓小平多次告诫,把"人民拥护不拥护、人民赞成不赞成、人民高兴不高兴、人民答应不答应"作为制定各项方针政策的出发点和归宿点,真正把主人和仆人的关系摆对了,也就找到了树立政府形象工程的金钥匙。再次,在公共危机面前,政府应敢于及时向公众公布信息,让公众了解事实真相。这既是公众知情权的法定要求,也是消除公众误解、化解社会恐慌并最终有效解决公共危机的必由之路。

---

① 董珍祥:《人民代表大会制度建设论略》,载《人大研究》,1999 年第 10 期。

三、行政协调的模式、原则与方法

(一) 行政协调的模式

行政协调模式是对行政管理过程中行政协调活动的高度概括和总结。在行政管理实践中,行政不协调的问题主要体现在目标与利益的不协调、思想与行为的不协调以及公共政策与规章制度的不协调三个方面。[①] 基于此,可以将行政协调模式划分为三种基本类型,即目标与利益协调模式、思想与行为协调模式和公共政策与规章制度协调模式。

1. 目标与利益协调模式

目标与利益有着天然的内在联系。在分析目标问题时,离不开作为实现目标之根本动因的利益因素;同样,目标是利益实现的途径和方式。公共行政的最高宗旨是通过管理公共事务、社会事务,提供公共服务,以谋求公共利益、提高行政效率、促进社会发展;而这一宗旨的实现又必然要求将其分解为各种具体的行政组织目标。具体来说,行政组织目标可以分为整体目标、局部目标、个人目标等。相应地,行政协调在目标问题上就可以分为四类。一是行政组织与行政人员之间的利益协调。进行这种协调的原则应该是在确保实现组织目标的条件下,以积极激励的方式,如工作报告、良好的工作环境、晋升机会、发挥才能的机会、合理的待遇等,满足个人利益需求,调动行政组织与行政人员两方面的积极性。二是局部利益与整体利益的协调。从行政组织结构的角度看,要处理好上下级政府或部门之间的利益关系,上级与下级之间通过协商或其他方式建立目标体系,明确各自的权力、责任和利益。三是局部利益与局部利益之间的协调。这种协调必须从理顺局部目标关系的角度入手,以目标为导向设立机构、分配职责,从而形成部门之间正确的利益导向。四是组织目标与外部环境的协调。行政系统要通过建立完备的行政信息系统,及时掌握外部环境的新情况、新动向,并对自己的政策和行为适时加以调整,进而加强行政反馈,从而更好地回应社会需求,行政组织目标也才能更好地适应外部环境。

2. 思想与行为协调模式

在行政组织中,要提高行政效率,实现行政目标,保持行政人员的思想和行为协调十分必要;否则,行政组织就会呈现"一盘散沙"式的涣散状态,缺乏凝聚力和战斗力,组织绩效的提高就成为无源之水、无本之木。思想是行为的先导,行政人员的行为协调必然以思想的协调为前提。在行政管理实践中,由于受教育程度、家庭环境、人生阅历等方面的差异,行政人员的思想觉悟和认识水平也必然存在巨大差异。思想觉悟和认识水平较高的行政人员,能以实现公共利益为己任,尽职尽责地完成目标任务;相反,那些思想觉悟较低的人,则会把功过、权力的行使作为谋取私利的手段。这就要求我们首先要运用思想教育的方法,提高行政人员的思想觉悟、认识水平等;其次,思想协调还要归结为行为的协调。思想协调为行为协调打下了坚实基础,但这并不意味着行为的协调,因为有些问题不是觉悟问题、也不是品德问题,而是出于对问题的认识不同。这时,行政领导者必须采取命令

[①] 张康之、李传军:《公共行政学》,北京大学出版社,2007年版,第219页。

的或非命令的强制手段,使思想与行为保持一致,以达到行为的协调。

3. 公共政策与规章制度协调模式

公共政策和规章制度是行政管理的依据和标准,也是进行行政协调的重要条件;而且,行政协调同样也是以公共政策与规章制度之间的协调为前提。在行政管理实践中,公共政策与规章制度的不协调主要表现在:第一,各部门在某方面公共政策和规章制度出现空缺的情况下自行制定,导致部门之间的政策与规章制度的不协调;第二,各部门对公共政策和规章制度的理解不同,从而导致各种管理行为的不协调;第三,新旧公共政策和规章制度之间常常也存在冲突。[①] 要想达成公共政策与规章制度之间的协调,需要重点做好两个方面的工作。一是完善公共政策与规章制度体系。有一整套完善的公共政策与规章制度体系的存在并发挥作用,能使各部门及其人员的活动遵循统一标准,从根本上保障行政管理行为的相互协调。这就需要通过公共政策规划和行政决策协调来解决公共政策的统一性、连续性和稳定性,从而消除政出多门、政令不一、前后矛盾以及由此引起的发展不平衡、不协调问题。行政领导者要深入实际,科学预测,洞察可能存在的问题,进而依据科学的程序、原则和方法,确保公共政策与规章制度体系建设的及时性、科学性和有效性。二是完善行政决策协调机制,建立健全权责明晰、运转协调和灵活高效的行政决策系统。

(二) 行政协调的原则

1. 整体原则

行政协调的目的是要代表一个政府、实现统一的行政目标,这就决定了行政协调的整体统一性。要排除各自为政、相互推诿、只关注部门利益等违背这一原则的做法,在进行具体的行政执行活动时,面对行政系统中个体与群体、部门与整体、下级与上级、行政系统内部与外部之间错综复杂的利益关系,要求全体行政人员牢固树立整体管理和"一盘棋"思想,相互配合、团结协作,分工不分家,发挥体制内的合力效应,以有效达成预期目标。另一方面,在实现整体利益的前提下,也要注意各部门和行政人员的正当需求和利益的满足。

2. 分层原则

行政组织纵向结构的外在表现形式是层级节制体系,即组织系统自上而下分成若干等级,上级与下级之间存在隶属关系。因此,现代行政协调活动同样必须在层级节制的体系范围内进行,在开展行政协调工作时,协调者应注意妥善处理和把握好整体与层级、层级与层级之间既相互依赖又相互制约的关系,根据不同层级之间或同一层级之间各职能部门的不同特点,明确纵向与横向协调的关系,清楚识别行政协调的对象和范围。

3. 动态原则

行政生态学的观点认为,现代行政管理是动态的、开放的系统。一方面,行政系统外部的政治环境、经济环境、社会环境甚至自然环境都会对行政管理产生深刻的影响,而这些环境因素无时无刻不在变动;另一方面,行政系统内部的组织机构、职能配置、权

---

① 张康之、李传军:《公共行政学》,北京大学出版社,2007年版,第224页。

责关系、人员变动甚至包括组织文化和人员心理等复杂因素也处于不断变化的状态。而行政协调则必须适应这些复杂多变的环境：首先，必须对动态的事项等作出积极反应和调整，使协调工作适应计划、组织、指挥、监督和控制等诸环节的管理需求；其次，行政协调应建立在权力、责任和利益科学配置的基础上，平衡各种利害冲突，调动一切积极因素；再次，行政协调必须坚持从实际出发，具体问题具体分析，做到原则性与灵活性有机结合。

4. 目标导向原则

衡量行政协调成功与否的一个重要标准就是看能否促进行政管理目标的实现、是否提升了行政绩效。行政协调要从行政管理总目标出发，兼顾分目标，处理好总目标与分目标、分目标与分目标之间的关系。现代行政协调中相关各方的妥协和退让是正常的，但不能损害总目标的实现，这是行政协调工作的根本出发点和最终归宿。因此，行政协调必须谨遵目标导向原则，增强行政机关和行政人员进行沟通和协作的意识、能力和水平，最大限度地提升合作执行力，发挥整体效益，促进共同目标的实现。

5. 重点突出原则

行政协调要解决大大小小的矛盾，要调和错综复杂的关系，常常会陷入各种琐碎的事务中，不能及时处理行政管理当前面临的突出问题和重点问题。因此，要想提高行政协调的效能，就必须坚持重点突出的原则。行政协调的主体，尤其是作为负责协调工作的领导者，在统筹兼顾的同时，要善于抓住重点，把主要精力放在解决主要矛盾和矛盾的主要方面，以重点工作带动非重点工作，以重点部门的工作为基准统一整体工作进度，从而保证行政管理高效、有序地进行。

（三）行政协调的方法

由于行政协调对象多种多样，导致协调的方法也多种多样。一般来说，行政协调的方法有以下六种。

1. 领导者协调

领导者协调指领导者直接或间接参与的协调形式，主要包括领导牵头制和现场办公制等。它的优点是领导者直接或间接参与，实现了决策者与执行者的搭桥、互动，便于决策的贯彻落实，以及根据执行情况对决策进行及时调整和完善；在遇到重大紧急情况时，通过领导者现场办公，能够迅速协调解决，避免久拖不决、相互推诿。它的缺点是，领导者如果负责协调的事项过多，会分散领导者有限的时间和精力，疲于应对，降低协调效益。

2. 组织协调

组织协调指特定组织机构开展的协调，主要包括议事协调机构或临时机构协调和主要牵头部门协调等。议事协调机构或临时机构是为了完成某项特定事务设立的。在中央，通常是成立专门委员会或领导小组开展工作，主要包括国务院为指导某些专门性工作而设立的办事机构、协调或调节性机构、邀请有关专家或部门负责人组成的咨询性机构；在地方，为了推进某一特定事项，通常会设立领导小组、委员会并下设办公室。专门的议事协调机构或临时机构有助于整合相关力量、提高执行效率，但也容易导致机构臃肿、弱化行政权威等问题。此外,在行政管理过程中经常有各个部门相互关联的共管地带,这就需要明确一个主要牵头部门,负责协调其他相关的利益部门。它的优点是责任明确,有助于保证行政管理的专业性和主导性,避免越位、缺位和错位现象;缺点是与科层制冲突,容易引发多头负责问题。

3. 会议协调

会议协调指以召集会议形式进行的协调形式。行政执行的过程中,要理顺不同部门的职能关系,消除部门、人员之间的利益冲突,改进工作方法,统一工作步调,召开会议是一种有效的协调方式。会议的形式多种多样,主要包括高层决策会议和部际联席会议等。由政府或政府部门最高决策者参加的高层决策会议,主要就政府工作中的重要事项、法规草案等重大事项进行讨论决策,具有高端性、战略性、动态性、法治性等特点。部际联席会议是多个部门为了一个共同目标进行跨部门合作,协商式讨论决定重大事项。它的优点是针对专项工作集思广益,既有利于多个部门协调统一行动,又可避免新增协调机构的问题;其缺点是联席会议对各方的约束力不大,因此需要配之以严格的计划方案和检查落实制度。

4. 信息协调

信息协调指行政机构内部或不同单位之间通过互相交流信息资料,以传阅通报、发布公告、张贴布告等方式,使有关行政单位及其人员全面了解工作情况,统一工作步调。行政信息是首要因素,有了信息才会有沟通,当沟通出现问题的时候则需要协调来解决问题。目前,我们正处于信息大爆炸的时代,政府也应不断完善行政信息化。在行政管理活动中全面应用现代信息技术,对行政活动中的信息资源进行处置、管理和提供利用服务,从而提高行政信息资源对社会发展的贡献率以及行政工作效率,建成一个精简、高效、廉洁、公平的政府运作模式。

5. 沟通协调

沟通是指采用正确的程序和方法,运用语言、行为等方式交流思想,交换意见,使组织的全员在思想认识上取得共识的过程。[1] 特别是通过个别谈心的方式可以谋求思想上的一致、关系上的和谐,最终实现协调。在现实生活中,一方面,随着人们生活节奏和工作节奏的加快,交流的机会在减少,人们的感情距离在拉大;另一方面,失真信息的传递在增多,人们对信息的信任度在减弱。在这种情况下,要实现协调,通过谈心沟通就显得特别重要。因为只有深入交流沟通,敞开心扉,才能使人们感情的距离拉近,消除失真信息的迷雾。

6. 中和协调

在协调的某些问题时,参加协调的双方往往各有主见,互不相让。在此情形下,协调者可以以较正确的一方意见为主,以另一方意见为辅,迫使争执双方各自退让一步,达成彼此都能接受的协议。在实际工作中,要使矛盾双方团结起来,共同行动,就不能采取偏袒一方、压服一方的做法,而应该运用彼此退让的矛盾中和法解决问题。

---

[1] 李文利:《行政管理学》,警官教育出版社,1994年版,第249页。

第五节 行政控制

一、行政控制的含义和作用

行政控制是指行政领导者运用一定的控制手段,按照目标规范衡量计划完成情况,纠正计划执行中的偏差,以确保计划执行和目标实现的一种活动或过程。

行政控制的过程一般包括确定标准、衡量成效和纠正偏差三个步骤。①确定标准。确定标准是控制过程的起点。即确立以决策目标为核心,包括各种具体的工作质量标准在内的标准体系,作为衡量各种执行活动的规范。②衡量成效。即根据所确定的标准来衡量执行情况,通过对实际与标准之间进行比较,寻找偏差,对工作作出客观评价。③纠正偏差。即在衡量工作成效的基础上,形成有效措施对偏差进行及时纠正,从而保证行政管理工作按照原定的标准进行。

行政控制是行政执行过程中的一个重要环节。对于搞好行政管理工作,特别是搞好具体执行阶段的工作,具有十分重要作用。行政控制的目的在于及时指出计划执行过程中的缺点和错误,以便加以纠正和防范,这对于保证行政管理工作的正常开展和行政目标的实现,保证行政执行工作方向的正确性,提高行政工作的效益和效率等,都具有十分重要的意义。具体来说,行政控制的作用体现在以下几个方面:①行政控制是完成计划的重要手段;②行政控制是行政工作方向正确的重要保障;③行政控制是贯彻依法行政的重要体现;④行政控制是保证行政目标实现的重要机制。

二、行政控制的原则和环节

(一) 行政控制的原则

实行有效的行政控制必须遵循科学的控制原则①,具体如下:一是权威原则,即做到令行禁止,反对无政府主义和阳奉阴违,维护控制行为的权威;二是准确原则,即制定明确的控制标准,根据实际出现的偏差,采取实事求是、恰如其分的控制措施;三是及时原则,即迅速、及时地实施控制,一旦发现偏离于计划的误差,就应当立即采取行动,减轻偏差造成的损失,避免滞后控制,否则就会贻误时机,致使偏差越来越大,从而使纠正偏差变得困难;四是灵活原则,即设计控制系统既应同决策目标相一致,又要适应变化后的新情况;五是尊重下级原则,即控制主体要设身处地为执行者着想,虚心听取下级意见,使控制措施符合实际,反对强迫蛮干;六是系统动态原则,即把宏观控制与微观控制结合起来,把间接控制与直接控制结合起来,把组织控制与个人控制结合起来,把全面控制与重点控制结合起来,组成一个控制的大系统,并使控制行为贯穿于决策执行的全过程、各个方面。

---

① 张兴杰、吴江、许祥云主编:《行政管理学》,中国农业大学出版社,2004年版,第194页。

（二）行政控制的环节

行政控制作为一种专门的行政管理活动，其从制定控制标准、发现偏差，到纠正偏差或修正计划甚至追踪决策，是一个复杂的过程。根据不同的控制对象，行政控制过程及其所用的方法也是不尽相同的，一般来说有以下四个环节。

1. 确定控制标准

标准是衡量和检查行为的尺度，是作为一种模式或规范而建立起来的测量单位。控制标准与行政计划具有一致性，是对行政计划的具体规定和阐述。控制标准与行政计划的区别在于行政计划强调连贯性、整体性、程序性，而控制标准强调重点性、数量指标和可测量性。行政控制的对象、任务不同，控制的具体标准也应不同。控制标准来源于任务、方针、政策和变化了的情况，各类控制标准都应力求实事求是。确定控制标准是整个控制过程的基础，如果没有一套完整的控制标准，就无法衡量和检查工作的成败和行为的偏差。

2. 实行有效监督

监察与督导能促使行政管理的正常运行，同时也能发现决策与执行过程中的偏差，为控制提供依据。任何一个行政机构为了保证组织目标的顺利实现，在进行行政决策和行政计划的同时，必须对行政过程中的各个环节进行监督，这属于行政机构内部上级行政机关对下级行政机关的指导和控制。另外，行政监督还包括政党、国家权力机关、公民和社会团体依法对行政机关和行政人员的行政管理活动进行的监察和督导。行政监督的实施，不但有效地保护了国家、政府、各社会团体和公民的利益，而且还对行政法制化建设起很大的促进作用。

3. 健全反馈系统

反馈系统机构完善，人员素质高，信息通道畅通，就能把偏差及时、准确地反馈给行政领导。健全反馈系统的主要方法是：首先，按照已确定的标准，对行政实施的实际效果进行考核；其次，对相应的行政单位与行政人员的实际成绩进行评定；再次，确定所得结果与相应控制标准之间的偏差，为纠正偏差提供信息依据。

4. 采取控制措施

这是行政控制的最后一个环节。采取控制措施就是根据监督、反馈的信息，采取一定的措施，纠正实际执行过程中出现的偏差。这是保证行政执行工作按计划进行的一个重要步骤。具体的纠正措施可以是改变组织结构，重新委派人员，也可以是改善控制程序和方式，必要时要采取行政的、经济的、法律的和思想教育的调节手段。总之，要根据偏差的性质、程度、范围以及产生偏差的原因，采取相应的纠正措施。

三、行政控制的类型

行政控制的类型，可根据控制的用法、时间或重点的不同，分为以下三类。

1. 预先控制

预先控制是指在计划执行的准备阶段就加以控制，以保证将来实际结果能达到计划要求,尽量减少偏差。预先控制的核心是使计划所需的人力、物力、财力都合乎标准,防止在行政执行过程中所使用的各种资源在质和量上产生偏差,以起到防患于未然的作用。

2. 过程控制

过程控制即在执行计划过程中,直接对计划进行观察、检查并纠正偏差。现场控制是过程控制最常见的形式,这种控制方式是在事件发生之中采用的。它一般是由一线的管理人员在具体的行政执行过程中,对执行情况中的各种信息进行观察、判断、检查,一旦发现活动结果与目标之间出现某些偏差,立即进行调整。这种控制形式对事态发展的控制相对容易,这是因为当它发现某些细微的现象就可进行调整,涉及面不大,损失较小,效果也较好。

3. 事后控制

事后控制即反馈控制,亦称成果控制。它是在行为完成之后进行的控制,是指根据目标执行所获得的实际结果,与预期目标进行比较而进行的控制。事后控制一是为了对在执行过程中未能发现的问题,继续采取补救措施,使失误降到最低的限度;二是为指导及修正将来的行为奠定基础,使下一个环节的工作得以顺利开展。由于这种控制发生在事后,已经造成了失误或损失,虽然事后采取有效措施可以在一定程度上进行弥补,但是已经造成的损失不可能挽回或不可能完全挽回。因此,应该尽可能地避免采用事后控制,而把控制行为主要放在事前或事中。

另外,行政控制的类型还可根据控制的范围不同划分为宏观控制和微观控制;根据控制的组织机构不同划分为集中控制、分散控制和分级控制;根据控制的方式不同划分为直接控制和间接控制等。

1. 行政执行过程分为哪几个阶段?
2. 行政指挥的作用、原则、方式是什么?
3. 行政沟通有哪些类型?沟通应遵守哪些原则?
4. 行政控制的原则、环节和类型分别有哪些?

各自有道理 城区路难修

某市城区内,有一条出解放街通向古城北路的小马路,这条路全长不到 500 米,宽不到 10 米,它虽然不算交通要道,却联系着千家万户。那个时候,道路由公路部门护养。

自 20 世纪 80 年代末,由于经济建设的发展,该市境内的部分公路路段被某膏矿建铁路专用线占用,占用的路段又由膏矿出款改道修建。自然,公路部门再不负责养护旧道,而去养护新路。

十多年了,这条路变得坎坷不平,晴天,车过尘土飞扬;雨天,泥滑路烂,路人难行。由于粮食车队的汽车出入要通过这条路,他们每年拖上几车沙石填补一下,但不能彻底解决问题。

随着市政建设的发展和人民生活的日益改善,修路的呼声越来越高。在市民的再三呼吁下,才引起市政府重视,并提请市长办公会讨论,可是资金无着落;即使有了资金,又由谁来组织执行呢?

有人说,这条路是原城关镇的辖区,铁路改道时,还没有市政建设局,其工作应由城关镇代理。建市后,城关镇更名为城中街道办事处,这条路仍属该办事处辖区,理应由其养护、修建。可城中街道办事处的领导说,这条路南边是铁路,无一单位,北边是市粮食局的下属单位——粮食车队、中心粮食所和第一粮油加工厂,应由市粮食局养护、修建。市粮食局的领导则认为,所谓公路,就无所谓专用,客观上也不是粮食部门一家独行,特别是在东端铁路立交桥建起后,此路贯穿了由东向西的两条干道,起枢纽作用。今后行人、车辆更多,路面也应拓宽,下水道、供水管、安全岛、绿化带、电话线、路灯等都要统筹考虑,一并施工,市粮食部门对此无能为力,也承担不了,应由市政部门考虑,统筹规划。市政部门说,按工作范围是归他们管,但财政拨给他们的城市建设费少,现在要他们修此路,巧妇难为无米之炊。真是公说公有理,婆说婆有理,在众多的政府机关相互推诿中,这条坎坷不平的道路至今依然没修。

【案例思考题】

1. 行政协调应遵循哪些原则?
2. 造成城区路难修的主要原因是什么?请谈谈该如何解决此问题。

行政执行中的障碍和解决对策

诸多行政管理的实践证明,并不是所有的行政执行都能准确、圆满地实现行政决策的目标,这是因为,行政执行是一个十分复杂的动态活动过程,它不可避免地受到各种因素的干扰,遇到各种障碍。因此,很有必要对行政执行中出现的各种障碍进行分析,并从中寻找出排除障碍的对策。

一、障碍分析

在行政管理过程中,行政执行的障碍成为行政执行的难点。行政执行中的障碍有以下几个方面。

1. 行政决策不完善

行政执行是对行政决策的执行,而行政决策缺乏科学性和可操作性。这一方面加大了行政执行的难度,因为缺乏科学性的决策往往是违反客观规律的,而不按客观规律办事,只能受到客观规律的惩罚;缺乏可操作性的决策则使行政执行在措施、步骤不明确、不具体的情况下难以顺利执行。另一方面,决策方案不合理,缺乏科学性和可操作性,就给执行者留下了很大的空间,增加了行政执行的随意性。各级行政执行者可以根据自己的不同认识和理解,去随意地执行决策,结果很有可能导致行政执行走偏方向或走弯路。

其次,决策执行标准不统一,甚至出现执行标准相互矛盾的现象。决策执行的标准是行政执行活动的准则之一,也是衡量行政执行结果的尺度。不统一的决策执行标准使行政执行活动缺乏统一的意志和行动,对行政执行结果也难以作出公正的评价。

2. 行政执行态度不坚决

首先,思想准备不足。主要表现为对行政决策不了解、不理解,对行政决策抱有怀疑甚至反对的态度,其结果必然成为行政执行的思想障碍。如由于受传统观念和思想方式的影响,有些行政人员对正确的行政决策不理解,思想上产生明显的抵触情绪,因此,在行动上就表现为消极对抗,自觉不自觉地给行政执行设置了障碍。

其次,行政执行偏离目标。在现实生活中常常会有这样的现象,即正确的行政决策却难以得到有效的贯彻执行。其表现如下。一是行政执行中的"肠梗阻",最常见的是"上有政策,下有对策"。一些行政人员总是过分强调本部门或本地区的利益,甚至不惜牺牲国家利益和全局利益来维护本部门或本地区的利益。他们通过各种手段,为正确行政决策的执行设置种种障碍。二是行政执行中的"走样"。由于一些行政人员的素质不高,无法准确全面地理解行政决策,并常常把自己的主观认识强加在行政决策之上,而认识上、理解上的偏差,必然带来行动上的走样。

3. 行政执行效率低下

效率是行政执行的生命,低效率的行政执行只会贻误时机,在行政执行错失良机的情况下,就必然导致行政决策目标无法按时保质地完成。行政执行效率低下,不仅成为行政执行的严重障碍,而且也有损于政府的形象。

行政执行效率低下的表现有:在行政执行过程中一些行政机关和行政人员对工作采取"踢皮球"的态度,相互推诿、互相扯皮、敷衍塞责,使一些很简单的事情久拖不决,误国误民;一些行政领导者大权独揽,事必躬亲,要求下级事事请示汇报,使大好的时光耗费在复杂的请示审批的"马拉松"之中;一些行政人员热衷于"文山会海",工作满足于停留在发发文件、开开会议,而缺乏工作实绩和工作效率;一些行政组织重叠,工作环节太多,工作手续太烦琐,导致行政信息周转慢、信息传递失真度大,严重影响了行政执行的有效性。

4. 行政执行资源不充分

行政执行活动急需的人力、物力、财力等资源不充分,使行政执行不能正常进行。首先,权力机关或上级领导机关在未提供充足资源情况下要求行政机关执行决策,或因行政执行所需的各种资源迟迟不到位,导致行政执行受阻。其次,一些行政执行部门擅自将执行的专款挪作他用,从而影响行政执行的有效进行。最后,一些办公设备陈旧,跟不上形势发展的需要,也成为影响行政执行效果的障碍。

二、对策

1. 实现行政决策的科学化

可以这样说,在行政决策失误的情况下,行政执行得越坚决,其错误也可能越大。因此,实现行政决策的科学化就显得尤为重要。为了保障行政执行的正确进行,行政决策不仅要正确,而且也要具体、明确和规范。行政人员只有在目的明确、方案具体、规范严格的条件下,才能保证行政执行的正确性和高效性。

2. 建立精干高效的行政执行人员队伍

毛泽东曾经说过,政治路线决定之后,干部就是决定的因素。行政执行的障碍有不少属于人为障碍,这说明行政人员素质的高低与行政执行效果的好坏密切相关。因此,建立一支精干高效的行政执行人员队伍,是克服行政执行障碍的关键。其具体要求如下。一是提高行政人员的思想水平和认识能力,使他们能用正确的世界观和方法论来理解决策和认识决策,深刻理解决策的意义和目标,从而产生出执行决策的主动性和自觉性,有效克服行政执行的思想障碍。二是要求行政人员要有大局意识和全局观念,要有全国"一盘棋"的思想。在克服"上有政策,下有对策"的问题上,一方面,要从法律上合理地划分中央和地方的事权,在保证中央统一领导的基础上,给予地方政府充分的自主权,以调动地方各级政府的积极性和创造性;另一方面,要求国务院各部门和地方各级政府坚持局部服从全局、小道理服从大道理的原则,自己维护中央的权威,服从中央强有力的统一领导,确保行政执行协调有序地进行。三是加强监督,从严治政。对于那些在行政执行中执行坚决、成绩卓越者应该给予表扬和表彰;对于那些故意与中央对着干,闹小团体主义,而且屡教不改的人,应给予必要的行政处分。通过赏罚分明等手段,起到鼓励先进、鞭策后进的作用。

3. 提升信息资源的真实有效性[①]

信息资源在行政执行中具有非常重要的作用。为了克服行政资源的不充分,首先,提高信息传递的速度。我国的行政组织采用的是金字塔形的科层制组织形式,容易导致信息传递速度缓慢,效率低下,甚至信息失真。这需要减少过多的层次信息过滤现象的产生,有利于上级更为直接、快速地了解到具体的行政信息,减少信息的不对称性。其次,建立完善的信息沟通系统,促进行政沟通手段的现代化。局域网、电子邮件、数据库等沟通方式成为行政组织沟通的重要方式和工具,解决了层级间速度慢和信息失真造成的决策延误和效率低下,最大限度地实现信息共享。其三,建立多渠道的沟通通道,保证行政沟通信息的有效完整。行政组织的科层结构,决定了沟通采取的主要是单一链型模式,容易发生信息通道堵塞的现象。可以建立专门的独立于等级链外的信息部门,增加信息传递渠道,简洁沟通线路,以提高效率,重视面对面的双向沟通,降低信息传递成本,合理利用非正式组织,保障沟通的快捷、真实。

---

① 田瑞华:《政府内部行政沟通存在的障碍及有效性分析》,载《理论研究》,2008年第2期,第39页。

第八章
公共财政

> 一个民族的精神风貌、文明程度、社会结构,以及政策可能酿成的行为方式,所有这些甚至更多,都记录在它的财政史上。那些明白怎样读懂这个历史所蕴涵的信息的人们,在这里比其他任何地方都更能清醒地预感到震撼世界的惊雷。
>
> ——[奥]约瑟夫·熊彼特

第一节 公共财政的内涵与职能

一、公共财政的内涵

"公共财政"一词来源于英语"public finance",指的是以国家为主体的"财政",是随着国家的产生而产生的,是国家政权活动的重要组成部分。政府为了实现其管理社会公共事务的职能,满足公共需要,通过国家预算,以有别于市场的方式来提供公共产品,于是就产生了政府直接介入社会分配的活动。政府作为公共经济部门,介入经济运行可采用的方式很多,如计划、法律、货币金融政策等,但公共财政指的只是政府的经济行为中与国家预算有关的那一部分。基于以上认识,我们可以把公共财政的基本含义概括如下:公共财政是指国家的各级财政管理部门,依照国家有关法规,遵循经济及财务管理规律,为了管理社会公共事务和提供公共服务,对公共财政的收入和支出过程实施管理的活动。公共财政具有以下主要特点。

1. 公共财政的分配主体是政府,这是公共财政最根本的质的规定性

公共财政是政府的分配行为,进行的是财政分配活动,公共财政的分配

主体在我国主要是指中央人民政府和地方人民政府的财政机关、税务机关和国家金库。政府通过在财政上制定财政政策,为社会的各种经济成分、各类市场主体和投资主体提供平等的财政条件,创造公平竞争环境,提供必要的公共产品和公共服务。

2. 公共财政分配的目的,是为了满足社会公共需要

所谓社会的公共需要是相对于私人个别需要来说的,指的是以整个社会为整体提出的需求。公共财政拥有一般私人部门财政不具备的特殊政治权力。如果公共财政追逐利润目标,它就有可能因此凌驾于其他经济主体之上,就有可能运用自己的特权在具体的经济活动中影响公平竞争,直接干扰甚至破坏经济的正常运行,破坏正常的市场秩序,打乱市场与政府分工的基本规则;用于满足公共需求的财政资金也会因用于牟取利润项目而使公共需要领域投入不足。所以说公共财政的收入,是为满足社会公共需要而筹措资金;公共财政的支出,是以满足社会公共需要和追求社会公共利益为宗旨,不能以赢利为目标。

3. 公共财政具有强制性和补偿性

一方面,在市场活动中,企业和个人并无自觉纳税的"天性",需要政府凭借法规进行强制性约束;另一方面,公共财政是政府凭借政治权力经由非市场性的渠道进行分配的,因而具有典型的强制性。公共财政的强制性是和补偿性相联系的;一方面,公共财政居于市场活动之外,为市场的正常运作提供着必不可少的服务,对市场经济起到完善作用;另一方面,个人和企业通过纳税虽然减少了自身可支配的财力和利益,但却可以从公共服务中获得补偿,这就决定了公共财政具有补偿性。

二、公共财政的职能

公共财政职能指的是公共财政在国家的经济运行与社会发展中承担的职责与体现的功能。公共财政的职能主要包括三点:资源配置职能、分配职能和稳定职能。

1. 资源配置职能

公共财政的资源配置职能,主要是指政府凭借政治权力,对社会经济资源进行合理的分配,实现资源结构的合理化,使其得到最有效的使用,获得最大的经济和社会效益。公共财政的资源配置职能体现在两个方面:一是矫正市场的不完全,即加强市场的广度;二是矫正竞争的不完全,即加强市场的深度。其内容主要包括:一是将资源配置于无法按付费原则经由市场配置的公共部门;二是将资源配置于具有自然垄断倾向而不宜由市场配置的非竞争性商品和行业;三是将资源配置于具有高风险,且预期收益不确定,但对经济发展有带动作用的高新技术产业;四是将资源配置于投资大、建设周期长、私人部门无力投资的基础产业和部门。

2. 分配职能

公共财政的分配职能是指政府按照社会公平的原则要求,改变和调整市场分配的结果,以协调各种利益分配关系,以实现收入分配公平的目标,促进社会稳定和经济发展的职责和功能。虽然不同的历史阶段,不同的社会经济制度决定或者影响着不同的分配内容和形式,但维护公平的收入分配和正义这一功能是相同的。一般来说,在政府对收入分配不加干预的情况下,一般会根据生产要素(如个人财产多少和对生产所做贡献大小),将社会财富在社会各成员之间进行初次分配。这种分配方式有利于提高市场经济效益,但

是也容易造成社会成员之间的收入差距过大。因此政府会对市场初次分配结果实施再分配调节,由此促进形成合理有序的收入分配格局,维护社会公平与正义。也就是说,财政分配活动必须以满足公共需要为前提。公共财政的收入分配职能主要通过税收调节、转移性支出(如社会保障支出、救济支出、补贴)等手段来实现。

3. 稳定经济职能

公共财政的稳定经济职能,一般包括充分就业、物价稳定和国际收支平衡三个方面。经济稳定和经济增长是相得益彰的两个方面,集中体现为政府运用税收、公债、转移性支出、投资等财政变量与其他经济变量的有机关联和相互影响,来调节和管制社会需求的总量和结构,使之与社会供给相适应,做到社会总供给与社会总需求的平衡,促使经济增长过程持续稳定。公共财政对社会供求总量平衡的调节,包括总量平衡和结构平衡,主要是通过公共财政收支计划的国家预算来进行,以实现社会经济稳定、持续增长。

三、公共预算与决算

1. 公共预算的含义与作用

公共预算又称国家预算、财政预算、政府预算等,是政府参与分配国民收入的一种重要的财政分配手段,是经过立法机关批准的政府某一年度内的公共财政收支计划。公共预算是调整财政收入和财政支出的重要控制手段,是调控社会经济资源分配的主要杠杆,是政府会计的基础,也是处理其他财政问题的依据,是公共财政的关键和中心内容。

公共预算的内涵决定了公共预算具有以下基本特征。①计划性。公共预算是政府在某一年度内的公共财政收支计划,是对未来政府活动所需资源的预测,是指在给定资源的范围内确定公共政策取向的财力契约。②公开性。政府的收支活动涉及公共资源管理和使用,必须向立法机关和社会公众公开,并接受立法机关、公众和社会舆论的监督。③统一性。对各级预算要求设立统一的预算科目,每个科目都要按照统一的口径、程序进行计算和填列。④权威性。立法机关批准的公共预算是具有法律性的正式文件,预算收支的调整必须按法定程序进行。⑤年度性。政府应按照法定预算年度编制公共预算,这一预算要反映全年的财政收支活动,各国政府编制和执行预算依据的法定期限通常是1年。

一般认为,现代国家的预算制度起源于英国,1787年英国国会通过的《统一基金法案》标志英国首先确立现代意义的国家预算制度。最早引入现代预算制度的国家则是美国,美国南北战争后的1865年,国会成立了一个拨款委员会,主管财政收支问题。1908—1909年,美国联邦财政收支连续出现赤字,促使美国政府考虑建立联邦预算制度。第一次世界大战后,美国国会在1921年通过了《预算审计法案》,正式规定总统每年要向国会提出预算报告。新中国财政预算制度的真正建立是在1955年,因为从那年起国家预决算才开始向全国人民代表大会报告。我国目前的国家预算由中央预算和地方预算组成,我国于1994年3月22日经八届全国人民代表大会通过了《预算法》,并于1995年1月1日起施行,此外,我国还陆续出台了《预算法实施条例》、《预算外资金管理实施办法》等,在财政实践中也初步建立了财政资金预算管理的制度模式。

根据不同的标准,公共预算可以分为以下几个不同的类别。①根据不同的编制形式,公共预算可以分为单式预算和复式预算。单式预算是指国家财政收支计划通过一个统一的计划表格来反映;复式预算是指国家财政收支计划通过两个以上的计划表格来反映。②根据预算的内容,公共预算可以分为增量预算和零基预算。增量预算是指财政收支计划指标是在以前财政年度的基础上,按新的财政年度的经济发展情况加以调整之后确定的;零基预算是指财政收支计划指标的确定,只以社会经济的预算发展为依据,不考虑以前的财政收支状况。

公共预算的作用主要体现为以下几个方面。①财力保障作用。公共预算是国家实现其职能、有计划地筹集和分配由国家集中掌握的一部分财政资金的重要工具。通过公共预算的编制和执行,使政府有效地行使其职能有了基本的财力保证。②调控作用。公共预算是实现财政分配和宏观调控的重要手段,是政府通过公共预算的分配作用对社会资源进行配置,通过预算支出结构的安排,调节投资分配结构,从而调整国民经济结构。③控制和监督作用。公共预算制度的设置控制政府官员追求预算最大化从而扩张公共支出规模的行为,因而起到了控制政府规模的作用。公共预算获得立法机构批准后,政府对预算的执行就被置于立法机构、公众和媒体的监督之下,发挥对政府财政规模进行有效控制和监督的作用。

2. 公共预算的编制和审批

公共预算的编制是预算工作的起点,它包括拟定、审查、汇总和批准公共预算收入、公共预算支出指标体系数字的全过程。正确编制公共预算,是实现公共预算管理的前提条件,也是公共预算管理的决策环节。

各国的预算编制和实现,基本上以一年时间(365天)为限,即预算年度。目前世界各国预算年度起讫期限不尽相同,一般分为历年制和跨历年制两种。历年制是指从公历1月1日起至12月31日止,如中国、德国、奥地利、法国等国。跨历年制是从公历的某年某月某日起,至次年该月该日的前一日止,中间历经12个月,但却跨越了两个公历年度,如美国、英国、日本、意大利等国,而且各自的起讫时间也不同,美国的预算年度从当年10月1日起至次年9月30日止,英国、日本等国家的预算年度从当年4月1日起至次年3月31日止,意大利的预算年度从当年7月1日起至次年6月30日止,等等。

各国公共预算编制过程并不完全相同,我国预算编制程序包括6个环节:①财政部发布编制预算的指示和规定;②各地区、中央各部门按照上级指示和规定,结合本地区、本部门新年度的工作任务和业务计划,提出各自的建议数,并报财政部;③财政部根据国民经济和社会发展计划指标参照上级的建议数,拟出各地区、各部门在新的财政年度应达到的收入控制指标和不能突破的支出控制指标,下达各部门和各地区;④各地区、各部门根据上述控制指标,拟定各自的预算收支草案,并逐级汇总,上报国家财政部;⑤财政部汇编成国家预算草案,并附上编制国家预算草案的文字说明;⑥提交全国人民代表大会进行审查和批准。

3. 公共预算的执行

公共预算经国家立法机关批准后,就具有强制执行的法律效力。公共预算的执行机构,由国务院和地方各级人民政府及其职能部门组成。各级财政部门是预算管理的职能部门,此外,还有一些专门机构负责组织和参与国家预算的执行工作,如税务机关、海关总署、中国人民银行、中国建设银行和中国农业银行等。

公共预算执行的基本任务主要有以下几个方面。①组织预算收入的执行。要求税务机关和海关等其他有预算收入任务的机关,按照国家税法及其他有关法规,准确、及时、足额组织预算收入并缴纳国库,国库出纳业务由中国人民银行代理。②组织拨付预算资金的执行。要求公共预算执行机关按照预算项目和金额通过国家规定的办法向用款单位进行预算资金分配。③组织预算的收支平衡。通过预算调整控制公共预算的执行,以保证预算收支平衡。预算调整是公共预算执行中的一项重要程序,是指公共预算执行过程中因特殊情况需要,增加支出或减少收入,使总支出超过总收入或使原举借债务的数额增加的部分变更。④加强公共预算执行的监督。对公共预算执行过程的监督主要包括财政监督和审计监督,财政监督是由国家行政首脑领导的预算管理机构进行的监督,审计监督则是由立法机构或向立法机构负责的专门监察机构对预算执行的监督。

4. 公共决算的编制与审批

公共决算是公共预算执行的总结,它与公共预算处于执行过程的两端,公共预算反映预算执行过程的起点和根据,公共决算反映预算执行过程的终点和结果。公共决算的编制与公共预算的编制和执行是一个统一的、完整的过程,在形式和内容上公共决算与公共预算基本上是相互对应、相互衔接的。

公共决算的编制过程是先由各级执行预算的基层单位编制单位决算,报送同级财政部门,地方财政部门汇总编制本级财政决算,报送上级财政部门,逐级上报,最后由财政部将地方财政决算和中央财政决算汇总编制成国家决算,最后提交全国人民代表大会审查批准。

在每一个预算年度内,各级政府应当至少两次向同级人民代表大会或其常务委员会作预算执行情况的报告,向上一级政府定期报告预算执行情况,各级政府的审计部门对同级政府的各部门、各单位和下级政府的预算执行情况和决算实行审计监督。

第二节 公共财政收入

一、公共财政收入的内涵

公共财政收入是指政府凭借国家政治权力,为了满足国家职能和社会公众需要,依据一定的原则和方式集中起来的一种货币资金或以货币形式表现的一定量的社会产品。公共财政收入的规模在很大程度上决定着公共财政支出的规模,决定着政府活动的范围,影响着国家的经济增长和社会发展,可以说,公共财政收入为政府各项活动的开展提供了物质基础。

二、公共财政收入的形式

公共财政收入的形式是指政府筹集财政收入的渠道和方式。在自然经济条件下的财政收入主要是通过征收实物或者劳务。在商品经济下的财政收入主要表现为国家通过各种手段合法地占有和支配一定量的货币资金。目前我国财政收入的形式,主要包括税收收入、债务收入、国有资产经营收益、其他收入等。

1. 税收收入

税收是政府为了实现社会经济目标,凭借政治权力,按照法律预先规定的标准,强制地、无偿地参与社会产品分配并获得公共财政收入的一种形式。在市场经济条件下,税收是政府调节经济和进行宏观调控的重要政策工具。税收收入是世界上绝大多数国家公共财政收入的主要形式,是世界各国公共财政收入的主要来源。我国目前税收收入,占公共财政收入总额的90%左右。税收具有强制性、无偿性和固定性三大特征,税收既具有公共财政分配的功能,又具有经济和社会的调节功能。

2. 债务收入

债务收入是指公共财政通过信用的方式从国内外取得的借款或债务收入,也称为信用收入。它包括国内发行的公债、国库券、经济建设债券以及向国外政府、各级组织和商业银行的借款等。公债是政府在资金持有者自愿的基础上,按照信用原则,有偿地获取公共收入的一种手段。相比于由法律预先规定的税收而言,政府可以根据公共收支的状况,更加灵活地确定是否需要发行公债来调节经济、平衡收支。债务收入是一个特殊的公共财政范畴,一方面可以筹集资金,补充税收收入的不足,另一方面通过选择举债的时间、举债的规模和偿债的时间和规模等达到调节经济的目的,但同时它作为一种信用收入,必须到期还本付息,又是一种预期的公共财政支出。

3. 国有资产经营收益

国有资产经营收益是指国家凭借对国有资产的所有权,从国有资产经营收入中所获得的利润收入,主要体现为政府凭借其资产所有权取得的股息、红利、租金、资金占有费、土地批租收入、国有资产转让及处置收入等。

4. 其他收入

主要包括除上述公共财政收入以外的其他行政费用收入,其占公共财政收入的比重不大,但包括的项目很多,主要有:①能源交通重点建设基金和预算调节基金收入;②事业收入,包括中央和地方各部门所属事业单位向国家交纳的收入;③规费收入,主要是指国家机关为个人提供某些特定服务时收取的手续费和工本费,包括企业开业登记费、商标注册费、护照费等;④公有财产收入,它是指公有财产的产品收入、租金、利息或变卖价款的收入;⑤罚没收入,主要是指海关、工商等行政机关对违反或触犯法律以致危害国家或公共利益的行为依法处罚而获得的罚款、没收物品、追回赃款或赃物变价款的收入;⑥国家资源管理收入,主要是指各单位经国家批准开采国家矿产等资源,按规定向国家交纳的管理费,如矿山管理费、沙石管理费等。

三、公共财政收入的规模

1. 公共财政收入规模的内涵

公共财政收入规模是指一个国家或者地区在一定的时期之内,各级公共部门从市场转移过来的价值。公共财政收入规模具体包括三层意思:第一是时间的概念,通常以一个会计年度做衡量标准;第二是空间概念,指的是一个国家或者一个国家的某级政府的公共收入;第三是指各级政府税收与非税收所占有经济资源的价值总量。

公共财政收入规模有绝对量和相对量之分。绝对量指的是一定时期内的公共财政收入总量，衡量财政收入规模的绝对量指标是财政总收入。相对量指的是一定时期内公共收入与经济变量的比例，衡量财政收入规模的相对量指标是财政收入占GDP（国内生产总值）的比重。由于税收是最主要、最稳定的公共财政收入来源，因此税收占GDP的比重是财政收入占GDP比重的衡量标准。

2. 公共财政收入规模的影响因素

通常来说，一国政府财政活动的重要目标之一是谋求公共财政收入的增长。尤其是在公共需求范围日益扩大的现代社会，保证公共财政收入增长更为各国政府所重视。但公共财政收入能有多大规模，能以何种速度增长，不是或不完全是以政府的意愿为转移的，它受各种经济和社会因素的制约和影响。主要有以下几个主要因素。

1）经济发展水平因素

经济发展水平是决定公共财政收入规模的基础。一国的经济发展水平主要表现在人均占有GDP上，它表明国家生产技术水平的高低和经济实力的强弱，反映国家社会产品丰裕程度及其经济效益的高低，是形成公共财政收入的物质基础。一般来说，随着经济发展水平的不断提高，国民收入不断增长，国家的公共财政收入规模也会不断扩大。横向和纵向比较世界各国的情况，可以看出，从横向看，经济发展水平高的发达国家，其公共财政收入规模一般都高于经济发展水平较低的发展中国家；从纵向看，随着经济发展水平的提高，其公共财政收入规模一般会呈现上升的趋势。这种情况充分说明经济发展水平对公共财政收入规模的影响。当然，这是就普遍情况而言，并不排除一些例外，因为经济发展水平毕竟不是影响公共财政收入规模的唯一因素。

2）生产技术水平因素

生产技术水平因素对公共财政收入规模的影响可从两个方面来分析：一是技术进步加快了生产速度，提高了生产质量，增加了国民收入，从而使公共财政收入的增长有了充分的财源；二是技术进步降低了物耗比例，提高了人均产出比率和社会剩余产品价值率。由于公共财政收入主要来自剩余产品价值，所以技术进步对公共财政收入规模的影响更为明显和直接。

3）收入分配制度和分配政策因素

在经济发展水平和技术进步既定的条件下，一国的公共财政收入规模，还取决于收入分配政策和其他制度因素。一般说来，实行计划经济体制的国家，政府在资源配置和收入分配上起主导作用，并会采取相应的收入分配政策使政府在一定的国民收入中掌握和支配较大的份额，从而有较大的公共财政收入规模。即使在经济发展水平相当的国家，由于政治、社会、经济制度等方面的差别，也会造成公共财政收入规模的差异。因为不同的制度对政府职能和作用的要求不同，必然影响财政在整个国民收入分配中的份额。

4）价格因素

由于公共财政收入是在一定价格体系下形成的货币收入，价格水平及比价关系的变化必然会影响公共财政收入规模。在经济发展水平、财政分配制度以及其他因素保持不变的条件下，价格水平的上涨会使以货币形式表现的公共财政收入增加，价格下降则使公共财政收入减少，这实际上是由价格水平的上涨或下跌引起的公共财政收入虚增或虚减。此外，当商品的比价关系向有利于高税商品变动时，公共财政收入会有更快的增长；反之，则会降低公共财政收入的份额。

四、国家税收

1. 国家税收的含义

税收在历史上又称税赋、税金、赋税、税捐、捐税、租税,是国家为了实现其职能,凭借政治权力,按照法律规定,强制地、无偿地取得财政收入的一种基本形式,是对经济单位和个人无偿征收实物或货币的一种特殊的无偿分配。税收是参与公共财政运行和公共预算执行过程密不可分的重要一环,是国家参与并调节国民收入分配、执行公共预算、积累社会资金的重要手段。税收具有以下3个基本特征。

1) 强制性

税收的强制性是指征税依据国家的政治权力,以国家法律的形式强制进行的参与社会产品的分配。税收的强制性表明,依法纳税是人们不应回避的法律义务。税收法律作为国家法律的组成部分,对不同的所有者都普遍适用,任何单位和个人都必须遵守,不依法纳税者要受到法律的制裁。正因为税收具有强制性的特点,所以它是国家取得财政收入的最普遍、最可靠的一种形式。

2) 无偿性

税收的无偿性是指国家征税后,税款即为国家所有,纳税人缴纳的实物或货币既不需要偿还,也不需要给纳税人任何形式的报酬或代价。税收的无偿性是相对的。对具体的纳税人来说,纳税后并未获得任何报酬,从这个意义上说,税收是无偿性的;但从财政活动的整体来看,税收是对政府提供公共物品和服务成本的补偿,这又反映出其有偿性的一面,即"取之于民、用之于民"。当然,就某一具体的纳税人来说,他所缴纳的税款与他从公共物品或劳务的消费中所得到的利益并不一定是对称的。

3) 固定性

税收的固定性是指国家在征税之前,就已经以法律的形式规定了征税对象和征税的比例或数额,征收比例或征收数额是相对固定的,只能按预定标准征收,而不能无限度地征收。当然,税收的固定性也不是绝对的,标准确定后不可能永远不改变,随着社会经济条件的变化,税收的征收对象是不断变化的,征收比例也是可以调整的,但必须通过法律的形式确定下来。比如,国家可以修订税法,调高或调低税率等,但这只是变动征收标准,而不是取消征收标准。所以,这与税收的固定性并不矛盾。

2. 税收的分类

1) 按征税对象的不同来分类,分为所得税、商品税、资源税、财产税、行为税

这是税种最基本和最主要的分类方法。所得税是对所得额征税的简称,一般是指下列方面:一是指有合法来源的所得,合法的所得大致包括生产经营所得(如利润等)、提供劳务所得(如工资、薪金、劳务报酬等)、投资所得(如股息、利息、特许权使用费收入等)和其他所得(如财产租赁所得、遗产继承所得等);二是指纳税人的货币所得;三是指纳税人的纯所得;四是指增强纳税能力的实际所得。所得税实行"所得多的多征,所得少的少征,无所得的不征"的原则。因此,它对调节国民收入分配、缩小纳税人之间的收入差距有着特殊的作用;同时,所得税的征收面也较为广泛,故此成为经济发达国家的主要收入来源。商品税是对销售商品或提供劳务的流转额征收的一类税收,都采用比例税率或定额税率

征收。我国当前开征的商品税主要有:增值税、消费税、营业税和关税。资源税是对开发、利用和占有国有自然资源的单位和个人征收的一类税。我国对资源的征税主要有城镇土地使用税、耕地占用税、资源税、土地增值税。财产税是对纳税人所拥有或属其支配的财产数量或价值额征收的税。我国对财产的征税主要有:房产税(外资为城市房地产税)、契税、车辆购置税、车船使用税(外资为车船使用牌照税)。行为税是指以某些特定行为为征税对象征收的一类税收。这类税的设置比较灵活,其中有些税种具有临时税的性质。我国对行为的征税主要有印花税、城市维护建设税等。

2) 按税收负担是否易于转嫁为标准,分为直接税与间接税

一般来说,由纳税人直接负担的税收为直接税,如所得税、财产税等;由纳税人转嫁给负税人的税收为间接税,即负税人通过纳税人间接缴纳的税收,如商品税等。

3) 按税收征税依据的不同,可分为从价税和从量税

从价税是以征税对象的价值量为标准计算征收的税收,税额的多少将随着价格的变动而相应增减。从量税是按征税对象的重量、件数、容积、面积等为标准征税。

4) 按税收与价格的关系划分,可分为价内税和价外税

凡税收构成价格组成部分的税收称为价内税;凡税收是价格之外的附加额的税收称为价外税。价内税的计税依据是含税价格,而价外税的计税依据为不含税价格。

5) 按其管理和使用权限划分,可分为中央税、地方税、中央地方共享税

这是在分级财政体制下的一种重要的分类方法。中央税是由一国中央政府征税管理而且其收入归中央政府支配的税种,在我国简称"国税";地方税是由地方政府征收管理而且其收入归地方政府支配的税种,在我国简称为"地税";中央地方共享税是中央统一立法但其收入由中央与地方按照一定的比例共享支配的税种。

3. 税收制度

税收制度简称"税制",它是国家以法律或法令形式规定的各种税收法令和征收管理办法的总称。税收制度反映国家与纳税人之间的经济关系,是国家财政制度的主要内容。税收制度是税收征收的依据,税收制度的核心内容是税法,它是国家整个法律制度的重要组成部分。税收制度的内容包括税种的设计、各个税种的具体内容,如征税对象、纳税人、税率、纳税环节、纳税期限、违章处理等。

根据税制结构中税种是单一的还是多种的为标准,税收可分为单一税制和复合税制。单一税制是指一个国家在一定时期内基本上只实行单一税种的税收制度。所谓复合税制,是指一个国家在一定时期内实行由多种税种组成的税收制度。由于单一税制缺乏弹性,难以发挥其财政保障和调节控制功能,因此在现实中,完全绝对的单一税制几乎从来没有存在过。复合税制灵活性强、弹性大,是市场经济条件下的各国现实的选择。不同税种在税收收入中的地位不同,就形成不同的税制结构,一般可以分为以商品税为主体的税制结构、以所得税为主体的税制结构、所得税与商品税并重的税制结构以及其他特殊税制结构。经济发展水平不同的国家,由于不同的社会经济财政情况要求,形成不同的税制结构。一般说来,发达国家多采用以所得税为主体的税制结构,发展中国家多采用以商品税为主体的税制结构,过渡性国家多采用所得税与商品税并重的税制结构,某些财政收入严重依赖某些特殊税制的国家则形成特殊的税制结构。

第三节　公共财政支出

一、公共财政支出的内涵

公共财政支出是指政府为实现其职能,将通过公共财政收入筹集的资金,有计划地再分配并加以有效运用的过程,是国家政治、经济和各项事业管理任务的必要的财力保证。公共财政支出的方向、规模和构成,对于国家政权建设和各项事业的发展具有重要意义,公共财政支出反映了政府的政策选择。一个国家的政权是否巩固、行政是否高效,除了受政治的、社会的、文化的各种因素影响外,很大程度上与财政的财力支持是密不可分的。

二、公共财政支出的原则和分类

（一）公共财政支出的原则

公共财政支出的原则是指政府在安排和组织财政支出过程中应当遵循的基本准则。现代经济理论认为,国家财政的基本任务是满足政府支出需要和调节经济,而财政调节经济主要手段之一就是财政支出。公共财政支出应当遵循以下几个基本原则。

1. 量入为出的原则

量入为出是公共财政支出的基本原则,量入为出要求公共财政支出不应当超过合理征收的税收收入。这种公共财政支出原则也是与自由资本主义时期"守夜人"政府职能相一致的。量入为出原则并不意味着国家财政每年都要坚持收支平衡,凯恩斯主义财政支出原则认为,公共财政支出可以超过财政收入,政府可以通过财政赤字来取得所需的收入。因此,在经济发展的一定时期,国家以赤字的方式,适当地扩大生产性支出,来拉动国内投资、扩大消费需求,对于扩大就业和保持经济发展速度也是必需的。

2. 效益原则

效益原则是指公共财政支出应有助于优化资源的配置,使整个社会的效益最大化。在完全的市场经济中,通过市场机制可以进行资源的最优配置,不需要通过财政支出和税收等手段进行调节。但由于市场失灵的存在,客观上需要政府以其权威来调节和管理社会资源的配置。政府财政支出的效益原则就是要求财政支出的总成本低于总收益。

3. 公平原则

公平原则是指公共财政支出应能够有助于社会公平的实现,为社会各阶层公民提供的劳务和补助所产生利益进行的分配应达到公平状态,避免贫者愈贫、富者愈富的"马太效应"的出现,进行社会财富的再分配,以实现社会的相对公平。

4. 稳定原则

稳定原则是指公共财政支出应有助于促进社会经济的稳定发展，防止经济波动过于剧烈。在市场经济条件下，市场体系自身无可避免地会出现经济周期的兴衰更迭、失业和通货膨胀等现象。政府可以利用公共财政措施进行调节，通过财政支出规模、机构的变化来调节经济，引导经济运行，使经济实现平稳的发展。

（二）公共政策支出的分类

市场经济国家的公共财政支出一般主要体现在三个方面：一是用于公务支出、国防、公共秩序和安全等维持政府运转的纯公共产品的支出；二是用于教育、卫生、社会福利、住房和通信等准公共产品的支出；三是用于能源、农业、工业、交通运输等基础产业的支出。

公共财政支出的分类方法主要有以下几种。

1. 按照国家职能和活动范围分类

公共财政支出可以分为经济建设支出、社会文教支出、国防支出、行政管理支出和其他支出。经济建设支出主要包括政府用于各经济主体（无偿或有偿形式）的基本建设支出、挖潜改造支出、流动资金支出、工商部门事业费以及支援农业支出等。社会文教支出主要包括文化教育科学卫生事业费支出、抚恤和社会福利救济费支出、社会保障补助支出等内容。国防支出主要包括军队支出、后备役支出、国防科研事业费和防空经费等，主要直接用于军事建设的经费，包括人员经费和装备经费。行政管理支出主要包括行政支出、治安支出、国家安全支出、司法检察支出和外交支出等。其他支出主要包括除上述各类支出之外的其他各项政府开支。

2. 按照公共财政支出与再生产的关系分类

公共财政支出可以分为补偿性支出、积累性支出和消费性支出。补偿性支出是指国家财政用于补助企业固定资产更新改造的资金支出。积累性支出主要指经济建设支出，包括基本建设投资支出、支援农业支出、能源和交通建设支出、国家物资储备支出等。消费性支出主要包括国防支出、行政管理支出、社会保障支出、文教科学卫生支出等。

3. 按照公共财政支出的补偿性分类

公共财政支出可以分为购买性支出和转移性支出。购买性支出是指政府为实现其职能以有偿购买的方式取得的各种商品和劳务，它体现各级政府对经济资源的占有，直接影响全社会的产品和劳务的供求关系，主要包括政府的事业费支出和投资性支出。转移性支出是指政府根据一定的经济和社会政策，通过特定的方式向企业部门和家庭部门单方面转移的财政资金，是政府单方面的无偿支付，主要包括补贴支出、捐赠支出、债务利息支出和一些社会福利支出等。

4. 按照公共财政支出的经济性质分类

公共财政支出可以分为生产性支出和非生产性支出。生产性支出是指与物质生产过程有直接关系的各项支出，主要表现为经济建设支出。非生产性支出是指与物质生产过程没有直接关系的各项支出,主要包括国防支出、行政管理支出、社会保障支出、文教科学卫生支出等。

5. 按照公共财政支出的项目分类

公共财政支出可以分为基本建设支出、流动资金支出、支农支出、文教科学卫生事业支出、国防支出、行政管理支出、价格补贴支出等。我国现行国家预算支出科目中的"类"级科目,采用的就是这种分类方法。

6. 按照公共财政支出的目的分类

公共财政支出可以分为预防性支出和创造性支出。

三、公共财政支出规模

(一) 公共财政支出规模的内涵

一般而言,有两个指标可以衡量公共财政活动的规模,即公共财政收入占GDP的比重和公共财政支出占GDP的比重。公共财政支出规模,就是指公共财政支出占GDP的比重。按照公共财政支出考察时点的不同,可分为预算支出规模和决算支出规模。按照公共财政支出选用价格标准的不同,可分为名义财政支出规模和实际财政支出规模。按照公共财政支出选择的衡量指标类型的不同,可分为绝对规模和相对规模。按照公共财政支出指标统计口径的大小,可分为总规模、中央财政支出规模和地方财政支出规模等。

衡量公共财政支出规模的指标通常是绝对指标和相对指标。绝对指标是指以一国货币单位表示的财政支出的实际数额。使用绝对指标以直观地反映某一财政年度内政府支配的社会资源的总量。相对指标是指财政支出占GDP或GNP的比重。相对指标反映了一定时期内在全社会创造的财富中由政府直接支配和使用的数额,可以通过该指标全面衡量政府经济活动在整个国民经济活动中的重要性。通常以相对指标作为衡量财政支出规模的主要指标。

衡量公共财政支出增长的指标可以分为绝对量指标和相对量指标。绝对量指标是以现价反映财政支出的数额,没有考虑通货膨胀因素对支出总量的影响,只有消除币值变动的影响,才能如实反映财政支出增长变化的情况。相对量指标中,目前世界各国主要采用政府支出占GDP或GNP的比重以及政府财政支出对GNP或GDP的弹性和边际支出倾向等指标来衡量财政支出增长变化情况。考察财政支出的相对规模是为了了解财政对国内经济的影响,因此用GDP作对比更合适。

衡量公共财政支出规模及其变化的指标一般有财政支出增长率、财政支出对国内生产总值的弹性指标以及边际财政支出倾向指标。财政支出对国内生产总值的弹性指标表示由国民生产总值的增长所引起的财政支出增长幅度的大小,表现为财政支出增长幅度对国内生产总值增长幅度的比例,用公式表示:

财政支出弹性 = 某个时期财政支出增长率(%) ÷ 同一时期国内生产总值增长率(%)

$$Eg = \Delta G(\%)/\Delta GDP(\%)$$

该公式计算结果的含义是：如果财政支出弹性大于1，则说明财政支出增长幅度大于国内生产总值的增长幅度；反之，则说明财政支出增长幅度小于国内生产总值的增长幅度；如果财政支出弹性等于1，则说明财政支出与国内生产总值处于同步增长状态。

边际财政支出倾向指标是指在国内生产总值的增加额中，用于财政支出部分所占份额的大小。用公式表示如下：

$$边际财政支出倾向 = (财政支出增加额 \div 国内生产总值增加额) \times 100\%$$

$$MGP = (\Delta G / \Delta GDP) \times 100\%$$

（二）公共财政支出规模的影响因素

影响公共财政支出规模的因素有很多，我们可以将其归纳为以下三点。

1. 经济性因素

主要是指经济的规模、经济发展水平、经济体制的选择、经济发展所处的阶段、价格水平的变化及政府经济政策的选择等。

2. 政治性因素

主要是指政府的职能范围、国内及国际政局是否稳定、政府的行政效率和政治决策制度和规则的选择。

3. 社会性因素

主要是指人口规模和结构、社会环境状况、文化背景等。

（三）西方关于公共财政支出规模不断增长的学说

统计资料表明，公共财政支出的绝对量或相对量，各国都呈现上升趋势。下面简单介绍西方经济理论界关于公共财政支出不断增长的主要观点。

1. 瓦格纳法则——"政府活动扩张法则"

阿道夫·瓦格纳（Adolf Wagner，1835—1917）是德国最著名的财税学家，社会政策学派财政学的集大成者和资产阶级近代财政学的创立者。他通过对19世纪的许多欧洲国家和日本、美国的公共支出增长情况的考察，提出了"政府活动扩张法则"，或称"公共支出不断增长法则"，又称瓦格纳法则。他认为一国政府的支出与其经济成长之间，也就是政府职能的扩大与国家所得的增加之间存在一种函数关系。他把影响公共支出增长的因素归纳为两点。

1) 政治因素

随着经济的发展，国家职能的扩大，就要求保证行使这些国家职能的公共支出不断增加，日益充裕。

2) 经济因素

随着经济的发展和都市化进程的加快，城市建设、公共服务等问题接踵而至，就要求扩大政府的公共服务范围，财政支出的相对规模也会随之提高。

1971年，英国经济学家博得提出"瓦格纳法则"的现代模式：一是国家行政管理职能和保护职能的扩大导致公共支出的增加，是公共经济对私人经济的替代作用；二是社会文化福利的增加,特别与教育和收入再分配的支出有关;三是随着科技发展,私人垄断增加,政府要抵制其不利影响或代替它,必然增加支出。①

2. 皮考克和魏斯曼——"公共收入增长引致说"

皮考克和魏斯曼用英国 1890—1955 年间的有关公共支出的统计资料,对瓦格纳提出的"政府活动扩张法则"进行了验证。他们发现,瓦格纳的法则在现代经济条件下仍然有效,但他们提出了一个更为复杂的解释。他们认为,公共收入和公共支出总是同步增长的,公共支出的增长是由公共收入的增长而造成的,而不是其他别的什么原因所造成的。基于这种判断,他们将导致公共支出增长的因素归结为以下两种。

1)内在因素

在税率不变的税收制度下,随着经济的发展,政府所征的税收收入必然呈不断增长的趋势,而追求政治权力最大化的政府是喜欢多支出的,除非既有的公共收入水平构成对其扩大支出欲望的约束,否则,政府的公共支出的上升必然会同 GDP 的增加以及由此而带来的公共收入的增加呈线性关系。

2)外在因素

在社会发展过程中的动荡时期,如战争、灾难等,政府的支出不得不急剧增加。于是,政府会被迫提高税率或增加新税,不愿意多交税的公众也会被迫接受提高了的税率和新增的税种。但动荡时期过后,税率水平并不会退回到原来的水平上,有些新税还要继续存在,因为政府需要继续维持动荡时期的高额支出。公共支出的这一增长过程可参见图 8-1。

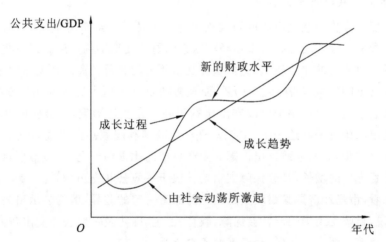

图 8-1 公共支出的增长过程

3. 马斯格雷夫——"公共支出增长的发展模型"

美国经济学家 R. A. 马斯格雷夫和 W. W. 罗斯托用经济发展阶段论来解释公共支出增长的原因。他指出:在经济发展的早期,政府投资在社会总投资中占有较大的比重,这不仅对经济发展有重要作用,也是今后社会经济发展所必需的重要条件;到经济

---

① 杜放、陈拂闻:《经济学》,清华大学出版社,2005 年版,第 21 页。

发展中期,公共积累支出在整个社会总积累中所占的比重会下降,但由于市场失灵,政府支持仍要保持一定的规模以对市场实施干预;当经济进一步发展进入成熟期,公共支出结构会发生变化,从以社会基础设施投资为主的支出结构,逐步转向以教育、保健和社会福利为主的支出结构,又进一步使得公共支出的增长速度加快,甚至快于国内生产总值的增长速度。

4. 鲍莫尔——"非均衡增长模型"

美国经济学家威廉·鲍莫尔将国民经济分为两个部门:生产效率不断提高的部门(有技术进步的)和生产效率提高缓慢的部门(服务业、制造业和政府部门),假设两个部门工资水平相同,且工资随效率逐步上升,那么:①单位产品成本随生产效率不断提高而维持不变或下降,而生产效率提高缓慢的成本上升;②如果消费者对生产效率提高缓慢的部门的产品需求有弹性,该部门的产品产量将下降,甚至停产;③如果维持生产效率提高缓慢的产品产量在国民经济中的比重,必须增加劳动力和投资;④如果维持两个部门的均衡增长,政府部门的支出只能增加,同时也会导致整体经济增长率的降低。

四、公共财政支出的结构

公共财政支出结构是指财政支出总额中各类支出的组合以及各类支出在支出总额中所占的比重。公共财政支出的结构与政府的职能密切相关。

1. 外国的公共财政支出结构

如果按照国际货币基金组织的财政支出分类方法——经济分类法,将财政支出分为经常性支出和资本性支出,那么,市场经济国家的财政支出结构一般有以下主要特点。一是资本项目支出所占的比重较低,经常项目支出所占的比重较高。在发达国家,资本项目支出占财政支出的比重只有5%~10%,而经常项目支出所占比重则超过90%。二是社会保障和社会福利支出占整个财政支出比重很高。在发达国家,社会保障和福利支出占整个财政支出的比重平均达30%~50%,瑞典等高福利国家甚至超过50%。三是随着经济发展和社会进步,政府财政支出占国内生产总值的比重趋于上升,经常项目支出的增长快于资本项目支出的增长,社会保障支出增长快于一般公共支出增长。

总体来看,市场经济国家财政支出结构虽然有一定的差异,但均显示出公共财政的特点,也就是说,财政支出中用于社会保障、教育、卫生、国防及一般公务支出较高,经济建设支出特别是直接经济支出较低,交通运输所占比重相对较大。

2. 中国财政支出结构

我国国家财政功能性质分类的支出见表8-1。

从我国财政支出结构的历史变化来看,经济建设支出比重呈逐年下降趋势,但比重仍然偏高。根据马斯格雷夫经济发展阶段论,由于中国正处于经济"起飞"阶段,政府投资在总投资中应占有较高的比重。社会文教支出占财政支出的比重逐年增长。1978年该项支出所占比重为13.10%,到2006年则达到26.83%,超过了经济建设支出所占比重(26.56%),首次成为财政支出中所占比重最多的一项,这说明中国对教育、文化和社会服务事业发展越来越重视。国防支出比较稳定,并有所下降。同时,随着政府社会管理职能

表 8-1　国家财政按功能性质分类的支出

年份	经济建设费	(基本建设支出)	社会文教费	国防费	行政管理费	其他支出
1978	64.08%	(40.27%)	13.10%	14.96%	4.71%	3.16%
1980	58.22%	(28.19%)	16.20%	15.77%	6.15%	3.66%
1985	56.26%	(27.67%)	20.38%	9.56%	8.53%	5.27%
1990	44.36%	(17.75%)	23.92%	9.41%	13.44%	8.86%
1991	42.18%	(16.52%)	25.09%	9.75%	12.22%	10.75%
1992	43.10%	(14.85%)	25.92%	10.10%	12.38%	8.50%
1993	39.52%	(12.75%)	25.38%	9.17%	13.66%	12.26%
1994	41.32%	(11.04%)	25.92%	9.51%	14.63%	8.61%
1995	41.85%	(11.57%)	25.74%	9.33%	14.60%	8.47%
1996	40.74%	(11.43%)	26.21%	9.07%	14.93%	9.04%
1997	39.50%	(11.04%)	26.74%	8.80%	14.72%	10.24%
1998	38.71%	(12.85%)	27.14%	8.66%	14.82%	10.68%
1999	38.38%	(16.05%)	27.59%	8.16%	15.32%	10.54%
2000	36.18%	(13.19%)	27.60%	7.60%	17.42%	11.19%
2001	34.24%	(13.28%)	27.58%	7.63%	18.58%	11.97%
2002	30.26%	(14.25%)	26.87%	7.74%	18.60%	16.53%
2003	28.04%	(13.91%)	26.24%	7.74%	19.03%	18.94%
2004	27.85%	(12.07%)	26.29%	7.72%	19.38%	18.75%
2005	27.46%	(11.91%)	26.39%	7.29%	19.19%	19.67%
2006	26.56%	(10.86%)	26.83%	7.37%	18.73%	20.51%

资料来源:《中国统计年鉴 2007》。

的日益凸显,国家的行政管理费用支出增长迅猛,占财政支出的比重逐年上升。其他支出比重也呈上升趋势,尤其是 20 世纪 90 年代后期开始,升幅明显增加。1997 年用于其他支出达 10.24%,约是 1980 年比重的 3 倍;2002 年更是从 2001 年的 11.97% 突增到 2002 年的 16.53%,到 2006 年是 20.51%,增长趋势相当明显。随着市场经济体制的逐步完善,应不断优化公共财政支出结构,实现公共资源配置的高效率。

第四节　公共财政体制

一、公共财政体制的内涵

公共财政体制是实行公共财政分配活动、处理公共财政分配关系的准则和依据,是公共财政的组织体系、管理方式、责权划分和机构设置。其实质是正确处理国家在财政资金分配上的集权与分权问题,其核心是中央政府与地方政府之间的集权与分权问题,也就是中央与地方财政收支范围和管理权限的划分。因此,公共财政体制必须与经济体制相适应,与客观存在的公共财政分配关系相吻合。

按照管理内容和范围,公共财政体制的构成主要包括国家预算管理体制、预算外资金管理体制、国家信用管理体制、税收管理体制、基建投资管理体制、国家行政事业财务体制和国有企业财务体制。其中,在国家公共财政体制中占主导地位的是国家预算管理体制。按照级次和主体来划分,公共财政体制构成主要包括中央与地方及地方各级之间的分配关系。

公共财政体制中的集权与分权问题,主要通过在各级政府间的收支划分来解决,其中,最为重要的是要正确处理中央政府与地方政府财政的分配关系,充分调动中央与地方两个财政的积极性。一般说来,影响中央与地方政府之间收支划分的因素主要有以下4个方面。

1. 国家经济体制

公共财政体制是整个经济体制的重要组成部分,因而国家经济体制制约着公共财政体制。当一国的经济体制属于集中类型时,必然要求其财权财力也是集中的,当一国的经济体制属于分散类型时,必然要求其财权财力是分散的。

2. 国家结构形式

国家结构形式是指一个国家的整体与其组成部分之间、中央和地方之间的相互关系,也就是一个国家的各个地区如何组成的问题。国家结构形式一般分为单一制和复合制两种。单一制国家结构形式是由若干普通行政单位或自治单位组成的单一主权的国家,各组成单位都是国家不可分割的组成部分。复合制国家结构形式是由两个或两个以上的成员单位(如邦、州、共和国等)联合组成的联盟国家或国家联盟。根据成员单位独立性的强弱,复合制又可分为联邦制和邦联制等形式。我国采取的是单一制的国家结构形式。国家的结构形式不仅影响预算的级次,而且也影响中央政府与地方政府间的收支划分。一般地说,联邦制国家的地方财权比单一制国家要大些。

3. 政府职能范围

恩格斯在《反杜林论》中指出:"一切政治权力起先总是以某种经济的、社会的职能为基础的","政治统治到处都是以执行某种社会职能为基础,而且政治统治只有在它执行了它的这种社会职能时才能持续下去。"政府职能主要包括三个方面:一是政治职能,主要是运用政治暴力(包括专政机关和军事手段),维护统治阶级的统治地位和基本利益;二是经济职能,主要是通过经济、法律和行政手段,干预经济活动,促进经济发展;三是公共职能,主要是管理社会公共事务和发展社会文化、教育、医疗、卫生、环保等事业,以适应社会的政治、经济和文化发展的需要。因此,如果政府对社会经济生活干预较多,所需财权财力就较大,因而财政参与国民收入分配的比重也较高,中央政府集中的财权财力也较大,反之则小。

4. 不同级次公共产品的性质和特点

所谓公共产品,就是那些在消费上同时具有非排他性和非竞争性的产品。对那些需要采取全面性的行动去实现的项目或政府职能,可以由中央政府来管理,主要包括:①全国性公共产品,这是对全国所有个人共同提供的,应由中央政府集中提供,例如国防和对外政策;②有些公共产品或服务在一定程度上涉及国家利益,应由中央政府集中提供,例如基础科学研究,救助失学儿童;③不同的行政或经济地区的收入再分配,这种调节、调控作用只能由中央政府来完成;④中央政府应掌握主要税收的课征权,以避免地域间税负不一而造成的高税区纳税人向低税区躲避的行为,同时还可以减少地方政府之间用减免或补助来吸引投资的税收竞争;⑤进出口调节;⑥其他属于稳定和发展经济方面的举措以及重要财政政策的实施。那些需要发挥地方的主动性、符合各地的特点,从而提高政府财政活动效率的项目或职能,则应由地方政府来操作或行使。

二、进一步完善以分税制为核心的财政体制

分税制是在明确划分中央与地方各级政府职权范围的基础上,按税收划分或税源分享的办法,在各级政府之间划分税源,确定税收的权限、税制体系、税务机构和协调财政收支关系的财政体制。分税制要求按税种实现"三分":分权、分税、分管。所以,分税制实质上就是为了有效地处理中央政府和地方各级政府之间的事权和财权关系,通过划分税权,将税收按照税种划分为中央税、地方税(有时还有共享税)两大税类进行管理而形成的一种财政体制。中央税是指税种的立法权、课税权和税款的使用权归属于中央政府的一类税收;地方税是指立法权、课税权和税款的使用权归属于地方政府的一类税收。税款收入按照管理体制分别入库,分别支配,分别管理,形成中央政府和地方政府两个相对独立的收入体系,为各级财政提供稳定的收入来源。

分税制是国际上通行的一种财政体制,我国于1992年在辽宁等九个地区进行了分税制试点,1994年1月1日正式推行分税制的公共财政体制。将税种统一划分为中央税、地方税、中央与地方共享税,建起了中央和地方两套税收管理制度,并分设中央与地方两套税收机构分别征管;在核定地方收支数额的基础上,实行了中央财政对地方财政的税收返还和转移支付制度等,成功地实现了在中央政府与地方政府之间税种、税权、税管的划分。分税制的基本内容有以下几点。

1. 划分中央与地方的事权和支出

中央财政主要承担国家安全、外交、中央国家机关运转经费及其他政策性支出。地方财政主要承担本地区政权机关运转所需开支,以及本地区行政管理、文教卫生事业支出和公检法支出等。

2. 划分中央与地方的税种

中央税是维护国家权益、实施国家宏观管理所必需的税种,主要包括:关税、海关代征消费税和增值税,消费税,中央企业所得税,地方银行和外资银行及非银行金融企业所得税,铁道部门、各银行总行、各保险总公司等集中交纳的收入(包括营业税、所得税、利润和城市维护建设税),车辆购置税。地方税即属于地方固定财政收入,由地方管理和使用的税种,主要包括:营业税(不含铁道部门、各银行总行、各保险总公司集中交纳的营业税),地方企业所得税(不含上述地方银行和外资银行及非银行金融企业所得税),个人所得税,城镇土地使用税,固定资产投资方向调节税,城市维护建设税(不含铁道部门、各银行总行、各保险总公司集中交纳的部分),房产税,车船使用税,印花税,屠宰费,农牧业税,对农

业特产收入征收的农业税(简称农业特产税),耕地占用税,契税,遗产或赠予税,土地增值税。中央地方共享税即由中央和地方共同管理和使用的税种,主要包括:增值税、资源税、证券交易税等。增值税中央分享75%,地方分享25%。资源税按不同的资源品种划分,部分资源税作为地方收入,海洋石油资源税作为中央收入。证券交易税中央与地方各分享50%。

3. 建立独立的政府分级预算,分设中央和地方税务机构

我国设置了国家税务局和地方税务局两套征管体系,明确各级政府税收管理权限,分别征税。在中央和地方政府之间进行彻底的预算管理权限的划分,预决算的分别独立编制和审议执行,在划定各级政府事权和财权基础上自收自支,自求平衡,将各级政府预算的编制、审批、变更、决算等全过程纳入法制轨道。

4. 建立政府之间的转移支付制度

简而言之,转移支付是指上一级政府对下级政府的补助,它是最直观的收入分配制度,是通过将某一部分社会成员的收入转移到其他社会成员的手中来进行收入再分配的。建立转移支付制度的主要目的是:①中央政府能控制和调节地方政府的预算支出,使其为实现中央政府的宏观政策服务;②为地方政府提供部分收入来源,弥补财政收支差额,增强其提供公共服务的能力;③促进社会公平目标的实现;④某些与国家或地区密切相关的项目需上级政府进行财力的集中和转移,如重大水利工程等。

经过多年的实践运行,分税制财政管理体制改革是成功的,分税制取得明显成效,主要表现为以下几方面。①促进了中央与地方的公共财政收入持续快速增长。②中央财政的宏观调控能力逐步增强。分税制通过对收入增长量的调整,形成了有利于中央财政收入适度增长的运行机制,使中央财政收入占全国财政收入的比重提高,强化了宏观调控,进一步平衡了地区差异和行业差异。③促进了公平竞争和产业结构的优化调整。中央和地方都是按统一的税法税率分别征收与本级层次相适应的税种,不得越权或随意减免,这就保证了平等竞争的实现,优化了产业结构。④使财政税务机构建设取得了较大进展。⑤强化了对地方财政的预算约束,提高了地方坚持财政平衡、注重收支管理的主动性和自主性。

我国分税制改革虽已取得了显著成效,但由于各种客观因素的限制,使得现实的分税制在运行中仍存在一些问题。主要体现在以下几方面。①政府间事权划分不明晰,中央和地方事权错位、重叠,越位与缺位的现象仍然存在。②转移支付力度弱,方法不完善,转移支付的体系过于庞杂,标准不统一,分配关系透明度不高,因素记分法也不完善。③省级以下分税制不完善,缺少明确归属的专享税种,没有与其事权相适应的财权。各地分税制的贯彻参差不齐,执行具有不彻底性,对经济调控缺乏一致性,影响分税制整体效应的发挥。

上述问题的存在,严重影响和制约着我国经济、社会的持续、快速、健康发展,当前应该进一步完善以分税制为核心的财税体制。主要应注意以下几点。①进一步合理界定关于事权、财权的对称性,划清各级政府的支出责任,并以此为基础划分税种,实现财权与事权、统一领导与分级管理的统一。②进一步完善转移支付制度,加快政府间转移支付制度规范化步伐。转移支付的模式应以纵向支付为主,横向支付为辅,选用科学的补助方式,协调不同形式的结构比例关系。③进一步完善地方税体系,充实地方的主体税种,优化配

置地方税的辅助性税种。

总之,推行分税制是一项长期的改革任务,必须采取有力措施,加快体制改革与完善步伐,逐步实现分税制的完整体系。

1. 公共财政的内涵与职能是什么?
2. 公共预算的编制审批执行和公共决算的编制与审批的过程是怎样的?
3. 公共财政收入的影响因素有哪些?国家税收在财政收入中的地位怎样?
4. 如何完善以分税制为核心的财政体制?

我国公共财政的转型[①]

据中国财政部网站消息,中国财政部部长谢旭人2007年12月19日说,2007年前11个月,全国财政用于社会保障和就业的支出达到4128.46亿元,同比增长28.6%。随着中央财政支持社保和就业投入的增多,预计2007年中央财政社会保障和就业支出将增长20.2%,达到2419亿元。

谢旭人在全国财政工作会议上指出,2007年以来,中国促进就业再就业的财税政策不断完善。农村最低生活保障制度在全国初步建立,城市居民最低生活保障制度不断完善。提高企业退休人员基本养老金标准,并确保企业离退休人员基本养老金按时足额发放。提高了优抚对象抚恤补助标准。

此外,为解决城镇居民住房难题,财政部还及时出台了解决城市低收入家庭住房困难的财政配套措施,中央廉租住房保障专项补助资金已经下达,相关税费扶持政策进一步明确。

谢旭人表示,2008年中央财政将继续加大投入,完善社会保障体系。明年中国将全面建立和完善农村最低生活保障制度,改进中央财政补助资金分配办法,加大地方财政投入力度,健全城市居民最低生活保障制度。

完善企业职工基本养老保险制度,做好扩大做实企业职工基本养老保险个人账户试点工作。继续提高企业退休人员基本养老金水平,中央财政继续对财政确有困难的中西部地区和老工业基地予以适当支持。积极推进事业单位养老保险制度改革。

进一步完善失业保险制度。继续支持做好国有企业政策性关闭破产、东北地区厂办大集体改革试点、解决库区移民的生产生活问题等工作。落实好减免税费、小额担保贷款财政贴息、职业培训补贴等促进就业的财税政策。

此外,在改善住房方面,谢旭人表示,明年还将进一步加强廉租住房保障。根据各地政府制定的廉租住房保障年度计划,严格按照国务院规定的资金来源渠道积极筹措廉租

[①] 《2007年中央财政用于社保和就业支出将达2419亿元》,新华网,2007年12月19日,略有改动。

住房保障资金,落实对廉租住房建设等方面的税费优惠政策,加快解决城市低收入家庭住房困难。同时,进一步完善住房公积金政策。

【案例思考题】
1. 试分析公共财政支出的作用?
2. 结合案例,说明我国公共财政支出结构调整的方向。

省管县财政体制创新①

一、"省管县"模式与地方公共需求偏好

实施省管县财政体制改革的本质问题,是解决好省以下各级政府所面对的公共产品的供给和需求问题。从宏观的层面来看,社会生产、社会文化、社会就业、社会福利、社会保障、社会秩序、社会安全等,都与国家以及政府的财政分配活动密不可分。为了适应社会发展的公共需要,国家集中一部分社会资源,为公共需求提供公共物品和服务。这种为满足社会公共需要而构建的政府收支活动模式或财政运行机制模式,在理论上被称为"公共财政"。公共财政是一种弥补市场缺陷的财政体制,政府是提供公共产品的责任主体。

省管县财政体制是一种制度创新,突破的是地方政府理财行政在体制机制上与经济社会发展不相适应、与社会主义市场经济体制的构建和完善不相配合、与地方经济社会发展的现实情势不相符合的制度性瓶颈制约。通过进一步健全和完善省管县财政体制,就是要有利于公共财政体制改革方向的贯彻落实,有利于理顺地方各级政府间财政关系,有利于地方财政管理体制构建完善和良性运行的公共财政制度体系,有利于县级政府有效地提供公共产品。县级政府财权的使用和管理,表现为财政收支规模和结构,反映使用事权的活动范围和方向。为了保证县级政府针对不同历史时期或不同发展阶段制定出与政府管辖区域经济社会发展要求相适应的经济社会发展战略,就必须具有不断有效行使合理配置资源、调节收入分配、促进社会稳定和经济增长的职能,而这种职能的行使是以必要的财力为前提的,否则,难于以财行政。

省管县财政体制改革所涉及的内容,主要是正确处理省以下政府间收支划分、转移支付、资金往来、预算决算、年终结算等。根据省、市、县三级政府职能范围划分事权、财权,将县政府的事权和财权直接确定到县级,克服原有体制造成的缺位和越位问题,以重点保证县级政府在基础教育、科学技术、卫生保健、社会保障及农业生产等方面增加投入,最大限度地满足本地区对公共产品的需求偏好。

二、"省管县"的主要任务——自上而下纵向转移支付

在省管县体制下,一方面增强了省政府和县政府的宏观调控能力,但另一方面,必然加重省级财政的支出负担,省财政如何建立有效的转移支付制度是面临的主要任务。财政转移支付是分级预算体制的重要组成部分,是国家预算调节的一种制度。财政转移支付的实质是财政资金转移或转让,包括分级预算管理体制下的上下级预算主体间、同级预算主体间的财政资金转移或转让。财政转移支付的模式,主要包括通过自上而下的纵向

---

① 摘自安福仁:《强县强国与财政体制创新》,载《东北财经大学学报》,2009年第5期,略有改动。

转移、横向转移、纵向与横向混合转移等不同模式。在建立省管县体制的初期,财政转移支付的特征主要表现为省级预算主体对县级预算主体的资金转移,以解决县级预算主体的收支规模不对称,实现县级预算的收支均衡。在省管县财政体制下,县财政的预决算制度将发生根本性变化,由县统一按照省级财政部门有关要求,各自编制本级财政收支预算和年终决算。在预算方面,建立省与县之间的财政资金直接往来关系,省级财政直接确定各县的资金留解比例,各县金库按规定直接向省级金库报解财政库款。在决算方面,各类结算事项一律由省级财政与各县财政直接办理,各县举借国际金融组织贷款、外国政府贷款、国债转贷资金等,直接向省级财政部门申请转贷及承诺偿还,未能按规定偿还的由省财政直接对县进行扣款。预决算的变化,只是行政程序的变化,而其本质问题是如何划分县级财政的收支范围以及省级财政对县级财政转移支付。目前,我国财政转移支付制度尚属不很规范的时期,主要受以下因素制约:一是各级政府的职责和事权尚未明确划分,财政支出的划分与事权是紧密联系的,难以确定标准的收支概念;二是我国多数省级财政仍十分困难,使转移支付制度缺乏充足的财力支持;三是县级财政与省级财政间仍存在博弈关系,既得利益的调整困难很大;四是由于体制、经济结构、自然环境和人口状况等因素影响,各县经济发展水平相差很大,发展能力存在极大差别,致使通过转移支付实现地区均衡难以在短期内实现。因此,在省管县体制下如何建立有效的预算调节制度,是省级财政面临的重要课题。省对县的财政转移支付是以合理划分县级财政收支为前提的,而收支的划分是最为复杂与重要的工作。其一,收支划分是对县级政府事权与财权的重新配置,而这种权力的配置需要一个科学的过程;其二,收支划分是以基础性数据的合理统计为前提,而真实数据的收集有很大难度。据此,应在进一步理顺省与县支出责任的基础上,确定县财政各自的支出范围,只有在合理划分收支的基础上,省级财政才能有效地执行预算调节制度。

三、规避县级财政风险——建立风险防范机制

地方财政存在的收入风险,主要是因为地方经济增长乏力、收入结构单一、财政收入难以正常足额及时地满足地方的预算支付而构成的风险。在省管县体制下,应建立有效的债务风险防范机制:一是中央政府债务转化为地方政府债务的,省级政府不得将该项债务向县级延伸;二是中央财政对地方财政的项目贷款,构成地方政府对中央政府的负债,省级政府不得将该项债务向县级延伸;三是县级政府的支出欠账和挂账,不得以向上级政府借款来平衡资金缺口,应通过转移支付来解决;四是县级政府不得因承担道义上的义务形成地方政府债务;五是省级政府对县级政府的举债范围与额度,必须做出明确的规定,并建立严格的审批制度和监控机制。

第九章
电子政府

科学却在更大得多的程度上依赖于技术的状况和需要。社会一旦有技术上的需要,这种需要就会比十所大学更能把科学推向前进。

——[德]弗里德里希·恩格斯

第一节 电子政府概述

一、电子政府的内涵

"电子政府"(e-government)概念的提出源于1993年9月美国政府倡导实施的"信息高速公路计划"。当时,克林顿政府上台后,以副总统戈尔为主要倡导者在美国发起了一场名为"国家绩效考察"(national performance review,简称NPR)的运动,其中强调运用信息技术来重新塑造政府工作流程。NPR文件中写道:"如果使用计算机和远程通讯,我们就不需要像过去那样工作。我们可以设计出一个以顾客为动力的'电子政府',它的运作方法将是10年前最有远见的预言家也无法想象的。"[①]随着信息高速公路计划的提出,美国开始在国内全面推行电子政府建设,并且成效显著。威勒(Waller P.)等认为,"电子政府充分利用技术潜力,以公民为中心帮助公民实现其目标。可以向公民提供更方便的公共信息和服务存取、提供更广泛的服务渠道选择和更个性化的服务、提供基于公民需求而不是基于管理便利的服务、提

---

① 转引自[美]蓝志勇:《行政官僚与现代社会》,中山大学出版社,2003年版,第195页。

供更快的交互和更少的交易成本的服务。可以开放新的民主渠道,促进、拓宽和深化公众参与,推进国家的民主政治发展。"[1]基于电子政府的以上优势,其他国家也加紧了电子政府建设。1994年初,和美国比邻的加拿大亦提出了信息高速公路建设计划,当年便约有300个政府网站开始为公众提供"一站式"的政府信息及申办服务。自1994年起,英国、法国等欧盟国家也相继提出了电子政府建设计划,目的是提升国内公共服务质量,同时避免美国在全球信息资源占有上一家独大的状态。1999年,中国加入了全球电子政府建设队伍,积极推出了"政府上网工程",将部分政府职能搬上了互联网。到了2002年,根据联合国公共经济与公共管理局和美国公共行政学会(ASPA)在当年共同开展的全球电子政务调查统计,联合国的190个成员国中已有169个国家拥有自己的政府网站,在不同程度上推进电子政务建设。[2]

可以说,电子政府建设的提出和发展热潮是社会发展和政府治理的必然要求。无论是主动地推进还是被动地接受这样一种崭新的治理模式,都在很大程度上改善了政府在公共服务方面的质量,并为政府和公众的常态化互动提供了保障。

(一) 电子政府的内涵

"电子政府"是由"电子"和"政府"两个部分组成的偏正结构的复合名词,可以简单将其理解为电子化的政府、电子辅助下的政府形态等。在电子政府如何界定这一问题上,不同学者有着不同的理解。

有些学者从信息技术的工具性视角出发,认为所谓电子化政府,是指政府有效利用现代信息和通讯技术,通过不同的信息服务设施(如电话、网络、公用电脑站等),在其更方便的时间、地点及方式下,对政府机关、企业、社会组织和公民提供自动化的信息及其他服务,从而建构一个有回应力、有效率、负责任、具有更高服务品质的政府。[3]

另有学者更看重信息技术与行政管理职能间的互动性,认为电子政府指的是政府机构全面应用信息技术以及网络等信息服务设施,在进行组织变革和内、外部关系转变的基础上,将其信息和管理服务职能移到网络中去运行,以改革行政体制,构建更好的政府。[4]

还有学者从具体的实践要求和理想目标视角来理解电子政府,例如,从理论上来讲,电子政府在提供服务的理念上和运作模式上都应该是"一站式"的。"电子政府期望达成这样一个理想的服务形态:公民不必走进政府机关即可获取丰富的信息;公民只需在单一机关办事,任何问题皆可随问随答,所办事情立等可取;若公民申办事情涉及多个机关,则政府机关可在一处办理,全程服务;公民无需进入政府机关,即可经过电脑连线申办。政府服务将朝'单一窗口'、'跨机关'、'24小时'、'自助式'服务的方向发展。"[5]

综合上述对电子政府概念的理解,电子政府的内涵应该体现以下几个方面:①电子政府的构建目的是提升政府服务的效率和质量,促进政府与公民间的双向沟通;②电子政府的行政视角是以公民为中心而非以政府为中心的;③电子政府的实现手段是对先进信息

---

[1] 转引自李阳晖、罗贤春:《国外电子政务服务研究综述》,载《公共管理学报》,2008年第4期,第116~121页。
[2] United Nations. Benchmarking E-government: A Global Perspective—Assessing the UN Member States [R]. New York: A United Nations Publication, 2002.
[3] 张成福:《电子化政府:发展及其前景》,载《中国人民大学学报》,2000年第3期,第4~12页。
[4] 张锐昕:《电子政府内涵的演进及其界定》,载《社会科学辑刊》,2011年第5期,第48~51页。
[5] 张成福:《电子化政府:发展及其前景》,载《中国人民大学学报》,2000年第3期,第4~12页。

技术的充分和科学地应用;④电子政府的实现路径是依托信息技术力量完成政务流程的优化、组织结构的重组和部门关系的协调等。

基于以上的理解,我们认为,电子政府是在公民本位理念指导下,政府充分借助先进的信息技术,不断推进政务流程优化、组织结构重组和政府部门关系协调等,进而提升公共服务的效率和质量,促进政府与公民间双向沟通的新型政府形态。相对于传统政府而言,电子政府体现了多种创新性,两者在很多方面都有着明显的区别(见表9-1)。

表9-1 电子政府与传统政府的比较

	传统政府	电子政府
管理理念	管制	服务
存在方式	实体性	虚拟性
空间属性	地域性	超地域性
时间属性	机械性、刚性	灵活性、弹性
管理方式	集中管理	分权管理
运行环境	传统经济环境	以知识为基础的数字经济环境
组织结构	垂直化分层结构	扁平化辐射结构
作业方式	串联顺序	并联协同
运行方式	政府实体性管理	系统程序式管理

(二)电子政府的相关概念辨析

在电子政府建设最初阶段,曾出现了诸如电子政府、电子政务、办公自动化、政府上网、网络政府、数字政府、虚拟政府、一站式政府、政府信息化、电子治理等相关概念相互通用的情况,这种"百家争鸣"的状态,曾一度限制了该领域学者共同探讨问题的话语共识,进而阻碍了电子政府的建设进程。为了缓和这一矛盾,使电子政府建设的理论和实践步入正轨,2002年,时任我国国务院总理的朱镕基在政府文件中统一使用了"电子政务"这一概念,从而规范了学术研究的词汇应用,将概念由杂乱变为统一。然而,随着电子政府建设的逐步深入,各个发展领域都迎来了新的问题,人们发现以上的概念又有着各自的特色,为应和发展需求,电子政府相关概念再次由统一变为多元。下面便区分以下几个相关概念,进而阐明电子政府的内涵和外延。

1. 电子政务

电子政务是人们最为常用的概念,同时也是最容易和电子政府相混淆的概念。最初,英语词语"electronic government(简写 e-government)"被我国学者翻译为"电子政务",其实,电子政务译为"electronic government affair,EGA"或"e-administration"更为合理。人们对电子政务的内涵也是莫衷一是,因为观察事物的角度不同而产生了不同的观点。简单而言,电子政务就是各级政府部门借助信息技术将传统政务中信息与服务进行整合与集成,并通过信息网络平台一站式地向社会提供优质高效的管理和服务。

严格来讲,电子政府与电子政务并不是对等的概念,其中的区别体现在"政府"与"政务"之中。简单而言,电子政务是一个政府行为的动态过程,是实体政府在管理过程中利用信息技术以提高政府效率的一种方式。电子政府,是一种创新性的政府管理形态,是一个理想化的目标,即一种以信息技术为依托、以实现完善的政府服务为目标的"虚拟政府"。从长远的角度来看,电子政务是电子政府发展的一个重要阶段,如果要实现电子政府必须不断推进电子政务建设;而电子政府,则是电子政务发展的长期目标。可以说,电子政务是架构在现实政府与未来政府的一座桥梁。

2. 电子治理

随着治理理论的深入发展,电子治理连同整体性治理、网络化治理、协同治理等概念渐渐成为学术热词。亦有学者将其与电子政府或电子政务相等同。严格来讲,电子治理与电子政府其实并不应放在同一范畴中进行考虑,尽管两者属于同一个概念体系,但处于不同的内涵层面。电子政府是政府发展的一种形态,强调的是全面信息化状态下的政府;电子治理应该是政府管理方式发展的一种模式,强调的是政府管理方式的全面社会化和网络化。

在电子治理概念中,电子是作为治理的一种手段和工具存在的,"电子"增强了政府同非政府组织或个人之间的互动性,加速了管理社会化的进程。通俗而言,电子治理是用电子的方式进行政府治理。从这一角度来讲,电子治理虽然是电子政府的管理模式之一,但它并不仅仅在电子政府形态下存在,而可以存在于信息化进程中的任何政府形态。

总之,电子政府与电子治理应该是管理主体与管理方式的关系。具体而言,电子政府是电子政务高度发展后形成的一个政府形态,是一个点,强调结果;电子治理是电子政务发展中的一种政务管理模式,是一条线,强调过程。也许电子治理的稳步推进能够加快电子政府的实现,应该肯定的一点是,电子政府状态下,作为一种有效的管理方式,电子治理应该从中发挥其应有的作用。另外,电子治理的确应为电子政务发展的一个趋势,推而远之,电子政府形态下电子治理也应是政府管理的必然选择模式。

3. 一站式政府

近年来,随着人们对政府办事效率和服务质量的追求愈发高涨,各级政府逐步提出了一站式政府建设,以为企业和公民提供优质高效的一站式服务。一站式政府在提供服务过程中所体现出的集中性、一次性和一体化等特征将极大地满足公民的需求,提升政府的形象,进而巩固政权的合法性基础,因而得到了越来越多政府的青睐。

从广义上讲,一站式政府是指在公民本位理念指导下,政府通过设置多种便于寻找的服务前台(实体的或虚拟的)和协调整合不同政府部门间的信息和服务,使其在与公民、企业或第三部门的单一接触中,便可为他们提供全方位、一体化和个性化服务的组织形态。从狭义角度而言,一站式政府是通过一站式政府门户网站为公民、企业或第三部门提供全方位、一体化和个性化公共服务的政府,或称为网上一站式政府。① 因为一站式政府对信息技术具有很强的依赖性,这会使人们联想到电子政府。事实上,一站式政府和电子政府在概念上的关联性较大,但两者的区别也较为明显,主要体现在以下三个方面。②

首先,产生的时间不同。一站式政府的初期实践要早于电子政府。电子政府是在互联网革命背景下产生的一种新的政府管理模式,最早是在1993年9月的美国被提出

---

① 刘红波:《一站式政府的概念解析与角色定位》,载《电子政务》,2012年第8期。
② 刘红波:《一站式政府研究:以公共服务为视角》,吉林大学博士学位论文,2011年5月,第41~43页。

的。因为电子政府对网络技术具有高度的依赖性,只有当网络技术发展到一定阶段时,电子政府才会真正走上历史舞台。相比较而言,一站式政府最初的实践是在实体政府中进行的,因此,其对网络技术的要求并没有那么强烈。事实上,"一站式行政"(英语为 one-stop administration,法语为 guichet unique administratif)这一术语,早在互联网出现之前便被行政行为(administrative action)理论家提出①。一站式政府的初期实践大致始于 20 世纪 70 年代初。当时,在西方发达国家便开始了对实体一站式服务机构的探索实践。

其次,职能的范围不同。电子政府涵盖了经济调节、市场监管、社会管理和公共服务等多方面职能。相比较而言,一站式政府的职能范围要狭窄得多,主要关注公共服务职能,其职责主要是面向公民、企业或第三部门,并为其提供一体化的公共服务。从职能范围上来看,电子政府一站式服务(或称电子服务)是电子政府建设的核心内容,主要涉及政府对公民(government to citizen,G2C)和政府对企业(government to business,G2B)服务的部分内容。从某种意义上来讲,政府对政府(government to government,G2G)在后台的管理为 G2C 和 G2B 服务。现实情况下,政府中的一些职能无法在电子政府中实现,而一站式政府则承担着电子政府职能的一部分,即公共服务职能(见图 9-1)。随着政府公共服务职能的不断拓展,未来的一站式政府与电子政府的职能结合领域将不断地扩大。

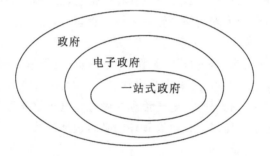

图 9-1 政府、电子政府与一站式政府的职能范围比较

最后,服务的途径不同。电子政府主要通过网络或其他电子设备向公民、企业或第三部门提供服务,而一站式政府除了采用以上途径以外,还通过建设实体的物理场所或安排具体人员来提供面对面的服务,这正是电子政府所不倡导的。因此,相比较而言,一站式政府的服务途径更加广泛。

综上所述,我们可以将电子政府、政府一站式服务和一站式政府的关系总结如下:现实政府和电子政府都可以提供一站式服务,政府一站式服务建设是实现一站式政府的必由之路;一站式政府是政府一站式服务建设所力图实现的目标,是现有政府在实施一站式服务的过程中,通过有效地转变政府职能、不断地调整组织结构,持续地再造政务流程和充分重视政务信息资源的整合之后构建起来的新的政府形态。作为当代政府提供公共服务所追求的一种未来的治理模式,一站式政府是电子政府的一种理想化状态,它是政府从公民的视角出发而构建的,它凝聚了公民的需求,体现着政府的新的服务意识、管理理念和思想境界。

---

① Basquiat JP. Le guichet unique dans l'administration francaise. In New Interfaces between Administration and Citizens, One-Stop-Government through ICT, International Workshop. Bremen, Germany, 1999.

二、电子政府的运作模式

(一) 电子政府的业务内容

电子政府的业务内容是通过电子政务系统建设来实现的。我国中央政府曾对电子政务的内容进行了明确认定。2006年5月,中共中央办公厅、国务院办公厅联合下发了《2006—2020年国家信息化发展战略》,其中将推行电子政务作为国家信息化发展的战略重点,并认为电子政务包括四方面内容:改善公共服务、加强社会管理、强化综合监管和完善宏观调控。在行动计划中,要整合电子政务网络,全面支撑经济调节、市场监管、社会管理和公共服务职能①。可见,电子政府的业务内容是同政府以上四大职能相吻合的,政府的所有职能在未来的电子政务发展中都会被逐步整合到电子政务系统之中。

与国家严格的职能界定不同,希克斯(Heeks R.)从服务的内容角度将电子政府分为三个方面(见图9-2):电子行政(e-administration)、电子社会(e-society)、电子公民(e-citizens)与电子服务(e-services)。

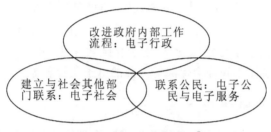

图9-2　电子政府的结构②

在政府与公民的互动关系中,希克斯将电子公民与电子服务进行了区分。他认为,在电子公民视角下,公民是以选民的角色出现的,公民的需求是政府提供的民主与法律事务;而在电子服务视角下,公民是以纳税人和顾客角色出现的,公民需求是政府提供的公共服务。

电子政务的服务对象除了公民、企业和其他社会组织以外,还应该包括政府机关本身,即政府机关及其所属的工作人员。因此,与电子政务相关的行为主体主要包括四个:政府、企业、公民和政府工作人员。四个行为主体间的相互关系也构成了电子政务的四大业务。

1. 政府与政府间的电子政务(government to government, G2G)

该部分的电子政务既包括中央政府与地方政府之间的业务关系,同时也包括了政府部门与部门之间的业务关系。其业务内容主要有:"一站式"的地理信息、人口信息资

---

① 参见《中共中央办公厅 国务院办公厅关于印发〈2006—2020年国家信息化发展战略〉的通知》(中办发[2006]11号)。

② Heeks R. Understanding e-Governance for Development. i-Government Working Paper Series No.11, Institute for Development Policy and Management. University of Manchester, Precinct Centre, Manchester, 2001.

源信息等;政府之间各种业务流所需要采集和处理的信息;电子拨款;灾难援助和危机响应;无限公共安全的互操作通信项目;电子生命统计;政府内部的各种管理信息系统,如财务管理、人事管理、公文管理、资产管理和档案管理等;各级政府的决策支持系统等。

2. 政府与企业间的电子政务(government to business,G2B)

政府与企业之间的电子政务主要目的是采用源头一次性搜集数据的措施,将一项数据多处使用,优化冗余数据,减轻企业负担,提高企业的办事效率。主要的业务内容包括:企业的电子税务服务;政府向企业发布各种法律法规等信息;开展政府资产出售服务;政府电子采购;国际贸易程序电子化;一站式企业履行信息;政府向企业颁发各种营业执照、许可证和质量认证等。

3. 政府与公民间的电子政务(government to citizen,G2C)

政府通过电子政务系统向公民提供各种公共服务,例如,一站式休闲服务,网上国家补助资格评定,网上贷款服务,网上纳税,电子就业,电子医疗,社会福利的报销与支付,个人证件(护照、驾照、身份证等)的办理,政府向公民发布各种法律法规、公共安全等重要信息,公民通过政府网站参与政策制定等。

4. 政府与政府工作人员间的电子政务(government to employee,G2E)

政府机构通过信息技术对政府工作人员进行电子化人事管理,例如,电子化招聘、电子化培训、电子化交流、电子化档案管理、电子化绩效考评、电子化民主测评,政府对工作人员的薪资、奖惩、人事任免和社会保障等方面的电子化管理等。

(二)电子政务的网络架构

我国于2002年颁发的《国家信息化领导小组关于我国电子政务建设指导意见》中规定,"电子政务网络由政务内网和政务外网构成,两网之间物理隔离,政务外网与互联网之间逻辑隔离,政务内网主要是副省级以上政务部门的办公网,与副省级以下政务部门的办公网物理隔离。政务外网是政府的业务专网,主要运行政务部门面向社会的专业性服务业务和不需在内网上运行的业务。要统一标准,利用统一网络平台,促进各个业务系统的互联互通、资源共享。"[①]

除此之外,2000年1月国家保密局开始施行的《计算机信息系统国际联网保密管理规定》中第二章第六条规定,涉及国家秘密的计算机信息系统,不得直接或间接地与国际互联网或其他公共信息网络相联接,必须实行物理隔离。这两份文件明确规定了我国现行的电子政务的网络架构(见图9-3)。

三、电子政务的发展演变

关于电子政务的发展演变,曾经出现过三阶段说和四阶段说。有学者将电子政务发展阶段划分为以下三个阶段:第一,信息发布阶段,政府及政府部门在政府网站上单向发

[①]《中共中央办公厅 国务院办公厅关于转发〈国家信息化领导小组关于我国电子政务建设指导意见〉的通知》(中办发[2002]17号),2002-08-05。

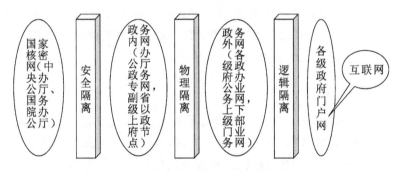

图 9-3 我国现行电子政务网络架构

布信息,相当于"政府上网",用户可从政府网站获得和下载信息,但不能或不方便上传信息;第二,政民互动阶段,局部政务应用上的双向互动,较前一阶段的进步之处在于用户可以反馈或下载信息;第三,在线办事阶段,双向在线实时的政务处理,进步之处体现在政务处理的在线实时化。另外,还有学者将其划分为四个阶段,其中前三个阶段同三阶段划分说相同,除此之外增加了一站式办公阶段,即整合多种政务应用系统基础上的在线政务,即面向用户提供一站式的电子政务。

2002 年,联合国公共经济与公共管理局对全球各国政府网站的发展水平进行了测评,并将其划分为以下五个阶段[①]。①起步阶段(emerging):刚刚开通政府网站,并且这些网站相互独立;网站内容静态;网站发布的信息简单。②加强阶段(enhanced):政府网站逐渐增多,并且网站之间相互链接;开始提供动态信息和专业信息;发布有关政府出版物、法律法规和新闻等内容;提供检索功能和相关电子邮件地址。③交互阶段(interactive):用户可以从政府网站下载表格和申请材料;通过电子邮件和网络与政府官员进行交流和沟通;检索专业数据库;网站内容和信息定期更新。④在线办事阶段(transactional):用户事务在线处理;数字签名被广泛使用;信息安全得到保证;基础网络基本整合;后台实现信息共享。⑤无缝阶段(seamless):在线服务实现完全整合;政府日常业务被转移到网络空间;完成从职能导向到服务导向的转变;在线服务完全整合,根据用户需求提供一体化服务;后台跨部门业务实现无缝集成等。

以上对电子政务的阶段划分很好地总结、归纳了电子政务发展的一般趋势。然而,也有学者认为它们仍过于把视角放在了"电子"上,而忽视了从"政务"的角度进行归纳和阶段划分。于是,他们改变了在电子政务发展阶段划分上的重"电子"轻"政务"的状况,力图将电子政务回归于"政务",提出了电子政务如下发展趋势和阶段:技术应用型电子政务建设、管理信息化型电子政务建设、扁平服务型电子政务建设、电子民主型电子政务策略和全面响应型电子政务建设。[②]

四、电子政府建设的内容体系

电子政府建设是一项系统工程,不仅要有社会提供的技术支撑,还要有政府提供的制

---

① United Nations. Benchmarking E-government: A Global Perspective—Assessing the UN Member States. New York:A United Nations Publication, 2002.
② 姜奇平、汪向东:《行政环境与电子政务的策略选择》,载《中国社会科学》,2004 年第 2 期,第 80~91 页。

度基础,尽管诸如互联网等内嵌着平等、自由和民主等价值理性,但信息技术仍然更多被看做一种治理工具,其应用状况仍取决于政治制度要求和现实政府的裁决。因此,电子政府是在技术创新与制度创新双因素契合的环境下实现的。

(一) 系统建设

电子政府建设的重点在于建设一个功能齐全、性能优良的电子政务系统。电子政务系统是实现电子政务的载体和依托。从本质上讲,电子政务系统的主要任务是对政务信息资源进行管理。按照信息的管理流程,系统中既应包括为信息传输和存储而存在的系统硬件,又应包括为信息集中处理而存在的系统软件,还应包括为保障信息安全而存在的安全技术。

1. 系统硬件建设

系统硬件包括计算机、计算机网络和其他基础设施等。目前,我国电子政务系统的硬件建设已经取得了长足的进步,并且各地政府仍在不断加大硬件建设投入力度。但是,在地域之间存在的"数字鸿沟"也在逐步拉大,网络互联仍是某些落后地区的一个难题。除此之外,建设中还存在着舍弃现有的基础设施,而花巨资购置全新设备等浪费现象。因此,各地政府应辩证地对待此问题,一方面,要增加系统硬件投入,加快硬件更新换代,确保电子政务系统连接畅通、处理及时;另一方面,还要充分、合理地利用现有的基础设施资源,避免浪费现象的发生。

2. 系统软件建设

系统软件建设要求 IT 企业为政府设计开发多种应用软件,以建立一个多功能、综合性的电子政务平台,实现政府服务的有机协作和统一管理,便于领导的实时监控和督察,并为用户提供优质、高效的业务服务。当前,大部分政府部门仍存在着重视硬件建设而轻视软件建设、重复投资建设、硬件设备或软件系统更新换代较慢等现象。这些问题不仅影响到了电子政务系统的融合效果,也使人们对投入大量资金进行电子政务建设的价值产生质疑。因此,我国亟须对电子政务系统软件建设进行合理规划。

3. 系统安全建设

系统安全建设应贯穿于整个系统建设的始末。从保证数据传输安全和有效介入控制两个目标出发,建立系统网络与信息安全保障体系,该体系应包括:物理安全、管理安全、网络安全、系统安全、应用安全、数据安全和灾难备份与恢复等。目前,我国采用的安全手段主要包括 CA 认证(电子商务认证)、信息加密和数字签名等。为了保障系统运行的安全,政府还在实施中采取了以下安全措施:内网与外网之间实现物理隔离;内网与专网之间以及外网与互联网之间实现逻辑隔离;在外网的入口处配置网络入侵检测设备,实时检测网络的安全运行状态等。

(二) 环境建设

环境建设致力于为电子政务系统能够有效地发挥作用创造良好的行政环境。由上而知,系统建设是电子政务建设的工具基础或市场基础,其使用的产品大多来自于市场,而环境建设则是电子政务建设的价值基础或政府基础,其需求的服务大多来自于政府。

1. 法律制度安排

制度安排是电子政府建设顺利实施的保证。制度是具有规范性的,它既包括一些正式的制度,即由一定的组织或机构公开发布和实施的行为准则,如法律、法规、规章、政令等,又包括一些非正式的制度,即人们在社会日常生活中约定俗成、共同恪守的行为习惯,如习俗、传统、道德、意识形态等。本书认为,制度是由国家或国家机关所建立的调整交往活动主体之间以及社会关系的具有正式形式和强制性的规范体系,我们称之为法律制度。法律制度安排要求政府适时提出比较成熟的立法建议,推动相关配套法律法规的制定和完善,加快研究和制定网上行政审批相关的行政法规和规章。

2. 运行机制创新

"机制"这一概念最初是由19世纪的生物学家在分析生物现象时使用的。后来此概念被引入到政府管理中,并通过制度性安排,形成相对稳定的管理模式——政府机制。机制与法律一样都处于制度大的范畴之下,所不同的是,机制强调系统内部组成要素间的协调,而法律着眼于更宏观的系统外部因素的约束。因此,法律制度安排构成了电子政务运行的系统外部规范环境,而电子政务运行的系统内部规范环境则靠运行机制的创新来优化。电子政务运行机制创新主要包括信息公开机制、信息反馈机制、安全保障机制、行政监督机制和绩效评估机制等方面的创新建设。

3. 政府职能转变

政府职能决定着政府部门的规模、组织结构和管理方式。如果政府职能转变不到位,政府机构设置就不会合理,进而影响权力配置和运行方式的科学性。将这样一个职能错位、机构庞杂、权力失调、行为失范的政府搬到网上,不但无法体现在线服务的优势,反而会固化原有业务运作方式的弊端。因此,电子政务建设的必要前提是政府职能转变。政府职能转变主要包括三个方面:政府职能重心应从以政府为中心的管制职能向以公民为中心的服务职能转变;政府职能行使方式应从政府单独提供服务向在企业和第三部分协助下共同治理转变;政府职能关系应从行政部门的决策权与执行权的统一向决策权与执行权的适度分离转变。①

4. 组织结构变革

任何组织形态都有其利弊,组织形态的合理与否要看同行政环境的适应性和契合程度。因为传统行政组织多数按照职能划分,而不是按照流程划分,所以,各部门只关注自己的职责,无人对业务流程负责。一旦部门与整个机构发生利益冲突,部门利益很可能便凌驾于机构利益之上,产生严重的本位主义,致使整个机构的效能渐趋弱化。另外,在虚拟的网络环境中,"互联网所带来的效率和成本节省,可能远远超过交易和信息供应等方面的效率。但这需要在政府部门及机构之间进行组织重组和制度重组,政府许多庞大复杂的组织之间存在大量不必要的重复、重叠和冗余等现象,消除这些现象的强力是巨大的,但只有通过劳动力密集式的重组才可实现,这种重组更需依靠复杂的社会运作和政治运作,而不是市场竞争或技术力量"②。可见,传统的组织结构是电子政务建设的又一阻碍。电子政务强调业务协同,需要政府各部门之间进行交互式办公,这必然要求打破部门

---

① 刘红波:《一站式政府研究:以公共服务为视角》,吉林大学博士学位论文,2011年5月,第124~129页。
② [美]简·芳汀:《构建虚拟政府:信息技术与制度创新》,邵国松译,中国人民大学出版社,2004年版,第6页。

间的壁垒,将条块分割、单独行动的垂直组织结构转变成为无缝连接、协同行动的扁平组织结构。然而,要进行组织结构的变革并没有想象中那样简单。这很大程度上并不是取决于技术,而是取决于有效的统筹管理,特别是部门之间业务的配合、利益的平衡以及人际关系的协调。

5. 业务流程再造

流程再造理论最初是由美国学者汉默(Michael Hammer)和钱培(James Champy)提出的。在此基础上,又有学者提出了政府流程再造的内涵,认为"政府流程再造是对传统政府部门的业务流程进行根本性的、彻底的重新思考和重新设计"[①]。电子政务建设过程中同样需要对政务流程进行彻底的重新设计,使传统的以"职能"为中心的职能导向型服务转变为以"流程"为中心的流程导向型服务。要达到此目的,政府要对所有上网业务进行流程分析,找出每一项服务的起点和终点,理清其前置和后置关系,从而把分散在各部门的相关联的事项联系在一起,建立政府部门间的协调联动机制,达到方便社会公众、提高办事效率、优化发展环境的目标。

(三) 人才建设

如果说系统建设旨在实现设备的自动化和系统的自动化的话,那么人才建设旨在实现人的自动化。人力资源是第一资源,所以,人才建设在电子政府建设中是最为关键的因素。

1. 行政队伍建设

行政队伍建设就是要对政府部门的人力资源进行合理的管理和开发,做好选人、育人、用人和留人,建设一支思想意识先进、技能素质过硬的行政队伍以适应工作的需要。这要求政府工作人员充分了解电子政务的工作特点,并具有熟练应用先进信息技术、设备的技能和综合业务处理的能力,成为既懂信息技术又懂业务的复合型人才。为了提高行政队伍的素质,重点是做好行政管理知识和信息技术知识两个方面的培训教育工作,既要发挥各级各类教育培训机构的作用,切实有效地开展公务员的电子政务知识与技能培训,制定考核标准和制度,又要制定公务员信息技术知识和技能的培训标准和培训计划,编制培训教程,落实培训机构。

2. 技术队伍建设

技术队伍不仅包括政府内部的专业技术人员,还包括参与电子政务建设项目的IT企业内的技术人员。前者承担了电子政务系统日常的管理和维护工作;后者却承担了电子政务系统的建设工作。电子政务系统的硬件、软件建设是一项复杂的工作,政府应组织专门的IT企业进行开发,以保障电子政务系统在实际使用过程中的安全性、有效性。这种政府将电子政务系统的软硬件及系统的日常运行维护等工作部分或全部委托给专业公司或中介机构来承担的管理运营模式便称为电子政务建设外包。目前,IT服务外包正成为电子政务系统建设的发展趋势。

3. 科研队伍建设

此处所涉及的科研人员大多来自于具有良好的社会诚信度、权威、专业的大学和研究

---

① 金太军:《电子政务与政府管理》,北京大学出版社,2006年版,第70页。

所等非商业性学术机构。他们能够在电子政务建设实施中担任咨询顾问,并可以在政府业务流程优化时作为建议者和合作参与者,为建设顺利实施贡献力量。因此,如果不加强科研队伍建设,较差的科研水平将会成为制约我国电子政务建设整体质量的"木桶短板"。

综上所述,电子政府建设重点是围绕电子政务系统建设、行政环境建设和人才建设进行展开的(见图9-4)。电子政务系统建设为电子政务提供载体;人才建设为电子政务提供人力资源;环境建设则为系统建设和人才建设提供保障和支持。因此,电子政府建设是系统建设、环境建设和人才建设的一个有机结合体。

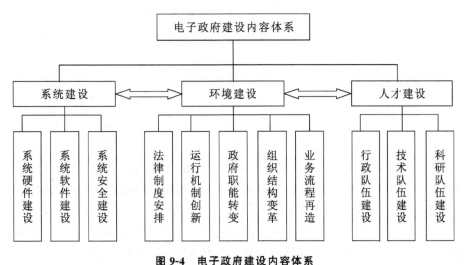

图 9-4　电子政府建设内容体系

第二节　发达国家电子政府建设

美国、新加坡和瑞典,这三个国家分别处于美洲、亚洲和欧洲,但它们在电子政府建设和政府信息化发展方面成熟度都非常高,在历次的全球电子政务评估中均处于前列。从建设实践来看,它们有着自己的发展特色,同时也存在一些共性特征。了解这些发达国家的电子政府建设与应用情况,能够进一步认清电子政府的理念和价值,为中国特色的电子政府建设提供经验借鉴。

一、美国电子政府建设

作为信息技术发展最为成熟的国家之一,美国最先嗅到了信息技术之于政府管理的强大生命力,是全球最早提出电子政府建设的国家,亦是当今电子政府发展最完善的标杆国家之一。1993年,美国前总统克林顿提出了"国家信息基础设施建设"(national information infrastructure),该建设工程致力于为公众构建一个"好"的政府,即电子政府。美国电子政务建设是政府主动提出的,顺应了当时社会发展趋势,因此带有更多的创新色彩。美国提出电子政府建设时,正值政府再造运动的高潮期,所以,电子政府建设在很大程度上受到了新公共管理运动的影响。同时,新公共管理运动所倡导的私有化和成本控制等亦都在信息技术的辅助下得到很好的解决,这使信息技术同行政管理捆绑在一起,共同发挥作用。

现在看来,电子政府能够在美国被首先提出是一种社会发展和政府治理的必然结果,美国社会发展程度高且在技术方面处于领先的地位,最为重要的是其具备了电子政府发展的政府基础,新公共管理运动的推进为电子政府建设的提出提供了必要的理论和实践要求。

(一) 美国电子政府建设的发展战略

1993年,美国提出"信息高速公路计划"之时便确立了以信息技术为工具改革政府的战略思路。2001年8月,小布什总统的《总统管理日程》(President's Management Agenda)提出了五大内容,其中一项便是"发展电子政务"(其余四项分别是战略人力资本管理、竞争性的资源提供、改进财务绩效、预算与绩效结合等)。《总统管理日程》认为,美国联邦政府应该"通过电子政务保证以更低的成本提供更多的服务,高度满足公众对电子政务服务的需求。目标是以推进公民为中心的电子政务,大大改善联邦政府对公民的价值"。而后,2002年2月,美国白宫管理与预算办公室(OMB)发布了《电子政务战略》(E-government Strategy),表达了美国政府对电子政府建设的愿景,即"以更快的决策实效,大大改善政府对美国公民的价值"。另外,《电子政务战略》还概括了美国政府电子政务的三大原则和三大目标,其中三大原则是以公民为中心(citizen-centered)、面向结果(results-oriented)、依托市场(market-based);电子政务的三大目标是使公民更容易获得联邦政府的服务并与之互动,改进政府的效率和有效性,以及改进政府与公民的互动和响应性。

(二) 美国电子政府相关法律建设

据统计,美国共颁布了与电子政务相关的法律法规40余部,调整和补充了百余项法规政策内容。2002年,小布什总统签署了《电子政府法》和《电子政府法实施指南》。该法律成为美国国家电子政府建设的基础性和纲领性的法律文件。其中确立了电子政府建设的主体,明确了主体的职责分工以及管理权限等内容。

1. 政府电子文书方面的法律

为了促进政府信息的公开和信息流通,指导各级政府部门最大限度地开发和利用政府信息,美国已制定了电子文书相关的法律。1980年,美国颁布了《文书削减法》,1996年又出台了《电子信息自由法修正案》。另外,1999年,美国国会通过了《政府文书工作削减法》,要求各级政府尽可能将政府职能搬上网络,减少政府办公所消耗的大量纸张,并且五年内实现无纸化办公,使政府与公民的互动关系电子化。

2. 信息公开方面的法律

为了更好地推进政务信息公开工作,美国政府先后颁布实施了《信息自由法》、《隐私法》、《阳光政府法》等多项法律条文。

3. 信息网络安全的法律

为了保障信息网络安全,营造良好的网络沟通环境和搭建规范有序的网络平台,美国政府于2002年颁布了《联邦信息安全管理法》。

4. 电子签名方面的法律

美国犹他州于1995年制定了《犹他州电子交易法》,这是世界上第一部电子签名法。

5. 网上采购方面的法律

1994年,美国颁布了《联邦采购简化法》;1996年颁布了专门针对电子政务的《克林格-科恩法案》(又称《信息技术管理改革法和联邦采购改革法》)。另外,美国还制定了相关的总统令和备忘录,以及预算和管理办公室制定的有关电子政务文件等,都为规范政府电子化采购提供了法律保障。

6. 个人数据保护方面的法律

美国早在1974年就制定了《隐私权法》,2005年又陆续通过了包括《信息保护和安全法》、《防止身份盗用法》、《网上隐私保护法》、《消费者隐私保护法》、《反网络欺诈法》和《社会安全号码保护法》等在内的一系列法律。

(三) 美国政府网站建设

美国的联邦政府网站经常被用来作为政府网站的标杆和典型(见图9-5)。1999年,克林顿在标题为《电子政务》的总统备忘录中,认可了联邦政府门户网站的概念。2000年9月22日,美国政府开通了"第一政府"网站(www.firstgov.gov),旨在为公民提供多样化的一站式服务。当时,该门户网站可以接入4700万个联邦政府网页,并能够链接各州、地方和华盛顿特区的网页。2007年,美国政府网站更名,网址改为"www.usa.gov",其中对搜索引擎功能和网站易用性进行了强化,使之能够为公民提供更为便捷的服务。

图9-5 美国联邦政府网站

2011年,在美国国家首席信息官斯蒂芬·范洛克尔的指示下,美国白宫管理与预算办公室(OMB)发布一份备忘录,其中表明"过时、重复的域名,表现差劲的域名,不再提供有价值信息的域名,不再有效、有用的域名"应该被改进或停止运行。[①] 上述政策是对奥巴马于2011年6月提出的消除所有联邦机构和部门存在的开支浪费,即"削减浪费运动"的响应。该运动实施以来已使数百个政府网站被关闭,并冻结了进一步增加现有政府网站域名的可能。[②] 经过了美国削减政府网站的运动,使政府网站的运行更加规范化和节约化。这也为正大肆扩张政府网站建设的我国提供了很好的经验借鉴。

二、新加坡电子政府建设

新加坡是一个国土面积只有715.8平方公里、人口只有531万(2012年统计数据)的岛国,但它却是全球最富裕的国家之一,属于新兴的发达国家。新加坡只有一级政府,且以其稳定的政局和廉洁高效的政府著称。无论是经济实力还是政治制度都为电子政府建设提供了良好的基础条件。20世纪80年代,新加坡便开始在政府部门进行信息化建设,是全世界最早推行政府信息化并取得显著成效的国家之一。新加坡信息化建设和国家电子政务的发展成绩斐然,现在已成为全球公认的在电子政务发展方面名列前茅的国家。从1980年到2003年,新加坡先后推出并实施六次全国性ICT计划(国家信息通信技术计划)和两个电子化政府计划。在政府不遗余力的推动下,经过一系列卓有成效的战略计划实施,新加坡的电子政务已趋于成熟,并开始有效地推进新加坡的社会、经济和国家信息化的整体进步,使人们的工作、生活和休闲方式发生了巨大变化。根据世界权威评估机构埃森哲的《全球电子政务发展报告》,新加坡是全球电子政务最为发达的国家之一,特别是在2007年,新加坡的电子政务客户服务成熟度排名世界第一。

(一)新加坡电子政府建设的发展战略

2011年6月,新加坡政府发布了《新加坡电子政务总体规划(2011—2015)》(eGov2015),用以指导下一个阶段新加坡电子政务的建设和发展。"eGov2015"是新加坡《智慧国2015》(iN2015)十年规划的一部分。"eGov2015"的愿景是建立一个与国民互动、共同创新的合作型政府,即借助信息通信技术的力量创造一个政府、私营部门和公众共同努力,无缝融合的互动环境。为了实现这一愿景,该规划提出了三项电子政务发展的战略措施。[③]

1. 共同创造更大的价值(co-creating)

政府将继续利用ICT(信息通信技术)提高公共服务的内容丰富度和质量,通过搭建

---

① 刘长安、陈侠:《美国白宫再精简政府网站》,http://tech.sina.com.cn/i/2011-09-07/12316034974.shtml,2011-09-07。

② 在美国之前便有国家进行了削减政府网站的尝试。2007年,英国政府决定关闭全国90%以上的政府网站,英国政府网站数量从951个精简到了26个,而那些被认为需要关闭的政府网站的功能,则分别被整合到侧重市民生活的"Directgov"网站和侧重商业的"Business Link"网站。据称,这一改革举措不仅简化了英国民众获得政府信息的流程,每年还为英国政府节约了约90万英镑的开支。参见《政府网站为什么容易受到攻击》,http://tech.sina.com.cn/i/2011-12-05/15356427494.shtml,2011-12-05。

③ 参见殷利梅:《新加坡电子政务总体规划(2011—2015)及启示》,载《信息化建设》,2011年第11期,第38~41页。

新的平台,与私营部门和公众合作,发挥他们的力量,共同创造新的服务内容和服务渠道。规划中正式推出"mGov@SG"这项公共服务,其中汇集了 40 多项移动服务,包括基于手机浏览器、本地应用程序和短信的服务等。此外,新加坡政府规划推出了首个访问政府公开数据的一站式门户网站——"data.gov.sg"。用户可以访问和下载由 50 多个政府部门提供的 5000 多项公开数据集,并可以利用这些数据进行研究和分析,开发和创新应用程序和服务,进而创造新的价值。

2. 沟通促进积极的参与(connecting)

规划指出将进一步完善 REACH 门户网站,使其成为所有政府民意征询活动新闻发布和更新的官方渠道,增加利用社交媒体、移动网站等其他简单应用程序发表建议的功能。

3. 促进向整体政府转型(catalyzing)

规划侧重于改造公共基础设施和提升政府工作人员的能力两个方面。构建下一代"整体政府"基础设施以增强机构之间的协作,如建设国家高速宽带网络、推动云计算和节能技术的发展等。以云计算为例,新加坡政府的云策略通过采取多管齐下的方法,针对相应的需求选择利用合适的云。政府将建设一个政府云(G-Cloud),营造灵活可靠的 ICT 环境。政府云的建立分为两个阶段,从几乎没有定制化的商业云开始,逐渐升级为完全私有的政府云,从而为整体政府机构所用,满足公共云无法满足的安全和管理要求。

(二) 新加坡电子政府相关法律建设

1993 年,新加坡政府出台了《滥用计算机法》。为了应付日益严重的计算机犯罪及其严重后果和补充以适应电子商务发展的需要,新加坡于 1998 年对此法进行了修订,其中增设了"干预或阻碍合法使用的行为"、"在授权和未经授权的情况下,进入电脑系统犯案"以及"将进入网络的密码透露,非法获利和使别人受损失"等三项新罪名。与此同时,政府还制订了与此相配套的《信息安全指南》和《电子认证安全指南》,更好地为电子政府和电子商务等发展保驾护航。

1998 年,新加坡政府颁布了《电子交易法》,不仅明确了电子签名的法律地位,而且为电子交易提供了一个法律构架,得到各国承认,并能有效解决电子纠纷。《电子交易法》涉及的问题包括:电子记录和电子信息发出人的身份鉴别;法律对电子签名(与亲笔签名具同等法律地位)的认可;通过电子方法保存记录;电子记录在网上传递的真实性和完整性;服务提供者的法律责任;电子合同的生效;认证机构和数码签名的法律架构;外国数码签名的交叉认证;政府对电子记录和签名的应用等。

(三) 新加坡政府网站建设

新加坡政府网站功能强大,其内容也是包罗万象,曾在 1999 年被美国大众服务管理部评为世界上最先进的综合服务网站[①]。新加坡政府网站最具代表性也最具特色的为"电子公民中心"(eCitizen),这一虚拟型的网络服务中心主要是向公民提供方便、快捷的网上服务。"电子公民"项目的设计思想是让各个政府部门都可以拥有自己独立的网站,

---

[①] 曹霄琪:《新加坡电子政府建设及对我国的启示》,载《中国集体经济》,2008 年第 22 期。

而网站内容则根据不同部门的职能设定,让使用者能够对整个政府的运作情况有一个整体的了解。政府部门的一些商业信息和商业机会以打包的方式提供。所有政府机构都必须为网上表格、网上支付和安全环境等事项采用一致的系统基础构件和模板,而且采用同一种方法。以公民的需求为导向进行设计,用户不必具体知道有关事务,只要按程序接受政府服务就行了。

电子公民中心(www.ecitizen.gov.sg)是一个网络虚拟服务中心,建立于1999年,是世界上迄今为止发展最为成熟的政府对公众服务的一种模式,电子公众服务中心可以为用户提供搜寻和获取来自政府部门的各类的信息,与政府部门进行网上互动和交费、缴税、申请许可等政府服务,被各国公认为是世界上最符合公众需求的政府门户网站。电子公民中心的定位是政府提供公共服务,并按照公民和顾客需求构建"第一站",其最终目标是建立一个为每一个新加坡人的生活、工作和娱乐创造更多方便和实惠的先进的电子政府。根据"电子化政府行动计划",所有电子化服务和依托电子渠道提供的公共服务设计必须以改善服务质量为根本,电子公民中心的建立正是适应了新加坡各政府部门提供优质服务的愿景。电子公民中心是财政部和新加坡资讯通信发展管理局(IDA)通力协作的成果,其中财政部负责投资及预算控制,资讯通信发展管理局负责技术支持和管理。

电子公民中心是依托用户的需求而设计的。通过具有导航功能的门户网站,公民可以寻找到整合了各政府部门资源的信息和服务。通过电子公民中心,政府部门和机构为公众提供了更为广泛的电子化服务。这些信息与服务通过迎合公众生活中的不同需求而划分为7个虚拟社区,分别是:文化、娱乐与体育,国防与安全,教育、学习与就业,家庭与社区发展,健康与环境,住房,运输与旅游。同时,电子公民中心还包括电子公众交流中心等以公众信息反馈为主的虚拟社区。

三、瑞典电子政府建设

1994年3月,瑞典成立了全国IT委员会,以促进信息技术在瑞典的传播和发展。在此基础上,瑞典政府开始在全国范围内实施并推广电子政务。如今瑞典国家政府门户网站便是以1994年建立的网站为雏形的。而后,在瑞典推行的"24小时公共行政"电子政务建设模式,使电子政务建设不断向前推进。

瑞典政府提出电子政务要达到的第一目标就是:要为所有的居民和企业服务,要通过提高透明度和决策方面的公众参与,强化民主意识;任何居民和企业不论身在何地,都能够得到自己应该得到的信息;为企业和居民提供的服务应简单易行,节省时间,解决特殊需要,减少处理成本。政府部门必须协调合作实现上述目标。

瑞典政府依照电子政务发展目标稳步地推进各项建设,并不断增加电子政务建设的资金投入力度。例如,为了让瑞典更多的企业和家庭能够接入宽带网,瑞典政府在2002年至2004年四年里计划投资173亿瑞典克朗(约合20亿美元)。[①] 经过十来年的努力,瑞典电子政务建设取得了很大成效。2008年,联合国对各成员国的电子政务发展状况进行了调查,调查报告显示,瑞典在电子政务准备程度方面已跃居全球第一。其中,瑞典信息基础设施建设成效明显:瑞典网民占到全国人口的76.97%;全国PC机拥有率为83.

[①] 吴爱明、王淑清:《国外电子政务》,山西人民出版社,2004年版,第280页。

49%;移动电话拥有率达到了105.92%;固定电话普及率为59.52%;另外,瑞典所有企业和家庭的宽带使用率占到了25.87%。①

(一)瑞典电子政府建设的发展战略

2000年3月,瑞典政府向议会提交了IT发展议案(即"全民信息化计划"),明确了该国信息技术产业发展的目标是成为世界上第一个全民信息化国家。电子政务作为信息技术产业发展的龙头,在瑞典受到了重视并得到大力推广。无论从电子政务发展战略措施的制定,相关法律法规的建设,还是国家门户网站的建设,管理机构的设置都进行得有条不紊,均体现出瑞典向全民信息化国家迈进的决心和努力。

"24小时公共行政"是瑞典政府推出的电子政务发展模式。它要求政府以电子方式每周工作7天,每天工作24小时不间断地为公众提供信息和服务。"24小时公共行政"的目的不仅是为公众提供更好的服务,同时也是为了增进民主政治,增强透明度和吸纳公民参与政策制定和决策过程。瑞典政府为了更好地实施"24小时公共行政",采取了一些积极有效的措施:①为政府的电子服务发展制定更明确的目标;②为促进电子服务的发展,而尽可能提高各政府机构的效率;③确定一个最低限度的具有约束力的规则和标准,需要一个运作良好的政府与公众沟通的网络平台;④提供一项共同的基础设施,沟通和协调不同的公共机构之间的运作;⑤深化国家、区域和地方政府在发展公共电子服务之间的合作;⑥提供一个共同的单一入口和各部门行政中所有的电子信息及所提供的服务指南。

(二)瑞典电子政府相关法律建设

目前,瑞典虽然还没有制定一部完整的电子政务法律,但是与电子政务实施和发展相关的法律法规建设比较完备,主要建立了以下方面的法律。②

1. 信息自由方面的法律

瑞典是一个十分重视新闻自由、表达自由和信息自由的国家,并在世界上最早确立了新闻自由和信息公开制度。瑞典在1766年颁布了《新闻自由法》(Freedom of the Press Act),并在1949年和1998年对其进行了两次修订。与许多国家制定单一宪法模式不同,瑞典宪法由四部宪法性法律组成,即《政府宪章》、《王位继承法》、《新闻自由法》和《表达自由法》。制定《新闻自由法》和《表达自由法》,并把它们列为宪法不可分割的组成部分,是瑞典宪法十分鲜明的特点之一。《新闻自由法》规定,政府文件须向社会公开,公民享有查阅政府所持有的官方文件的权利。对于公民查阅文件的请求,除非法律有具体、明确的规定,不得拒绝。为了明确地规定公民信息自由的限制,瑞典于1980年制定了《保密法》,它详细列出了各种需要保密而不向公众公开的政府文件(官方文件)的范围。任何不是该法中明确指定需要保密的文件,公众都有权利要求查阅。

2. 数据保护/隐私方面的法律

瑞典在1998年10月24日颁布了《个人资料法》(Personal Data Act),它取代了1973年颁布的《瑞典数据法》。该法律旨在防止个人在处理个人资料时受到侵犯。《个人资料

---

① UN Department of Economic and Social Affairs, UN E-government Survey 2008. 载《E-government to Connected Governance》,2008:200.

② 参见张锐昕:《公务员电子政务必修教程》,清华大学出版社,2008年版。

法》列出了一些基本的有关处理个人资料的要求,即个人资料只可用于那些具体、明确和合理的用途。

3. 电子商务方面的法律

瑞典在 2002 年颁布了《电子商务和其他信息社会服务法》(Act on Electronic Commerce and Other Information Society Services)。该法律针对某些信息社会服务制定,特别是电子商务。它规定了服务供应商对他们的客户应尽的义务。

4. 电子通信方面的法律

瑞典政府和社会要求电子通信一定要尽可能地方便和有效率。因此,瑞典政府在 2003 年颁布了《电子通信法》(Act on Electronic Communication)。立法的目的是通过促进竞争让公民及行政当局获得安全和有效率的电子通信。

5. 电子签名方面的法律

瑞典议会于 2000 年 11 月 1 日投票通过了《合格电子签名法》(Act on Qualified Electronic Signature),并于 2001 年 1 月生效。该法界定了一个合格电子签名的标准,并指定瑞典国家电力局为电子签名的监管机构,向消费者和小企业提供更多的电子商务信息。

6. 电子采购方面的法律

瑞典在 1992 年颁布了《公共采购法》(Act on Public Procurement),而后进行了修订。在该法律中规定了在公共采购的哪些方面可以使用电子手段。

(三) 瑞典政府网站建设

瑞典于 1997 年开始,由瑞典司法部统一负责建设、运行和维护瑞典政府门户网站项目,门户网站的名称为 www.SverigeDirekt.se(中文直译为"直接进入瑞典")。2004 年,网站名称变为 www.Sverige.se(中文直译为"瑞典")。现在使用的网站为 2007 年 12 月 16 日更新改版的网站版面,瑞典语的主网站名称为 www.regeringen.se(中文直译为"政府"),这是由瑞典信息部负责建设的网站。另外,瑞典国家门户网站的英文名为 www.sweden.gov.se。建设该网站的主要目的是为公众提供最为需要的信息,如目前政府推出的相关法律法规信息、政务活动信息以及政府的一些重大决策,另外向国内外公民提供一些服务。瑞典国家门户网站有以下特色。

(1) 瑞典政府门户网站由三个主要部分组成:①政府及政务(the government and its offices),主要提供各部门和主要领域的最新信息;②公民社会(publications),主要用英语或其他外语发布所有信息材料和其他社会问题;③政府如何治理(how Sweden is governed),本部分介绍地方政府的工作和政府办事处工作情况。网站按照这三个部分设计了网站地图。

(2) 除瑞典语和英语之外,网站还提供法语、德语、芬兰语、波兰语、波黑语、克罗地亚语和塞尔维亚语等多种语言。

(3) 为了便于公众便捷地找到所需的信息,该网站设置了简单搜索和高级搜索,同时还设定了 A—Z 的 21 个责任领域(未有首字母为 J、K、Q、X、Z 的责任领域)查询。考虑到公众的知识差异,不一定都了解政府各部门职能,该门户网站还设计了按政府部门名称、分管事物、电话、传真、办公地点等各种查询渠道,开发了专门为用户服务的个人搜索引擎。

（4）网站管理部门联系方式详尽，具有电话、邮箱、传真、通信地址等联系方式。

（5）瑞典政府门户网站还为残疾人特设了一些方便访问的功能。如为了方便盲人上网，网站开发了网上音频系统，盲人可以通过声音上网。网页还进行了人性化的设计，可以改变字体的大小、行距、页面大小、字体颜色和背景颜色等。

由上可见，瑞典政府网站建设特色明显，其服务水平很高。在2005年4月，将近一半的互联网用户访问了公共网站，并有近50万瑞典人利用互联网提供他们的收入报税电子化表格。

四、发达国家电子政府建设的特点

根据以上对美国、新加坡和瑞典等国家电子政务发展概况的认识，可以总结出发达国家在电子政府建设中的一些共性特征。

（一）注重顶层设计

电子政府建设是一项宏大的系统工程，不是由某个或几个政府部门能够单独完成的，甚至可以说，它涉及全体国民的利益，也需全体国民协力推进才能得以实现。美国等发达国家在电子政府建设之初便积极倡导政府强力推动，并从国家层面出台一系列法律或政策规划电子政府建设的理念、方法和步骤。例如，美国管理机构协调功能强大。白宫管理和预算办公室下设一个电子政府信息办公室，由政府CIO（首席信息官）负责电子政府的资源协调和预算问题；设立一个由各个行政部门CIO组成的委员会，负责政府各部门的合作和信息资源共享；在财政部设立电子政府专项基金，保障电子政府建设经费的拨付等。1999年12月1日，新加坡资讯通信发展管理局成立，其下设置四个委员会：公共服务21系统委员会、ICT委员会、公共领域ICT指导委员会和公共领域ICT审查委员会。这一管理体系重在追求顶层设计、分层管理和分类处理的效果，并构建起一套独具特色的信息化应用推进治理体系。瑞典政府在电子政务建设方面注重顶层设计规划，并制定统一的网站建设标准。瑞典于1997年开始，由瑞典司法部统一负责建设、运行和维护瑞典政府门户网站项目，而后，从2003年起又外包给瑞典公共事务委员会管理、运营和维护。网站建设初期，由司法部制定统一标准和格式，其他各部委、地方部门及承办机构均按统一标准和格式独立制作自己部门的网页并与国家门户网站链接。因此，企业和公民只要进入任何一个政府门户网站，就可以方便地访问国家各部委、市政机构和各地区的政府网站。这种统一的建设标准给信息共享带来了极大的方便，所以各建库单位通过鉴定协议，可以共享各类数据库。

（二）着力提升政府网站质量

政府网站是政府与企业和公民沟通交流的重要窗口，也是实现公共服务的重要渠道，在电子政府建设过程中发挥着举足轻重的作用。充分利用政府与社会资源提升政府网站质量成为发达国家电子政府建设的主要特征。瑞典是按照网上信息发布、网上信息服务、网上电子交易和以电子政务项目为龙头的政府功能整合四个步骤逐步实施的。这四个步骤的核心是信息共享。第一是各级政府部门按照统一标准进行网上信息发布，国家政府门户网站对各级政府门户网站信息内容上网发布要求具有完整性、权威性和准确性。第二是网上信息服务,瑞典司法部对政府各门户网站有三个强制性要求,一是企业或居民只要向一个公共部门提供信息后,就不得要求其再向任何公共部门提供信息;二是企业和居民只要进入一个政府门户网站就可以得到所有政府公开信息;三是政府网站不仅要提供信息服务,还要帮助企业和居民解决实际问题(如就业、奖学金、税务申报、各种福利)。第三是实现网上电子交易,企业和居民可以在任意地点完成与政府以及银行和保险公司等部门的业务联系。第四是以电子政务项目为龙头的政府功能整合。瑞典实施了一些跨部门的电子政务项目,这样,不仅避免了重复建设和重复采购,更使政府各部门从分立服务逐渐走向业务的协同和功能的整合。

(三) 促进信息技术的普及和应用

美国有一半以上的人在不同程度地使用互联网,家庭电脑的普及率更是在70%以上。网民的数量与素质的不断提升,对政府网站提供服务的期望值越来越高,进一步促进了美国电子政务的不断发展。为了加强电子政务的推广,新加坡政府制订了全民性质的"电子政务教育计划",其中明确规定,不论年龄或出身,所有新加坡公民都要接受使用互联网和IT技术的教育或培训。另外,新加坡还推出了"新加坡1号",目标是在全国范围内99%的地区铺设网络宽带设施[1]。瑞典政府为达到全民信息化国家的战略目标,促进信息技术的普及和应用,采取了以下措施。①为培养信息技术人才,瑞典在斯德哥尔摩郊区的希斯达硅谷建立了一所信息技术大学,并在技术和自然科学院校增加信息技术教育名额。在2000年,瑞典国内高等院校扩大招生两万名,2001年和2002年各增加1万名。②继续加大在中小学普及使用信息技术的力度,执行"学校信息技术教育计划",并在大学建立因特网能力中心,其中部分采取虚拟形式。③从2001年起,用两年时间来提高全国小企业使用信息技术的能力,以增强它们在市场上的竞争力。④制定利用信息技术改善和发展医疗系统的计划,为远程医疗的普及应用建立基础。⑤制定《瑞典老年网络计划》,为老年人举办"老年人上网节"。

(四) 注重吸纳社会多元建设力量

鼓励私营企业参与电子政务系统的投资与开发、实行电子政务投资主体的多元化是美国电子政府建设的一个重要特色。美国电子政府建设基本实现了政府外包和公共服务输出市场化。瑞典电子政务管理与实施方式并非一成不变,电子政务建设之初,从方案设计到总体建设再到运营维护全部都是由司法部负责,后来逐渐发展成为三个层次:①项目总体设计由司法部负责;②具体管理、运营和维护由非政府组织如各种委员会承担;③设备采购、技术开发和技术服务完全采用政府采购、项目外包和专业公司托管的市场运作机制。客观而言,第三部门在政府与企业之间搭建起了沟通的桥梁,对电子政务建设的顺利实施具有非常重要的作用。由于这些社会组织有很多是从政府部门逐渐分离出来的,或者是长期与政府部门打交道的,它们了解政府的内部构成,熟悉政府的工作流程,一方面本身可以很快进入电子政务运营和维护的工作角色;另一方面又成为企业向政府提供技术解决方案时最好的咨询对象和合作者。

---

[1] 陈茂兴、冯铭、杜莺:《新加坡电子政务及对我国的启示》,载《城市问题》,2006年第5期,第92~94页。

第三节　中国电子政府建设

一、中国电子政府建设历程

相比较美国等发达国家,中国电子政府建设起步较晚,但发展迅速。一般认为,中国电子政府建设开启于1999年的"政府上网工程",事实上,在此之前,中国便在政府管理领域应用进行了大量信息化实践工作,这为政府职能上网提供了充足的准备。

(一) 办公自动化阶段

20世纪80年代中期,中国政府便意识到信息技术将要带来的挑战与机遇,在各级政府部门中开始尝试利用计算机等设备辅助办理办公室的日常事务,例如文件电子化处理、电子邮件、电子日程管理、会议组织、检索、数据电子化存储等。办公自动化系统的建设将办公人员从大量烦琐的事务工作中解脱出来,达到提高工作效率、减轻工作负担和节约人力的目的。

(二) 金字工程实施阶段

进入20世纪90年代,中国的政府信息化建设进一步加快,其中成效最为突出的是一系列"金字工程"的启动。1993年12月,中国政府成立"国家经济信息化联席会议",确立了"实施信息化工程,以信息化带动产业发展"的指导思想,开始建设中国的"信息准高速国道"。此次政府信息化建设浪潮是以"金卡"、"金桥"、"金关"等"三金工程"的启动为标志的。这些工程都是由中央政府直接领导,以加强信息化基础设施建设为重点,以保证国民经济重点领域的数据传输和信息共享为主要目的。1994年春天,胡启立在中央党校学习班的学习总结中说:抓好"三金"工程对推进信息化,加快中国国民经济发展具有重要推动作用,对整个电子信息产业,包括软件、硬件的发展都具有很大的带动作用。

在"三金"工程之后,中国以"金字"打头的电子政务工程如雨后春笋般涌起,2002年,《国家信息化领导小组关于我国电子政务建设指导意见》提出,继续完善已取得初步成效的办公业务资源系统、金关、金税和金融监督(含金卡)四个工程,促进业务协同、资源整合;启动和加快建设宏观经济管理、金财、金盾、金审、社会保障、金农、金质和金水等八个业务系统工程建设。业界把这十二个重要业务系统建设统称为"十二金"工程。

(三) 政府上网阶段

到了20世纪90年代的中后期,互联网已经开始在经济社会生活的各个领域广泛渗透。政府作为社会信息资源最大拥有者和使用者,理所当然要与互联网"联姻"。开始于1999年初的"政府上网工程",标志着真正意义的电子政务活动在中国正式启动。1999年1月22日在北京举行的"政府上网工程启动大会"标志着"政府上网工程"正式启动。"政府上网工程"由中国邮电电信总局和国家经贸委经济信息中心等40多家部委(办、局)信息主管部门联合策划发起,各省、自治区、直辖市电信管理局作为支持落实单位,联合信产业界的各方面力量（ISP/ICP、软硬件厂商、新闻媒体），推动中国各级政府各部门在163/169网上建立正式站点并提供信息共享和便民服务的应用项目。

"政府上网工程"的目的是推动各级政府部门通过网络向社会提供各种公共信息资源，并逐步利用网络实现政府的相关职能。在"政府上网工程"的推动下，中国的政府信息化建设有了实质性进展。绝大部分国家部、委、办、局与地市级以上地方政府都已经在互联网上建立起了自己的网站。与此同时，政府网页的内容也变得较为丰富，网站的功能也变得日益多样化，政府网站所发挥的作用也变得越来越大。

（四）电子政务实质性应用阶段

在经历了声势浩大的"政府上网工程"后，中国电子政务的发展进入了理性发展阶段。2000年3月，《国民经济和社会发展十五计划纲要》中提出了"以信息化带动工业化"的方针，已取代"九五"计划中"以信息产业推动国民经济发展"的提法，这标志着中国的电子政务发展进入实质性应用阶段。

2001年12月，国家信息化工作领导小组成立，由国务院前总理朱镕基担任领导小组组长；同年的12月29日，由国家科技部会同相关单位专家共同组织进行的"中国电子政务应用示范工程"开始在全国范围内进行公开招标。2002年8月，中共中央办公厅、国务院办公厅下发的《国家信息化领导小组关于我国电子政务建设指导意见》成为今后电子政务发展的指导性文件，为电子政务的蓬勃发展提供了制度保障。

2003年是中国电子政务从规划转向具体实施阶段的第一年。同年9月15日，温家宝总理在国家行政学院省部级干部"政府管理创新与电子政务"专题研究班的讲话中指出，要加快政府职能的根本性转变，加快推进政府管理创新。2006年5月，《2006—2020年国家信息化发展战略》颁布实施，其中提出了中国信息化发展的指导思想和战略方针等重要议题，多次提到电子政务建设的重要性。中国政府信息化建设在新阶段的发展中显得更具活力，政府网站的数量也不断攀升。2006年1月1日正式开通的中国政府网（www.gov.cn）成为提供在线服务的国家级综合平台。据工信部统计，截至2010年，全国".gov.cn"域名下的政府网站已经超过3万个，加上".org.cn"域名等政府事业性单位网站接近5万个；100%的国务院组成部门和省级政府、95%以上的地市级地方政府、85%以上的区县级地方政府建成了政府网站——这些数字仍在不断增加。

二、中国电子政府建设存在的问题与完善策略

中国在电子政府建设方面所作出的努力是有目共睹的，在政务信息公开和在线办事方面已初现成效。在联合国发布的《2008年度全球电子政务调查报告》中，中国电子政务在192个成员国中排名第65位，处于中等发展水平的国家行列。同时要看到中国电子政府建设仍处于初级阶段，建设过程中还存在众多的问题，理性地看待并不断地完善这些问题才能更好地推进电子政府的发展。

（一）信息安全问题

目前，中国政府网站的安全状况仍需得到重视。国家互联网应急中心（CNCERT）发布的《2011年中国互联网网络安全态势报告》（以下简称"报告"）中指出："2011年，中国基

础网络防护水平明显提升,政府网站安全事件显著减少。其中,中国大陆被篡改的政府网站数量为 2807 个,较 2010 年下降 39.4%。其中,国务院部门门户网站存在低级别安全风险的比例从 2010 年的 60%降低为 50%。"①

2012 年 2 月,瑞星公司发布的《瑞星 2011 年度企业安全报告》中指出,2011 年,在最容易受攻击的网站中,政府网站排名第三(15%),仅次于教育科研网站(31%)和网游相关网站(19%)。众多的政府网站页面遭到黑客不同程度地破坏和修改,部分甚至存在长期未修复的现象。政府网站如此容易地受到攻击,是因为流量不高且监管不严,另外还存在安全技能低和防护能力弱的原因。②

为了尽量消除电子政务环境中的安全威胁,政府或企业应该做好以下几个方面的工作。①政府部门应尽快制定出台国家网络安全战略,为各部门开展相关工作指明方向。②在法律上明确规定安全的准则和框架,及时发布面向过程的风险管理安全政策,以便使网民等密切关注信息技术的安全性和可靠性,并对自己可能损害安全的行为进行成本考量;立法和执法部门要加大网络犯罪立法、惩治和量刑力度,形成有效震慑。③加快安全技术的研发工作,特别是数字签名技术、身份识别技术和公钥基础设施(public key infrastructure,PKI)等重要技术的研发。数字签名(digital signatures)是基于数字加密系统技术(the symmetric crypto system technology)而发展起来的维护信息安全性和可靠性的技术。数字签名不同于扫描的签名,"电子媒介的内在性质使得原件与副本之间几乎没有区别,签名可以被任何人仿造和扫描而后附在任何一个文件中,这正是法律不承认扫描签名的合法性和有效性的原因"③。另外,身份识别是一个经过了安全技术整合的端对端(end-to-end)的安全技术,能够满足用户在验证、存取控制和用户管理领域的需求。身份识别能够认定用户的使用权限和信任度,当信息受损时会给予提示或预警信号。④互联网主管部门要加大网络安全行政监管力度,增强对互联网信息和增值业务服务商的管理。⑤网民要提高对网络安全威胁的认识及网络安全防护意识,做好漏洞修补和恶意程序查杀等防护措施。⑥要进一步深化网络安全国际合作,切实推动跨境网络安全事件有效处理。

针对"安全技能低防护能力弱"的现状,政府机构应谨慎选择安全解决方案,根据自身需求制定网络安全策略。可以发现,如今 IT 企业中研发了大量的安全技术,但是每一项安全技术并不能解决所有的安全问题,而大多是解决某一项安全问题。这些分散的技术均在系统中运行,不仅加重系统运行负担,造成程序运行缓慢,而且增加了管理成本,甚至某些不兼容的安全技术造成系统的运行紊乱,使一些关键性的信息丢失等。于是,如何将这些安全技术有效地加以整合,研发安全功能更加强大的安全技术是当今面临的一项挑战。

(二) 形象工程问题

政府网站形象工程现象严重。2011 年 12 月 2 日,在北京发布的 2011 年中国政府

---

① 张保淑:《我国大陆去年 2807 个政府网站遭篡改》,http://politics.people.com.cn/GB/1026/17434813.html,2012-03-20。

② 《瑞星 2011 年度企业安全报告:黑客成恶意竞争对手》,http://sec.chinabyte.com/141/12257641.shtml,2012-02-09。

③ [印]M.P.古普塔、普拉波哈特·库马、扎伊基特·布哈特塔卡亚:《政府在线:机遇和挑战》,李红兰等译,北京大学出版社,2007 年版,第 339 页。

网站绩效评估报告称,在评估期间发现,79.45%的部委网站、87.5%的省级网站、91.5%的地市网站、92.44%的区县网站以及90.8%的国家级开发区网站都存在信息和服务失效、无法使用的问题。大量的政府网站的闲置与大量的网站建设资金投入形成了鲜明的对比。投入无法转化为效益,难免会让电子政务的建设者和使用者产生挫败感。

(三)数字鸿沟问题

中国数字鸿沟还比较明显,电子政务的发展和应用还不能够惠及更多的人。2011年,国脉互联政府网站评测研究中心对432个政府网站进行了综合测评,测评指标设计以用户为中心,明确政府网站功能定位和发展重点,突出政府网站服务导向和应用绩效。在对测评结果分析中,2011年省级政府网站绩效得分排名前五位多来自经济较为发达的直辖市和东部沿海省份(北京、上海、浙江、广东、福建),最后五位多为中西部地区(内蒙古、贵州、广西、西藏、甘肃)。[①] 这也可以看出,无论是在信息基础设施建设方面还是在政府网站建设应用方面,经济条件较好的东部地区要比中西部地区更具发展优势。

(四)立法滞后问题

随着电子政府建设的逐步深入,中国电子政务相关的政策规章正在逐步建立和完善起来,但大部分都是部委和地方政府发布的规章,几乎没有国务院或中央发布的法律条文。虽然2005年颁布的《电子签名法》和2008年5月1日实施的《政府信息公开条例》等都为电子政府建设提供了保障,但这些还远不能满足建设的现实要求。在电子政府建设快速推进的情形下,必须努力寻求法律、政策上的保障,否则将影响国家层面电子政府建设的整体推进。

制定和完善配套的法律法规是保障电子政府建设有效施行的关键。要确保电子政府建设的健康有序运行,一方面,要加快研究和制定电子签章、政府信息公开、网络与信息安全、电子政务项目管理等方面的法律,基本形成电子政务建设、运行维护和管理等方面的激励约束机制;另一方面,要制定科学、规范、高效的操作规章,落实统一的技术标准,建立健全各项管理规章制度,促进系统管理的制度化和规范化。

首先,加快个人数据保护法的制定。个人数据保护法重在规范政府电子信息管理活动与个人数据保护关系。20世纪70年代以来,许多国家都陆续制定了个人数据保护法或个人情报保护法。例如,英国在1984年和1998年分别制定数据保护法,并于2000年制定《搜查权限规制法》,该法赋予法律执行机关为保障国家安全和防范重大犯罪而具有窃取电子邮件和解读暗号化数据的权利。另外,1977年,德国制定了《个人情报保护法》,并于1999年进行了修订。1999年,日本为加强对个人情报保护的法律制度,成立了"个人情报保护检讨部会"。由此可见,某些发达国家认识到保护个人数据的重要性,并制定了相关的法律。中国也应尽快出台此方面法律。在个人数据保护法中,应规定有关个人信息保护的法律目的,确定应当保护的个人信息的范围,制定有关加强个人信息保护的法律原则的内容。

[①] 《2011年中国政府网站绩效评估结果发布》,http://www.echinagov.com/gov/zxzx/2011/12/7/148586.shtml,2011-12-07。

其次,加快政府电子文书方面法律的制定。为了促进政府信息的公开和信息流通,指导各级政府部门最大限度地开发和利用政府信息,一些国家已制定了电子文书相关的法律。例如,美国颁布了《文书削减法》(1980年)、《电子信息自由法修正案》(1996年)和《政府文书工作削减法》(1999年)等。中国要借鉴美国等国家的法律制定的成熟之处,尽快完善电子文书方面的法律,要求各级政府尽可能将政府职能搬上网络,减少政府办公所消耗的大量纸张,并使政府与公民的互动关系电子化。

除了以上提及的现存问题以外,中国电子政府建设中还存在着其他障碍:观念滞后、认识不足;管理体制与运作机制的不完善;重技术轻政务、重建设轻应用;公务员缺乏应用电子政务的知识素质等。

三、中国电子政府建设的未来展望

(一) 电子民主和网络问政日益受到重视

随着互联网、微博等新媒体的迅猛发展,网络问政正发挥着越来越大的作用。据上海交通大学公共关系研究中心、舆情研究实验室于2011年11月8日联合发布的《2011年中国政务微博报告》显示,截至2011年11月5日,新浪政务微博总数已达18694个,其中政府机构微博数10023个,公务人员微博数8671个。[①] 2012年2月8日,国家行政学院电子政务研究中心发布的《2011年中国政务微博客评估报告》中显示,截至2011年底,中国政务博客总数达到50561个,较2011年初增长了776.58%。[②] 鉴于政务微博客当年爆发式的发展,该报告称2011年为中国"政务微博客元年"。中国共产党新闻网评论认为微博问政在维民权、赢民心、逼官廉三方面拥有不可比拟的优势。

尽管中国网络问政已颇具规模,但由于缺乏制度化保障,导致当前的网络问政运作问题重重:首先,网络问政在地域、行政级别、职能部门分布不平衡,呈结构性失调;其次,问政信息时效性不足,发布技巧略有欠缺;再次,定位模糊,部分政务微博内容官僚化或用语不当;最后,部分政府机构与政务人员更多地将网络或微博作为信息发布平台,而未充分与公众进行积极互动交流等。在未来的发展中,应重视网络问政的规范化,提升公务员的新媒体沟通素养,提高政务微博的内容质量;进一步加强突发公共事件中的信息传播及沟通交流;与微博运营商等非政府机构充分合作,强化认证机制。

(二) 政府首席信息官制度建设将提上日程

首席信息官(chief information office,CIO)制度是为促进电子政务建设健康发展而设立的一项制度。尽管在中国还没有建立这项制度,但目前世界上已有一百多个国家和地区确立了政府首席信息官制度。[③] 1996年,美国克林顿政府为了推进行政管理改革而设立了首席信息官组织制度。2002年,美国颁布了《电子政府法》,对首席信息官进行法律

[①] 《2011年中国政务微博报告发布》,http://news.sina.com.cn/m/news/roll/2011-11-08/201423434843.shtml,2011-11-08。

[②] 《2011年中国政务微博客评估报告发布 政务微博数量较去年初增长7倍多》,http://news.xinhuanet.com/politics/2012-02/08/c_111502121.htm,2012-02-08。

[③] 吴江、李志更:《我国政府首席信息官制度建设构想》,载《电子政务》,2007年第4期,第25~30页。

上的确立。中国电子政府在未来发展建设中应当充分借鉴这一先进的组织制度,完善电子政府管理体制,提升电子政府管理水平。首席信息官应该具有一定的权威性地位和资源配置权,以便在电子政府建设中更好地发挥作用。他们应该承担如下职责:首先,制定与电子政府建设相关的政策法规、战略规划、质量标准等;其次,指导、监督和评估电子政府建设项目的实施情况;再次,向上级汇报电子政府建设进展情况,并提供决策建议;最后,参与其他公共服务改革的决策。在建立首席信息官制度过程中,应该不断完善首席信息官的选拔任用、晋升、考核、奖惩、培训、薪酬和退出等制度。

(三) 智慧城市建设为电子政务发展提供了新契机

随着信息科学技术的迅猛发展,智慧城市(smart city)作为一种新的城市发展理念和实践越来越为世人所重视。简单而言,智慧城市就是运用物联网和云计算等先进的技术手段优化整合各种资源,使城市变得更智慧,进而改善城市的生存与发展状况,尽可能实现市民的全面发展。2008年全球性金融危机发生,美国IBM公司提出了"智慧地球"的理念;2009年,IBM发布了《智慧城市在中国》的报告,认为有效利用信息技术提升城市管理水平,推动中国社会的城市化进程,成为城市管理者的当务之急,建立智慧的城市将是城市信息化的终极目标和战略方向。近年来,中国许多城市如北京、上海、广州、南京、武汉等也提出了智慧城市建设的行动计划,建设和发展智慧城市在国内已蔚然成风,大势所趋。有些城市甚至已经着手编制智慧城市专项规划,希望借助互联网布局在未来的经济竞争中脱颖而出。智慧城市建设带动了新一轮的信息产业的发展以及管理体制的创新。城市智慧化的关键在于城市规划和管理的智慧化,这就需要政府从中发挥推动者和领导者的作用。只有智慧的政府先行才能够推动智慧化在城市经济和社会领域的建设。可以预见,电子政务建设将在智慧城市建设过程中寻找到新的契机。

复习思考题

1. 什么是电子政府?与传统政府相比,电子政府有哪些特征?
2. 比较分析电子政务与电子政府的区别。
3. 比较分析一站式政府与电子政府的区别。
4. 分析电子政府各个发展阶段的特征。
5. 简述电子政府建设包括哪些内容。
6. 发达国家的电子政府建设带给我们什么启示?
7. 我国电子政府建设还有哪些不足?如何弥补这些不足?
8. 未来我国电子政府建设将有哪些发展趋势?

经典案例

电子政务便利民众生活①

近年来,法国积极探索利用互联网开展电子政务,取得了实质成效,不仅节省了公众时间,也提高了政府办公效率,并使行政手续的操作程序进一步规范化和透明化。

一、网络"一站式"办理行政手续

为方便民众和企业通过互联网办理行政手续,法国政府建立了名为"我的公共服务"的核心电子政务网站,目前已有150万注册用户。该网站的最大特点是尝试提供"一站式"行政服务,整合了此前多个部门的电子政务功能,实现了电子政务网站从以政府部门为主导向以民众为中心的本质转变。

通过该网站,个人可办理人口登记、选举人注册,可以查看自己医疗、退休等各种保险的账户并办理相关手续,可以声明证件丢失并申请补办,可以在住址发生变化时自动将信息提交至居住地相关服务机构……

企业负责人也有相对应的网页。他们可以注册"职业账户",从而完成注册公司、公司迁址、要求出具税务证明等一系列行政手续。各种民间组织也可通过网络完成创建或解散组织所需的行政手续。

法国政府发言人弗朗索瓦·巴鲁安介绍,法国近年来在发展电子政务方面取得长足进展。从2007年至2010年,法国可通过互联网办理的行政手续所占比例已从30%上升到65%。法国政府打算在2011年底前将这一比例提高到80%。

二、网上纳税轻松快捷

另一个广为法国民众使用的电子政务网站是税务网站。网民可以通过该网站完成计算应缴纳税款、报税、在线纳税、填报各种表格和打印各种税务证明、查询纳税记录和税收规章等各种程序。

巴黎第四大学信息与传播高等研究学院教授让-马克·勒加尔在接受新华社记者采访时说,从前报税、纳税主要通过与税务部门间互寄各种表格和支票,现在只须在网站上轻点几下。同时,邮寄方式需要纳税人前往邮局,增加了遗失资料的可能,相比之下,网上报税、纳税优点显而易见。

2010年一项调查显示,89%的法国网民曾使用互联网进行税务申报、社会保险账户查询等电子政务服务。法国政府2009年统计数字显示,仅电子纳税系统就帮助法国民众节约了总计数百万小时的时间。

三、不断改进网络服务

为进一步提升服务水平,法国政府不断对电子政务网站进行人性化改造和推广。调查显示,2008年至2010年,用户有关使用互联网办理行政手续的难度评估点数下降了5点。

---

① 《法国推进电子政务便利民众》,http://news.xinhuanet.com/world/2011-03/16/c_121195735.htm,2011-03-25,略有改动。

为避免过多政府网站在功能上重叠造成混淆和浪费,法国政府 2011 年将整合 200 个政府网站,并计划于 2012 年底将法国各类政府网站从此前的约 600 个整合为 60 个。

为确保网民能够迅速找到需要的政府网站,法国政府与微软及谷歌公司旗下的搜索引擎合作,以保证网民通过搜索关键词即可链接进入相应的政府部门网站。法国政府还专门开辟网站向公众征求有关简化或改善行政手续的意见。

【案例思考题】

1. 结合上述材料,谈谈你对电子政府一站式服务的看法以及我国电子政府一站式服务实践存在的问题及对策建议。

电子政务与行政环境①

综观世界各国实践可以发现,电子政务是政府解决其所面临的紧迫的经济和社会问题的一种手段,是推动经济与社会发展的一个工具。因此,每一个国家或地区在选择发展什么样的电子政务应用系统时,应该首先审视一下自身经济与社会发展的紧迫问题是什么。

电子政务作为全球化、信息化时代的政务改革,对不同国家来说,挑战是一样的;但不同国家的应战策略各有不同。各国电子政务策略上的不同,首先就是由行政系统面临的不同问题和自身的意向决定的。因此,研究一国电子政务的策略取向,不能离开对行政系统本身的分析。

电子政务策略,作为一种行政系统的决策,要求系统选择与行政环境实现高度统一。要正确选择中国电子政务的策略,就要通过"行政系统—行政环境"的互动分析,准确把握中国行政模式基本的阶段特征。

关于行政模式的阶段特征,行政生态学的研究对我们同样具有启发作用。里格斯借用光谱分析的观念,提出了对应不同社会形态的三种行政模式。他认为:与农业社会相适应的是融合型行政模式(fused model)。其社会分工不明细,行政职能也是如此,如同折射前的自然光是白光一样。与工业社会相适应的是衍射型行政模式(diffracted model)。对应于社会分工的明确细致,政府职能也有具体的行政分工,就像自然光衍射为红橙黄绿青蓝紫七色光。第三种则是与过渡社会相适应的棱柱型行政模式(prismatic model)。因其过渡性,社会以及相应的政府行政系统既保持了过去的某些特征,又具有了新的特征,他将其比喻成光进入棱柱的折射过程。

中国社会的经济基础,从就业结构看,像农业经济;从产值结构看,像工业经济;从带动结构看,又像信息经济。正如徐中奇指出的那样:从整体上而言,中国的社会形态是处于过渡型社会。可见,这种过渡型的社会,也就决定了中国公共行政的类型,适用于里格斯提出的"棱柱型"概念。

---

① 节选自姜奇平、汪向东:《行政环境与电子政务的策略选择》,载《中国社会科学》,2004 年第 2 期,第 80～91 页,略有改动。

分析中国现阶段行政环境的特点,我们可以看到:

——中国处于中低收入国家之列,这是行政环境一个最重要的定位。实现新型工业化,是中国一个总的现代化目标。这个现代化,是结合了信息化特征的工业化,是由信息化带动的工业化,而且这个工业化是以农业为基础的。这一切就决定了中国电子政务的行政模式,只能是棱柱型的,而不可能是一种很纯粹的模式。

——中国经济发展极不平衡,经济体很大,发展速度又很快。这使中国行政环境中的经济要素值显得在同收入组国家中鹤立鸡群。我们测算的样本同组均值是49.798,中国的数值达到了159.66。

——中国信息基础设施有了长足发展,在同收入组中也是鹤立鸡群。同组均值是7.2,中国是18.01。

——中国创新基础环境是电子政务发展的制约因素。创新基础环境值仅在同组平均线上。均值是2.89,中国是2.90。

——最后,中国的人力资源,是所有行政环境要素中唯一低于本组平均值的要素。均值是3.199,中国才达到2.27。这也是真正制约中国电子政务发展的最大难题之一。

综合以上研究,我们认为,中国当前电子政务建设的基本目标,其实是要在转变公共产品和服务的生产方式的过程中,建立起一种"双棱柱型"的行政模式。第一重棱柱是实现农业组织方式向工业组织方式的过渡;第二重棱柱是实现工业组织方式向信息组织方式的过渡。这是由中国所处的半农业、半工业、半信息化的复杂行政环境决定的。不考虑行政环境中的农业社会遗留问题,行政决策就会脱离国情;不考虑行政环境中的信息社会挑战问题,行政决策就会丧失机遇;更重要的是,不考虑工业社会的现实问题,行政决策就会失去重心。

目前中国电子政务建设,总体上看正处于从技术应用型向管理信息化阶段转变的过程之中,少数发达地区和走在前面的部委,正在尝试进行政府扁平化服务的创造性实践。在全球化电子政务浪潮的挑战面前,中国现阶段电子政务具有什么样的策略选择空间,需要规避哪些政策陷阱,是我们不可回避的问题。

一、现阶段电子政务发展与推进政治体制改革的关系

(1)避免将现阶段电子政务等同于政治体制改革。中国电子政务现阶段的策略定位,从阶段目标看,不是建立电子化政府,而是在信息技术应用基础上,推进政府管理信息化。因此,这一阶段电子政务的策略诉求和意向,从公共行政角度分析,是保证行政手段符合政治目的的"准确",而不是追问政治目的本身的"对错"。也就是说,现阶段中国的电子政务,是在行政体制改革的现有框架之下,而不是在政治体制改革框架下进行的。

(2)与时俱进地推进中国电子政务的发展是一种必然选择。但是,中国电子政务的发展,又不可能与政治体制改革完全脱节。这是由我们面临的现实挑战和自身发展需要决定的。与时俱进地推进中国电子政务的发展,是社会主义自我完善的必然选择,是建立社会主义政治文明的需要。为了使电子政务有它的坚实体制基础,就要把信息化与政治改革结合起来,使信息化起到推动社会主义民主政治建设的作用。在各地、各部门实践基础上,适时将电子政务提高到电子化政府阶段。在全球化条件下综合国力

的竞争中,政府竞争是国际较量的主要方面之一。电子政务的适当发展,必将提高政府竞争优势。

(3) 可选策略空间:鼓励电子化政府试点和中国特色实践探索。

——在具备先进条件的地方,鼓励电子化政府试点。这些地方所指,一是在有条件率先实现现代化的中心城市和发达省份;二是在政府体制改革试点地区;三是在电子政务发展较快并与人民生活关系比较密切的政府部门。这三类地方因行政环境条件较好,应鼓励电子政务先行一步,把电子政务与体制改革紧密结合起来。

——在不具备先进条件的地方,鼓励有国情特点的电子政务实践。这些地方可以从较低的政府职能转变的起点上,通过加强对社区的电子政务建设,可以相对低成本地对广大尚未上网的群众提供有针对性的特色服务,实现跨越式发展。中国独特的居委会和村委会,构成了一种非技术形态的"沟通网"。以这些基层单位为节点进行联网,开展电子政务延伸服务,可以有效解决众多非上网人口不能分享电子政务服务的问题。

二、中国现阶段电子政务与行政体制改革的关系

(1) 避免将中国现阶段电子政务等同于政府流程再造。在中国当前的行政环境条件下,全面推进以政府流程再造为核心的扁平服务型电子政务策略,存在两个主要的限制条件。

首先是行政环境中,经济发展阶段对组织形式的制约。实行扁平服务型电子政务,改革的对象是工业经济条件下形成的科层制的组织形式。但中国工业化尚未完成,处在农业经济向工业经济过渡中的行政环境,反映到上层建筑,尚存在加强科层制的客观要求。这与发展扁平服务型的电子政务形成矛盾。

其次是体制改革意向对组织形式变迁的制约。电子政务改革,是政府改革的整体系统工程。条块分割的行政管理体制,不可能通过某一条、某一块的局部流程重组,再造成功。中国现阶段行政体制改革的主要原则,是"转变政府职能";本届政府的行政改革重点,侧重"行政三分",主要解决职能细分优化问题。实行全面的政府流程再造,缺乏行政体制改革的根本政策依据。换句话说,中国现阶段实行政府流程再造的政治意向不足。

(2) 与政府流程再造相关的电子政务认识误区。

误区一:认为电子政务就是小政府、大社会。

扁平服务型电子政务策略的目标,既不是缩减政府规模(downsizing),也不是减少浪费(cutting waste),甚至也不在于提高效率(efficiency),而是提高效能(effectiveness)。这里关键是需要弄清科层制与扁平化流程相对公共管理的手段来说的根本区别。如果借数学的概念来说,科层制的效率"微分"关系是,边际成本递增,边际收益递减;而扁平化流程的效率微分关系是,边际成本递减,边际收益递增——切线的斜率不同! 这意味着,科层制提高效能,只能经过减少职能、缩小规模、节约成本等手段优化效能比;而扁平化流程是通过改变管理任务与管理成本的反向制约关系本身,使之进入正反馈,来达到"既要马儿跑,又要马儿少吃草"这种奇妙的效能状态。从而从"弱化两头,强化中间"的官僚体制,转向"强化两头,弱化中间"的治理体制。

误区二:将电子政务等同于流程再造,认为政府只要像企业那样运作,就可以改进绩效。

电子政务与企业信息化的一个重要不同在于,市场化的企业知道自己的目的,而官僚化的机构经常"忘记"自己的目的(宗旨),因此仅仅通过信息化改变工作流程,仍然解决不了职能精简和转换的问题。光改变手段本身,不去将手段与目的"对表",手段异化于目的的问题仍然解决不了。

(3) 行政体制改革中电子政务策略的可选空间。

我们认为,尽管存在着上述限制和认识上的误区,但扁平服务型电子政务策略,仍是深化中国电子政务最主要的可选发展空间。首先,适时总结实践经验,上升到政策理论高度,从发达地区和政府窗口服务部门开始,有计划、有步骤地推动中国电子政务,从政府管理信息化,向服务型政府的目标转变,将是一个明智的选择。在全球化电子政务浪潮中各国普遍建设服务型政府的挑战面前,中国不应错失应战的机遇。虽然中国整体上还未实现工业化,但发展不平衡的行政环境特点,决定了政府先行,推动国民经济和社会信息化的特殊必要性。

应该看到,在工业化过程中形成条块分割官僚体制带来的官僚主义的弊端和腐败现象,正在成为中国进一步走向现代化文明的重大制约因素。在这种情况下,行政体制改革应充分体现"信息化带动工业化"的指导原则,在转变和优化政府职能的基础上,不失时机地提出政府流程再造的改革纲领,充分调动广大公务人员的改革积极性、创造性,使中国政府的公共服务水平迈上新的台阶。

在未来行政体制改革和机构改革中,在"转变政府职能"原则后,加上"政府流程再造"的要求,一方面将为政府先行,带动国民经济和社会信息化,提供充分的政策支持,大大加快中国现代化步伐;另一方面,可以为政治体制改革准备充分的行政基础,加快社会主义民主政治建设和社会主义政治文明建设,推动信息社会在中国的早日到来。

在相关策略方面,我们建议:推进政府流程重组,应以新的"精简效能"为基本原则。在我们看来,"精简",就是简化行政运作环节和程序,降低行政运作成本,提高政务效率;"效能"就是实现"政务边际成本递减"。

实行扁平服务型电子政务后,政府的中间管理层的缩减甚至取消,将大大简化行政运作的环节和程序。通过信息网络,政府部门和公众可以用交互式的方式,直接实现信息的双向传递,可以节省人们大量的时间和精力,提高政府服务的效率和水平。

从政府内部的管理层面来看,传统垂直组织中的中间层级信息传递功能被网络所替代,消除了信息源与决策层之间的人为阻隔,使信息传递迅速,有利于避免在信息传递过程中引起的失真。在同级政府之间,地理边界和人为的本位观念的限制也会减少。信息技术在政务中的应用,将优化行政管理的组织结构和提高信息传递的速度和效率。

根据美国政府再造经验,实施政府流程重组的主要行政改革取向应是下面几点。

第一,基于目标杠杆的核心战略(core strategy):目标杠杆的作用是,始终让手段对准目的,时刻用目的校正手段。反过来说,针对的是排除作为手段的中间人利益对目标的干扰。政府与公众直接越过中间层利益干扰而寻求最大限度的吻合。

第二,基于激励杠杆的后果战略(consequences strategy):电子政务要坚持面向公众、面向市场,针对群众最关心的问题应用信息技术,增强为民办事的透明度和公正性。

第三,基于责任杠杆的顾客战略(customer strategy):信息化政务"使组织直接对顾客负责"。

第四,基于权力杠杆的控制战略(control strategy):电子政务要求"将决策、回应顾客及解决问题等权力下放至对一线工作了如指掌的人员","转移至社区"。

第五,基于文化杠杆的文化战略(culture strategy):电子政务要求使雇员的价值观、行为规范、态度和期望值能够适应创新和变化的环境,有意愿寻找新的"奶酪"。

相信只要政策对头,中国实行政府先行,以信息化带动工业化的战略,政府行政体制现代化的步伐将极大加快,社会主义制度在中国将得到极大的巩固和加强。

综上所述,本文得出的主要结论是:电子政务没有一成不变的对于各个时期、各个国家通用的固定模式。我们需要根据行政环境的特点和变化,根据对于电子政务挑战的判定,根据应战的意愿,来相机决定、动态调整中国电子政务的策略。电子政务发展中暴露出来的矛盾,只有通过进一步的发展来解决。与发达国家不同,现阶段中国要在转变公共产品和服务的生产方式中,建立适应"以信息化带动工业化"需要的"双棱柱型"电子政务模式。中国电子政务主要的发展空间,在于从技术应用和政府管理信息化向前推进,即适时全面进行政府流程再造和建立服务型政府,并结合中国国情,有重点地推进社会主义民主政治建设,在此基础上实施与之配合的电子政务模式。

第十章
政府绩效评估

并非所有能被衡量的东西都有价值；反之，并非所有有价值的东西都可以被衡量。

——阿尔伯特·爱因斯坦

第一节 政府绩效评估概述

一、绩效与政府绩效

从语义学的角度出发，绩效指的是"成绩；成效"。其中，"成绩"是指"工作或学习的收获"，它强调对工作或学习结果的主观评价；而"成效"则是指"功效；效果"，它强调工作或学习所造成的客观后果和影响。① "绩效"是二者的有机综合，即是指"工作或学习的收获和效果"。在英文中，绩效一词是"performance"，意指"履行"、"执行"、"表现"、"行为"或"完成"，并可延伸为"作为"、"成就"、"成果"或"业绩"。事实上，"绩效"并不是一个时髦概念，它很早就出现在中国古代的选官制度中，《后汉书·荀彧》记载"原其绩效，足享高爵"，即考察官员的绩效以看其是否足以胜任更高的职位；《旧唐书·夏侯孜传》提到"录其绩效，擢处均衡"，即把一个官吏的绩效记录存档，根据其绩效优劣予以提拔和重用。当"绩效"一词被引入政府管理这一特定语境中，其含义就变得更加丰富和难以把握。迄今为止，政府绩效并没有一个被普遍接

---

① 《现代汉语词典》（第6版），商务印书馆，2012年版，第165～166页。

受的内涵界定。其中,比较有代表性的定义有以下四种。

(一) 从政府管理过程出发界定政府绩效

美国学者理查德·C.科尔尼(Richard C. Kearney)认为,政府绩效就是为实现预期结果(results)而管理公共项目所取得的成绩,它是由效益、效率和公正等多个同等重要的标准引导和评估的。[①] 从管理过程的角度界定政府绩效的内涵有助于提高政府管理的效率和质量,但它却忽视了政府活动的更重要的价值追求——社会效果。

(二) 从政府活动的结果出发界定政府绩效

当代美国著名绩效评估专家哈瑞特·P.哈瑞(Hatry P. Harry)把政府绩效定义为:政府以一定的投入提供公共产品或服务的产出和有效性。效率和有效性是政府绩效的核心,它们相互依赖。如果以牺牲公共服务质量为代价来降低单位产出的成本,或者相反,即提高单位投入之产出,这种效率的提高实际上扭曲了政府绩效的真正内涵。[②] 政府绩效的这种界定过于强调政府活动的结果,相对忽视政府活动的过程。

(三) 从政府管理能力视角界定政府绩效

美国学者帕特丽莎·W.英格拉姆(Patricia W. Ingraham)认为,政府绩效就是政府把资源或投入转化为产出或结果的管理能力。政府能力与政府绩效成正比例关系,政府能力越高其绩效就必然越高;政府能力越低,政府绩效必然就越低。[③] 这种界定注重政府自身的能力建设以及政府能力和政府绩效间的关联性,但在一定程度上忽视政府活动的效率和有效性。

(四) 从综合性视角界定政府绩效的内涵

美国行政学者克里斯托夫·波利特(Christopher Pollitt)和吉尔特·波科特(Geert Bouckaert)从4个层面详细地界定了政府绩效的内涵:"它是指政府活动或项目的运行结果;它是指重塑政府过程以使其具有更强的顾客导向、成本意识和结果导向,这将能够极大地促进政府绩效;它是指政治和行政制度的整体能力,一个更加积极的组织将能更好地采取行动并取得持续发展;它是指具有一种特定或理想制度的更多特征。"[④] 这种界定相对全面,但它也相对忽视了政府提供公共产品或服务的过程。

综上所述,我们可以将政府绩效界定为:在既定资源条件下,为了实现预期目标,政府实施各种活动或项目的过程和结果,它体现为政府提供公共产品或服务的效率和效益。[⑤] 政府绩效是效率和效益的统一体。政府管理的"公共性"内在地要求效益应当成为政府绩

[①] Richard C. Kearney. Public Setor Performance: Management, Motivation and Measurement. Colorado: West View Press,1999,1-2.

[②] Hatry P. Harry. How Effective Are Your Community Services? Procedures for Monitoring the Effectiveness of Municipal Services Washington, D. C. : Urban Institute,1977,4.

[③] Campbell Public Affairs Institute(2002): Government Performance Project, http://www.maxwell.syr.edu/Campbell/index.htm[2005,December].

[④] Christopher Pollitt, Geert Bouckaert. Public Management Reform: A Comparative Analysis. Oxford University Press, Oxford,2000,99.

[⑤] 张强:《美国联邦政府绩效评估研究》,人民出版社,2009年版,第23页。

效的首要价值标准和核心内容,没有效益的效率必然与政府的根本使命——追求公共利益、实现公共目的——背道而驰,也就没有任何意义可言。但另一方面,对于政府来说,没有效率的效益也是不现实的,尤其是在政府预算紧缩的情况下,效率理应成为政府绩效的重要内容,它要求政府节约成本、改善管理、优化资源配置,用有限的资源提供数量更多、质量更好的公共产品或服务,以最大限度地满足公众的需求。

二、政府绩效评估的内涵

政府绩效评估是指政府在既定的资源条件下,对为实现其预期目标而实施各种管理活动或项目的过程和结果所进行的综合评估。其中,效率和效益是政府绩效评估的两个基本维度。我们可以从以下四个方面来把握政府绩效评估的本质内涵。

(一) 政府绩效评估是以预期的绩效目标为前提和依据

从本质上说,政府绩效评估是对其预期绩效目标实现状况的评估,如果没有设定预期的绩效目标,绩效评估也就无从谈起;而且,绩效评估标准和指标体系的设计也都是以预期的绩效目标为依据的。这就要求在进行绩效评估之前,政府或其部门应当对其战略规划、资源占有状况、绩效历史和客观环境等要素进行综合分析,制定科学的绩效目标和绩效计划。

(二) 政府绩效评估是组织内部和外部绩效评估的有机综合

内部绩效是指政府在提供公共产品或服务的过程中的效率,即投入/产出之比;外部绩效就是政府提供公共产品或服务的效果、质量、顾客满意程度和公平性等。政府作为公共利益的最高代表,其最高的价值追求不应当是利润最大化,而是效果、公平性和顾客满意度等更重要的外部因素,这就要求政府既要关注组织内部绩效,又要关注组织外部的结果绩效,政府绩效是组织内部绩效和组织外部绩效的有机统一体。

(三) 政府绩效评估是多元价值标准的综合应用

传统公共行政的"效率中心主义"使得早期政府绩效评估的价值标准是单一的效率取向。然而以单一的效率为价值取向的传统绩效评估忽视了政府的"公共性"内涵,无法客观地反映政府提供公共产品或服务的效果、质量、公平性和顾客满意度等结果要素。20世纪70年代以来,3E(经济、效率和效益)逐渐成为被普遍接受的政府绩效评估的价值标准。经济、效率和效益三者之间彼此联系,构成了政府绩效评估的多元价值标准。

(四) 绩效评估是一个动态过程

政府绩效评估并不仅仅是一项孤立的评估技术,而是一套复杂的、动态的评估制度体系,包括确定绩效目标、构建绩效评估标准和指标体系、收集和评估绩效信息等一整套操作流程。这些评估流程构成了政府绩效评估的动态过程。

三、政府绩效评估的意义

（一）强化政府责任

责任政府是民主政治发展的必然产物，也是民主政治的一个基本理念，即政府由公众产生、为公众服务并对公众负责。绩效评估能够有效地检验政府是否切实履行其对公众、代议机关和其他相关主体的责任，并公开报告绩效信息，从而成为一种有效的责任监督和控制机制。责任政府不应该仅仅停留在口号上，而且政府必须以实际行动为公众服务、对公众负责。而公众只有掌握与政府有关的绩效信息后，才能及时知道政府是否履行其公共责任。通常情况下，公众很难获得相关的政府绩效信息以督促政府履行其职责，根本原因有两个：一是在政府与公众的相互关系中，政府出于强势地位，能够通过各种形式控制或封锁绩效信息；二是政府不愿意主动公开相关绩效信息，这是加强公众监督、强化公共责任的关键环节。政府绩效评估可以有效地监督政府履行公共责任的情况，限制政府的强势地位，使绩效信息公开成为常态。

（二）改进政府管理

政府绩效评估能够发现政府系统内存在的问题并找到相应的解决对策，它能够改善政府管理，这主要体现在以下两个方面。

第一，绩效评估能够为政府管理的进步提供客观的信息依据。通过对政府提供公共产品或服务的过程和结果进行分析和评估，能够发现需要引起关注的问题领域并找到解决问题的有效途径，从而为管理者和决策者的管理改革提供依据。

第二，绩效评估有助于提高政府绩效。绩效评估能够检测政府组织绩效目标的实现状况，政府在此基础上管理绩效信息，能够有效地提高个人绩效并最终提高政府组织的绩效，这体现在两个层面：首先是通过评估政府绩效目标的实现程度并把评估信息予以公开，从而在政府或其部门之间形成竞争，激励管理者和雇员努力实现部门绩效目标，提高部门绩效水平；其次，推动个人绩效进步。组织绩效目标可以分解为个人绩效目标，并把个人的工资、晋升和奖惩直接与其绩效努力联系起来，绩效评估就能够激励雇员努力实现个人绩效目标，从而推动组织绩效目标的实现。

（三）转变政府职能

政府绩效评估是对政府履行职能的效率和成绩的评估，政府绩效评估从目标的设定到结果的应用都与政府职能息息相关。转变政府职能是行政体制改革的应有之意，通过政府绩效评估可以合理地引导政府职能的转变。具体来说，首先，通过设置科学合理的政府绩效目标，可以改变以往政府行为的"GDP主义"，使政府职能更多地倾向民生领域；其次，通过设置科学合理的绩效评估指标体系，重新界定政府职能，把政府不该管的事务剔除在外，使政府职能回归到一个合理的界限；再次，合理设置绩效评估指标体系的权重分布，加大对涉及民生等领域的比重，可以引导政府更好地践行服务行政的理念。

第二节　政府绩效评估指标体系

一、政府绩效评估指标体系的设计原则

（一）全面性原则

政府绩效评估应按照科学发展观和正确政绩观的要求，体现发展的全面性、系统性和可持续性。通过指标的设置和考核，把各地工作重点引导到物质文明、政治文明和精神文明的协调发展，兼顾效率和公平，统筹经济增长与社会进步的目标上来，坚决克服单一经济指标带来的弊端。因此，在绩效指标设计过程中，必须通过权重的合理配置，避免过分地突出 GDP 等经济指标，而对过去我们忽视的制度、能力、文化和公众满意度等因素给予高度重视。

（二）客观性原则

绩效指标应由专家设计，编制数学模型，实行计算机管理。为了确保评估工作的客观性，不同社会群体及其社会经济单元的"多主体"评估结果在指标设计中应有所体现。

（三）可操作性原则

绩效评估指标的设计应通俗易懂，便于理解、获得和评估，并注意与其他统计口径相吻合，以便于不同统计数据之间的"对接"和出于不同统计目的进行的统计活动所得数据的共享，部分指标的设置还要注意与国际、国内统计规范数据的可比性接轨。

（四）定量分析为主原则

对于一些习惯上进行定性分析的指标，要探索制定具有可操作性的量化分析方法，尽量增强其精确性，减少模糊性，避免主观因素对评估的不利影响。

（五）比较原则

纵向比较既要评估客观背景，又要评估发展现状，还要评估发展速度并体现阶段性，以便全面考察发展的速度；横向比较应考虑不同地区客观条件的差异性对政府绩效的影响，同时侧重评估在同等条件下与其他地区、部门相比本地区和部门位次的变化。既要注重结果评估，又要注重过程评估，做到差异性与一致性的统一，可根据实际情况适时修改绩效指标。

（六）突出重点、分类指导原则

一般而言，绩效指标要少而精，才能抓住关键，便于用统一指标体系进行评估，避免评估结果失去可比性。但在中国这样一个大国，地区之间在经济发展水平、经济社会结构、国民素质、人民生活水平和自然条件等各方面都存在一定的差异性，因此不同地区的评估

体系必须根据区域经济或产业发展特色,在指标设计上有不同的侧重,可以通过权重的设置来体现不同地区各项指标的不同重要程度。

二、政府绩效评估指标体系的设计方法

(一)演绎法

演绎法是从某些价值原则出发,或者从某些已被接受的论点出发,经过逻辑推理,得出新的判断和结论的过程。作为对政府行为结果的衡量,政府绩效评估关注政府组织所发挥的功能,但并不是要考察政府的所有功能,而是仅仅关注政府应该发挥功能的领域,也就是政府职能的领域。政府活动应忠实履行其职能,并且不得超越其职能范围。运用演绎法确定地方政府绩效评估指标,首先应该厘清政府职能,在政府职能的基础上确定绩效评估内容,进而设计出绩效评估的指标体系。[①] 盛明科在《社会和谐指数:政府绩效评估的重要指标》一文中就是通过演绎法设计了政府绩效评估的社会和谐指数。他首先分析了社会主义和谐社会的基本内涵,即社会主义和谐社会应是能保护全体社会成员权益的社会,是能够有效化解内部矛盾的社会,是经济社会发展和人口、资源、环境和谐发展的社会。在对和谐社会内涵认识的基础上,他从自然资源可持续发展指数、基尼系数、城乡收入比、社会自组织能力指数、公众安全感、公民幸福指数等六个方面建构了社会和谐指数。[②]

(二)关键绩效指标法

关键绩效指标(key performance indicators,KPI)是通过对组织内部某一流程的输入端和输出端的关键参数进行设置、取样、计算、分析,衡量流程绩效的一种目标式量化管理指标,把战略目标进行层层分解,明确各部门、人员的业绩评估指标。KPI是连接个体绩效和部门绩效与组织战略目标的一个桥梁。它是针对对组织目标的实现起作用的工作而设定的,基于这样的关键绩效指标进行评估,就可以保证真正对组织有贡献的行为受到鼓励。KPI的主要内容包括:确定组织目标、如何实现目标、确定关键绩效指标、确定绩效标准、指标层层分解、实际完成情况评估等环节。[③]

与传统绩效评估指标相比,基于 KPI 所构建的评估指标更具有优越性。首先,传统绩效评估指标基于岗位职责和目标而设定,与组织战略目标关系不大;KPI 则严格依据组织的战略目标,使得组织的短期目标与战略目标能良好的衔接。其次,传统绩效目标是由上到下分配设定的,不能充分吸收组织成员的意见;KPI 既自上而下地把战略目标层层分解,又自下而上逐层保障绩效目标的实现。再次,传统绩效指标往往偏重于对经济指标的考核,缺乏评估的完整性;KPI 充分考虑组织内部与外部、输入端与输出端等因素,保证了绩效指标的完整性,使绩效评估指标体系更具科学性。

[①] 楚德江:《我国地方政府绩效评估指标体系研究现状与前瞻》,载《学术界》,2008年第1期。
[②] 盛明科:《社会和谐指数:政府绩效评估的重要指标》,载《文史博览》,2005年第Z2期,第72~75页。
[③] 刘华:《基于 KPI 的乡镇政府绩效评估机制研究》,载《江西社会科学》,2011年第3期。

（三）标杆管理法

标杆（benchmark）一词原意是测量学中的"水准基点"，是指标杆、基准，在企业管理中是指企业所要学习和超越的榜样。标杆管理就是指寻找和研究业内外一流的企业，以此为标杆，将本企业的业务、流程、服务、管理等方面的实际情况与标杆进行评估和比较，并结合自身实际通过创造性地学习与借鉴标杆经验，从而赶超一流企业或创造高绩效的方法。标杆管理的运作流程包括：第一，确立标杆管理的目标；第二，选择与确立标杆；第三，确认标杆指标；第四，系统学习和比较。[①] 标杆管理实际上也就是比较的方法，通过目前绩效与绩效目标的比较、本组织的绩效与其他组织绩效的比较、目前绩效与过去绩效的比较等比较方式来确定政府绩效评估指标体系。

（四）平衡计分卡法

平衡计分卡（balanced score card）是美国哈佛大学教授 Robert Kaplan 和诺朗顿研究院执行长 David Norton 于1990年设计的一种旨在用于企业管理的绩效评估工具，这是绩效管理的新思路。平衡计分卡改变了以往只重视财务指标的绩效评估体系，它在财务指标之外，还考虑了顾客方面、员工学习与成长及内部管理流程这三个方面。平衡计分卡首先确定了企业的使命和愿景，在此基础上确定战略，然后规划出清晰的战略地图，以便高级管理者能清晰地看到整个战略的情况，确定行动方案，最后从财务、顾客、内部管理流程、员工学习与成长这四个层面来给出具体部门甚至个人的明确的指标任务。[②]（见图10-1）

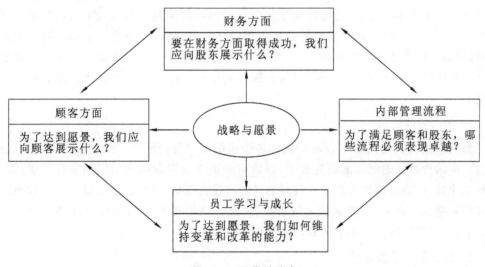

图 10-1　平衡计分卡

平衡计分卡作为企业战略管理的工具，在企业部门得到广泛的应用，基于平衡计分卡在组织发展与战略目标上的杰出贡献，政府部门也逐渐引进这一方法。在美国，包括国防部、交通部、联邦航空署、国防后勤总署、美国空军和美国海军等机构，以及70%以上的州

[①] 杨畅：《标杆管理：地方政府绩效评估系统改进思路探析》，载《湖南科技大学学报（社会科学版）》，2009年第2期。
[②] 王纬、郝卫国、王胜荣：《构建基于平衡计分卡理论的政府绩效评估体系》，载《领导科学》，2010年第6期。

都在广泛地使用平衡计分卡。与传统评估指标设计方法相比,平衡计分卡具有一定的优势。其一,平衡计分卡基于"平衡"的理念,打破了以往绩效指标中"GDP主义"的束缚,更强调组织的平衡发展,较好地兼顾组织内外因素对组织绩效的影响。其二,平衡计分卡从制定组织战略与愿景开始,然后从四个方面(财务、顾客、员工、内部流程)将组织战略目标予以分解,这种做法有利于宏观战略目标的实施。

三、政府绩效评估的指标类型

政府作为一个综合性系统,涉及面非常广,政府绩效评估指标也纷繁复杂,涵盖了政府职能的方方面面。不同的政府或政府部门,所担负的职能不同,绩效评估指标也就不同。因此,要厘清政府绩效评估的指标类型,首先需要清晰地界定政府绩效评估的类型。

(一) 政府绩效评估的类型

1. 项目绩效评估

中国各级政府职能实际上是通过其下设的职能部门履行的,而各部门职能又主要是通过各种各样的项目来实施的。因此,项目层次的绩效评估是政府绩效评估中非常重要的组成部分,只有众多项目的绩效水平提高了,政府和部门的绩效进步才是可能的。目前,一些政府的职能部门已实施了项目绩效评估,如财政部2005年颁布的《中央级教科文部门项目绩效考评管理试行办法》和广东省财政厅2004年出台的《广东省财政支出绩效评估试行方案》等,都对项目绩效目标申报、评估范围、评估指标、评估程序和评估结果应用等方面作出了详细规定,是比较典型的项目绩效评估试验。但实践中的项目绩效评估并不完善,一方面,大多数项目的绩效是由部门进行内部评估,缺乏一个相对独立的评估机构,很难保证绩效评估的客观公正;另一方面,项目评估与项目绩效目标和项目预算的结合比较松散。从某种意义上说,目前各级政府推行的项目绩效评估更多地具有形式上的意义。

2. 部门绩效评估

部门绩效评估是指对一级政府内部各个职能部门履行职责、完成绩效目标情况进行评估。中国行政管理学会的研究表明,目前有些地方政府职能部门已经推行了形式多样的绩效评估,但这些评估大多是一种运动式的自发性评估。而且,由于目前大多数政府部门并没有制定明确的、可测量的绩效目标,加之评估结果与部门预算之间并没有必然联系,因此并不存在真正意义上的部门绩效评估。

3. 行业系统绩效评估

行业系统绩效评估是指在实行中央或省垂直领导的行政系统内部推行的绩效评估。在中国特定的行政体制背景下,有些行政系统实行中央垂直领导(海关等)或省垂直领导(工商、税务等),上级在很大程度上掌握着本系统的人、财、物等资源的分配权,上级下达工作计划和目标,分配完成工作所需要的各种资源,并负责监督和评估下级的工作进展和绩效水平。因此,在这些实行中央或省垂直领导的行政系统内部推行绩效评估的条件是成熟的。而在实行双重领导尤其是以地方领导为主的大多数行政系统内部推行绩效评估的条件仍不成熟,原因是上级业务指导部门对下级的绩效评估并不能与其人事任命、预算安排和管理改革直接联系起来。

（二）政府绩效评估的指标分类

从某种意义上讲，政府绩效评估是对政府职能的实现程度所进行的评估。因此，政府绩效评估指标体系的设计也必须以政府职能为依据。在社会主义市场经济条件下，我国政府的主要职能是经济调节、市场监管、社会管理和公共服务。[①] 据此，我们认为应当设计4种类型的绩效评估指标。

1. 经济发展状况指标

经济发展状况指标是过去评估政府的通用指标，虽然我们反对片面地强调此类指标在政府绩效评估中的作用，但它们仍然是衡量政府绩效的重要因素。经济发展状况指标主要包括经济发展速度（GDP 增长率，人均 GDP 增长率）、经济结构调整（第二产业增加值占 GDP 比例，第三产业增加值占 GDP 比例，高新技术产业增加值占工业增加值比例）、经济效益（财政收入增长率，工业经济效益综合指数，农业土地产出率）、经济环境（经济案件和刑事案件发案率及侦破率，年投诉量及查处率，经济信用等级，市场化程度，国有经营性土地转让公开拍卖比例，国有中小企业产权交易公开招标和竞价出让比例）等。

2. 社会发展状况指标

社会发展状况指标在政府绩效评估体系中最复杂，也最能体现发展的全面性。社会发展状况指标主要包括社会教育事业发展（适龄儿童就学率，单位人群的初中、高中和大学毕业率，国家财政年度投入教育比例，学生身体素质）、社会卫生事业发展（单位人群的医疗机构数目，单位人群的医疗设施数目，年度人均医疗健康支出，不同地区之间健康支出的差异值，国家医疗投入的实际效果等）、社会治安（年度治安案件发生率，各类案件的发生率和侦破率，各类交通和安全事故的频率，事故伤亡人数）等。

3. 可持续发展指标

根据我国的实际情况，可持续发展的关键在于人口、资源与环境，目前这些问题越来越成为制约经济社会全面发展的瓶颈。为了更好地落实科学发展观，在政府绩效评估方面就必须制定诸如计划生育达标率、环境综合指数、污染企业分布状况、植被覆盖率、水土流失面积的速度、森林面积及年度减少率、水资源利用率等绩效指标。

4. 行政发展指标

当前，为了适应我国经济社会迅速发展和加入 WTO 的需要，为了提高政府效率和服务水平，我们必须加速推进行政发展。一般来说，行政发展指标主要包括4个方面：行政服务（政务公开透明度，政策法规建设，政策法规宣传，公务员素质，办事效率）、行政结构优化（组织机构建设，人事规划及编制，公务员培训，行政支出占财政支出的比例）、行政决策（行政决策的民主化程度，公众和专家参与行政决策的程度，行政决策的时效性）、行政公共关系（公众对政府服务的满意度，对领导人的评价和政府形象）。

[①] 温家宝：《政府工作报告》，2005年3月。

第三节 我国政府绩效评估的实践与展望

一、我国政府绩效评估的现状

我国政府绩效评估始于20世纪80年代末,这时我国的政府部门普遍存在着机构臃肿、行政效率低下、行政成本高、官僚主义等不良现象,引起了群众的不满。在此背景下,以转变政府职能为导向的新一轮政府改革有条不紊地开展起来,其中,政府绩效评估的理念第一次被引入到政府改革中,并涌现出有代表性的政府绩效评估实践。如很多地方政府成立了旨在提高政府部门行政效率、降低行政成本的机关效能建设办公室等专业机构,各地还开展了以社会评议最满意政府部门、公共服务满意度调查、政风行风评议等非制度化的政府绩效评估方式。这一时期的绩效评估属于起步阶段,制度化的政府绩效评估体系远没有建立起来,政府绩效评估上升到国家层面的制度建设是从2005年开始的。2005年以来,国内关于政府绩效评估的研究逐渐增多,官方文件也频频提及政府绩效评估,温家宝在2005年的政府工作报告中明确提出要抓紧研究建立科学的政府绩效评估和经济社会发展综合评价体系;2006年中央组织部下发《体现科学发展观要求的地方党政领导班子和领导干部综合考核评价试行办法》,提出了一整套全面考核评价领导班子和领导干部的制度体系;2007年10月十七大报告进一步提出要完善体现科学发展观和正确政绩观要求的干部考核评价体系。近年来,我国政府绩效考核呈现出专业化、民主化趋势,一些地方政府成立专门的政府绩效评估部门整合各类政府考核评议活动,制定统一评估标准,提高社会评价的比重,评估手段和方法也日趋专业化。例如,在提高绩效考核程序和标准的专业化程度方面,深圳市运用电子监察绩效评估系统和政府绩效评估PLS模型①,厦门市思明区制定系统的"公共部门绩效评估体系",青岛市推行平衡记分卡管理办法。在加大绩效评估的外部评测力度和公民参与程度方面,南京和珠海市试行"万人评政府",福建安溪开展政府绩效社会评议调查,上海徐汇区进行政府绩效群众满意度测评,四川绵竹市增大社会公众参与政府绩效评估的比率,安徽淮南市面向社会招聘群众评估员并建立评估人才库,湖北省财政厅聘请相关专家成立财政支出绩效评价专家库。②

经过短短几年的实践探索,中国各级政府在绩效评估方面取得了显著的成绩,主要体现在以下5个方面。一是出台了各种形式的绩效评估文件,包括中央各部门制定的绩效评估文件,如中央组织部印发了《关于开展体现科学发展观要求的党政工作部门领导班子和领导干部综合考核评价试点工作的通知》(组厅字[2007]4号),财政部出台了《中央级

---

① PLS模型是深圳市首创的政府绩效评估模型。运用该模型,可以实现对政府绩效的多维评估。"P(point,点)"是以实际工作进度的点与计划工作进度的阶段目标点进行"差距比较";"L(line,线)"是以被评估单位当前的工作情况与历史工作情况进行"趋势比较",或对多家被评估单位进行"高低比较";"S(side,面)"是对多家被评估单位共同完成重大任务的"合力评估",注重评估共同任务的完成效果。

② 陈雪莲:《地方政府绩效评估改革的突破与局限——以杭州市"综合考评制"为个案》,载《理论与改革》,2010年第1期。

教科文部门项目绩效考评管理办法》,这些政策性文件为地方或部门的绩效评估提供了合法性依据,有利于保持绩效评估在一定时期内的稳定性。二是开展了项目绩效评估、部门绩效评估、行业绩效评估、整体政府绩效评估以及领导班子和领导干部绩效评估等多层次、多形式的绩效评估,使政府管理的各个领域和各个层次都被纳入到绩效评估的范围。三是绩效评估理念慢慢地从效率评估转向科学发展观指导下的综合评估,评估维度从经济发展拓展到经济调节、市场监管、社会管理和公共服务。四是绩效评估的科学性、民主性大大提高。如广东省财政支出项目绩效评估中,定量指标占整个指标体系的80%,定性指标占20%。绩效评估的主体也从过去的上级评估或系统内部评估转向包括社会公众在内的多方评估;而且越来越多的政府绩效评估采用网络信息化评估系统,大大提高了绩效评估的效率和民主化的切实实现。五是绩效评估信息的运用日益受到重视。不少地方将绩效评估结果作为奖励、评优、干部晋升、班子更替的重要依据;也有部分地方开始将项目绩效评估结果与项目预算结合起来。这些都有利于推进政府改革,提升政府管理能力,提高政府、部门或项目的绩效水平,增强政府对公众的回应性。

二、我国政府绩效评估存在的问题

(一)绩效评估与绩效管理脱节

绩效评估本身不是目的,政府绩效评估不是为了评估而评估,而是为了改进政府绩效,以评估的结果作为绩效管理的依据。可见,政府绩效评估是政府绩效管理的一个环节,从某种意义上说,绩效评估的结束,就是绩效管理的开始。但是,目前我国的地方政府绩效评估存在着与绩效管理脱节的现象,主要表现在以下方面。

第一,政府绩效预算还未建立。绩效预算是指根据绩效评估的结果来制定政府预算,这是当代西方各国政府绩效改革的核心内容,但目前中国政府预算仍然是传统的收入/支出预算模式:先由各个部门按照人员经费、公务经费和项目经费3大类别来编制部门预算申请。其中人员经费和公务经费是根据人员编制和定额标准来确定的;项目经费则根据不同部门不同年度的实际需求,由各部门列出具体内容和金额,然后各个部门将预算申请上报财政部门予以审核。对于人员经费和公务经费,只要数字准确,一般都会批准;而对于项目经费,财政部门则根据财政能力和各项社会事业发展需要,按轻重缓急,予以保留或删减,最后由各部门予以执行。可以看出,传统预算过程与部门绩效几乎没有任何关系,部门或项目绩效水平的高低并不影响其预算分配。

第二,政府绩效评估与干部考核相混淆。政府绩效评估针对的是政府组织、部门、项目的评估,而干部考核则针对的是干部个人业绩,与政府绩效评估是截然不同的。但是,我国很多地方政府简单地将政府绩效评估看成是干部考核,这使得政府绩效评估无法反映政府的绩效,使得进一步的绩效管理无法开展。

第三,绩效评估中"只惟上"现象普遍存在。政府绩效评估的目的,是为了进一步加强政府绩效管理,提高政府绩效,建设为民服务、为民负责的政府。但在目前的压力型行政体制下,上级政府掌握着下级政府的"生杀大权",使得下级政府不得不千方百计地应对上级政府的考核。目前地方政府绩效评估主要是两条路线,一条是自上而下的内部评估,主要用来实现上级政府对下级政府的管理和控制,指标、权重由上级政府说了算,评估的结果与提拔重用干部以及奖金待遇挂钩;而另一条是自下而上的外部评估,主要用来体现社会各界对政府及官员的监督和约束,指标、权重由组织者来确定,评估的结果主要用于表彰和通报批评。显然,自上而下的内部评估更具有决定性的意义,更具有控制力和严密性,而自下而上的评估更具有松散性、边缘性。这在一定程度上强化了地方政府及官员"对上负责对下不负责"的行为。① "只惟上"的绩效评估违背了评估的目的,绩效信息并不能真实反映政府的绩效水平,使得政府绩效管理水平大打折扣。

(二)缺乏法律保障

目前,我国地方政府的绩效评估缺乏法律保障,这使得政府绩效评估没有一套统一的规范,造成绩效评估的程序、体系缺乏规范,绩效评估的结果也不能客观地反映政府的绩效,并运用到进一步的绩效管理中。在这一方面我们可以借鉴西方国家的先进经验,美国率先于1993年颁布了《政府绩效与结果法案》(GPRA),这也使得美国政府绩效评估取得了很大的成绩。因此,我们需要加强绩效立法,将绩效管理的目的、原则、方法、程序和步骤以法律形式固定下来,这是推进我国政府绩效管理的根本出路。绩效立法以法律形式强行要求各级政府及其部门统一推进绩效管理,有利于绩效管理在各级政府的全面推进;绩效立法确立政府绩效管理的制度框架,为项目、部门或垂直领导的行业系统的绩效管理奠定统一的制度基础,有利于绩效管理的规范性和持续性,避免因领导人的更替或主观意志的变化而变化;绩效立法能够为项目、部门或行业系统内部的比较评估提供制度平台。

(三)缺乏专门的组织机构

我国几乎所有的党政机关都或多或少地对下级机关或政府开展过考核评估活动,主要有经济部门开展的经济发展考评,监察部门开展的效能监察考评,政府督察部门开展的政务督察考评,人事部门开展的公务员绩效考评,组织部门开展的领导干部政绩考评,机关工委部门开展的机关作风考评;还有政府业务主管部门对所属系统部门开展的绩效考评,如教育部门开展的中小学校教育督导评估、职业教育评估和高等教育评估,统计部门开展的经济社会发展状况评价等;此外,还有以改善政府及行业服务质量、提高公民满意度为特征的第三方绩效评估,如很多地方开展的民主评议行业作风等等。② 过多的绩效评估部门反而显现出绩效评估专门机构的缺乏,这一方面容易导致绩效信息失真,另一方面缺乏一个权威性的组织机构来统一推进政府绩效管理工作。因此,借鉴发达国家推进政府绩效管理的成功经验,在一级政府中组建权威性的绩效管理机构势在必行。基于中国的国情和行政体制背景,我们认为应在各级政府建立一个由财政部门牵头,由监察、人事和统计部门以及学术界专家组成的专门机构,并赋予其一定权力,统一协调推进各级政府和行业系统的绩效管理工作。

---

① 顾杰、丁宇:《必须尽快走出地方政府绩效评估的新误区》,载《理论月刊》,2010年第7期。
② 周美雷、董武:《关于我国目前政府绩效评估的现状、问题和政策建议》,载《北京行政学院学报》,2010年第3期。

(四) 指标体系不科学

当前我国政府绩效评估面临着一个重要的问题是,绩效指标体系的科学化程度不高,主要体现在以下3个方面。一是把GDP作为衡量地方政府绩效的最重要指标,而相对忽视其他绩效标准和指标的应用。在特定历史时期,为了鼓励经济发展,将GDP作为衡量地方政府绩效的最重要指标有其积极意义。但长期以来,"唯GDP"导向的评估模式所带来的负面效应越来越明显,乱铺摊子、乱上项目,为了短期的GDP增长而牺牲生态环境、群众生活质量和可持续发展等长期的利益和目标。二是重定性评估,轻定量评估。一方面,由于政府的"公共性"特征,定性评估固然不可缺少,但定性评估容易受主观因素的影响。另一方面,政府绩效评估也必须重视定量评估,因为政府的财政、人事和设备等投入和有些产出是可以量化的;而且随着现代科学技术的发展,政府提供公共产品或服务的结果在大多数情况下也可以通过量化的形式表示出来。一般来说,政府及其部门倾向于使用定量指标,因为通过量化指标很容易清楚地测量出绩效目标是否实现、实现的程度如何,从而对被评估的政府(部门)及其上级产生强大的压力。长期以来,在传统观念的惯性作用下,我国政府绩效评估过度重视定性评估而轻视定量评估。三是缺少科学的绩效评估指标体系,从而无法在项目、部门和政府之间开展比较绩效评估。不言而喻,推行比较绩效评估具有重要意义,然而要想制定一套统一的绩效评估标准和指标体系以便在各个项目、部门和政府之间进行比较评估却是一件非常困难的事。不同绩效指标对于整个组织绩效的影响也是不同的,很难确定哪个绩效指标更重要;而且,对于特定政府部门来说,其绩效指标具有一定的独特性,很难把该部门的绩效指标与其他部门的绩效指标进行比较。

三、我国政府绩效评估问题的原因分析

与企业绩效评估相比,政府绩效评估更为复杂,所要权衡的因素更多,因而出现的问题也就更多。我国政府绩效评估存在着上文指出的一些问题,引起这些问题的原因是复杂的,归纳起来主要有以下几点。

(一) 评估对象的复杂性

政府绩效评估的对象是政府,具体来说包括政府部门、项目、行业系统这三方面的绩效。政府绩效评估不同于企业绩效评估,不能简单地考虑投入和产出,因为政府组织有其复杂性。首先是政府内部系统的复杂性。政府内部既包括横向的、职能不同的部门绩效,又包括纵向的行业系统绩效,还包括跨部门的项目绩效。不同的政府部门、政府系统所承担的职能不同,这就使得以政府职能为依据的评估指标体系无法统一、规范。其次是不同区域政府之间的差异性。每个地方都有自身的区位特点、发展重点、发展优势及劣势、民情民风等,政府绩效评估只能根据本地区的特点,有针对性地开展,不能做到全国一盘棋,这就存在着地区之间绩效指标及结果的衔接问题,从而引起了一系列不利于绩效管理的问题。最后是上下级政府或部门间的特殊关系。上下级政府间的领导和隶属关系,使得下级政府在绩效评估中更加注重应对上级政府的意见,"只向上负责,不向下负责",忽视了下级和公众的意见,这在指标体系的设计中体现得更明显。

（二）评估指标体系的复杂性

政府绩效评估指标体系的科学性是政府绩效评估的核心问题,关系着评估结果的客观和科学。由于绩效评估指标体系设计的复杂性,使得科学的绩效评估指标的获得变得困难。政府绩效评估指标体系的复杂性主要表现在以下方面。一是政府职能是一个综合的体系,包括政府行为的方方面面,但并不是所有的政府行为都被纳入到指标体系中,如何选择绩效指标,不同的地方政府可能有不同的倾向。另外,政府职能是动态的,随着政府职能的转变,会作出相应的调整,由此加重了以政府职能为依归的绩效评估指标的复杂性。二是指标权重难以科学确定。指标权重的确定需要运用多种方法、技术,这样才能保证指标权重科学性。但是,目前很多地方政府绩效指标权重的确定方法较为单一,有些甚至主观随意性较大,影响了指标体系的科学性。

（三）公共行政价值的多样性

公共行政的价值是多样的,也是发展变化的。新公共行政范式的产生,使得公共行政的价值从3E价值标准(经济、效率、效益)向以公平为导向的公共行政价值转变;新公共服务理论的提出,又使得政府更加注重其服务职能。在我国的政府改革中,公共行政价值也是不断变化的,从"以经济建设为中心"到更加强调社会和谐,再到最近的以民生为重点的社会管理创新,都体现出公共行政价值的变化。公共行政的价值是多元的,这就使得政府绩效评估面临着价值选择的困境,有的地方还主要是从经济发展指标来构建绩效指标,而有的地方则从社会和谐、服务型政府、民生视角等来构建绩效指标,这也是我国政府绩效评估至今未能建立一套规范化、制度化指标体系的重要原因。另外,公共行政的价值还存在着难以定量的问题,价值理性与工具理性之间的矛盾是对科学制定绩效评估指标体系的一个重大的挑战。

四、我国绩效评估的未来展望:从绩效评估走向绩效管理[①]

中国政府管理理念和管理模式的转变呼唤着科学的政府绩效评估体系。十一届三中全会旗帜鲜明地确立了"以经济建设为中心"的国家发展战略,效率不但是经济领域的首要价值,而且还渗透到政治社会生活的各个领域,"经济发展是硬道理"、"GDP增长是硬道理"成为指导各项政治社会工作的最高原则,效率也因此成为衡量政府成绩的核心价值标准。在这一英明的战略决策指导下,我国经济建设取得了举世瞩目的成绩。但另一方面,随着时代的变迁,它也带来了一系列负面的效应,如政府职能"泛经济化",忽视经济社会协调发展,引发了经济粗放型增长、生态环境恶化和社会矛盾激化等一系列问题。在此背景下,十六届三中全会明确提出了科学发展观,政府开始改变传统的经济发展观,代之以经济、社会、自然和人的全面发展观。国家发展战略的变化必然要求转变传统的行政效率评估的理念、标准和指标体系,建立科学的政府绩效评估体系。

科学的绩效评估制度是推进中国政府改革和发展的有效制度安排。建立健全政府绩效评估制度体系有助于科学发展观的贯彻执行和正确政绩观的形成。党中央、国务院强调要用正确政绩观来确保科学发展观的落实,要求建立健全领导干部政绩评估体系,这就

---

① 摘自张强:《政府绩效管理:美国经验与中国实践》,载《华南师范大学学报(社会科学版)》,2009年第3期。

必须依靠一套制度和机制发挥作用，这也是树立正确政绩观所必须解决的核心问题。而以科学发展观为指导的政府绩效评估正是这样一种制度和机制，它不仅有助于各级政府根据科学发展观的要求制定长期的战略规划、年度计划和战略目标，还有助于制定科学的绩效评估标准体系。把科学发展观和正确政绩观落实到政府日常工作中去，同时有助于提升政府的综合能力。政府绩效评估能够增强公共责任，提高政府回应能力；改善政府运作过程中存在的问题，提高政府管理能力；完善预算资源分配政策，把有限资源用到实现绩效目标最需要的地方去，增强政府高效利用有限财政资源的能力；加强合同控制，提高公共服务质量的能力。

我国政府绩效评估经过多年的实践探索，取得了显著的成绩，同时也存在着上文所指出的问题，但追根溯源，这些问题并不是政府绩效评估本身的问题，而是必须通过战略性的政府绩效管理方能得到根本解决。政府绩效管理与政府绩效评估是不同的。政府绩效管理是指根据财政效率原则及其方法，以绩效目标的建立、实施、评估和反馈等为基本环节的公共管理制度。它有4个基本构成要件。一是绩效目标设置。这是政府绩效管理的首要环节，它要求政府或部门在全面分析其使命、职责和环境要素的基础上进行战略规划，设定清晰的、可测量的年度绩效计划和绩效目标，并据此制定反映年度绩效目标的绩效指标，从而使年度绩效目标和绩效指标紧密联系。只有这样，才能客观、准确地评估政府或部门的绩效水平和绩效进展情况。二是绩效预算。这是政府绩效管理的核心环节，它要求政府或部门在编制预算时提供上一财政年度的绩效结果并设定明确的绩效目标，财政部门以此作为预算拨款的依据。可以看出，绩效预算与传统预算拨款有一个重要区别，即预算拨款中必须列出可测量的绩效目标和上一财政年度的绩效结果。绩效预算既是保证绩效目标得以实现的财力后盾，也是激励政府或部门努力完成绩效目标的内在动力，是政府绩效管理的一个重要环节。三是绩效评估。在制定了明确的绩效目标和绩效指标并将它们融入政府或部门的预算编制之后，在财政年度末期进行绩效评估就是顺理成章的事情了。从某种意义上说，绩效评估的结束正是绩效管理的开始，因为绩效评估所得出的绩效信息正是进行新一轮绩效目标设置和绩效拨款的依据。这就要求绩效评估必须按照科学的程序和标准进行，进而获得客观准确的绩效评估信息。四是绩效信息应用。绩效评估本身不是目的，其最终目的一是获得客观的绩效评估信息，接受社会监督，从而督促政府或部门提高绩效；二是绩效评估信息为政府或部门修正绩效目标、改进政府管理、进行预算编制申请提供客观依据，这是绩效评估的最为重要的功能。

基于此，中国各级政府必须清醒地认识到，政府绩效评估必须走向更高层次的绩效管理。为此，各级政府在推进绩效评估的过程中，必须着力加强以下几个方面的工作。一是科学设置绩效目标。在各级政府的绩效评估实践中，要把绩效目标的设置与政府、部门或项目的使命、中长期计划和年度计划紧密结合起来，制定客观的、可测量的绩效目标；进而，采用科学的技术和方法，设计能够准确反映绩效目标的绩效评估指标，对政府、部门或项目的绩效进行纵向、横向和综合的考核与评价。二是逐步推进绩效预算改革。在现行条件下，选择容易推进的突破口，进一步将项目绩效评估与项目预算结合起来；进而在总结经验的基础上，将部门绩效评估、整体政府绩效评估等逐渐与部门或政府的预算结合起来，提高绩效评估信息的有效利用率，发挥绩效评估的应有作用。三是加快绩效立法。将绩效管理的目的、原则、方法、程序和步骤以法律形式固定下来，是推进我国政府绩效管理的根本出路。绩效立法以法律形式强行要求各级政府及其部门统一推进绩效管理，有利于绩效管理在各级政府的全面推进;绩效立法确立政府绩效管理的制度框架,为项目、部门或垂直领导的行业系统的绩效管理奠定统一的制度基础,有利于绩效管理的规范性和持续性,避免因领导人的更替或主观意志的变化而变化;绩效立法能够为项目、部门或行业系统内部的比较评估提供制度平台。由于我国推行政府绩效管理的时间较短,经验不足,当前直接由全国人大进行绩效立法的条件尚不成熟。在这种情况下,可以先由国务院制定相关的行政法规。四是增强绩效评估过程和结果的透明度。进一步扩大绩效评估的主体范围,尤其是政府或部门服务对象的参与,增强绩效评估过程的透明度和民主化;进一步增大绩效评估结果公开的力度和范围,让更多的利益相关者知晓政府绩效的真实情况,产生强大的舆论压力,督促政府或部门努力改进管理、提高绩效。

　　英美发达国家推进政府绩效管理的历史经验告诉我们,从绩效评估走向绩效管理是一个漫长的、循序渐进的过程。美国政府绩效评估最早可以追溯到20世纪初期,但直到小布什政府时期,才开始将绩效评估与预算制度逐步结合起来,但也主要是在项目绩效管理层面,而在部门层面仍然没有做到。但我们必须清醒地认识到,绩效评估是绩效管理的初级阶段,从绩效评估走向绩效管理是必然趋势。因此,当前我们必须抓住有利时机,以科学发展观和正确的政绩观为指导,基于中国国情,借鉴发达国家的成功经验,加强绩效评估的立法工作和相关制度机制建设,推进配套的制度改革尤其是预算制度改革,逐步将绩效评估与政府或部门的使命、战略规划、绩效计划、管理活动和预算分配等结合起来,最终建立起科学的政府绩效管理制度体系。

1. 政府绩效评估的内涵是什么?
2. 政府绩效评估有什么意义?
3. 政府绩效评估有哪些指标类型?
4. 我国政府绩效评估存在着哪些问题?如何解决?

上海市 M 区政府绩效考核个案

　　绩效管理通过预先设定的绩效目标,再根据绩效评估,发现绩效管理实施过程中的问题,从而调整目标、整合资源或改进工作措施等。绩效评估为政府管理提供了一套相对严格、规范的监督机制。不同于传统的官僚管理,从理论上而言,绩效评估提供了一套相对科学的绩效指标体系,并按照既定目标和实际绩效的差异评估结果,以此作为奖惩、晋升及培训的依据。如果发现绩效管理实施过程或具体管理过程中存在问题,就可以通过评估及时纠正错误,使之导向组织所要求的方向。如上海市 M 区政府,能够根据绩效评估的要求每年春天各职能部门制定自己的工作计划。区政府评估部门按照年初的计划在年终时核对各职能部门完成的情况。这无形中为区政府控制监督各职能部门的有效运作起了积极的作用。

		考核内容	工作目标	开始时间	结束时间
区委重点工作和重要工作、区政府实施项目和重点工作	区委重点工作和重要工作	解决群众最关心、最直接、最现实的利益问题,推进社会主义和谐社会建设	深化就业救助联动、规范社会救助管理、探索综合帮扶方法	1月	12月
		完善就业指导政策,健全社会保障制度	认真开展优抚工作,回顾总结争创全国双拥模范"六连冠"的工作经验,启动"七连冠"创建工作	1月	12月
			认真落实市出台的各项社会保障政策,积极拓展帮困救助的形式和途径,大力推进"社区市民综合帮扶计划",积极发展慈善事业	1月	12月
			积极开展"全国养老服务社会化示范区先进单位"创建工作	1月	12月
		加强社区建设和管理,不断提高社区服务能力	制定实施社区公共服务设施建设新一轮三年行动计划,重点推进社区"三个中心"建设和功能完善	1月	12月
			促进社区公共服务资源开发共享,拓展互联互通的社区生活服务热线	1月	12月
			全面推进社区助老、社区助弱、社区慈善等工作,推进居家养老和助老服务,新增养老床位500张	1月	12月
		积极预防和化解社会矛盾,维护社会和谐稳定	做好特奥会社区接待工作	1月	12月
	实施项目	养老、社区建设	为12500名老人提供居家养老服务	1月	12月
			为1700名独居老人安装紧急呼叫装置	1月	12月
			新增养老床位500张	1月	12月
			新建、改建社区事务受理服务中心	1月	12月
		督查工作	办好"两会"书面意见和提案以及督查按时答复率、走访率、办结率达100%	1月	12月
			领导批办件按时办结率100%	1月	12月
			实施项目每月5日前按时答复	1月	12月
			区政府重点工作进度情况按时回复	1月	12月
			专项督查按时办结率100%	1月	12月
			新闻媒体舆论监督整改督查按时办结率100%	1月	12月
综合管理工作	领导干部建设、干部队伍建设和党组织建设	领导班子自身建设	加强党政班子自身建设,加强中心组学习,充分发挥班子领导作用,过好处级党政领导班子民主生活	1月	12月
			坚持民主集中制,实行重大问题集体讨论	1月	12月
			大力弘扬"四敢精神",提高"四种能力",努力打造"四型干部"	1月	12月

续表

考核内容			工作目标	开始时间	结束时间
综合管理工作	领导干部建设、干部队伍建设和党组织建设	干部队伍建设(老干部工作)	深化局系统干部人事制度改革,不断完善干部考核考察机制,加强对干部尤其是后备干部的教育和培养,提高干部队伍的思想政治素质	1月	12月
			加强全局人员的政治思想、组织作风建设,增强拒腐防变能力	1月	12月
			改进机关作风,树立领导干部和组织干部的良好形象	1月	12月
			认真落实离退休干部的政治、生活待遇	1月	12月
			组织开展学习、培训活动,加强干部教育培训	1月	12月
		人才队伍建设	进一步加强对机关干部的继续教育和培训,抓好上海干部在线学习的学习进度,完成今年的学习目标	1月	12月
			做好社会工作人才队伍现状的调研摸底,积极推进社会工作人才队伍建设	1月	12月
		党组织建设	坚持定时学习制度;组织全体党员干部参加各类活动;巩固党员先进性教育活动成果	1月	12月
			做好入党积极分子培养和新党员的发展,充分发挥基层党组织的战斗堡垒作用	1月	12月
			认真做好党建评议工作,按时完成网上建议、区长信箱等的答复	1月	12月
			做好"局长包片,科长定点"的联络员制度,定期下基层了解情况,继续延伸和拓展"一线工作法"	1月	12月
			落实抓基层党建工作责任制的要求,进一步加强基层党建工作	1月	12月
			围绕区的中心工作,提高贯彻落实中央关于党风廉政规定的自觉性,确保党风廉政建设各项工作任务的落实	1月	12月
			大力推进惩治和预防腐败体系建设,将反腐倡廉融入各项工作之中	1月	12月
			按照"六个模范"要求,继续加强作风建设	1月	12月
		领导干部廉洁自律、查处违法违纪案件工作	做好对违法违纪案件的排查工作	1月	12月
			严格遵守廉洁自律各项规定	1月	12月
		政风行风和政务公开、行政监察工作	加强窗口单位和重点行业的政府行风建设,落实政务公开、首问负责制、行政责任制、二次受理办结制	1月	12月
			加强行政执法责任制,重视行政效能建设	1月	12月
			提高依法行政水平,确保政令公开	1月	12月
	精神文明建设	文明单位、文明窗口、文明科室创建工作	进一步深入开展创建"文明行业"、"文明单位"、"文明窗口"、"文明科室"的各项活动	1月	12月

续表

	考核内容	工作目标	开始时间	结束时间
职能工作	部门主要职能工作 — 社会救助与帮困	严格落实各项救助政策,做到"应尽应保"	1月	12月
		深化就业救助联动,完善"分类施保",推动就业脱贫	1月	12月
		认真做好"社区市民综合帮扶"试点工作,进一步拓展帮困工作的渠道	1月	12月
		进一步规范社会救助工作流程,加强业务培训,不断提高社会救助管理工作的水平	1月	12月
		作为牵头单位,会同各有关部门,认真做好支援外地建设退休(职)回沪定居人员帮困救助工作	1月	12月
	拥军优属安置工作	认真落实双拥工作"老三篇",不断拓展双拥工作"新三篇";组织大型宣传活动,庆祝建军80周年	1月	12月
		贯彻落实各项优抚政策,切实保障和维护优抚对象的合法权益,解决实际困难	1月	12月
		探索建立安置工作长效机制,做好2006年冬季退役士兵的安置工作,确保自谋职业率达70%以上	1月	12月
		认真做好军休干部服务于管理工作,落实军休干部的政治待遇和生活待遇	1月	12月

该区政府对各职能部门、各社区(街道)的考核指标有三大类,主要按照二、四、四的比例来加权。具体而言表现为:第一类是区委重点工作和重要工作、区政府实施项目和重点工作,其在评估中所占的权重系数为20%;第二类是综合管理工作,其在评估中所占的权重系数为40%;第三类是职能工作,其在评估中所占的权重系数为40%。

就第一类工作而言,可以量化的指标因各个职能部门的工作不同而有所差异,该区民政局第一类的量化指标为50%,第二类考核指标中量化的指标为0,第三类考核指标中的量化指标为11%。可见该区的绩效考核指标仍然以定性的考核指标为主,定量考核指标为辅。

此外,在考核中,该区的考核模式为3、3、3、1,即领导的考核占30%,公民参与占30%,自评占30%,同级部门之间的考核占10%。所谓的公民参与主要是通过第三方的考核进行。该区邀请了国家统计局下属的城市调查队根据该区政府的考核指标体系和复旦大学某学术团队采取问卷调查等方式对公民满意度进行调查了解,综合考虑;此外还采用网上评议的方式,邀请基层党组织成员、政协与人大成员进行考核评议。考核由该区组织部领导下的考核办具体操作。

从该区绩效评估的指标及其构成,不难看出政府的绩效评估结果由于其不确定性和复杂性,在我国地方政府的评估中往往流于程序化与形式化,且多数是政府的内部评估,缺乏民众的参与,或缺乏公民的实质性参与,且参与的民众也基本上是确定的,所谓的公民参与主要表现为人大与政协成员对政府绩效的评估。所以从该区的政府绩效考核中,领导和上级职能部门的考核占总分的60%,同级之间的考核和部门的自我评估较少。群众性参与的评估也是所谓的"公民评议政府",特别是第三方某领域的专家和学者组成的评估主要是参与性的,起点缀作用。①

【案例思考题】

1. 结合案例,谈谈你对政府绩效评估的认识。

我国地方政府绩效评估悖论:高绩效下的政治安全隐患②

一、我国地方政府绩效评估的引入

(一)发达国家地方绩效评估的经验

"绩效"评估是一种新型的管理方法与管理工具,是一种非常重要的管理手段,它在私营部门中的功效早已有所体现。20世纪70年代,西方政府管理极权化和官僚化导致的政府垄断和官僚主义,"福利国家"、"人民社会主义"和"混合经济"政策的推行导致的政府管理失控、低效率、巨额的财政赤字和政府干预的高额成本,使整个社会出现了机构臃肿、财政赤字、民众的信任危机等一系列的政府管理非绩效行为。为了解决这些问题,各国纷纷进行改革,引进私营部门的管理方法,形成了一股"新公共管理"潮流,政府部门的"绩效"管理是这股破除政府管理的非绩效行为大潮的主力军。

从发达国家政府绩效评估的做法来看,政府部门的"绩效"评估是把一些政府部门以往不予量化的工作量化,用定性定量的指标来衡量政府部门的工作,它希图以数量化的方法来解决政府各种低效、浪费行为。这种管理模式视行政管理活动及其产生的结果为政府行政管理活动的核心和关注的焦点,其核心价值观是政府部门工作的效率和数量,并且通过这种服务质量的提高来保护公民个人的权利,最终维护整个社会的秩序和健康发展,使得政府的管理行动都是高效、经济与公民满意的。合理而科学地使用绩效管理手段可以提高公共部门的工作效率,改善政府的公共责任机制,防止官僚主义和形式主义的泛滥。因此,公共部门的"绩效"管理引起了西方各国政府的重视,地方政府绩效评估在发达国家进行得如火如荼,也取得了巨大成功。概言之,西方国家地方政府绩效评估的经验主要有以下几点。

第一,地方政府绩效评估要建立在政府角色的合理定位基础上,地方政府绩效评估主要评估政府该做的事,评估履行法定职责的程度。

第二,地方政府绩效评估的本质是要追求绩效的持续性改进,克服运动式行政管理的弊端,促进政府管理方式的变革。

---

① 陈汉宣、马骏、包国宪:《中国政府绩效评估30年》,中央编译出版社,2011年版。

② 节选自尚虎平:《我国地方政府绩效评估悖论:高绩效下的政治安全隐患》,载《管理世界》,2008年第4期,略有改动。

第三，地方政府绩效评估目标是实现组织的使命和任务，绩效评估的每一个环节，要紧紧围绕组织使命来展开。

第四，地方政府绩效评估的主题应该多元化，要借鉴国外经验，有计划地建立一些专门从事政府绩效评估的组织和社会中介组织，建立一套完整的地方政府绩效评估制度规范，营造良好氛围，促进政府绩效的持续提高和改进。

第五，地方政府绩效评估要坚持以公民为导向的原则，评估的内容、标准和指标体系的设计从为公民服务的立场出发，同时在评估过程中要有公民的广泛参与，为人民服务。

第六，要增加地方政府绩效评估的公开性和透明度，做到内容标准公开、过程公开、结果公开，同时要科学地使用评估结果，使评估发挥最大效益，为组织绩效的持续提高提供动力与技术支持。

（二）我国地方政府绩效评估的引入

鉴于西方国家政府绩效评估取得巨大成功，我国在改革开放之始就开始了探讨与引进，以期提高我国地方政府的效率。我国地方政府引入绩效评估管理工具，同时结合我国国情加以改进，笔者经过对时间的追溯和绩效评估模式的结合，归纳出了我国地方政府绩效评估模式演化树（如图1），我国地方政府绩效评估的模式变迁基本遵循演化树所描述的路径，概略介绍如下。

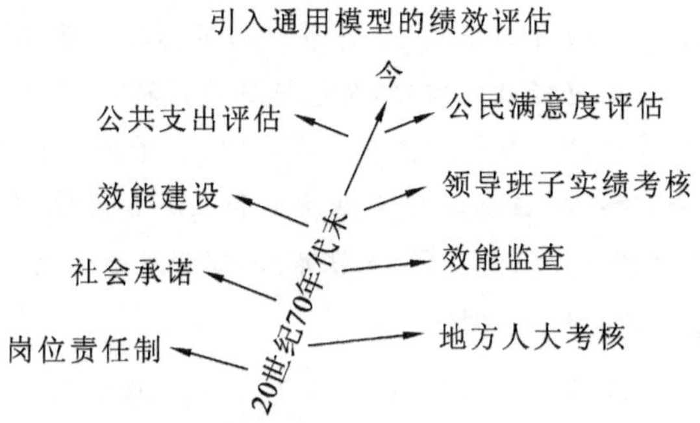

```
              引入通用模型的绩效评估
                      ↑
   公共支出评估 ←    今    → 公民满意度评估
   效能建设   ←           → 领导班子实绩考核
   社会承诺   ←  20世纪70年代末  → 效能监查
   岗位责任制 ←           → 地方人大考核
```

图1　改革开放后我国地方政府绩效评估模式演化树

1. 以岗位责任制和目标管理责任制为主要内容的绩效评估

20世纪70年代末，我国党和政府提出了以经济建设为中心的工作指导思想，邓小平同志在1980年发表了《党和国家领导制度的改革》的重要讲话，提出了在发展经济和改革开放时期"官僚主义是总病根"的政治论断。为解决官僚主义弊端，1982年中央自上而下在全国发动了改革开放以来第一次政府机构改革，大幅度精简了政府机构和人员编制。为了配合机构改革以及巩固机构改革的成果，1982年劳动人事部下发《关于建立国家行政机关工作人员岗位责任制的通知》，1984年中共中央组织部、劳动人事部又联合下发《关于逐步推行机关工作岗位责任制的通知》。这两个通知的下发和贯彻，都是规范党政干部工作行为和加强党政干部管理工作的重要举动。在此后的几年中，就全国范围来看，均不同程度地建立了岗位责任制，并进一步发展为机关工作目标管理责任制。

2. 地方人大对其选举和任命的领导干部的考核评估

早在1986年，各地人大为了加强司法监督工作，开展了对司法机关的评议活动，以后发展到政府行政执法部门的评议。这种评议称为执法评议或者工作评议。评议主体是人大代表，评议内容是司法和执法情况。1989年以后，在探索如何行使人大的监督职能、发挥人大的监督作用的过程中，有些地方又开展了组织政府组成人员和法院、监察院的领导人员向同级人大常委会述职，由人大常委会进行评议的活动。1995之后，该活动在许多省市迅速开展起来，有些地方基本上是省、市、县三级政府全面铺开，如山西达95%以上，浙江达90%左右。这项活动在全国引起了较大反响，各地人大相互学习效仿，先后召开5次全国性的经验交流会，被普遍认为是人大对干部监督的一种好形式。

3. 以社会服务承诺制为主要内容的绩效评估

作为国际公共管理领域出现的新生事物，社会服务承诺制度源于1991年英国的公民宪章运动。1994年6月，山东省烟台市建委借鉴英国公民宪章运动和香港公共服务承诺制的经验，率先在烟台市建委系统实施社会服务承诺制。1996年7月，在总结烟台市社会服务承诺制度经验的基础上，中宣部和国务院纠风办决定"把宣传和推广社会服务承诺制度，作为今年下半年加强行业作风和职业道德建设，推进社会主义精神文明建设的一项重点工作，建设部、电力部等八个部委将先行一步，推广社会服务承诺制度"。随后，社会服务承诺制度在全国范围和多种行业普遍推开。

4. 以效能监察为主要内容的绩效评估

效能监察在我国始于1989年。当年12月举行的第二次全国监察工作会议明确提出，行政监察机关的基本职能"既包括效能监察，又包括廉政监察"。就廉政抓廉政，往往抓不住问题，或者问题暴露了才去处理。从效能监察入手，目的在于把监督的关口前移，加强事前、事中监督，做到防范在先，使纪检监察工作紧贴改革和经济建设中心，更好地为经济建设服务。到1999年，全国已有23个省（自治区、直辖市）不同程度地开展了效能监察工作。

5. 以效能建设为主要内容的绩效评估

效能建设是在拓展效能监察活动基础上形成的新的思路和新的运作机制。它于20世纪90年代中期发端于福建省漳州市等地，后来在省委、省政府的指导和推动下，在福建全省乡镇以上各级机关和具有行政管理职能的单位全面展开。

6. 以地方政府领导班子实绩考核为主要内容的绩效评估

作为深化干部制度改革、加强和改进党的建设的一项重要措施，对党政领导班子的考核成为我国绩效评估工作开展的一个重要方面。最为典型的是中央组织部1995年下发的《县市党政领导班子实绩考核办法》，该文件对县市党政领导班子实绩制定了一个比较全面的绩效指标体系，主要由三部分构成：一是经济建设目标，重点考核国内生产总值、财政收入、固定资产投资、农民人均纯收入、经济外向度等108项指标和体现两个根本转变的经济效益、对外开放、国有企业改革、科技贡献率等指标；二是精神文明建设和社会发展目标，重点考核思想道德教育、计划生育、社会治安综合治理、科技教育、卫生环保、城市建设与管理等内容；三是党的建设目标，重点考核领导班子自身建设、基层党组织建设，以及党员、干部队伍的思想政治建设和廉政建设等方面的内容。

7. 以公共支出绩效考评为主要内容的绩效评估

我国财政部从2000年开始探索在我国财政管理体制中建立公共支出绩效考评制度，

并首先在中央级教科文专项资金的范围内开展研究和实践。在近两年进行的试点中,尝试建立了一套由财政部统一组织管理,财政部、教科文部门和项目单位分级实施的组织模式。在《中央级教科文部门项目绩效考评管理试行办法》中,对各方职责作了这样的界定:财政部负责制定教科文部门项目考评的规章制度,确定考评项目,指导、监督、检查教科文部门项目考评工作,并选择重大项目直接组织实施考评工作。

8. 以提高公民满意度为主要内容的绩效评估

20世纪90年代末,很多地区如北京、上海、大连、沈阳、珠海、南京等地已纷纷举办了"公民评议政府"活动,即以公众为主体对政府绩效进行满意度评估,并将结果用于组织绩效的持续改善。如1998年沈阳市的"市民评议政府";1999年珠海市的"万人评政府";2000年邯郸市的"市民评议政府及政府部门问卷调查活动",广州市的"市民评政府形象"活动;2001年南京市的"万人评价机关",辽源市的"万名市民评议政府活动";2002年温州市市民对"48个市级机关部门满意度测评调查",邵阳市的"优化经济环境综合测评";2003年北京市的"市民评议政府",锦州市的"市民评议政府机关"和"评选人们满意公务员"活动等,尽管各地活动的名称不尽相同,但本质上都可归结为"公民评议政府"。这些"公民评议政府"活动,开创了我国地方政府"自下而上"绩效评估的先河,是对我国传统"自上而下"评估模式的有益补充,具有重要的现实与研究价值。

9. 引入通用模型进行的绩效评估

国家行政学院在研究欧盟成员国使用的通用绩效评估模型的基础上,结合我国国情,构建了中国通用绩效评估框架(CAF)。CAF模型包括了促进和结果两大要素,共9大标准,其中领导力、人力资源管理、战略与规划、伙伴关系和资源、流程与变革管理属于促进要素;员工结果、顾客/公民结果、社会结果和关键绩效结果属于结果要素。9大指标下又包括27个次级指标。CAF模型在哈尔滨铁路检察院和厦门市思明区政府进行了试点,初步取得了效果。人事部中国人事科学研究院课题组的研究成果也属于此类。还有不少政府部门,运用企业和国外政府绩效管理理论和方法,如平衡计分卡、全面质量管理、标杆管理等,摸索出各具特色的绩效评估模式。如南京市地税局将平衡计分卡理论引入绩效评估和管理中,取得了明显的成效。

二、我国地方政府绩效评估的问题:高绩效下的政治安全隐患

尽管我国地方政府引入绩效评估取得了巨大的成功,但也带来了许多问题。对我国地方政府绩效评估中存在的问题,目前学者们研究得比较多的主要在于强调绩效评估的价值取向、评估主体单一、指标设置不科学、评估实施走样、评估信息失真、评估沟通不畅以及评估结果运用的错误等,所有这一切,还都属于就评估谈评估,没有能够站在更高的角度上来看问题。近年来,随着党中央对"科学发展观"的强调,人们逐渐跳出了就评估谈评估的圈子来看待绩效评估中存在的问题,强调地方政府绩效评估要加入绿色GDP指标、要注意可持续发展、要促进循环经济的建立与发展等。然而笔者在此研究的问题,还不是这些"科学发展观"所关注的表面问题,或者说这些问题还不是"科学发展观"的全部问题。目前地方政府绩效评估的一个重大问题,也是被人民、地方政府,甚至中央政府以至党中央都忽视或者轻视了的问题,在于我国地方政府绩效评估中存在一个巨大的悖论,即高绩效下存在着政治安全隐患,也就是地方分离倾向,而且绩效越高的地方,这种风险越大。

(一)目标管理的痼疾使绩效评估带来政治安全隐患

此处讲的"目标管理"并非上文所讲的某种绩效评估方式,而是指管理学上所强调的"目标至上"原则,它是科学管理原理的精髓所在。我国管理学界普遍存在一种认识的误区,认为目标管理是彼得·德鲁克(Peter F. Drucker)独创的,但实际上,作为科学管理的目标管理始于泰勒的科学管理原理。它改变了过去生产与管理的混沌一体,明确提出了设立"计划部"的重要性。所谓"计划部"实际就是根据组织宗旨,制定组织所追求的目标,并把它层层落实。实际上,凡是科学管理都是追求目标导向的。一个组织,没有目标就如同无头苍蝇。自泰勒之后,吉尔布雷斯、甘特等人都对目标导向的管理作出过杰出贡献,特别是甘特及其学生的目标导向管理方式被斯大林大规模引入苏联的工业企业以及政府管理,使得苏联20世纪30年代取得了跨越式发展,一跃超过日、法、英、德等最发达国家,成为仅次于美国的世界强国。因此,孔茨(Harold Koontz)才说"一直在尝试的目标管理,由德鲁克明确提出"。尽管目标管理取得了了不起的成就,但却如孔茨所说,具有它的痼疾。最大的痼疾在于不包含在目标中的工作如何推进,是否目标之外的工作可以束之高阁?

具体到我国地方政府绩效评估来看,目标管理的痼疾表现非常明显,但目前却被地方领导干部、公务员等实践操作者忽视,更被许多政府绩效管理专家所忽视。如图2所示,我国行政管理是一个四级委托过程,首先由人民把政治和谐进步、经济和谐发展、文化和谐繁荣、社会和谐昌盛、生态和谐自然这样的美好的和谐愿景委托给中国共产党(主要表现为党中央);党中央通过人民代表大会和任命中央政府(国务院)领导的方式把人民的委托再次委托给中央人民政府;中央人民政府然后又委托给地方人民政府(省级);接着还有逐级的委托。地方政府受托之后就要投入行政管理并产生结果,对结果根据人民的愿景进行评估,就是绩效评估。从对人民的受托责任来说,科学周到的地方政府绩效评估应该建立在体现人民所要求的科学发展观下的政治和谐进步、经济和谐发展、社会和谐昌盛、文化和谐繁荣、生态和谐自然的基础上,所有评估指标的设置都以此为蓝本。

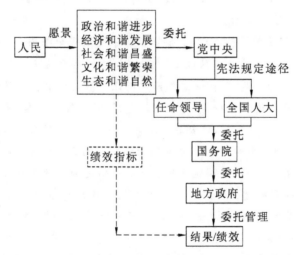

图2 我国地方行政管理的逐级委托与科学发展观下绩效要求

然而人民委托给中央并由中央委托到地方的和谐愿景并未全部表现在目前地方政府绩效评估的指标设计中。如表1所总结的目前我国各地政府绩效评估的指标设计中,均缺少对政治和谐(政治安全,尤其是控制地方分离倾向)的指标设置。这就是典型的目标管理的痼疾,未列入目标(指标)的政治安全,是否真的可以不要?不要的后果会是什么?从这些影响最大的指标体系来看,完全忽视了对地方政府遵从中央意志与人民意志的考核,因此近几年出现了地方经济诸侯的现象,即那些越是经济发达的地区,按照目前我国各种地方政府绩效评估指标评估所获得的绩效越高,不服从中央的趋势也明显。这就是为什么各地,尤其是经济发达地区、经济发达城市房价居高不下,任凭中央如何调控,都毫无回落迹象的一个非常重要的原因。更有甚者,目前一些发达地区甚至出现了借提高地区发展绩效,以经济发展、循环经济等为名目,进行地方串联,有的做法已经明显超越了公共管理学所追求的"跨域治理"、"多中心治理"的范围,甚至有的做法有逆中央政策、意志而动的趋势,这些行动很多已经超出了经济建设的范畴,带有一定的经济政治分离色彩。这就是铁本事件、政府命令喝酒事件、上海社保基金案、PX事件等发生的深层次原因。我国自古便有地方割据的传统,而由经济割据肇始最终走向政治问题的事情,我国历史上也不鲜见。所以,笔者以为,要改变目前地方政府绩效评估结果越好,违背中央的趋势越明显这种现象,亟须从评估的根子,即指标体系的设置上下工夫。必须把科学发展观指导下的和谐政治理念渗透到地方政府绩效评估体系中去,把人民所委托给党中央,并由党中央委托给国务院进而委托给各级政府的政治和谐进步、经济和谐发展、社会和谐昌盛、文化和谐繁荣、生态和谐自然融入到地方政府绩效评估指标中去,从而解决目前我国地方政府绩效评估中目标管理的痼疾,消除地方分离的政治安全隐患。

表1 目前我国影响力最大的几种地方政府绩效评估指标体系

指标开发单位	一级指标内容	二级指标内容	拟使用范围
人事部(2004)"中国政府绩效评估研究"课题	影响指标、职能指标	经济、社会、人口与环境、经济调节、市场监管、社会管理、公共服务	中国地方政府绩效评估
浙江大学范柏乃教授(2005)	行政管理、经济发展、社会稳定、教育科技、生活质量和生态环境	政府开支占GDP比重、公务员占总人口比重、政策的稳定性、政务的公开性等37项	中国地方政府绩效评估
中山大学倪坚教授(2007)	投入指标、管理过程指标、产出及结果指标	人力资源、财政资金、政府行政能力、政府廉洁程度、政府服务能力、经济发展水平、社会稳定与秩序、生态环境、教科文卫等15个	中国地方政府绩效评估
厦门大学卓越教授(2004)	基本指标与指标要素、评判方法	思想建设、组织建设、政风建设、制度建设、一票否决、依法行政、举止文明、环境规范等15项	中国地方政府绩效评估(以思明区为例)

续表

指标开发单位	一级指标内容	二级指标内容	拟使用范围
兰州大学中国地方政府绩效评价中心（2005）	职能履行、依法行政、管理效率、廉政勤政、政府创新	职能发挥、政策水平、行政许可、行政审批、部门风气、公务员素质、绩效指数、服务效率、服务水平、绩效指数、首问负责制、限时办结制等14项	省政府及其职能部门与市州政府（两套指标分开使用）
湘潭大学彭国甫教授（2005）	地方政府公共事业管理业绩指标、地方政府公共事业管理成本指标、地方政府公共事业管理内部管理指标	教育事业管理、科技事业管理、文化事业管理、卫生事业管理、体育事业管理、社会保障事业管理、人力资源状况等13项	地方政府公共事业管理绩效评估
北京师范大学唐任伍教授（2004）	政府公共服务、政府公共物品、政府规模、居民经济福利	科教文卫服务、公共安全服务、气象服务、社会保障服务、社会基础设施、城市基本设施、政府规模、居民经济福利	中国省级地方政府效率制度
北京区县经济社会协调发展绩效综合评估小组（2004）	经济运行、社会发展、可持续发展、综合评价	人均收入水平增长率、教育卫生事业费支出占财政支出比重及增长率、绿化覆盖率、群众对县区工作满意度等	北京市县区政府
吉林大学周光辉教授（2007）	经济调节、市场监管、社会管理、公共服务	人均GDP增长率、国有资产保值增值评价、教育、科技经费投入评价、食品市场监管评价、行政管理费用占财政支出比、人均受教育程度评价等31个	中国地方服务性政府绩效评估

注：① 该指标体系实际由唐任伍教授与唐天伟博士开发；②此处的一级指标下直接包含三级指标，所以一级指标同时也是三级指标。

（二）绩效评估中的"进步学习"使得地方政府不顾中央要求全神贯注于政治和谐之外的绩效

评估学中有一个专业词汇叫做"进步学习"，是指被评估者在评估的过程中因在知晓先前自己被评估的行为中得分高的那些行为后，在之后的评估中有选择地只采取这些行动，而不去做其他事情。进步学习的例子在日常应付领导检查中表现最为明显，某个领导喜欢列队欢迎，那接待他的时候不论其什么时候到来都列队欢迎。

我国地方政府绩效评估的过程中，各个地方政府都在被评估的过程中摸索到了一些规律，那就是紧紧围绕GDP不放，只要抓住这个就抓住了一切。于是，为了GDP，沿海城市大肆降低招商引资门槛，很多地方不顾中央的决定，优惠程度甚至达到了出让部分地方主权的地步；而资源富区"进步学习"的结晶就是多卖资源，无限度地卖资源，为了有更多的资源卖出，不顾中央各种禁令，不顾条件开展生产，于是各种生产安全事故频出；既不靠海,又无资源的地区"进步学习"的结果很可能就是截流国家配套支持地方的各种资金与资源,并把它们转到能够产生 GDP 的项目上去,等等。总之,不论何种"进步学习",都没有一条:保持与中央的一致,把人民所委托的"政治和谐进步"贯彻到日常的行政管理行为中去,因为,如上文所述,目前我国地方政府绩效评估的指标中压根就没有设置这样的指标。"进步学习"的结果就是:歪曲了政治和谐是可取的,带来了政治安全隐患也没有关系,导致地方离心主义进而分离主义也没有什么大不了。因为即使如此,也不妨碍地方政府取得绩效评估中的高分,这也从一个方面解释了为什么目前地方政府"绩效"很高的地区,与中央的离心度越高,中央调控越容易失效。如果任由这种"进步学习"再前进一步,出现政治分离倾向也不是没有可能。

(三)绩效评估中的"退步学习"使得地方政府形成"独立王国"

与"进步学习"相反,"退步学习"是指吸取学习了失败的教训,即被评估者在评估的过程中因在知晓先前自己被评估的行为中未得分或者得低分的那些行为后,在之后的评估中有选择地对此改进,以求获得高分。退步学习的例证很多。老师教学生们如何考试,如何做之前总是做错的试题,这样做的目的在于改善成绩很差的部分人的绩效。营利性的考试辅导行业对此丝毫不掩饰——其目标就是要确保顾客的考试成绩高得足以成为有竞争力的录取候选人。

我国地方政府绩效评估中,绩效结果比较低的政府通过横向对比,发现如果自身低绩效的方面是提高整体绩效的关键点的话,就会模仿已经成功获得高绩效的地方政府的行为(经济学家称此为"羊群效应"),从而提高自己的整体绩效,以便在地方政府竞争中、地方政府领导升迁竞争中取得有利地位。这种退步学习结果可以很好地解释为什么我国从改革开放到 20 世纪 90 年代中期全国各地不顾中央三令五申警告而出现的三次大型的重复建设行为以及近年来花样翻新的地方重复建设行为。因为各地在地方政府"绩效评估"中发现,绩效得分比较高的地方政府,他们的得分主要来自于某几种行业,而绩效得分比较低的政府,正是因为这些行业发展欠缺,从而在竞争中处于劣势,地方领导也因为绩效得分低而获得的晋升机会远少于绩效得分高的那些地方政府,于是这些低绩效政府就马上进行了"退步学习",学习高绩效政府的做法,大力模仿他们,补原来欠缺的课程,于是各地重复建设活动竞相展开。这就有了 1980 年的无论东西南北,纷纷上马轻纺产品和自行车、缝纫机、手表等产业的行为,这些地方政府决策的依据根本不是根据比较优势原理、核心竞争力原理等科学依据,而完全根据"退步学习"机理来进行。1985—1988 年间各地区政府不顾自身条件竞相发展"新三大件"产业,在 1980 年,全国彩电、家用电冰箱和家用洗衣机的产量分别为 3.2 万台、4.9 万台、24.5 万台;到 1985 年,分别为 435 万台、144 万台、887 万台;而 1988 年则发展到产量分别为 1038 万台、757 万台和 1046 万台。1992 年,各地政府竞相决策上马机械电子和重化工业,不顾自身条件纷纷将汽车、电子、机械、石化等产业列为优先发展的支柱产业。1996 年的统计显示,有 22 个省(区、市)将汽车工业作为支柱产业,其中整车生产成为绝大多数省份发展的重点;有 16 个省份将机械工业作为支柱产业;24 个省份将电子工业列为支柱产业,电子工业中的通讯设备、计算机、电子声像等作为发展重点;14 个省份将冶金工业列为支柱产业。这些行为都是绩效评估中"退步学习"的后果。近年来,地方政府的"退步学习"热情仍然非常高涨,长三角地区在新一轮经济发展的竞争中,各地正在上演新一轮的"机场建设大战"。有人做过统计,目前长三角地区每万平方公里的机场密度为0.8个,超过美国每万平方公里0.6个的水平。与如此高密度的机场布局相对应的是许多机场的资源闲置和大量亏损,但这仍然阻止不了一些地级市加入这场造机场运动的热情。

这种绩效评估中"退步学习"的直接后果就是违背了中央"全国一盘棋"的政策,造成了严重的产业同构和重复建设局面,造成了一个个"独立的王国",是我国今后进一步发展的巨大障碍,也是造成地区分离隐患的经济原因。我国由于幅员辽阔,自古以来就有"山高皇帝远"的说法,随着绩效评估中"退步学习"的强化,各地重复建设而使得各地经济同质性强化,而利益异质性强化,作为利益表现形式的政治异质化必然加强,这就有可能出现两种分离倾向:其一是各地区间相互分离;其二是地方与中央的分离。民国初年,全国分裂割据局面与此有类同之处。因此,邓小平同志在世之时就曾强调:在新的时代中,造成动乱不安的可能来源有三个:军队、地方经济分离主义以及少数民族。目前我国人民军队思想建军、科学强军进行得井然有序,少数民族地区经济、政治、文化、社会发展欣欣向荣,唯有因地方政府绩效评估过程中"退步学习"引起的地方经济同质化下的经济割据危险尚未消除,成为一个政治安全隐患,需要我们引以为戒,警钟长鸣。

(四)绩效评估中对公式博弈使得地方政府实际上变成了"地方企业"

"绩效评估中的公式"是指绩效评估中所采用一般式,也有学者称其为"通用模式"、"通用模型"、"通用公式"等等。对绩效评估公式博弈是指被评估者研究目前评估公式的固有缺点,有针对性地对容易完成的变量、容易取得高分的变量进行大力投入,而对其他变量采取忽视甚至视而不见、不予理睬的态度,尽管如此,被评估者仍然能够在评估中获得自己想要的结果。

管理学历史上曾经产生过许多绩效评估公式,有的采用线性回归模式,有的采用指数回归模式,有的还采用灰色关联度分析,等等。但随着实践与研究的深入,无论是实务界还是理论界基本上都达成了共识,一个有效、科学的绩效评估公式,应该具备简约性、预报性、普及性、稳定性、薪酬适应性等。与此相适应,目前我国地方政府绩效评估中的一般式也都趋向简化和有利于操作,基本上都遵循了 $P = \sum_{i=1}^{n} W_i X_i$ 公式,其中 P 代表地方政府绩效;X 代表某种绩效分类,可以理解为一级指标;W 表示分类的权重;$i \in R^+$。此外,配合一般式还会有指标确定公式,但在绩效评估中对公式博弈主要是对一般式的博弈。

目前我国地方政府在绩效评估中对公式的博弈主要采取了两种方法:其一,去完成权重最大的绩效类型;其二,在权重最大的绩效分类项目完成有困难的情况下,去完成其他容易完成的项目,甚至开发一些容易完成、容易引起轰动的项目。这两种情况中,第一种情况最为普遍,在全国各处的地方政府中均有体现。因为不管哪个地方的绩效评估公式,"经济建设"相关项目的权重总是最大的,在这个项目上得高分,就可以"一俊遮百丑"。经济建设中最显性的指标是GDP,于是各地方政府就展开了围绕提高GDP的各项工作:有的属于经济意义上的,而有的属于损害和谐政治局面、损害中央利益但却能提高GDP的行为。当然,对公式博弈中倒向某一个最大权重指标,从而变相成为单项指标考核的绩效评估事件在国外也有很多。Marshall W. Meyer追踪了美国许多组织采用平衡记分卡(BSC)进行绩效评估的情况,发现最后这些组织在员工对评估公式博弈的基础上最终评估指标都倒向了"财务"纬度,最终这些组织只能终止平衡记分卡的评估方式,改用以财务为导向的评估公式。第二种情况在目前我国地方政府绩效评估中主要表现在一些经济欠发达地区,这些地区也极力去完成最大权重的"经济建设"变项,但因为这些地区一般底子薄、资源稀缺(缺乏多样性)、环境不良,在GDP上面赶超发达地区地方政府非常困难,于是他们就去完成简单项目,或者增添一些吸引眼球、引起轰动的项目。这样他们在总体绩效评估中尚能得到一个令人满意的结果。这能够解释为什么经济欠发达地区经常会冒出新奇事情,比如有的地方突然成了孙悟空的故乡,并由政府出面大力宣扬;有的地方突然要搞李鸿章纪念堂等。就是近几天冒出的陕西出现"华南虎"的行为,也未必是某个好事者兴起的谣言。

对绩效评估公式的博弈,看起来不影响政治安全,实则不然。我国目前地方政府在对绩效公式博弈中无不落在了"经济发展"这个绩效项目上,这就使得各地政府蜕变成了类似于企业的组织,一切唯钱是举,一切唯利是图。凡是有利于GDP增长的都是好事情,都可以毫无保留地接收过来,这就使得地方政府成了逐利的"地方企业"。企业当然不会顾及政治安全隐患。这样,各地不顾中央政策,把为人民服务变成了为"企业"营利服务,凡是有利于"利润"增长的行为,都属于应该发扬光大的行为,这就必然要损害中央的权威和国家的法令、政策。而中央对地方明确禁止的许多事项,比如土地出让权数量、招商引资范围、免税让利条件、人民工作期间基本人身权利、经济权利保障等等,对任何一项的侵蚀都会带来巨大的经济利益。在"企业"逐利行为下,地方政府都会置人民所委托的科学发展观下的政治和谐进步、经济和谐发展、社会和谐昌盛、文化和谐繁荣、生态和谐自然逐级委托不顾,想办法蚕食这些中央明令禁止的事项。我们所列举的铁本事件、上海社保基金案只是被暴露出来的,还有更多被掩盖了的行为。这些都是地方政府在对绩效评估公式博弈下所产生的政治安全隐患,我们一定要加以重视,提高警惕。

三、根除地方政府绩效评估下政治安全隐患的对策

意识到了地方政府绩效评估之于我国政治安全的隐患,只是万里长征走完了第一步,真正需要做的,是对症下药,找到解决办法。笔者以为,由于政治安全隐患(地方分离隐患、不服从中央隐患)主要因为目前地方政府绩效评估指标具有目标管理的痼疾,未能反映我国人民委托于中央,并由中央委托给地方的政治和谐进步、经济和谐发展、社会和谐昌盛、文化和谐繁荣、生态和谐自然的愿景,要根除这些隐患,只要有针对性地找到解决办法,就可以防患于未然。笔者以为,可以采取下列措施。

(一) 把"政治和谐进步"融入地方政府绩效评估指标

从上文我们可以看出,目标管理痼疾在我国地方政府绩效评估中的表现在于,作为目标分解与落实的载体,绩效评估指标中不包含"政治和谐进步"的任何因素。既然指标中不包含,在绩效评估中必然不考核,而地方政府为了在绩效评估的指标上得分,就必然会想办法来满足这些指标要求。一个可行、有效的方法就是损害指标中未曾列举的因素,"拆了东墙补西墙",从而以损害政治和谐进步的做法来取得绩效评估中的良好成绩。

在刚结束的党的十七大上明确把"科学发展观"写进了党章,然而,没有政治和谐进步的社会,必然不是科学发展观指导下的社会,必然不是可持续发展的社会。可以这样说,在地方政府中融入人民所委托给中央的愿景——"政治和谐进步"因素的绩效评估,才是

科学的绩效评估,才是科学发展观在地方政府绩效评估中的切实落实,只有这样才能解决由于目标管理的痼疾所引致的我国地方政府绩效评估中所带来的政治安全隐患。著名行政学家盖布勒曾说:"不评估效率,你就不可能知道效率;不知道效率,你就可能在奖励低效率和无效率。"套用盖布勒的名言,我们这样的说法同样成立:"不评估政治和谐进步,你就不可能知道政治和谐进步;不知道政治和谐进步,你就可能在奖励政治低和谐进步或者政治不和谐进步。"因此,我们一定要把"政治和谐进步"融入到地方政府绩效评估的指标中去,以便于根除目标管理痼疾带来的政治安全隐患。

(二) 不定期给绩效评估指标"升级"以根治"进步学习"、"退步学习"导致的政治安全隐患

"进步学习"是被评估者学习了自身评估中的成功经验;"退步学习"是被评估者吸取了自身评估中的失败教训。在我国地方政府绩效评估中,"进步学习"使得地方不顾中央要求全神贯注于政治和谐之外的绩效。可以这样说,为了取得绩效评估中的好成绩,除了政治和谐进步,其他的事情都可以做,包括损害政治和谐进步。"退步学习"使得地方政府变成了一个个具有不服从中央精神、损害中央利益,具有分离倾向而宏观调控不畅的"独立王国",出现了严重的"诸侯经济"现象。要解决"进步学习"与"退步学习"所引发的政治安全问题,就是要对包含了"政治和谐进步"内容的绩效评估指标不定期地进行升级,这就如同对付病毒的杀毒软件和防火墙,如果不及时升级,再先进的软件都会被病毒攻克。

对绩效评估指标升级,是指地方政府绩效评估指标的设置、筛选,要在社会变迁、人民委托给中央并由中央逐级委托的愿景变化了的前提下,随时反映人民新的政治和谐进步、经济和谐发展、社会和谐昌盛、文化和谐繁荣、生态和谐自然的要求并把它们用科学方式落实到指标中去,从而避免地方政府根据自己先前的经验或者教训来投机取巧,以损害国家政治安全的方式来赚取绩效评估中的高评价。这是根除因地方政府绩效评估中"进步学习"、"退步学习"所导致的政治安全隐患的有效措施。

(三) 权重之下,每级指标设置合格线以根除因对绩效评估公式博弈导致的政治安全隐患

对绩效评估公式的博弈,目前主要表现为对最大权重指标的重视,和特别容易完成指标的强调,这使得我国地方政府变成了一个个的"逐利企业",为了财政收入最大化、GDP最大化等利益而严重损害中央利益导致了政治安全隐患。

要解决这些问题,就需要在指标的权重之外,有其他更加科学的措施。笔者建议,除了要有权重作支撑,每个指标还应设置完成的底线,即合格线。比如"政治和谐进步"的权重为 0.10,"经济和谐发展"的权重为 0.55,如果按照原来方式,地方政府必然采取博弈形式,只去注重"经济和谐发展"指标而不管"政治和谐进步"指标。但如果在权重下同时设置及格线,比如"政治和谐发展"得分不足 0.07,就可以一票否决,整个绩效评估不合格。以此类推,其他指标都可以设置及格线,如果不能及格,则可以判定整个绩效评估不合格,这样,地方政府就不能只重视指标权重较大的经济指标而忽视了政治、社会、文化指标,也就不能采取以损坏国家利益、政治和谐的方式来取得经济效益的措施了。如此,就可以解决因对公式博弈而引发的政治安全问题。

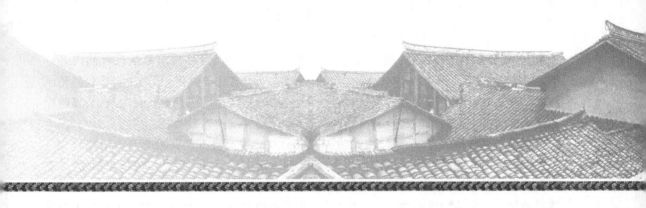

第十一章

行 政 法 治

在一个法治的政府之下,善良公民的座右铭是什么?那就是"严格地服从,自由地批判"。

——[英]杰瑞米·边沁

第一节 行政法治概述

一、行政法治的内涵

所谓行政法治,是指行政权的获取、组织和行使必须依法进行的一种行政管理原则和社会控制方式。行政法治涉及人治、法制和法治三个核心概念,人类社会从人治到法制再到法治,是人类文明进步的重要标志。

(一) 人治与法治

人治是少数人掌握社会公共权力,以军事、经济、政治、法律、文化、伦理等物质与精神的手段,对占社会绝大多数的其他成员进行统治的社会控制方式。人治论信奉人性本善,强调治理者的道德自律,对社会大众的行为的调节主要是通过治理者以身作则的道德教化而非法律的手段来实现。人治论的实质权利主体和义务主体是分离的,治理者享有权力和权利而较少承担义务,对社会大众则主要提倡义务而较少赋予权利。早在古希腊时期,柏拉图在《理想国》中极力主张建立一个由"哲学王"统治的国家,强调"哲学王"之理性的制约和知识的重要。儒家推崇人治,"其身正,不令而行;其身不正,虽令不从"。儒家主张推行仁政,把人治与礼治、德政结合起来,终极追求是执政者的内圣外王,强调人际关系和道德的内化作用。人治社会并非没有法律制度,只是法制反映的是统治阶级而非社会大众的意志和利益,人治社会的法制是统治阶级控制社会大众、实现阶级利益和统治者个人利益的工具,统治者犯错误可以逃脱法律的制裁,所谓"刑不上大夫"。

法治是以法律为主体、以民主政治为基础的社会控制方式。法治是与人治相对立的一种治国理论和治国方略。法治论认为,治国的关键在于要有一套良好的法律制度,并客观公正地予以实施。法治社会中的法律是全体公民而非统治阶级的意志和利益的体现,政府的权力作为一种支配性力量,必须受到法律的控制,法律是作为一种非人格化的力量对权力进行监督和制约。作为一种治国原则,法治论主张法律应有至高无上的权威,任何个人或组织的权威不得凌驾于法律之上,所有人包括最高统治者都必须遵守法律,正所谓"王子犯法与庶民同罪"。

总的来看,法治与人治是两种完全不同的社会控制方式,二者的根本区别体现在以下方面。一是两者的思想基础不同。人治建立在个人专断与独裁基础上,而法治的基础是民主政治。二是在立法上,人治表现出主观性、随意性,在统治者那里,法律是可有可无的一纸空文;而法治则表现出客观性、稳定性,法律是所有人都必须遵守的、统一的、稳定的规则。三是在执法上,人治社会中执法者的权力无限,法治社会中执法者权力的来源、行使都必须受到法律的约束,是有限权力。四是在司法上,人治表现出宗法性,法不责贵,对不同阶层和不同身份的人有不同的法律和行为要求;法治则表现出平等性,权力行使者和权力的对象都必须平等地遵守法律,法律具有至高无上的权威。

(二) 法治与法制

法制(rule by law)与法治(rule of law)是人们常见的、有时又不加区分地使用的两个法律词汇。狭义的法制是法律制度的简称,它是相对于政治制度、经济制度、文化制度以及其他各种制度而言的,属于法律文化的器物层面;广义的法制是指统治阶级通过国家政权建立起来的法律制度以及由此建立起来的社会秩序,它包括制定法律、执行法律和遵守法律三个层面。法制是伴随着国家的产生而出现的,历史上所有的国家都有自己的法制,只不过由于国家性质不同,法制的内容和形式也不同。

法治是运用法律制度进行治理的统称,它有三层内涵:一是依法运用国家权力,管理国家和社会公共事务;二是建立权力对权力的制约机制;三是建立公民权利对国家权力的制约机制。因此,法制是法治的前提和条件,没有法制,法治就成了无本之木。法治不仅内涵有完备的法律制度,君主及其官僚集团必须依法行使权力;而且君主及其官僚集团的权力必须受到其他国家权力以及公民权利的有效制约,以保证君主及其官僚集团不得滥用权力。

法治与法制又有着根本区别:首先,二者存在的基础不同。法治是近代社会的产物,是以市场经济和民主政治为基础的。法制是国家的必然产物,它既可以建立在各种经济类型基础之上,又可以与各类政治体制为伴。其次,法制关注的焦点是法律制度和秩序,而法治关注的焦点则是有效地制约和运用国家权力,包括权力对权力的制约和权利对力的制约。因此,奴隶社会和封建社会虽然都有法制,却没有法治,原因是此时的法律不能对君主的权力进行有效制约,社会公众更无法制约君主的权力,除非通过革命等暴力方式推翻君主统治。再次,即使在动态意义上理解法制,也与现代意义的法治相去甚远。法制的动态含义即"有法可依,有法必依,执法必严,违法必究"。但这里仍有两个问题:一是有什么法,是"恶法"还是"良法"?二是如何才能保证做到"依法","依法"的程度如何?显然,这些都是动态意义上的法制概念无法回答的。而现代意义上的法治与民主政治密切相关,它不局限于形式意义上思考问题,不再满足于完备的法律,还要求在价值层面上思考法律是"良法"还是"恶法";而且,现代法治还强调法律的至高无上的权威,任何组织和个人都不得凌驾于法律之上。

二、行政法治的基本原则

(一)行政合法性原则

行政合法性原则是行政法治的首要原则,也是行政法治的核心内容。行政合法性原则是指行政权的获得、组织和行使必须严格依据法律,符合法律要求。行政合法性原则要求行政主体必须严格遵循行政法的要求,不得享有行政法规范以外的特权,超越法定权限的行为无效,违法行政行为应依法受到法律的惩处。行政合法性原则包括实体合法和程序合法两个方面的内容。行政实体法是规定行政主体在行政管理活动中权利与义务关系的法律规范;行政程序法是为保证行政程序公正的法律法规。

行政实体合法的含义是指:任何行政职权都必须基于法律的授予才能存在;任何行政职权的行使都应依据法律、遵守法律,不得与法律相抵触;任何行政职权的授予和委托及其运用都必须有法律依据,符合法律宗旨。行政程序合法的含义是指:任何人不得成为审理自己案件的法官;行政机关在裁决行政纠纷时不得偏听偏信,应当给予当事人同等的辩论机会;决定对当事人不利时,应事先通知当事人并给其发表意见的机会。

(二)行政合理性原则

行政合理性原则是与行政合法性原则并列的一项基本原则,是对行政合法性原则的补充。行政合理性原则是指行政法律关系当事人的行为尤其是行政机关的行为,不仅要合法而且要合理,也就是行政机关的自由裁量行为要做到合情、合理、恰当和适度。这是因为在行政管理实践中,期待法律对所有的行政行为都予以具体而详细的规定是不可能的。因此,各国法律都赋予行政机关一定的自由裁量权,使其视具体情况作出相应的行政行为。一般认为,行政合理性原则要求:行政行为必须符合法律的目的;行政行为必须有合理的动机;行政行为应考虑相关的因素,而不考虑不相关的因素。

行政合理性原则的具体要求包括以下三方面。一是行政行为的动因应符合行政目的,凡有悖于法律目的的行政行为都是不合理的行政行为。二是行政行为应建立在正当考虑的基础之上,要有正当的动机。行政行为不得违背社会公平观念或法律精神,不得存在法律动机以外的目的或追求。行政机关在实施行政活动时必须出于公心,平等地对待行政相对方。三是行政行为的内容应合乎情理,即应符合常规或规律。

(三)行政公开原则

行政公开原则是指行政机关应依法将行政权力运行的依据、过程和结果向相对人和社会公众公开,使相对人和公众知悉并进行监督。行政公开原则的基本含义包括:一是行政行为除依法应当保密的以外,一律公开进行;二是行政法规、规章、政策以及行政机关作出影响行政相对人权利义务的行政行为的标准、条件、程序应依法公开,允许相对人依法查阅、复制;三是有关行政会议、行政决定以及行政机关及其工作人员的活动情况除依法应予保密的除外,一律允许新闻媒体依法采访、报道和评论。

在漫长的专制时代,政府权力都是在黑箱中运行的,以权谋私、侵害相对人合法权益的现象盛行。"权力易于导致腐败,绝对的权力导致绝对的腐败",而"阳光是最好的防腐剂"。近代以来,随着民主政治的推进和公民维权意识和能力的提高,人们对行政公开提出了强烈要求,很多国家的政府陆续制定了行政公开的法律法规。新中国建立以来,政府历来重视保持同人民群众的联系、倾听人民群众的意见、接受人民群众的监督;但由于没有出台专门的法律法规,行政公开的效果并不理想。2008年5月1日,国务院常务会议通过的《中华人民共和国政府信息公开条例》正式实施;2010年,十一届全国人大常委会十四次会议通过了《保守国家秘密法(修订草案)》。可见,进入新世纪以来,我国行政公开取得了实质性进步。

行政公开的具体要求可分为三个层面。一是行政行为公开。无论是行政政策、行政立法、行政执法还是行政裁决、行政复议等行政行为,都应以适当形式公开。二是行政过程公开。任何行政行为都是在经历一定的程序之后作出的。在日益强调行政管理的公正或者民主的当代,除因法定事由外,行政行为过程一般也都需要公开。三是行政信息公开。行政行为、行政过程公开,在一定程度上意味着行政机关将行政行为这一信息以及与行政行为有关的其他信息,向行政相对人公开或向社会公开。当然,行政机关掌握的信息不止这些,有许多信息是行政机关在管理过程中获得的,尽管不一定与行政行为有直接的关联性,但很可能会对个人、法人和其他组织的生存与发展产生影响,因此,除属于法定保密范围的以外,一般也应该公开。

三、行政法治的重要意义

(一) 行政法治是依法治国的关键环节

1999年,第九届全国人民代表大会将"依法治国"作为新时期的治国方略,写入中华人民共和国宪法。依法治国的核心内容包括立法机关依法立法,政府依法行政,司法机关依法独立行使审判权、检察权,其中,依法立法是基础,独立司法是保障,依法行政才是依法治国的关键所在。早在1887年,美国著名行政学家伍德罗·威尔逊就曾指出:"关于宪政原则的重要论战甚至到现在还远没有得出结论,但是在实用性方面它们已不再比行政管理问题更突出。执行一部宪法变得比制定一部宪法更要困难得多。"[①]据统计,从十一届三中全会后的1979年五届全国人大起至2008年,全国人大及其常委会共制定了现行有效的法律229件;国务院共制定了现行有效的行政法规600余件;地方人大及其常委会共制定了现行有效的地方性法规7000余件;民族自治地方人大共制定了现行有效的自治条例和单行条例600余件;5个经济特区共制定了现行有效的法规200余件。[②] 这些法律法规涉及社会生活的各个领域,其中大约有80%的法律法规要由各级行政机关贯彻落

---

① Woodrow Wilson. The Study of Administration. Political Science Quarterly, 2(June1887).
② 毛磊:《改革开放30年:特色社会主义立法转向攻坚克难期》,人民日报,2008年11月19日。

实。如果不能做到依法行政,将直接侵害广大人民群众的合法权益,影响人民群众正常的工作和生活。因此,依法治国能否取得成效,主要取决于能否依法行政。只有严格依法行政,才能使行政行为得到有效监督,才能真正落实"有法可依,有法必依,执法必严,违法必究"的方针。只有这样,依法治国的原则才能通过政府行为落实到社会生活的各个领域,推动社会主义法治国家的建设进程。

(二) 行政法治是民主政治实现的重要保障

民主政治的基本内涵是公民的合法权益不受非法侵害,国家权力受到有效制约和监督。在当前行政管理无处不在的"行政国"时代,行政权力与人民群众有着最直接的联系,对人民群众的工作和生活发生着最直接的影响。由于行政权力的强制性、自我扩张性、效力先定性等特征,如果国家行政机关及其工作人员不能按照行政法治的要求行使行政权力、作出行政行为,就极易侵害行政相对人的合法权益,甚至造成无法挽回的重大损失。因此,必须按照行政法治的要求,完善制度设计,加强立法权、司法权对行政权力的有效制约;着力培养公民的权利意识、监督意识,提升公民依法维权和监督政府的能力,加强公民权利对行政权力的监督。只有这样,行政机关才能做到依法行政,切实推进民主政治建设。

(三) 行政法治是市场经济的客观要求

市场经济是以市场为中心实现资源配置的经济类型,其基本特性如下。第一,市场经济是自主性经济,即承认和尊重市场主体的自利性和自主性。这就要求法律制度确认市场主体资格、明晰产权。第二,市场经济是契约经济。市场经济的基础在于市场,而市场交换主要是通过市场主体之间经过平等协商所订立的契约来进行的,这里的契约是市场的法律原型。第三,市场经济是竞争经济。通过竞争达到优胜劣汰、合理配置资源,这是市场经济的优越性所在;但竞争必须是公平、合法的竞争,否则市场机制就可能失灵或扭曲,这就需要必要的法律予以保障。因此,市场经济催生了现代法治,市场经济也必然是法治的经济。作为市场经济游戏规则的重要制定者、执行者和维护者,行政机关必须遵守游戏规则、严格依法办事,才能保障市场经济健康有序发展。社会主义市场经济越发展,对行政机关依法行政的要求越高;反之,行政机关依法行政的能力和水平越高,越能促进社会主义市场经济的完善和发展。

(四) 行政法治是深化行政改革的有效方法

行政改革是一个古老而常新的话题。行政改革的目的是根据经济社会发展的需要,不断调整职能范围、理顺权责关系、精简政府机构和人员规模、降低行政成本,以更好地服务于经济社会发展。而行政改革的这些内容必须依法进行,才能取得实质性进展,才能保持政策的稳定性,否则只会引起更大的混乱和资源的浪费。改革开放以来,我国先后进行了多次行政改革,但总是逃不出精简—膨胀—再精简—再膨胀的怪圈;在中央与地方、上级与下级的权责关系上,总是重蹈"一放就乱、一收就死"覆辙。其中一个很重要的原因是行政改革是政治主导而非法治主导,改革设计往往以"红头文件"的形式推进,下级按照上级"红头文件"的要求和指示精神如法炮制,制度设计的法律约束力很低,导致改革的成果和有益经验也无法以法律的形式固定下来。这种做法的结果必然是：改革方案随着领导人的更替而搁置，新的改革设计又"推倒重来"，"人存政举、人走政息"，改革设计"朝令夕改"，进而导致行政改革难以按照既定方向不断向前推进。因此，行政改革必须按照行政法治的要求，依法实施、审慎推进，并以法律形式将行政改革成果和经验固定下来，方能不断取得实质性进步。

第二节 行政立法

一、行政立法的内涵与特征

目前学术界关于行政立法的界定主要有两种：一是认为有关机关依照法定职权和程序制定行政法规范的行为都是行政立法；二是认为只有行政机关依据法定职权和程序制定法律规范的行为才是行政立法。第一种界定是从法律规范的性质来进行，即认为"一切涉及国家行政管理活动的立法皆属行政立法"。因此，行政立法权并非行政机关专有，人大及其常委会以及其他享有立法权的主体都可以进行行政立法。第二种界定是从制定法律规范的机关的性质来进行，即认为凡是行政机关制定法律规范的活动，不论法律规范的性质如何，都属于行政立法。本书倾向于采用第二种定义，即行政立法是指行政机关依据法定职权和程序制定和发布法律规范的活动。行政立法的主要特征如下。

（一）行政立法的主体是国家行政机关

这是行政立法特征中最重要的特征。中华人民共和国的国家立法活动有四大类：国家权力机关的立法、国家行政机关的立法、国家司法机关的立法（最高人民法院、最高人民检察院以司法解释的形式进行）和国家军事机关的立法。其中，只有国家行政机关的制定和发布法律规范的活动才是行政立法。需要说明的是，行政立法的主体不同于行政主体。行政立法的主体只能是国家行政机关；而其他行政行为，尤其是具体行政行为，在符合法律规定的条件下，其行为主体可以是国家行政机关以外的社会组织。

（二）行政立法须严格依据法定的职权和程序

行政立法的主体必须是国家行政机关，但这并不意味着所有的国家行政机关都有行政立法权，只有一定层级范围的国家行政机关才拥有行政立法职权，具体包括：国务院、国务院各部委，国务院各直属机构[①]，省、自治区、直辖市人民政府，省、自治区人民政府所在地的市人民政府和国务院批准的较大的市的人民政府，全国人大常委会授权的经济特区的市人民政府，以及法律和行政法规授权的国务院的某些直属机构。此外，拥有行政立法

[①]《中华人民共和国宪法》第90条规定："各部、各委员会根据法律和国务院的行政法规、决定、命令，在本部门的权限内，发布命令、指示和规章。"据此，国务院各部委享有行政规章立法权有了明确的宪法依据，但宪法只规定了国务院各部委的立法权而没有相应规定国务院各直属机构的立法权。在实际工作中，国务院各直属机构制定的规范性文件，其法律地位相当于行政规章，但苦于没有法律依据。基于此，2000年颁布的《中华人民共和国立法法》第71条规定："国务院各部、委员会、中国人民银行、审计署和具有行政管理职能的直属机构，可以根据法律和国务院的行政法规、决定、命令，在本部门的权限范围内，制定规章。"据此，国务院各直属机构也依法享有行政立法权。

职权的行政机关必须严格依据法定程序进行立法活动,程序违法将导致行政立法行为的无效甚至违法。

(三)行政立法的内容是法律规范

行政立法固然是享有行政立法权的行政机关制定具有普遍约束力的规范性文件,但并非享有行政立法权的行政机关制定的一切规范性文件的活动皆可称之为行政立法,只有那些具有法的地位的规范性文件,才属于行政立法的范畴。此外,只要是行政机关的立法活动就是行政立法,而不论行政立法所涉及的内容是行政领域、还是民事领域、经济领域。因此,行政立法活动形成的法律规范既可以是行政法规范,也可以是民法规范、经济法规范。[①]

(四)行政立法的性质是准立法

这里的准立法有以下两层含义。一是现代国家都有专司立法职能的专门机关,如国会、议会、人民代表大会等,专门立法机关制定法律法规的活动称之为立法。相对于立法机关的立法来说,行政机关的行政立法就是准立法,其法律效力通常低于立法机关所制定法律规范的效力。二是行政立法具有行政性和立法性的双重特性,但并不是二者的简单结合,其中,行政立法的行政性是第一位的,反映了行政立法行为的本色,而行政立法的立法性则是第二位的,它以行政立法的行政性为基础,并从属于行政性。概言之,行政立法只不过是兼具立法特征(如普遍性、规范性和强制性)的行政行为。

二、行政立法的分类

行政立法的类型较多,按照不同的标准,可将行政立法进行不同的类型划分。其中,行政立法的常见分类有以下几种。

(一)一般授权立法和特别授权立法

从国家权力的分工角度看,国家行政机关原本没有立法权,现代社会行政机关所行使的行政立法权也不是其固有的立法权,而是来源于权力机关的权力授予。因此,在这个意义上,所有的行政立法都是授权立法;行政立法又可以进一步区分为一般授权立法和特别授权立法。

一般授权立法是指国家权力机关以通过宪法和有关组织法对职权规定以及《立法法》关于立法权规定的方式进行授权,国家行政机关依据这些规定制定行政法规和行政规章的行为。《立法法》第56条规定:"国务院根据宪法和法律,制定行政法规";第71条规定:"国务院各部、委员会、中国人民银行、审计署和具有行政管理职能的直属机构,可以根据法律和国务院的行政法规、决定、命令,在本部门的权限范围内,制定规章。"《中华人民共和国地方各级人民代表大会和地方各级人民政府组织法》第60条规定:"省、自治区、直辖市的人民政府可以根据法律、行政法规和本省、自治区、直辖市的地方性法规,制定规章,报国务院和本级人民代表大会常务委员会备案。省、自治区的人民政府所在地的市和经

[①] 皮纯协、张成福:《行政法学》,中国人民大学出版社,2002年版,第147页。

国务院批准的较大的市的人民政府,可以根据法律、行政法规和本省、自治区的地方性法规,制定规章,报国务院和省、自治区的人民代表大会常务委员会、人民政府以及本级人民代表大会常务委员会备案。"

特别授权立法是指国家权力机关以通过法律条款或专门决议规定的方式进行授权,国家行政机关依照这种授权制定规范性法律文件的行为。在中国,特别授权立法主要有两种形式:一是通过某一法律条款进行授权,这种条款通常在某部法律文件的"附则"中,如《行政处罚法》(1996)"附则"第63条规定:"本法第46条罚款决定与罚款收缴分离的规定,由国务院制定具体实施办法。"二是国家权力机关的专门授权规定,如全国人大常委会通过的《关于授权国务院在经济体制改革和对外开放方面可以制定暂行的规定或者条例的决定》(1985)。专门授权是因为由权力机关制定法律的条件尚不成熟,从而把本属于权力机关规定的事项专门授权行政机关进行行政立法,待条件成熟时,再由立法机关进行立法。

(二)执行性立法和创制性立法

依据行政立法功能为标准,可将行政立法分为执行性立法和创制性立法。所谓执行性立法,是指行政机关为执行法律、法规针对特定事项的已有规定,而进行的将法律、法规的规定进一步具体化的行政立法。执行性立法既可以依据职权进行,也可以依据授权进行,但不得任意增减所要执行的法律、法规的内容。所谓创制性立法,是指行政机关根据宪法、法律的一般性授权,就法律、法规没有规定的事项所进行的具有原创性质的行政立法。

《中华人民共和国行政处罚法》(1996)第10条第1款规定:"行政法规可以设定除限制人身自由以外的行政处罚。"第2款规定:"法律对违法行为已经作出行政处罚规定,行政法规需要作出具体规定的,必须在法律规定的给予行政处罚的行为、种类和幅度的范围内规定。"由上观之,国务院根据《行政处罚法》第10条第1款的规定作出的设定行政处罚的立法即属于创制性行政立法,而根据第2款将法律有关行政处罚的规定具体化的行政立法即属于执行性立法。执行性行政立法所制定的法规或规章,一般称为"实施条例"、"实施办法"或"实施细则",当执行性行政立法所据以执行的法律、法规不存在时,执行性行政立法也不能独立存在。创制性行政立法以法律、法规的授权为依据,所制定的行政法规和规章并不因授权法律、法规的失效而失效,只要不与新的法律、法规相抵触,就可以持续生效。

(三)法规性立法和规章性立法

以行政立法的最终结果为标准,行政立法可分为法规性立法和规章性立法,这是针对我国行政立法的法定形式所作的分类。根据《中华人民共和国宪法》和《中华人民共和国立法法》及其他相关法律的规定,国家行政机关有权制定两种形式的行政立法规范,即行政法规和规章。其中,国务院享有制定行政法规的专有立法权;而制定规章的行政立法则既可以是国务院各职能部门制定中央部门规章的行政立法,也可以是享有行政立法权的地方人民政府制定的地方性规章。

(四)中央行政立法和地方行政立法

以行政立法的主体的行政层级为标准,可将行政立法分为中央行政立法和地方行政立法。所谓中央行政立法,是指中央行政机关的行政立法。中央行政立法在全国范围内具有法律效力。所谓地方行政立法,是指地方行政机关的立法。省、自治区、直辖市人民政府,较大的市的人民政府以及经济特区所在地的人民政府所进行的行政立法都是地方行政立法。地方行政立法所制定的行政规章,只能在本行政区域内发生法律效力。

中国是单一制国家,原则上地方行政立法应服从中央行政立法,不得与中央行政立法相抵触,这一点对于国务院的行政立法而言是十分明确的,即其他任何行政机关(如国务院各职能部门,省、自治区、直辖市人民政府等)所制定的规章均不得与国务院的行政法规相抵触。但另一方面,虽然国务院各职能部门的行政立法也是中央行政立法,但其制定的部门规章与地方行政立法之间的关系并不适用地方对国务院的服从原则,国务院各职能部门所制定的部门规章与省、自治区、直辖市政府所制定的地方性规章具有同等的法律效力。

三、行政立法的程序

《立法法》对行政法规的制定程序作了原则性规定,而对部门规章和地方规章的制定程序并没有涉及。2001年,国务院先后出台了《行政法规制定程序条例》、《规章制定程序条例》和《法规规章备案条例》,完善了我国行政立法的基本程序。

(一) 编制立法规划

行政立法规划分为五年规划与年度计划,由国务院法制局编制,报国务院审定。地方政府编制行政立法规划,一般由地方人民政府的职能机关和直属机构根据业务分工拟定本部门的立法规划草案,并于每年年底上报同级人民政府,地方人民政府的法制机构负责汇总部门规划草案,并统一编制地方行政立法规划草案,提请本级人民政府的常务会议审议批准,地方人民政府对于通过的立法规划负责组织执行。

(二) 起草

起草是指对列入规划、需要制定的行政法规和规章的,由行政立法机关分别草拟的活动。行政法规由国务院组织起草,既可以由一个部门或几个部门具体负责起草工作,也可以由国务院法制机构负责或组织起草;规章的起草通常由国务院部门或地方政府的内设机构具体负责起草工作。此外,《规章制定程序条例》第13条规定:"起草规章可以邀请有关专家、组织参加,也可以委托有关专家、组织起草。"行政立法草案应在广泛调查研究、充分收集材料和意见的基础上形成,力求做到内容切实可行,形式完整,结构严谨。

(三) 征求意见

征求意见程序一般包括两个方面。一是听取利害关系人的意见和有关专家的意见。专家意见包括技术专家、管理专家和法律专家的意见。征求利害关系人意见的途径有:通过媒体公布即将制定的行政法规和规章草案,召开相关问题的座谈会或举行听证会等。二是广泛听取和征求行政机关和其他国家机关的意见。在行政立法的过程中,既要征求本部门、本系统的意见,也要征求其他部门和系统的意见,尤其是综合部门的意见;既要听取中央机关的意见,又要听取地方机关的意见。在涉及其他主管部门的业务时,应当与有关部门协商一致,经过反复协商不能取得一致意见的,应在上报草案时专门提出并说明理由,由上级机关出面协调和裁决。

（四）审查

审查是指行政法规和规章的草案拟定之后，报送国务院法制机构、国务院部门和地方政府法制机构进行审查，提出提请审议的建议。审查的主要内容有：①是否与宪法、法律、党和国家的方针政策以及上位法的规定相冲突；②是否在本机关的权限范围内，是否有越权或滥用职权的现象；③行政法规、规章草案的结构、文字等是否规范；④立法程序是否符合相关法律规定。法制部门对行政立法草案审查后，应向行政立法机关提出审查报告，与法规或规章草案一并提交行政立法机关审议。

（五）决定和公布

决定和公布是指行政法规、规章在审查完毕后，交由正式会议讨论审批并公开发布。根据相关法律规定，行政法规草案应经过国务院全体会议或常委会议审议，部门规章草案应提交部委常委会议审议，地方规章草案需提交地方政府全体会议或常务会议审议。如果在审议过程中提出了审议意见，相应的法制机构应对草案进行修改，并报请行政首长签署命令予以公布，国务院公报、部门公报和地方人民政府公报刊登的文本为标准文本。

（六）备案

备案是指制定机关将已经发布的行政法规、规章上报法定机关存档，以备审查，便于备案机关全面了解相关行政立法文件的情况，并进行审查监督的登记程序。《立法法》和《行政法规制定程序条例》、《规章制定程序条例》、《法规规章备案条例》都对已经公布的行政法规、规章的备案作出了详细规定。

四、其他规范性文件

我国《宪法》第89条规定：国务院可"根据宪法和法律，规定行政措施，制定行政法规，发布决定和命令"；第90条规定：国务院"各部、各委员会根据法律和国务院的行政法规、决定、命令，在本部门的权限内，发布命令、指示和规章"。《立法法》也有着与《宪法》相应条款的相同规定。《地方组织法》第59条：县级以上的地方各级人民政府"执行本级人民代表大会及其常务委员会的决议，以及上级国家行政机关的决定和命令，规定行政措施，发布决定和命令"。第61条规定：乡镇人民政府"执行本级人民代表大会的决议和上级国家行政机关的决定和命令，发布决定和命令"。这里的与行政法规、规章并列的决定、命令、指示就是其他规范性文件，也即是通常所说的政府红头文件。

（一）其他规范性文件的含义

从法学角度看，其他规范性文件虽然与行政法规、规章比较接近，但其他规范性文件并不属于行政立法的范畴。在我国行政管理实践中，行政法规或规章以外的其他规范性文件数量庞大，而且行政机关的大量行政行为是直接根据其他规范性文件作出的。如果说我国行政机关中有权制定行政法规、规章的只占少数，那么，有权制定其他规范性文件的则占大多数,包括从国务院到乡镇政府以及县级以上人民政府的多数工作部门。因此,其他规范性文件在我国行政管理中具有非常重要的地位,直接关涉到行政管理权力的行使和公民权益的保护。所谓其他规范性文件,是指行政机关及被授权组织为实施法律、法规和规章,在法定权限内制定的、除行政法规或规章以外的决定、命令等具有普遍约束力的决定、命令和行政措施等的总称。

其他规范性文件与行政法规、规章既有联系又有根本不同。二者的联系表现为:都是行政机关的抽象行政行为,制定其他规范性文件要以法律、行政法规和规章为依据;其他规范性文件与行政法规、规章都具有规范性、多次适用性、强制性等特征。二者的区别主要有以下方面。①主体的范围不同。几乎所有国家行政机关都可以成为其他规范性文件的制定主体,而享有行政法规和规章制定权的国家行政机关的范围很小。②效力层级不同。通常情况下,行政法规和规章的法律效力高于其他规范性文件的法律效力。③可予以规范的内容不同,这是两者最重要的区别。其他规范性文件无权作出涉及公民、法人或其他组织的权利义务的规定,如无权设定行政处罚等;而行政法规和规章在法定权限内可以为相对人设定某些权利与义务。④制定的程序不同。制定其他规范性文件的程序较为简易,而行政法规、规章的制定则要遵循较严格的程序。

(二) 其他规范性文件的种类与效力

根据其他规范性文件的制定主体在制定其他规范性文件时的职权等级的不同,可将其他规范性文件划分为三类。

1. 行政法规性文件

行政法规性文件是指国务院制定的除行政法规以外的其他规范性文件,包括各种命令、决定、决议和行政措施等。由于此类规范性文件的制定主体——国务院是我国最高行政机关,根据法律规定,行政法规性文件的法律效力虽然不能超越行政法规,但仍高于部门规章和地方规章,也高于国务院之外的其他主体制定的规范性文件。与行政法规的主要区别在于,行政法规性文件在程序上不是以"国务院令"的形式公开发布的。

2. 行政规章性文件

行政规章性文件是指有规章制定权的行政主体制定的除部门规章、地方规章以外的其他规范性文件,主要包括各种命令、指示、决定、行政措施等。根据制定行政规章性文件的主体的级别不同,可分为相应的层级,即国务院各部委、省级政府、省会市政府和较大的市的政府分别制定的规章性文件。与部门规章、地方规章的关键区别在于,行政规章性文件在程序上不是以行政首长的"发布令"的形式公开发布的。

3. 一般规范性文件

一般规范性文件是指不具有行政立法权的行政机关,根据法律、法规以及规章的规定,在其权限范围内,作出的一般性的具有普遍约束力的决定、命令和措施等。一般规范性文件的制定主体最为广泛,包括国务院各部、委员会所属司、局、办,省级政府、省会市和较大的市的政府所属部门,以及其他没有规章制定权的地方政府及其所属部门,因此,一般规范性文件的数量最多,其法律效力等级也与制定者的职权等级相适应。

第三节 行政执法

一、行政执法的含义与特征

所谓行政执法，是指行政主体为履行行政管理职能，依据法定的职权和程序，行使行政管理权，贯彻执行宪法、法律、行政法规和规章等法律法规的活动。与行政立法和行政司法相比，行政执法的特征主要体现在以下几个方面。

（一）广泛性

首先是行政执法的主体非常广泛，既可以是行政机关，也可以是法律、法规授权的组织；行政执法的主体无论多么广泛，但都必须具备四个要件：一是行政执法主体是享有国家行政权力、实施行政管理活动的组织，而不是自然人；二是行政执法主体的成立必须有合法依据；三是行政执法主体必须具有明确的职责范围；四是行政执法主体对外能够以自己的名义作出具体行政行为并承担法律责任，这一要件将行政执法主体与行政机关内设管理机构和受行政机关委托执行某些行政管理任务的组织区别开来。其次是行政执法的内容广泛。现代社会日趋复杂，政府已不再是曾经的维护社会秩序的"守夜人"，而必须对经济、社会事务进行广泛的组织、管理和服务，行政执法的内容也变得十分广泛。再次是行政执法的手段多样，既可以是检查、处罚，也可以是行政指导、行政合同、行政奖励等。

（二）单方意志性

行政主体进行民事行为时，必须与其他民事主体平等协商、达成共识，体现出共同意志性。而行政执法是行政主体行使行政权的具体行政行为，只要是法定权限内并依据法定的程序行使，即可自行决定和直接实施，无需与行政相对人协商和征得行政相对人的同意，具有明确的单方意志性。

（三）强制性

行政执法是法定的行政主体贯彻执行法律、法规的行为，是实现国家意志的手段，也必然是以国家机器为后盾的，因而具有国家意志的约束力和法律、法规的执行力。在行政执法过程中，如果行政相对人违反法律、法规，或不履行法律、法规所设定的义务时，就会受到行政处罚等强制性措施的处理，以达到维护公共利益和社会秩序的目的。当然，行政执法的强制性并不意味着行政主体可以恣意妄为，而是必须依据法定的权限和程序进行。

（四）主动性

行政执法是行政主体为了履行行政管理职能、实现公共利益的行为，必须依据法定职权和程序积极主动地而不是被动地开展行政执法活动；否则，就可能出现行政不作为等失职或玩忽职守的问题，这是行政执法区别于行政司法的一个重要特征。行政司法（如行政复议）是一种事后的救济行为，一般说来，没有当事人的主动申请，行政主体不得主动实施行政司法行为。当然，行政执法的主动性必须是依法的主动，没有法定职权，行政主体不得主动开展执法活动;而且,不依法定程序的主动执法,也是违法的行政执法。

二、我国行政执法的完善

(一)我国行政执法存在的主要问题

1. 执法滞后

完备的法制体系是完善行政执法的前提和依据。然而,由于行政立法的滞后性,行政管理的法律、法规往往是不完备的,如立法缺位、立法冲突、立法模糊等,这就必然导致在行政执法过程中出现无法可依、执法权限不明确、多头执法、执法依据相互冲突等问题。这些问题在当前我国行政执法过程中都或多或少地存在,是行政执法滞后的典型体现。

2. 有法不依

如果得不到严格执行,法律只是一纸空文。权力具有内在矛盾性,它一方面同整个社会利益和共同利益相联系,另一方面与掌权者的集团利益和个人利益相联系。[①] 权力运用恰当,可以很好地做到为人民服务;但如果运用不当,就可能异化为少数人谋取非法利益的工具。在我国行政执法实践中,"法律至上"的权威性尚未牢固树立,法律、法规尚未获得普遍的尊重,特别是在地方利益、部门利益、小集体利益以及个人利益的驱使下,"以言代法、以权压法"等有法不依的现象在行政执法人员中时有发生。

3. 执法不公

执法不公是指对同一时空范围的同一事项或者类似事项,在处理的条件、标准、程序、时机、时限上差别对待,不同的人所得到的处理结果差异悬殊。法律面前人人平等是现代法治的基本原则和核心精神,正所谓"王子犯法,与庶民同罪"。然而,在我国行政执法中,执法不公现象在一定程度上存在,严重践踏了法律的尊严和行政法治的健康发展。

4. 粗暴执法

在现代文明社会,任何人都有人之为人的尊严,即使是对违法行为者甚至罪犯的惩处,也应对其进行文明执法。另一方面,行政执法者是代表国家进行执法,其执法形象直接影响到政府形象和公信力,这就要求执法者在执法过程中必须文明执法。然而,在我国行政执法实践中,随意执法、粗暴执法的现象普遍存在,严重侵害了行政相对人的人格尊严,破坏了政府的良好形象,降低了政府的公信力。

5. 消极执法

行政主体违法行使职权既包括积极作为的违法,也包括消极不作为的违法,即不履行或不积极履行法定职责,主要表现为低效执法和不作为。行政机关任意延迟履行职责或不作为,缺乏履行职责的主动性和积极性。为了保护公共利益和保护相对人利益,一般的法律、法规都会规定行政主体履行法定职责的期限,行政主体应积极主动地去履行职责;如果行政主体故意拖延或不作为,势必会损害公共利益和相对人的合法权益,造成无法挽回的损失。但在我国行政执法实践中,行政主体消极执法的问题较为突出,诸如假冒伪劣

---

① 李建华,《罪恶论——道德价值的逆向研究》,辽宁人民出版社,1994年版,第187页。

商品泛滥、食品安全事故频发等,在很大程度上都与行政执法主体拖延履行职责或不作为有直接关系。

(二) 我国行政执法存在问题的原因

1. 法治观念淡薄

一切社会化的行为和活动都应遵循法律规范,一切违反法律规范的行为都应受到法律的惩处,这是现代法治的基本要求。任何人都必须知法、守法,对法律有着发自内心的信仰;只有这样,法治社会才不会成为一句空洞的口号。正如哈罗德·伯尔曼所说:"没有信仰的法律将退化成为僵死的教条,而没有法律的信仰将蜕变成为狂信。"然而,当前我国行政执法中仍存在法治观念淡薄的问题,主要体现在两个方面。一是行政执法主体的法治观念淡薄。由于受到传统执法文化、不正确的权力观和法制不健全等因素的影响,我国行政执法人员在一定程度上仍存在法治观念淡薄的问题,表现为法治民主观念淡漠,取而代之以"自主"或其他主体观念;法治追究观念淡漠,在违法追究上存在侥幸和冒险心理;对社会和人民群众责任感的淡漠,导致对法制的整体责任感淡漠。二是社会公众的法治观念淡薄。受历史传统、人情社会、政府透明度低和法律素养不高等因素的影响,我国公众法治观念淡薄是一个比较突出的问题,遇事不是自觉地遵守法律,而是想方设法"托关系走后门",试图钻法律的空子。这样从主观上不仅不能保证公众积极配合行政主体的执法行为,反而会产生抵触情绪,同时更无法从自身角度监督、规范行政执法行为的高效、规范、公正。

2. 行政执法队伍素质不高

行政执法队伍是行政执法的具体实施者,其素质高低直接影响着行政执法的效率和质量。当前我国行政执法中存在诸多问题,其中一个很重要的原因是行政执法队伍的整体素质不高,主要体现在以下方面。一是为人民服务的素质不高。一些行政执法人员没能够牢记自己的公仆角色,甚至有着强烈的"官老爷"心态,老百姓面对行政执法机关及其公务员时,出现"门难进、脸难看、话难听、事难办"现象在所难免。二是部分行政执法人员文化素质偏低,这在基层行政执法人员队伍中尤为突出,其中,具有大专以上文化程度的只占少数。文化素质是一个人的基本素质,文化素质的高低直接影响到行政执法人员的言行举止和文明执法,直接影响行政执法人员对法律规范的正确理解和准确把握的能力。三是行政执法队伍整体的法律素养不高。基层行政执法人员学历普遍较低,又不愿意加强业务知识的学习,导致实际执法能力差;在执法过程中,没有创新意识,办案没有条理和头绪,调查取证中抓不住违法重点,生搬硬套法律条文,往往在事实不清、证据不足的情况下草草定案;严重一点的,甚至在文书制作过程中,文理性错误和文字性错误随处可见。

3. 行政执法体制有待完善

一切有权力的人都容易滥用权力,这是万古不易的一条经验。有权力的人们使用权力一直到遇有界限的地方才休止。① 行政执法体制的不健全是我国行政执法过程中问题频繁的根源,主要表现在三个方面。一是横向职能划分不清。在我国目前的行政体系架

---

① [法]孟德斯鸠:《论法的精神》(上册),张雁深译,商务印书馆,1996年版,第156页。

构中,实行"分段管理"的权责模式,对于同一件事情,几个部门往往都有行政执法权,这种权力的分割很难在不同部门之间划出一条清晰的界限,出现"谁都负责,谁都不负责"的责任真空。在权责边界不清的情况下,部门之间、地区之间在"有利可图"的事情上争相执法,同时对"无利可图"的事情又相互推诿、"依法打架"。二是纵向权责边界不清。在行政集权体制下,出于自利和自我保护的动机,上级政府或部门倾向于将权力集中在自己手中,同时尽可能将责任下放;而在没有被赋予实质性权力的情况下,下级政府或部门也倾向于推脱责任。在此过程中,必然导致上下之间的权责不清、相互推诿的问题。三是公众监督乏力。由于行政过程的封闭性,导致公众无法知晓行政执法的相关信息,因此也就无法对行政执法主体及其执法人员进行有效的监督。

(三) 完善我国行政执法的对策

1. 培育法治理念

只有行政执法人员和公众都具有了强烈的法治理念,才能切实提升和完善我国的行政执法水平。就行政执法队伍而言,一是要培育民主理念,使行政执法人员时刻不忘"权力来自于人民、对人民负责、接受人民监督",加强行政执法过程中的公民参与和公民监督,牢固树立民主执法和文明执法的意识;二是要培育法律至上理念,秉持"法无明文规定不可为"和法律面前人人平等的原则,强化违法责任追究,坚决摒弃权大于法、人情执法的传统陋习,以高度的职业精神依法行使权力。对于社会公众而言,要加强法制宣传,在全社会塑造良好的法治氛围。

2. 提高法律素养

针对行政执法队伍尤其是基层行政执法队伍整体学历层次偏低、法律专业知识不高的现实情况,要着手做好三件事情:一是严把"入口"关,通过公务员凡进必考的措施,逐步改善行政执法队伍的学历结构;二是加强教育培训,提升行政执法队伍整体的法律知识储备;三是严把"出口"关,通过执法资格考试、执法工作考核和辞职辞退制度,坚决淘汰不合格的执法人员。对于社会公众而言,公民法律素养必然随着国民教育的不断进步而提高,这是一个长期的渐进过程,不可一蹴而就;短期来看,要进一步加大普法工作力度,切实提升公民的法律素养以及依法维权的意识和能力。

3. 加强行政立法工作

依法行政的前提是有法可依,只有通过加强行政立法工作,才能更好地规范行政执法行为,避免行政执法冲突,提高行政执法质量。为此,应着重做好三个方面的工作:一是要根据经济社会快速发展所带来的新情况、新问题,及时研究、制定新的行政法律规范,为行政执法提供充足的法律依据;二是实时梳理现有的行政法律规范体系,通过修改、完善有关行政法律规范,解决现有行政法律规范相互之间的冲突问题;三是及时废除已经过时的行政法律规范,铲除执法违法行为的法律根源。

4. 完善行政执法体制

当前,应重点加强三个方面的工作。一是通过推进政府大部门体制改革,廓清政府各部门行政执法的权责边界,力争做到针对一件事情的执法由一个部门负责,确需多个部门负责的,应确定一个牵头的执法部门。二是廓清上下级政府或部门的行政执法权责边界。

"除非另有重要的理由,处理问题的权责应该尽可能地交给最基层的政府。"①在我国行政管理实践中,上级政府或部门往往通过政策文件的形式频繁调整与下级政府或部门的行政执法权责边界,而且通常是将责任而非权力下移,致使上下级政府或部门之间行政执法的权责关系不对等和具有随意性。基于此,应通过法律形式廓清上下级政府或部门之间行政执法的权责分工,按照权责一致的原则,将行政执法的权力和责任同时下放。三是加强行政执法的权力监督、社会监督和问责机制建设,以此督促行政执法主体及执法人员自觉学法、守法和依法行使行政执法权。

第四节 行政司法

一、行政司法的含义与特征

行政司法是指行政机关在行政管理活动中,根据法律授权充当裁决人,按照准司法程序审理和裁处特定的行政争议和民事争议,以影响行政主体与行政相对人,以及行政相对人之间的权利义务关系的活动。行政司法不是一个具体行政行为,而是一个类的概念。在中国,行政司法主要包括行政复议、行政申诉、行政裁决、行政调解和行政仲裁等。一般来说,行政司法具有四个显著特征。

(1) 行政司法的主体是特定的行政机关,即由相关法律法规授权、具有行政司法职能的行政机关。既然行政司法是一个类的概念,因此并不存在一个独立、完整的行政司法组织体系,也不存在独立、完整的实体法和程序法体系,而是分别适用相关法律法规。

(2) 行政司法的客体是与行政管理有关的行政纠纷或民事纠纷,这些一般都由法律给予特别规定。解决行政争议的行政司法活动有行政复议和行政申诉;解决民事纠纷的行政司法活动有行政裁决、行政调解和行政仲裁。

(3) 行政司法所包含的具体行政行为是准司法性质的行政行为,要遵循准司法的程序。行政司法程序既不同于行政程序,也不同于司法程序,而是介于二者之间,即比行政程序严格,比诉讼程序简便灵活、效率更高。

(4) 行政司法行为不同程度地具有确定力、约束力、执行力(行政调解的执行问题有特殊性),但一般不具有最终法律效力,当事人不服的,还可以向法院提起诉讼。因此,行政司法具有前置性的特点。

二、行政司法的形式与内容

(一) 行政复议

行政复议是指公民、法人或者其他组织不服行政主体作出的具体行政行为,认为行政

---

① [美]戴维·奥斯本、特德·盖布勒:《改革政府——企业精神如何改革着公营部门》,上海译文出版社,1996年版,第259页。

主体的具体行政行为侵犯了其合法权益,依法向法定的行政复议机关提出复议申请,行政复议机关依法对被申请的具体行政行为进行合法性、适当性审查,并作出行政复议决定的一种法律制度。

1. 行政复议的基本特征

(1) 行政复议是一种依申请的行政行为,其目的是防止和纠正违法或不当的具体行政行为。

(2) 行政复议的客体主要是具体行政行为。行政立法属于抽象行政行为的范畴,不得提起行政复议;但如果行政相对人认为行政立法依据的其他抽象行政行为违法,可以在对相应具体行政行为申请复议时一并申请复议,或通过申诉等其他法律监督途径解决。

(3) 行政复议具有监督行政主体和对行政相对人合法权益进行救济的双重属性。一方面,行政复议可以对行政主体作出的违法或不当的具体行政行为进行审查、纠正;另一方面,如果违法或不当的具体行政行为侵害了行政相对人的合法权益,行政相对人可以申请国家赔偿。

2. 行政复议的范围

根据《行政复议法》第6条规定,公民、法人和其他组织对下列11种具体行政行为不服,可以依法申请行政复议,复议机关应当受理:①对行政机关作出的警告、罚款、没收违法所得、没收非法财产、责令停产停业、暂扣或者吊销许可证、暂扣或者吊销执照、行政拘留等行政处罚决定不服的;②对行政机关作出的限制人身自由或者查封、扣押、冻结财产等行政强制措施决定不服的;③对行政机关作出的有关许可证、执照、资质证、资格证等证书变更、中止、撤销的决定不服的;④对行政机关作出的关于确认土地、矿藏、水流、森林、山岭、草原、荒地、滩涂、海域等自然资源的所有权或者使用权的决定不服的;⑤认为行政机关侵犯合法的经营自主权的;⑥认为行政机关变更或者废止农业承包合同,侵犯其合法权益的;⑦认为行政机关违法集资、征收财物、摊派费用或者违法要求履行其他义务的;⑧认为符合法定条件,申请行政机关颁发许可证、执照、资质证、资格证等证书,或者申请行政机关审批、登记有关事项,行政机关没有依法办理的;⑨申请行政机关履行保护人身权利、财产权利、受教育权利的法定职责,行政机关没有依法履行的;⑩申请行政机关依法发放抚恤金、社会保险金或者最低生活保障费,行政机关没有依法发放的;⑪认为行政机关的其他具体行政行为侵犯其合法权益的。

3. 抽象行政行为的复议范围

根据《行政复议法》第7条的规定,行政相对人如果认为行政机关的具体行政行为所依据的下列规定不合法,在对具体行政行为申请行政复议时,可以一并向行政复议机关提出对该规定的审查申请:①国务院部门的规定,不含国务院部、委员会规章和地方人民政府规章;②县级以上地方各级人民政府及其工作部门的规定;③乡、镇人民政府的规定。

根据《行政复议法》第8条的规定,不能申请行政复议的事项有两类:①不服行政机关作出的行政处分或者其他人事处理决定的,依照有关法律、行政法规的规定提出申诉;②不服行政机关对民事纠纷作出的调解或者其他处理的,依法申请仲裁或者向人民法院提起诉讼。

(二) 行政申诉

《中华人民共和国宪法》第41条规定:"中华人民共和国公民……对于任何国家机关

和国家工作人员的违法失职行为,有向有关国家机关提出申诉、控告或者检举的权利,但是不得捏造或者歪曲事实进行诬告陷害。"基于此,我们可以将行政申诉界定为:公民、法人或其他组织认为行政主体的行为侵犯了其合法权益,不受级别管辖、控告次数和控告期限的限制,向有关行政主体提起请求,以保护其合法权益的制度。

1. 行政申诉的法律特征

(1) 行政申诉的前提是公民、法人或其他组织认为行政主体的行政行为不当,侵犯了其合法权益。因此,不管行政主体的行政行为是否真的不当、是否真正侵犯了其合法权益,并不影响行政申诉权的行使。

(2) 行政申诉的目的是解决行政失当问题,其性质是一种行政监督行为。行政申诉的客体既可以是具体行政行为,也可以是抽象行政行为。

(3) 行政申诉不受级别管辖、控告次数和控告期限的限制,其目的是使行政相对人的合法权益得到全面有效的保护,促进行政纠纷的解决。

2. 行政申诉的类型

以行政相对人行使申诉请求权的对象为依据,可将行政申诉分为行政信访、向监察机关申诉和向行政主管部门申诉三种类型。

1) 行政信访

根据《信访条例》第 2 条规定,信访是指公民、法人或者其他组织采用书信、电子邮件、传真、电话、走访等形式,向各级人民政府、县级以上人民政府工作部门反映情况,提出建议、意见或者投诉请求,依法由有关行政机关处理的活动。行政信访是中国特有的民意表达制度,它是政府联系公民的桥梁,是实现人民民主的重要途径。行政信访有三个主要特征:一是范围广泛性,基本涵盖了所有公共管理和公共服务领域;二是程序非严格性,即与行政复议、行政诉讼等制度相比,行政信访的程序灵活方便,没有时效限制,其处理也没有固定模式;三是效力法定性,即行政信访决定一旦由相关行政主体作出,就具有具体行政行为效力法定性的特征。

2) 向监察机关申诉

《中华人民共和国行政监察法》第 6 条规定:公民、法人或者其他组织对于任何国家行政机关及其公务员和国家行政机关任命的其他人员的违反行政纪律行为,有权向监察机关提出控告或者检举。监察机关应当受理举报并依法调查处理;对实名举报的,应当将处理结果等情况予以回复。监察机关应当对举报事项、举报受理情况以及与举报人相关的信息予以保密,保护举报人的合法权益,具体办法由国务院规定。对于监察机关依法提出的监察建议,有关部门应当采纳。

3) 向行政主管部门申诉

对于公共事业单位公职人员与所在单位有关人事权益争议的处理途径是向行政主管部门申诉。例如,《中华人民共和国教师法》第 39 条规定:教师对学校或者其他教育机构侵犯其合法权益的,或者对学校或其他教育机构作出的处理不服的,可以向教育行政部门提出申诉,教育行政部门应当在接到申诉的 30 日内,作出处理。教师认为当地人民政府有关行政部门侵犯其根据本法规定享有的权利的,可以向同级人民政府或者上一级人民政府有关部门提出申诉,同级人民政府或者上一级人民政府有关部门应当作出处理。

（三）行政裁决

行政裁决是指行政机关或法律授权的组织，依法对当事人之间发生的、与行政管理活动密切相关的、与合同无关的民事纠纷进行审查，并作出裁决的具体行政行为。

1. 行政裁决的特征

（1）行政裁决的主体是行政机关或法律授权的组织。行政裁决主体是法律授权的行政主体，不是司法机关，但并非任何一个行政主体都可以成为行政裁决的主体，只有那些对特定行政管理事项有管理职权的行政机关，经法律法规明确授权，才能对与其管理职权有关的民事纠纷进行裁决，成为行政裁决的主体。

（2）行政裁决的客体是与行政管理有关的民事纠纷。行政机关参与民事纠纷的裁决并非涉及所有民事领域，只有在民事纠纷与行政管理密切相关、且与合同无关的情况下，行政机关才能对该民事纠纷进行裁决。

（3）行政裁决是依申请的具体行政行为。行政机关依照法律授权针对特定的民事纠纷进行裁决，具有具体行政行为的基本特征。行政相对人不服行政裁决而引起的纠纷属于行政纠纷，由此引发的行政诉讼，只能以行政裁决机关为被告，而不能以民事纠纷的另一方当事人为被告。

（4）一般情况下，除属于法律规定的终局裁决的情形外，行政裁决都不是终局裁决。当事人不服行政裁决的，可以依法申请行政复议或提起行政诉讼。

2. 行政裁决的类型

1）侵权纠纷裁决

即平等主体一方当事人涉及行政管理的合法权益受到他方侵害时，当事人可以依法申请行政机关进行制止和决定赔偿，行政机关就此争议作出裁决。

2）补偿纠纷裁决

即对一方当事人的行为造成了另一方当事人财产损失的纠纷，行政机关基于公平原则，作出补偿纠纷的裁决。如《城市房屋拆迁管理条例》第14条规定："拆迁人与被拆迁人对补偿形式和补偿金额、安置用房面积和安置地点、搬迁过渡方式和过渡期限，经协商达不成协议的，由批准拆迁的房屋拆迁主管部门裁决。"

3）损害赔偿纠纷裁决

损害赔偿纠纷是一方当事人的权益受到侵害后，要求侵害者给予损害赔偿所引起的纠纷。这种纠纷通常存在于食品卫生、药品管理、环境保护、医疗卫生和产品质量等领域。

4）权属纠纷裁决

即双方当事人因某一财产的所有权或使用权的归属产生争议，包括土地、草原、水流、滩涂、矿产等自然资源的权属争议，双方当事人可依法向行政机关请求确认，并作出裁决。

5）国有资产产权裁决

《国有资产产权界定和产权纠纷处理暂行办法》第29条规定："全民所有制单位之间因对国有资产的经营权、使用权等发生争议而产生的纠纷，应在维护国有资产权益的前提下，由当事人协商解决。协商不能解决的，应向同级或共同上一级国有资产管理部门申请调解和裁定，必要时报有权管辖的人民政府裁定，国务院拥有最终裁定权。"

6）专利强制许可使用费裁决

《专利法》第 57 条规定:"取得实施强制许可的单位或者个人应当付给专利权人合理的使用费……其数额由双方协商;双方不能达成协议的,由国务院专利行政部门裁决。"

7）劳动工资、经济补偿裁决

即因用人单位克扣或者无故拖欠劳动者工资,拒不支付劳动者延长工作时间的工资报酬,低于当地最低工资标准支付劳动者工资,或者解除劳动合同后未依法给予劳动者经济补偿而发生的纠纷。

8）民间纠纷裁决

国务院颁布的《民间纠纷处理办法》中相关条款规定:基层人民政府可以依法裁决民间纠纷。基层人民政府对民间纠纷作出处理决定应当制作处理决定书,并经基层人民政府负责人审定、司法助理员署名后加盖基层人民政府印章。基层人民政府作出的处理决定,当事人必须执行。

（四）行政调解

行政调解是指行政机关根据相关法律规定,对属于其职权管辖范围内的平等主体之间的民事纠纷,通过耐心地说服教育,促使双方当事人互让互谅、平等协商,以解决有关争议而达成和解协议的活动。行政调解协议虽然不具有强制执行的法律效力,但它的性质是合同,应当按照法律对合同的规定来处理相关问题。如果调解不成或一方反悔的,当事人应当通过民事诉讼的途径解决纠纷。实践中,行政调解对保护公民、法人和其他组织的合法权益不受侵犯,为调整经济社会关系,推动社会主义和谐社会建设起了重要作用。《中共中央关于构建社会主义和谐社会若干重大问题的决定》中指出:要"完善矛盾纠纷排查调处工作制度,建立党和政府主导的维护群众权益机制,实现人民调解、行政调解、司法调解有机结合……把矛盾化解在基层、解决在萌芽状态。"

行政机关在行使行政管理职能过程中遇到的当事人之间的纠纷,基本上都可以进行调解。在中国行政管理实践中,行政机关依法可以调解的种类很多,比较常见的行政调解主要有以下几种。①基层人民政府的调解,主要是由乡镇人民政府和街道办事处的司法助理员负责进行。司法助理员是基层人民政府的组成人员,也是司法行政工作人员。他们除了指导人民调解委员会的工作和法制宣传外,还要亲自调解大量的民事纠纷。②工商行政管理机关的调解。工商行政管理机关是法律规定的合同管理机关,法人之间和个体工商户、公民和法人之间的经济纠纷,都可以向工商行政管理机关申请行政调解。③公安机关的调解。《中华人民共和国治安管理处罚法》规定,对于因民间纠纷引起的打架斗殴或者损毁他人财物等违反治安管理行为,情节较轻的,公安机关可以调解处理。④婚姻登记机关的调解。《中华人民共和国婚姻法》的相关条款规定,男、女一方提出离婚,可由有关部门进行调解或直接向人民法院提出离婚诉讼;男、女双方自愿离婚的,应同时到婚姻登记机关申请。

（五）行政仲裁

行政仲裁是指纠纷双方当事人按事先或事后达成的协议,自愿将有关争议提交行政仲裁机构,行政仲裁机构以第三者的身份对争议的事实和权利义务作出判断和裁决的活动。自《中华人民共和国仲裁法》(1994)颁布以后,中国的仲裁制度摆脱了仲裁行政化的色彩,恢复仲裁的民间化。如《仲裁法》第14、15条规定:"仲裁委员会独立于行政机关,与行政机关没有隶属关系。""中国仲裁协会是社会团体法人。……中国仲裁协会是仲裁委员会的自律性组织,根据章程对仲裁委员会及其组成人员、仲裁员的违纪行为进行监督。"然而,根据《仲裁法》第77条的规定:"劳动争议和农业集体经济组织内部的农业承包合同纠纷的仲裁,另行规定。"但根据《仲裁法》和相关法律规定,目前的劳动争议仲裁仍属于行政仲裁的范畴。

由此,行政仲裁与普通仲裁是两类性质不同的仲裁,二者的主要区别有:一是行政仲裁的主体是隶属于行政机关的仲裁机构,而普遍仲裁的主体则是独立的民间机构;二是行政仲裁有级别管辖和地域管辖的规定,当事人应向有管辖权的行政仲裁机构提出仲裁申请,而普遍仲裁的机构则可以由当事人在合同中约定或在纠纷发生后协商确定;三是当事人不服行政仲裁的,还可以向人民法院起诉,法院有最终裁决权,而普通仲裁一经裁决就发生法律效力,当事人拒不执行的,权利人可以申请人民法院强制执行。

1. 法制与法治有何异同?
2. 行政法治的基本原则是什么?
3. 行政立法有哪些类型?
4. 行政执法有什么特征?
5. 行政司法的主要形式是什么?
6. 我国行政执法中存在什么问题?原因何在?如何进一步完善?

房屋登记行为违法行政赔偿纠纷案①

上诉人尹兵因诉重庆市国土资源和房屋管理局(以下简称市土房局)房屋登记行为违法行政赔偿一案,不服重庆市渝北区人民法院(2007)渝北法行初字第5号行政赔偿判决,向本院提起上诉。本院依法组成合议庭进行了审理,本案现已审理终结。

一审法院经审理查明,尹兵与何世全于1988年9月16日在重庆市江北区人民政府登记结婚,于2004年10月9日离婚。1994年尹兵购买位于重庆市渝北区龙溪花卉园西三路23号1幢1单元2-2号的房屋一套。2004年5月8日,何世全与熊军签订了房地产买卖合同,将上述房屋卖给了熊军,并于当日向市土房局申请登记,市土房局根据何世全提供的材料于2004年5月10日向熊军颁发了房权证201字第0142712号房屋所有权证。尹兵不服该房屋行政登记,于2005年8月15日向一审法院提起行政诉讼,要求撤销颁发给熊军的房权证201字第0142712号房屋所有权证。一审法院于2005年10月20

---

① 《尹兵与重庆市国土资源和房屋管理局房屋登记行为违法行政赔偿案》,http://www.110.com/panli/panli_86169.html,略有改动。

日作出(2005)渝北法行初字第80号行政判决书,确认市土房局于2004年5月10日向熊军颁发的重庆市房权证201字第0142712号房屋所有权证书的具体行政行为违法。市土房局提起上诉后,本院于2006年1月24日作出(2006)渝一中行终字第9号行政判决书,驳回上诉,维持原判。尹兵于2006年8月1日向市土房局提出行政赔偿申请,市土房局于2006年9月28日作出复函,尹兵不服该复函,于2006年11月13日提起本案诉讼,要求市土房局在其原有房屋所在地(重庆市渝北区龙溪花卉园西三路23号1幢1单元2-2号)的同地段赔偿其建筑面积为84.45平方米的房屋一套。

一审法院认为,2004年5月10日,市土房局在为尹兵原所有的房屋办理转移登记时,尹兵与何世全仍是夫妻关系,何世全出售房屋所得的房款应属夫妻共同财产,尹兵对房款应享有其中的权利,其所享有的权利并不因市土房局的转移登记行为而丧失,其应通过其他救济途径予以解决。市土房局的具体行政行为虽被法院确认为违法,但尚未给原告合法权益造成损失。遂根据《最高人民法院关于审理行政赔偿案件若干问题的规定》第三十三条之规定,判决驳回尹兵的赔偿请求。

尹兵不服,提起上诉称:被上诉人在房屋买卖行政登记过程中,未认真履行审查职责,才导致其直接丧失了房屋的所有权,上诉人丧失房屋所有权与被上诉人的登记行为有直接因果关系。民事索赔与行政索赔是两个性质的法律关系,上诉人有权选择救济途径。

被上诉人市土房局未作答辩。

上诉人尹兵在法定举证期限内向一审提供了以下证据:1.(2005)渝北法行初字第80号行政判决书;2.(2006)渝一中行终字第9号行政判决书;3.市土房局关于尹兵请求行政赔偿的复函;4.离婚协议书及离婚证;5.30179号房屋所有权证;6.网络下载资料(共6页)。

被上诉人一审时提交了与上诉人证据1、2相同的证据。

一审庭审质证中,被上诉人对证据1、2、3的真实性无异议;对证据4,认为离婚证是补办的,对其真实性不予认可,对离婚协议予以认可,认为正好说明他们在离婚时已没有财产;对证据5的真实性予以认可;对证据6不予认可。

经庭审质证,一审法院对上述证据作如下确认:上诉人所举示的证据1、2,因是法院的生效判决,且与本案具有关联性,予以采信;对证据3,因被上诉人对其真实性无异议,且合法,与本案具有关联性,予以采信;对证据4,因与本案无关联性,且系复印件,不予采信;对证据5,因被上诉人对其真实性无异议,且合法,与本案具有关联性,予以采信;对证据6的真实性不予采信。

二审中,上述证据随卷移送本院,上诉人及被上诉人均未向本院提交新的证据。经审查,本院确认一审判决对上诉人和被上诉人提交证据的采信合法、有效,可与一审开庭审理笔录相印证,作为认定本案事实的依据。并根据上述证据,确认一审法院对案件事实的认定。

本院认为,被上诉人重庆市国土资源和房屋管理局的具体行政行为虽被法院确认为违法,但本案中,上诉人并未提出证据证明被诉行政登记行为给其合法权益造成了损失及损失大小,一审法院据此认为被诉行政登记行为尚未给原告合法权益造成损失,应无不当。同时,本案现有证据证明,上诉人尹兵名下所登记的房屋系其与何世全婚姻关系存续期间由何世全处分转让给他人,尹兵对该房屋享有的权利受到损害,与何世全的处分转让行为存在直接因果关系,相关纠纷应受民事法律调整,一审认定尹兵的损害应通过其他救济途径予以解决,亦无不当。故上诉人尹兵上诉请求及理由不能成立,一审判决应依法予以维持。根据《最高人民法院关于审理行政赔偿案件若干问题的规定》第三十八条、《中华人民共和国行政诉讼法》第六十一条第(一)项之规定,判决如下:

驳回上诉,维持原判。本判决为终审判决。

【案例思考题】

1. 获得行政赔偿需要具备哪些条件?
2. 具体行政行为的合法性要件有哪些?

全面推进依法行政的路径①

所谓依法行政,就是各级国家行政机关必须依照法定权限和程序履行职责,既不失职,又不越权,做到有权必有责、用权受监督、侵权要赔偿。国务院对贯彻依法治国基本方略、推进依法行政高度重视,1999年7月召开了全国依法行政工作会议,11月又作出了《关于全面推进依法行政的决定》;朱镕基总理一再强调,要全面推进依法行政,从严治政,建设廉洁、勤政、务实、高效政府。在新的形势下,进一步落实全国依法行政工作会议和朱镕基总理讲话精神,对提高领导干部依法行政水平,全面推进依法行政,具有重要意义。

一、依法行政,必须坚持中国共产党的领导

要把中国的事情办好,关键取决于我们党,取决于党的先进性和战斗力,取决于党的执政水平、领导水平。为了坚持党的领导,必须不断改善党的领导,加强党的建设。江泽民总书记指出:我们党是执政党,全党同志都要增强执政意识,提高执政本领。做到这一点,很重要的就是要从思想上明确并在实践中善于发挥国家政权的职能和运用法律武器的力量,以此推进建设有中国特色社会主义事业。

共产党领导人民推翻旧政权、建立新政权,进入建设社会主义时期之后,如何执政,如何正确处理坚持党的领导、发扬人民民主和严格依法办事的关系,这是国际共产主义运动过去长期没有解决或者没有很好解决的一个重大的理论问题和实践问题。以江泽民同志为核心的党中央以邓小平理论为指导,总结中国的和国际的经验,得出"依法治国,建设社会主义法治国家"的郑重结论,明确提出:依法治国,就是广大人民群众在党的领导下,依照宪法和法律规定,通过各种途径和形式管理国家事务,管理经济文化事业,管理社会事务,保证国家各项工作都依法进行,逐步实现社会主义民主的制度化、法律化,使这种制度和法律不因领导人的改变而改变,不因领导人看法和注意力的改变而改变。这就把坚持党的领导、发扬人民民主和严格依法办事统一了起来,从制度上和法律上保证党的基本路线和基本方针的贯彻实施,保证党始终发挥总揽全局、协调各方的领导核心作用,从而也就准确地确定了党、人民与法的关系:党领导人民制定宪法和法律,党又领导人民遵守、执行宪法和法律,党自己也必须在宪法和法律的范围内活动。只有这样认识问题,我们才能在立法活动和执法活动中自觉地、切实地坚持党的领导。

---

① 王忠禹:《关于全面推进依法行政的几个问题》,载《国家行政学院学报》,2001年第4期,略有改动。

我国的宪法第一条就开宗明义地明确规定:"中华人民共和国是工人阶级领导的、以工农联盟为基础的人民民主专政的社会主义国家。"工人阶级的领导是通过它的政党实现的。中国共产党是工人阶级的先锋队,是执政党。中国共产党的领导地位,是在领导中国人民进行革命、建设、改革的长期实践中形成的,是历史的必然选择。中国共产党的领导,是国家发展、民族振兴、中国人民为人类文明作出更大贡献的保证。正如江泽民总书记指出的,我们党在革命、建设、改革的各个历史时期,总是代表着中国先进生产力的发展要求,代表着中国先进文化的前进方向,代表着中国最广大人民的根本利益,并通过制定正确的路线、方针、政策,为实现国家和人民的根本利益而不懈奋斗,从而赢得了人民的拥护。因此,讲社会主义法制,党的路线、方针、政策就是法的实质内容,就是法的灵魂。在立法活动中坚持党的领导,最根本的、最重要的就是以马克思列宁主义、毛泽东思想、邓小平理论为指导,通过法定程序,把集中体现人民共同意志和根本利益的党的路线、方针、政策变成宪法和法律法规,成为国家意志,作为全社会都必须普遍遵循的活动规范、行为准则,并最终靠国家的强制力保证其实施。

既然我们的宪法和法律法规体现了党的主张,那么,各级政府机关在党的领导下依法行政,严格按照法定的权限和程序履行职责,本身就是坚持党的领导。国家行政机关作为国家权力机关的执行机关,担负着依法管理国家事务、经济文化事业、社会事务的繁重任务。行政权的运用,最经常、最广泛、最密切地关系社会公共利益和公民个人利益,体现国家政权的性质,影响国家政权与广大人民群众的关系,事关建设有中国特色社会主义事业的兴衰成败。因此,依法行政在很大程度上是对依法治国基本方略的实行,是具有决定性意义的。

总之,实行依法治国、依法行政,不论立法工作,还是执法活动,都必须坚持党的领导。这是一个重大的原则问题,决不能动摇。如果把依法治国、依法行政同党的领导割裂开来甚至对立起来,自觉或者不自觉地企图削弱甚至取消党的领导,是完全错误的,必须坚决反对。

二、依法行政,必须坚持为人民服务的宗旨

坚持党的领导、发扬人民民主和严格依法办事是统一的。统一到哪里?我认为,应该也必须统一到人民民主即人民当家作主。这是因为,我们党除了工人阶级和最广大人民群众的利益,没有自己特殊的利益。正如江泽民总书记指出的,共产党执政就是领导和支持人民掌握管理国家的权力,实行民主选举、民主决策、民主管理和民主监督,保证人民依法享有广泛的权利和自由,尊重和保障人权。社会主义法制就是人民民主的制度化、法律化。我们的宪法和法律法规以最大多数人民的最大利益为根本原则,这是社会主义法制同资本主义法制的本质区别。

坚持全心全意为人民服务的根本宗旨,始终坚持和加强同人民群众的血肉联系,是我们的立党之本、执政之本,也是依法治国、依法行政之本。我们时刻不可忘记,在我国,一切权力属于人民,人民是国家和社会的主人,政府是人民的政府,政府工作人员是人民的公仆。这是我们党和国家的性质决定的。同时,又要看到,党的执政地位又使我们遇到了新情况、新问题、新考验。执政了,受人民委托,我们这些政府工作人员管理国家事务、经济文化事业、社会事务,当了"官",由此也就产生了政府工作人员身份的二重性及其手中权力的二重性：我们本质上是人民的公仆，同时又是人民建设新社会的领导者；我们手中的权力本质上属于人民，同时这种权力又主要是通过我们来行使的。这种身份和权力的二重性是客观存在，如果我们不能始终保持清醒头脑，摆正自己与人民的关系，正确地看待和运用手中的权力，再加上封建残余思想的影响，人民的公仆就有可能变为人民的主人，人民的权力就有可能转化为个人的权力，由此就会产生官僚主义、命令主义甚至站在群众头上作威作福，就会产生消极腐败现象。解决这个问题，从根本上说，必须实行依法治国与以德治国相结合。以德治国对政府工作人员来说，核心问题是要坚持全心全意为人民服务的宗旨。依法治国对政府工作人员来说，关键问题是把公仆对主人负责、受主人监督纳入制度化、法律化的轨道。

各级政府机关工作人员特别是领导干部都应该明确，依法治国本身就包含了把行使国家权力、行政权力、司法权力纳入法制化的轨道。也可以说，依法治国，先要依法治"官"，依法治权，依法行政，说到底就是保证各级国家机关及其工作人员严格按照法定的权限和程序办事，正确行使权力，防止滥用权力，把各自职责范围内的事情办好。因此，依法行政，首先要按照法律化的制度正确处理政府与人民的关系，核心是要始终牢记我们手中的权力是属于人民的，人民把权力交给我们行使，是要我们用它来保护人民、为人民谋利益的。切实保障人民群众的生命和财产安全，是我们党和政府肩负的重大责任。各级政府和政府各部门都要把切实解决人民群众普遍关心的热点、难点问题，维护人民群众根本利益作为一切工作的重点。当前，要按照党中央、国务院的部署，集中抓紧做好以下三项工作：一是切实加强社会治安工作，全力维护社会政治稳定；二是大力整顿和规范市场经济秩序，严厉打击严重经济犯罪活动，打破地区封锁和部门行业垄断，维护市场公平竞争秩序；三是运用法制手段，严格实行安全事故行政责任追究制度，从制度上、机制上防范安全事故的发生。依法行政，既要有利于维护政府机关的权威，又要有利于维护人民的合法权益，只讲一面不行。两个方面，归结起来，都是为了最大多数人民的最大利益。这反映了社会主义法制的本质，也是宪法的根本原则。

三、依法行政，必须深化行政管理制度改革

按照党的十五届五中全会和中央经济工作会议的要求，为了保持经济快速发展，必须进一步改革开放，把体制创新摆在突出位置，突破影响生产力发展的体制性障碍，使生产关系适应生产力、上层建筑适应经济基础的要求，进一步解放和发展生产力。深化改革、突破影响生产力发展的体制性障碍是多方面的，其中一个很重要的方面就是继续推进行政管理体制改革和政府机构改革，按照发展社会主义市场经济的要求，进一步转变政府职能，实现政企分开。政府要集中精力搞好宏观调控和创造良好的市场环境，不直接干预企业经营活动，减少政府对经济事务的行政性审批，建立廉洁高效、运转协调、行为规范的行政管理体制。

现行行政审批过多、过滥，其实际效果与设定行政审批的目的差距很大，必须下决心予以改革。清理、减少行政审批是政府和政府部门面临的一项重要任务，是政府转变职能的一个重要标志，也是从源头上、制度上防止腐败的重要举措。行政审批要合理、有效、公开，要有责任。当前要按照这些要求，大力压缩、减少行政审批尤其是政府对经济事务的行政审批，能精简的要予以精简，能改为备案的改为备案；需要保留的也要简化程序、明确

时限、强化服务、增加透明度。在此基础上,研究起草行政许可法,提请全国人大常委会审议。

应该看到,以往的立法工作,主要是有关经济管理、社会管理的一些立法项目,难免不同程度地受到当时的体制与认识的局限,存在着不能适应社会主义市场经济要求的这样那样的问题,主要是:体现转变政府职能、实行政企分开的原则不够,政府机关管的事情过多,办事手续失之烦琐;政府部门之间职权交叉、重复,造成互相推诿、扯皮,甚至"依法打架";对有关行政管理部门规定的权力比较具体、责任比较抽象,权力与责任不够统一;对老百姓(公民、法人和其他组织)规定的义务比较具体、权利比较抽象,权利和义务不够统一;比较重视对违法行为的制裁,而对法律规范的引导作用则重视不够;等等。解决这些问题,需要加快步伐,加大力度,从外延上和内涵上继续推进行政管理体制改革和政府机构改革。无论在政府立法工作中,还是在行政执法活动中,都要体现行政管理体制改革和政府机构改革的精神和原则。

一是切实实现政企分开。政府职能要切实转变到经济调节、社会管理、公共服务上来,把企业的生产经营权和投资决策权真正交给企业,把社会可以自我调节和管理的职能交给社会中介组织,把群众自治范围内的事情交给群众自己依法办理。在立法工作中,不可避免地会涉及行政机关的权力和公民、法人和其他组织的权利。需要明确,对行政机关来说,权力与责任应该统一;对公民、法人和其他组织来说,权利与义务应该统一。在立法工作中,在赋予有关行政机关必要权力的同时,也要对其行使权力规定明确的程序和应负的责任,以规范、制约、监督行政权力的行使,防止滥用权力;在规定公民、法人和其他组织的义务的同时,也要规定其享有的权利,并为实现其权利规定相应的措施和途径。

二是精简、效能、统一。要把机构、人员精简下来,先要按照社会主义市场经济规律,转变政府职能,转变工作方式,转变工作作风,把不该由政府机关办的事情坚决减下来,不能"越位";政府机关该管的事情,当然要管,而且要管住、管好,不能"缺位";政府机关不能既当"裁判员"又当"运动员",不能错位;政府机关要把该管的事情管住、管好,办事手续越简单越好,以方便基层,方便老百姓。在社会主义市场经济条件下,作为立法工作和行政执法活动的价值取向,法律法规确定的行政管理制度及其运作应该是低成本、高效益的,并且应该达到这样的社会效果:守法的人办合法的事,处处方便,感觉不到谁在管他;违法的人办违法的事,处处受阻,有很多环节都在管他。总不能反过来,好人办好事,感到很难;坏人办坏事,却管不住。

三是权力和利益彻底脱钩。按理说,不论哪个政府机关执行公务,都应该是吃"皇粮"办"公差",依法收取的税款和费用应该全部纳入财政管理。由于种种原因,现在有所谓"自费行政",靠权力吃"杂粮",权钱挂钩。这个问题如不从根本上解决,一些政府部门就会"屁股指挥脑袋",自觉或者不自觉地找事、争权,主要是在立法工作和行政执法活动中争那些能给本部门、本系统带来"实惠"的审批权、发证权、收费权、罚款权,转变政府职能、实现政企分开、精简、效能、统一等等全都谈不上了,而且会产生权力"寻租"现象,以权谋私,权钱交易,滋生腐败。邓小平同志说过,改革也是革命。政府机构改革实际上是以转变政府职能为核心内容的行政管理制度改革,是上层建筑领域的一场革命。既然是革命,那就势必涉及利益关系的调整,涉及特定人群的既得利益,难免会有阻力。为了排除阻力,切实推进行政管理制度改革,并从源头上消除腐败,必须坚定不移地实行权力与利益彻底脱钩的原则,决不允许利用权力"寻租"谋利。

四、依法行政,必须强化权力制约监督机制

依法行政,从严治政,重要目的之一是要防止滥用行政权力而导致腐败。为了从源头上、制度上防止、消除腐败现象,从权力结构的设置与运作看,通过改革,应该进一步完善两种机制。

一是制约,也称制衡。按照宪法规定,人民代表大会制度是我国的根本政治制度,国家可以并且必须由人民通过民主选举所产生的代表组成的人民代表大会统一行使国家权力;同时,在这个前提下,对国家的行政权、审判权、检察权和武装力量的领导权,也都有明确的划分,使国家权力机关和行政、审判、检察等其他国家机关都能在各自的职权范围内进行工作。国家机构的这种合理分工,既体现了人民的权力不可分割的原则,又避免了权力过分集中;既体现了各个国家机关之间权力制衡的原则,又可以使国家的各项工作有效地进行。由此可以看出,按照制约机制的要求,逻辑上应该是用整体权力结构的设置与运作,制约特定权力的行使;用整体利益结构的设置与运作,制约特定利益的获取。"一条龙"(自己立规矩、自己执行、自己监督)不行,"一支笔"不行,"一言堂"也不行。

二是监督。任何一项权力的行使,都必须受到其他权力的监督。就行政系统讲,既有外部的监督,又有内部的监督。从外部看,有人大及其常委会的监督,有法院依据行政诉讼法实施的司法监督,有政协的民主监督,有群众监督,有舆论监督,等等。从内部看,有上级政府对下级政府、政府对其所属部门的层级监督和政纪、审计、财政等专项监督。

值得我们重视的问题是,宪法和法律法规体现的制约监督机制在现实生活中还没有全面、有效地启动起来。要解决这个问题,除通过立法进一步完善有关制度外,很重要的是要把制约监督机制的启动权交给群众。当年,毛泽东同志与黄炎培先生谈话时就说过,共产党人找到了克服历朝历代兴亡更替怪圈的办法,这就是接受人民群众的监督。我国的宪法、法律、法规是体现人民共同意志、维护人民根本利益、保障人民当家作主的,应该也一定能够成为人民的护身法宝。我们的各级政府机关及其工作人员通过法制宣传教育和公正执法活动,把宪法和法律法规交给群众,让群众掌握法律武器,学会运用法律手段维护自己的合法权益,并且同违反宪法和法律法规、破坏社会主义法制的行为进行斗争,包括同我们自己的违法行为进行斗争。要按照党的十五大的要求,建立健全行政执法责任制和评议考核制,对有法不依、执法不严、违法不究、执法犯法、甚至徇私枉法,造成严重后果的,不仅要严肃追究直接负责的主管人员和其他责任人员的法律责任,还要严肃追究有关领导干部的行政责任,把行政执法责任制落到实处。同时,要切实贯彻"谁审批、谁负责"的原则。行政机关行使审批权,应当严格履行行政审批职责和对被审批对象实施有效监督的责任,审批机关在行使审批权过程中,只审批不监督或者监督不力,造成严重后果,甚至滥用职权乱审批以权谋私的,要追究审批机关直接负责的主管人员和其他直接责任人员的法律责任。

五、依法行政,必须坚持依法治国与以德治国相结合

江泽民总书记在全国宣传部长会议上提出:"我们在建设有中国特色社会主义,发展社会主义市场经济的过程中,要坚持不懈地加强社会主义法制建设,依法治国,同时也要

坚持不懈地加强社会主义道德建设,以德治国。对一个国家的治理来说,法治和德治,从来都是相辅相成、相互促进的。二者缺一不可,也不可偏废。法治属于政治建设、属于政治文明,德治属于思想建设、属于精神文明。二者范畴不同,但其地位和功能都是非常重要的。我们要把法制建设与道德建设紧密结合起来,把依法治国与以德治国紧密结合起来。"这一重要论述,不仅是正确处理依法治国与以德治国关系的指导思想,而且要求依法行政必须坚持依法治国与以德治国相结合。

法律和道德都是上层建筑的重要组成部分,都是规范人们行为的重要方式。但是,法律规范与道德规范的性质、功能是不一样的。法律规范以其权威性和强制性手段规范社会成员的行为,其实施主要靠他律;道德规范以其感召力和劝导力提高社会成员的思想认识和道德觉悟,其实施主要靠自律。调整社会关系、解决社会问题,必须把法律规范与道德规范结合起来,使两者相辅相成、相互促进。如果法律规范背离了人们普遍认同的道德标准、道德要求,就会失去民众的诚服,在实践中就难以行得通;如果一切都依靠道德,就难以有效制止、制裁那些破坏社会秩序、侵犯公共利益和他人合法权益的行为,也难以促进社会主义精神文明,妨碍公共道德的形成。因此,在推进依法治国、依法行政过程中,必须高度重视道德的作用,坚持把依法治国与以德治国紧密结合起来。在这个问题上,我想强调两点。

一是提高政府立法质量,必须重视法律规范的道义基础。我国是社会主义国家,法律、法规应当体现人民的共同意志,为多数人普遍认同,有良好的道德基础。看一个法立得好不好,在实践中能否行得通,一条重要的标准就是看它是否体现了多数人认同的道德标准、道德要求。因此,在政府立法工作中,设定法律规范要体现为多数人所普遍认同的最基本、最重要的道德规范。同时,要把道德规范作为评价法律规范质量高低的一条重要标准,对那些不符合政府机构改革精神和原则、违背多数人道德要求的制度,该废止的要废止,该修订的要修订。

二是严格行政执法,必须切实抓好执法人员的职业道德建设。能否正确理解、准确把握立法内容,恰当地行使法律、法规赋予执法人员的权力,在很大程度上取决于执法人员的职业道德。当前,行政执法中存在的不少问题,都与一些执法人员职业道德水平不高有关。这就要求我们加强对政府机关工作人员、特别是领导干部的道德教育,提高政府机关工作人员的思想道德水平。

六、依法行政,必须有坚强有力的组织保证

在我国,宪法和法律法规的许多规定主要是靠行政机关来贯彻执行的。根据宪法和法律法规的规定,各级政府是行使行政权的主体,各级行政机关实行首长负责制。因此,实行依法行政,责任在政府,关键在领导。这些年来,政府工作人员特别是领导干部依法行政的观念和水平不断有所提高,依法行政的状况不断有所改善。但是,问题也存在不少。主要是:有的不重视,总认为办事情还是靠发指令、批条子来得方便;有的嫌麻烦,总觉得依法办事束手束脚;有的不熟悉,想依法办事,却又不大会依法办事。实践证明:哪个地方的政府和政府领导重视法制建设,自觉地在宪法和法律法规的范围内活动,善于运用法律手段解决问题和矛盾,那个地方依法行政的进程就明显加快,经济、社会各项事业就发展得比较顺利;反之,那个地方的经济、社会各项事业的发展势必受到影响,许多问题久拖不决,而且政府领导一旦变动,各项工作就会发生比较大的起伏。一个地方如此,一个部门也是如此。

依法行政的基础是高素质的行政执法队伍。行政执法队伍站在行政管理的第一线。行政执法人员的素质高低直接影响行政执法的效果,关系政府的形象。总的来看,行政执法队伍的整体素质是好的,行政执法水平也不断有所提高;但是,还不适应客观形势的要求,素质还不够高,有法不依、执法不严、违法不究甚至滥用职权、执法犯法、徇私枉法的现象时有发生,有的甚至相当严重,人民群众对此反映强烈。因此,各级政府和政府各部门都要充分认识建立廉洁、勤政、务实、高效的行政执法队伍的重要性和紧迫性,切实加强行政执法队伍特别是市、县两级行政执法队伍建设。要按照"三个代表"的要求,加强对行政执法人员的思想政治教育和法律法规知识教育、培训工作。重点搞好信念宗旨、公正执法、纪律作风、职业道德等教育,突出抓好严格公正执法。要进一步整顿行政执法队伍。对聘用从事行政执法的合同工、临时工,要坚决调离行政执法岗位或者予以辞退。录用行政执法人员要严格标准,公平竞争,择优录用,切实把好用人关。今后,录用执法人员,对录用数量、条件及结果等逐步实行公开制度,增加透明度,接受社会监督。要严肃纪律、严格管理、强化监督、从严治政,对那些滥用职权、执法犯法、徇私枉法、欺压百姓的人员,必须坚决依法严肃处理并清理出行政执法队伍,决不能让少数"害群之马"败坏整个行政执法队伍的形象。要努力把行政执法队伍建设成政治合格、纪律严明、作风过硬、业务精通、执法如山的坚强队伍。

加强政府法制建设,推进依法行政,涉及面广,难度也大,政府领导的工作又千头万绪,任务相当繁重,如果没有一支政治强、业务精、作风正的高素质的政府法制工作队伍,作为各级政府和政府各部门的领导在政府法制方面的得力参谋、助手,就难以把依法行政落到实处。因此,国务院《关于全面推进依法行政的决定》要求,各级政府和政府各部门都要按照国务院这次机构改革中加强政府法制工作的精神,进一步加强政府法制机构建设,选拔、关心、培养并严格要求政府法制工作人员,使政府法制机构的设置和人员配备同本地方、本部门的政府法制工作任务相适应,并为政府法制工作队伍开展工作创造必要的条件,充分发挥他们在政府法制建设中的参谋、助手作用。同时,政府法制工作人员要努力提高自己的政治素质和业务素质,适应全面推进依法行政的需要,为领导当好参谋、助手。

第十二章 行政伦理

伦理作为人类对自我的规范与约束,作为人类对自身行为的调节控制和内在管理,是有意识的、积极的、主动的、自觉的人类活动,是人类"向善"的实践理性。

——戴木才

第一节 行政伦理概述

一、行政伦理的含义

"伦理"一词在我国最早可追溯至秦汉之际的《礼记·乐记》,"凡音者,生于人心者也;乐者,通伦理者也"。"伦"可理解为类别、辈分、顺序等意思,引申为人与人之间的关系。"理"指的是玉石上的龙纹,可理解为条理、道理、治理。在一般意义上,"伦理"与"道德"常常通用,甚至"伦理道德"有时连在一起成为一个概念,但二者并不完全等同。一般认为,道德源于人的内心,属于精神性的原则,表现为个体的"应当",它具有内在性、主观性、个体性。伦理是内在道德的外在化,属于客观行为关系,它表现为现实的群体规范,具有外在性、客观性、群体性。道德多指对人的行为的判断标准,它按照风俗、习惯和观念直接判定正当的行为。伦理多指行为判断标准的理由,它通过对风俗习惯和观念的检验和反省来对行为进行判断。从学术研究角度来看,人们往往把伦理看作是对道德标准的寻求。①

---

① 张康之、李传军:《行政伦理学教程》,中国人民大学出版社,2004年版,第4页。

行政伦理是指行政主体在提供公共服务过程中应当具有的基本道德价值取向和应遵循的基本行为规范的总和。可见,行政伦理是行政道德规范、行政伦理制度和行政价值导向的有机结合,并构成一个由基础道德规范到管理伦理制度保障到理想价值导向的系统。①

行政道德规范是相对于行政活动主体的具体行为的,是与行政实践直接相联系的行为规范。行政道德规范是行政伦理内容中基础的部分,它与行政职业角色相联系,是职业道德的一种特殊存在形式。其显著特点表现在两个方面:一是规范性,即总是以具体规范的形式来表现,与具体的行政岗位、职业活动相联系;二是实践性,即这一行为规范总是与行政实践活动相关联,具有一定的专业性职业特征,是具体可操作的行为规范。

行政伦理制度是组织、管理、制度方面的伦理。一方面,它表示行政组织管理体制是一种按照一定伦理原则和价值目标建立起来的制度、组织;另一方面,它表示行政管理体制作为一种相对于社会大众和公共的组织,是社会公正的代表和裁判者,是社会伦理、价值取向的集中代表。概言之,它是以制度、组织或体制、政策以至律则等方式,有效反映和集中概括当前社会占主导地位的伦理意识形态。所以,伦理的制度化存在或制度的伦理化性质,是其最显著的特征。具体地说,一是体制化或组织化,即伦理与组织的高度结合,行政是按照一定伦理原则建构的组织、体制,行政伦理是内化为一定组织、体制的伦理;二是制度化,即伦理与制度的有机统一,伦理是制度的重要内容,制度是伦理的外在形式,行政体制和组织就是按照一定的伦理制度维系和联结的。行政伦理制度是行政伦理的内在环节和中介环节,是行政伦理存在和作用的制度保证,也是伦理建设的难点和重点所在。

行政价值导向是承载着一定价值观念的伦理观念模式,并为社会提供一套集中表达社会占统治地位意识形态的伦理价值模式。在这里,行政管理的公共性、实践性与伦理道德的价值性、理想性是统一的。行政活动和行为是行政伦理的载体,行政伦理是行政活动和行为的价值"灵魂"。在行政伦理体系中,如果说行政道德规范是基础,行政伦理制度是主干,那么行政伦理价值观念则是整个行政伦理的灵魂和导向。所以,崇高的理想性和价值的导向性是其鲜明特征。具体地说,其一,理想性,行政本是具有高度现实性的社会管理活动,不容否定的是它也是具有鲜明价值性的活动,包含着社会的理想和目标,并为行政伦理所集中表达;其二,导向性,行政活动和行为本身既是社会行为的调控、指挥者,也是社会伦理道德目标的引导者。以伦理价值目标来导向、调控行政主体自身的行为,是行政伦理的最重要特征。

二、行政伦理的主要内容

(一) 尊严价值

尊严,简而言之,就是权利被尊重。温家宝总理在全国人大十一届三次会议上作的政府工作报告提出"我们所做的一切都是要让人民生活得更加幸福、更有尊严,让社会更加公正、更加和谐"的服务目标和理念。"尊严价值"是"以人为本"新的内涵,即更加重视人的全面发展,更加重视人的内心感受和精神体会。把尊严贯穿于整个行政伦理体系,目的是从公民根本利益出发,以人的发展统领社会发展,不断满足公民日益增长的物质文化需

---

① 赵健全:《行政伦理的内涵、构成和性质新探》,载《南平师专学报》,2004年第1期。

要,切实保障公民的政治、经济、文化利益,让全体公民享受社会发展成果。

要在行政伦理中充分实现"尊严价值",应该从行政伦理的主体和客体两个角度出发,把行政组织区分为组织内部与组织外部,从尊严价值角度对其提出规范,把尊严价值注入这两大对象之中,并采取相应的措施对尊严价值进行保障。

一般说来,我们提到"尊严",大多是理解为行政伦理主体应该对公民作出的保障和承诺。实际上,这只是尊严价值体现在行政伦理中的一个方面,尊严价值还应包括对行政伦理主体本身的承诺。对组织内成员而言,他们是"尊严价值"的主要构建者和推行人,"尊严价值"对他们提出的要求是本着公共利益,为公民提供人性化的服务,从而保障公民全面的发展。同时,也还体现在组织制度对组织内成员的人文关怀,对成员的监督、评估、激励等应本着公平、公正的要求,为成员营造一个和谐、上进的组织环境氛围。

"尊严价值"不仅仅是行政伦理主体根据公民的需求内化为自身的意识,同时也是公共治理的要求。现代社会中,行政伦理的效果越来越取决于社会公众的认同和参与,即在公民获得尊严的前提下,往往更有利于行政伦理的推进和实现。因此,要使"尊严价值"在组织外成员中得以实现,首先要建立快速的服务回应机制,对公民的需要迅速地作出回应,满足公民需求的多样化;其次要建立健全公民参与机制,只有当公民参与到服务本身,行政伦理主体才能更好地了解公民的需要,真正做到权为民所用、情为民所系、利为民所谋;再次要主动接受公民监督,这主要是从公共权力的来源和使用过程角度提出的要求。从公共权力来源看,公共权力来源于公民,公民有权利也有义务对其进行监督;从公共权力运行过程看,英国思想史学家阿克顿勋爵曾提出"权力导致腐败,绝对的权力导致绝对的腐败"的著名论断,为了保障公共权力的合理性和合法性,加强公民监督理应成为制约公共权力不可或缺的途径。

(二) 服务意识

努力建设公民满意的服务型政府是我国政府自身改革和建设的方向。行政伦理首先意味着一种管理方式、管理观念的转变,它不同于过去的"政治统治"与"政府管制",而是更多地带有了"服务"的性质。因此,行政伦理与其他公共行政理论的价值诉求的根本区别就是强调行政伦理主体的首要作用是把服务意识融合于行政伦理的全过程,为公民提供便利,帮助公民达成其公共利益,而不是"掌舵"整个社会管理。从这一意义上说,服务意识是行政伦理的核心价值,行政伦理的有效实现都受这一核心价值的影响。

为了更加深入地认识"服务意识",我们有必要从以下角度进行理解。如同社会学中主文化与亚文化这一对概念一样,在公共行政领域同样也受某些主文化和亚文化的综合影响。如新公共管理理论的基本假设是公共组织和私营组织管理本质的互通性,其最终落脚点是在公共部门全面引进私营部门的经营管理模式,塑造"企业型政府"。将市场因素引入政府管理,主张像企业改革一样改造公共部门、遵循"顾客满意"原则、引入竞争机制、重视结果等价值,虽有一定的借鉴意义,但是却弱化了行政伦理主体对社会服务能力、服务质量的考量力度,导致行政伦理主体公仆意识的淡化、服务能力的缺失,最终使服务价值在公共行政中处于一种亚文化的、被边缘化的境地。

作为一种精神状态,服务意识是行政伦理主体对行政伦理的内在认可;作为一种现实行为,服务意识又表现为行政伦理主体对行政伦理的能动创造。具体而言,服务意识至少包含以下四个方面的内在规定性:首先,服务意识是社会个体在进入公共部门时所必须接受的一种职业操守;其次,服务意识是行政伦理主体对民众的一种现实关怀;再次,服务意识是多元价值的统一体;最后,服务意识是评价主体评价行政伦理行为的合理性及合法性的尺度。因此,在为公民提供行政伦理的全过程中强化服务意识,是行政伦理主体制定和执行一切公共政策的出发点和落脚点。

(三)公共性

国内公共行政学泰斗夏书章先生对行政伦理评价道:在传统公共管理与新公共管理理论之后,出现新行政伦理理论运动,并非偶然,故不论它们之间的理论观点和具体内容上的分歧和争议如何,有一点似乎可以肯定和不容忽视,即强调或提醒公共管理主要是或者归根到底是行政伦理的性质。[①] 从这段话中,我们很容易掌握一个关键词,即"公共"。在行政伦理本性的主要内容里,"公共性"是行政伦理的本质要求,行政伦理主体所拥有的公共权力是服务于公共利益的。作为区别于私人利益的公共利益,它的实现程度关乎全体社会的福利,它具有非排他性、合理性、正当性等特点。学术界在公共行政研究中历来非常重视公共利益,张康之教授指出,行政人员作为社会公共利益、公共秩序的维护者,他需要运用手中所执掌的公共权力去执行调节社会关系的职责,他在要求人们处理人我关系、群己关系时以他人利益、公共利益为重的同时,首先要自己拥有一种为公共利益作出自我牺牲的精神,在具体的行为中贯彻克己利人的原则。[②]

然而,在近代社会的发展过程中,无论是理论还是实践,都仅仅突出了对效率、经济水平的诉求,而忽视了对行政伦理"公共性"这一终极价值的关注。造成"公共性"缺失的原因是复杂的,但关键在于实现公共利益的公共权力掌握在拥有私人利益的主体手中,也就是"经济人"的事实存在和行政伦理"公共性"之间的矛盾。公权私用是行政伦理背离"公共性"这一伦理本性的根本原因所在。这些不良的行政伦理现象和我国服务型政府建设的要求是格格不入的,同时也是与党的宗旨和政府的行政理念相冲突的,能否实现"公共性"伦理价值的回归,在很大程度上决定着我国社会主义事业的兴衰成败。因此,如何把"公共性"落到实处,保证公共利益的最大化,并有效地分配公共利益,是行政伦理的本质所在。

(四)正义和效率

公共行政的一般伦理原则是公正。公正是正义理论中的核心概念。[③] 公正精神和公平精神寓于正义之中,它是建立在这样一个基本理念的基础之上的:承认社会公民具有平等的权利,这些权利并不因为个人的地位、性别、种族、收入等差异受到损害,也不能被权力和特权所侵害。我们党和政府始终高度重视这两大行政伦理精神建设,党的第十六届六中全会明确提出社会公平正义是社会和谐的基本条件,党的十七大进一步将社会公平正义作为深入贯彻落实科学发展观、全面建设小康社会的新要求。行政伦理的"公共性"决定了现代行政伦理的主要职责就是维护和实现社会公平正义,这是行政伦理的价值目标。在对正义的理解上,有手段和目的之分,即存在手段正义和目的正义。前者重点在于构建一套合法合理、责任明晰、公正精神得以全面体现的制度体系,依靠这一套制度,为正

[①] 夏书章:《行政伦理》,载《中国行政管理》,2003年第3期。
[②] 张康之:《寻找公共行政的伦理视角》,中国人民大学出版社,2002年版,第217页。
[③] 罗德刚:《论我国行政伦理的几个实质性问题》,载《云南行政学院学报》,2002年第3期。

义的实现提供途径；后者重点在于如何对公共利益进行权威性分配，即应该把公共利益分配给谁、怎么分配、分配多少等。只有在严格的制度规范下，尽可能在社会成员之间公平、公正、公开地分配公共利益，才能防止社会贫富悬殊、两极分化，从而维护社会正义。

20世纪80年代，新公共管理理论以经济学理论和私营企业管理理论为基础，在行政伦理领域强调引入市场机制。其核心价值是竞争、效率等，并提倡行政伦理主体应以3E（经济、效率、效益）模式为行政伦理绩效评估的主要标准。行政伦理本性抛弃新公共管理理论对3E价值取向的追求，重新引导行政伦理向公平、正义等价值取向回归，但这并不是从一个极端走向另一个极端，而是要求我们根据特定的情境因素，对公平与效率这一对关系有所侧重，从而达到新的"平衡"。3E涉及政府管理的资源、投入、产出、效果，实际上体现了三种关系（见图12-1）①。

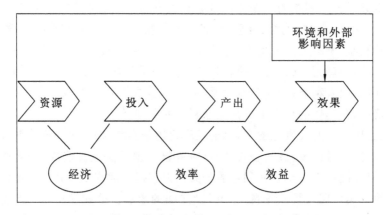

图12-1 政府管理的资源、投入、产出与效果关系图

我们可以从3E内涵推断出行政伦理蕴含效率精神的合理性。将图12-1的关系与行政伦理相结合可知，由于行政伦理资源和投入的公共性，决定了它的产出和效果同样必须具有公共性，也就是说对它产出和效果的享用是非排他性的，但社会对这些行政伦理的享用，不论在质上、量上、时间上还是空间上，都存在差异性。这种无法避免的差异性和行政伦理普遍性之间的矛盾，要求我们必须改善投入和产出关系，即在现有资源基础上，通过提高效率，向社会提供更多的行政伦理，以满足公民日益增长的、差异化的、动态的行政伦理需要。所以，行政伦理在注重公正精神的同时，必须对效率精神提出要求，只有这样才能为正义精神提供基础。正如古立克所言："效率就是公共行政价值尺度中的头号原理，效率也是行政科学的大厦得以建立起来的价值基石。"②

因此，就我国而言，行政伦理要求行政伦理的理念价值应由原来的"效率优先、兼顾公平"向"效率与公平并重"转变。这并非是对效率精神的弱化，而是行政伦理在强调效率的同时，也应当向正义精神靠拢，形成正义与效率两大精神并重的格局。

---

① 张国庆:《公共行政学》（第三版），北京大学出版社，2007年版，第320页。
② Robert A Dahl. The Science of Public Administration: Three Problems[C]//in Jay M. Shafritz and Albert C. Hyde(eds). Classics of Public Administration. Moore Publishing Company, Inc. , Oak Park: Illinois, 1978: 123.

三、行政伦理研究的时代价值

（一）行政伦理研究体现了当前公共行政理论研究的时代诉求

如前所述，公共行政学的演进经历了大致三个阶段，即传统公共行政、新公共管理、新行政伦理，不同阶段对公共行政主体提出了不同的价值诉求。传统公共行政理论是早期社会科学提出的社会和政治理论，主要理论基础是政治理论，它把主体行为模式定位为"行政人"，在该理论的影响下，传统公共行政的伦理要求集中体现为官僚制管理，亦即"划桨"，致使政府缺乏足够的灵活性与社会回应能力；新公共管理理论实质上是基于实证社会科学的经济理论，它的人格假设是"经济人"或自利的决策人，主导其价值的是技术和经济理性，在该理论的影响下，新公共管理的伦理要求集中体现为"掌舵"，即政府充当催化剂，强烈推崇市场经济机制，以致对行政伦理主体的社会公信力造成冲击，使公共政策在实践中受阻，无法贯彻落实；通过反思和批判新公共管理理论而形成的新行政伦理理论起源于民主理论，其倡导的伦理要求是"服务"，即公共行政主体通过协调公民和社区团体的利益关系，科学界定行政伦理的产权结构，营建共同的价值观。可见，公共行政伦理研究在现时代的价值诉求必然体现出更多的"服务"内涵，行政伦理研究将是该领域的主题。

（二）行政伦理研究有助于政府强化以公众为中心的服务意识

服务型政府强调公众满意的最终目的是为了在提供行政伦理的过程中保证集体机会均等和公共利益，实质在于回应公众需求，为公众服务，对公众负责。它的基本研究内容包括认知公众的需求与期望，尊重公众的知情权和选择权，确保政府管理目标与公众需求和期望联系起来，测量公众的满意程度并提高政府部门对测量结果的快速回应，树立"为公众服务、对公众负责"的行政文化等。研究成果可以指导政府组织及其公务员端正服务态度，树立正确的权力观，把服务对象置于中心位置，与公众密切交流，明确和理解他们的要求及对政府服务质量的评价，从而将不同的利益诉求纳入政府的决策系统当中，更大程度地满足和实现公共利益，提高行政伦理的质量。

（三）行政伦理研究为服务型政府建设提供理论基础和行为导向

党的十七大以来，"加快行政管理体制改革，建设服务型政府"成为我国新时期行政管理实践的主题。把构建服务型政府上升到党和国家意志的高度，足以表明党和政府全力实现政府服务的决心。服务型政府最大特征之一就是对行政伦理的关注，其本质在"为民"，即通过政府职能改革和再造，在政府社会管理职能中注入服务理念，为人民提供服务型的社会管理。它是在公民本位、社会本位的理念指导下，把政府定位为为社会服务的角色，追求社会平等、政治民主、以人为本、法治和有效等基本价值。然而在服务型政府构建的实践中，依然存在一些行政伦理失范现象，如行政伦理意识体现不足、价值评估标准有失偏颇、官僚主义作风、公务员"经济人"人格等。因此，通过研究准确定位和认知行政伦理价值，本质上是弘扬我国社会主义基本价值的必然，是践行"全心全意为人民服务"宗旨的要求，并最终决定着服务型政府能否真正实现，决定着党和政府的公信力，决定着国家的长治久安。

第二节 行政伦理评价维度

科学评价行政伦理水平是我国服务型政府建设进程中基础性的关键环节,对于行政伦理实践活动中整体伦理价值的导向和个体伦理意识的深化都发挥着重要的促进作用。在此过程中,科学化解我国现时代的行政伦理困境,有效矫治行政伦理实践中存在的伦理失范现象,以此强化行政伦理主体的伦理意识并提高其伦理水准,需要构建科学的行政伦理评价维度。

一、行政伦理评价的重要意义

行政伦理评价是以社会公众的他方评价、行政伦理组织及其成员的主体评价和第三方评价为主要形式,依据评价标准对行政伦理主体及其行为的道德价值水准进行评价的活动。这种评价强调以公众为关注焦点,有助于政府强化以公众为中心的服务意识,提高行政伦理的质量。

(一)行政伦理评价制度是科学评价行政伦理水平的保障

根据新制度经济学的理论,制度是一套行为规则,这些规则涉及社会、政治及经济行为。它由社会认可的非正式约束、国家规定的正式约束和实施机制三部分组成。非正式约束是人们在长期交往中无意识形成的,具有持久生命力,并构成世代相传的文化的一部分,主要由价值观念、伦理规范、道德观念、风俗习惯、意识形态等因素构成。正式约束是指人们有意识创造的一系列政策法规,包括政治规则、经济规则和契约,以及由这一系列规则所构成的一种等级结构。[1] 行政伦理评价的非正式约束对其主客体发挥着强有力的心理作用,并进而影响到评价的制度安排。正式约束表现为与评价工作相关的制度基础和法律政策的约束。近些年来,西方国家政府正式约束方面的变革为行政伦理评价的实施提供了坚实的制度保障,我国应根据需要与可能,借鉴国外的经验,有计划、有步骤地制定和健全行政伦理评价的相关法律法规,逐步走上制度化、规范化的轨道。同时需要做好广泛宣传、适时监测等方面的工作,使行政伦理评价的各项法律、法规和政策的落实具有良好实施机制的保障。

(二)行政伦理评价制度安排是行政伦理评价活动的前提

行政伦理评价制度安排具有确定性、规律性和公正性等特征。一是确定性。行政伦理评价制度安排明确各层级和方面的评价主体的职责,为评价主体行为设置一定的边界,使评价的目标、任务、对象更加明确和具体。二是规律性。安德鲁·斯考特认为:"社会制度,指的是社会全体成员都赞同的社会行为中带有某种规律性的东西,这种规律性具体表现在各种特定的往复的境界之中,并且能够自行实行或由某种外在权威施行之。"[2] 行政

---

[1] 盛明科:《服务型政府绩效评估体系构建与制度安排研究》,湘潭大学博士论文,2008年。
[2] 丁茂战:《关于制度、组织和制度安排》,载《经济师》,2001年第3期。

伦理评价制度是对评价活动规律性的总结与反映,能够保证行政伦理评价活动的科学化,并提供正确的引导。三是公正性。行政伦理评价制度适用于其范围内的所有人和所有问题,没有凌驾于制度之上的"特权"。在评价过程中,同样的情况适用相同的制度规定,必须作出同样的行为反应。例如,在实施同样的行政伦理评价行为时应该适用同样的评价程序和方法。

(三)行政伦理评价制度安排规范了政府与社会的利益关系

社会制度所具有的约束和激励功能说到底是为了规范社会各成员之间的经济利益关系。社会制度变迁的历史事实也证明,一种社会制度有没有生命力,就在于这种制度能否更好地协调个人利益与公共利益的关系,能否将个人的利益追求最终导向在使个人利益实现的同时亦增进社会公共利益。① 行政伦理评价制度安排体现了对政府与社会利益关系的规范与安排。就宏观层面而言,行政伦理评价是在社会民主化潮流的直接推动下开展起来的,要求政府必须直接对公众负责,以更符合伦理的方式提供行政伦理,在更大程度上满足公众的利益需求。就微观层面而言,行政伦理评价制度体现了各方面评价主体间的利益关系,如一定范围的集团利益与行政伦理行为或政策所代表的社会公共利益或其他集团利益之间的关系,同级职能部门之间的利益关系等。这些利益关系的调整都需要通过评价制度加以规范。②

二、国外行政伦理评价价值的探索

随着全球范围行政改革实践的深入发展,行政伦理领域的理论研究受到了国际社会的广泛关注,主要发达国家还将这些理论研究成果付诸实践,比如通过立法或者准立法的形式将行政伦理评价价值取向确立为行政伦理主体必须遵守的法律义务等,初步形成了一些具有较为普遍意义的行政伦理评价价值取向。

美国国会在1958年通过了《政府工作人员伦理准则》共同决议书,1978年通过了《美国政府行为伦理法》,1985年通过了《美国众议院议员和雇员伦理准则》,1989年通过了《美国政府行为伦理改革法》。1992年,美国政府颁布了由政府伦理办公室制定的更具操作性的《美国行政部门雇员伦理行为标准》。总体而言,美国政府官员和职员伦理行为原则包括以下14个方面:忠于宪法、法律和伦理规则,个人利益的获取不能损害公共利益,不得利用信息谋取私利,不得索贿、受贿或者行贿,忠于职守,秉公办事,不得以权谋私,保护联邦财产,不得违规承诺,不得从事与政府职责相冲突的职业或活动,应向有关部门检举揭发腐败,率先垂范履行公民义务,公正公平执法,力避违法犯纪行为。③ 自撒切尔政府上台执政后,英国政府就一直致力于行政改革和政府行政伦理绩效的提升。20世纪90年代以来,随着"效率优先"开始逐渐被"质量优位"所取代,英国政府在评价行政伦理绩效时开始将公平、民主、责任等理念纳入其中,并引入一些新的评价方法,使政府行政伦理评

---

① [美]R.科斯、A.阿尔钦、D.诺斯等:《财产权利与制度变迁》,上海三联书店、上海人民出版社,1994年版,第164~166页。
② 彭国甫:《地方政府公共事业管理绩效评价与治理研究》,湖南人民出版社,2004年版,第249~250页。
③ 李春成:《发达国家行政伦理的特点》,载《学习时报》,2007-6-19。

价指标体系涉及的内容逐步拓宽。这种改革在政府和社会关系上体现了政府退却和行政伦理市场化、社会化等理念,在政府内部管理上体现了以公民为中心、服务导向、结果为本、以市场机制为基础等理念。① 澳大利亚行政伦理部门将伦理价值作为其最重要的衡量维度,其行政伦理价值体系由《澳大利亚行政伦理价值声明》和《澳大利亚行政伦理行为准则》两项法则组成。声明中明确指出行政伦理工作应坚持公正、有效、公平和礼貌等原则,注意满足不同民众的要求;行政伦理工作应是中立的,以公平的、专业的方式履行其职能。② 新西兰最具代表性的行政伦理法规是《行政伦理行为准则》,该准则要求行政伦理人员要专业、诚实有效地完成政府的工作任务,明确规定行政伦理工作的价值取向应包括正直、政治中立、守法和尊重民主制度以及免费、坦诚等内容。③ 从上述发达国家所确立的行政伦理评价价值取向中不难看出,它们之间虽然有着一定的差别,但是一些基本的价值取向和行政伦理的精神是一致的,诸如行政伦理的合法化、公平性、正义性、有效性、专业化,以及对公共利益的维护等。发达国家已经确立的行政伦理评价价值取向,对我国构建行政伦理评价维度及其指标体系有着重要的借鉴意义和参考价值。

三、行政伦理评价维度

我们根据行政伦理评价价值取向的演进,借鉴目前主要发达国家行政伦理的普遍性要求,结合学界相关主题的理论研究和实践探索及我国行政伦理实践的具体要求,可以对行政伦理评价的基本维度及衡量指标作如下设置(见表12-1)。

表12-1 行政伦理评价维度及衡量指标

评价维度	评价指标	评价维度	评价指标
1. 合法性	(1) 主体合法性 (2) 内容合法性 (3) 程序合法性 (4) 方式合法性	5. 制度伦理	(1) 规范化程度 (2) 制度完善程度 (3) 投诉回应率
2. 服务绩效	(1) 服务效率 (2) 好评率 (3) 有效投诉量	6. 主体伦理	(1) 违法犯罪率 (2) 绩效合格率 (3) 社会优评率 (4) 人均服务成本
3. 目的伦理	(1) 年度计划项目完成率 (2) 年度项目优评率	7. 公益实现度	(1) 年度开支占财政预算比例 (2) 人均行政伦理拥有量 (3) 社会参与式服务项目比例
4. 工具伦理	(1) 电子政务普及率 (2) 资源分配与管理的市场化水平	8. 客体满意度	(1) 客体参与率 (2) 项目人均优评率 (3) 投诉处理合意比率

---

① 周志忍、高小平:《可资借鉴的英国行政管理改革》,载《中国行政管理》,2003年第5期。
② 刘丽伟:《发达国家公共行政中伦理价值的确立与启示》,载《学术交流》,2006年第2期。
③ 刘丽伟:《发达国家公共行政中伦理价值的确立与启示》,载《学术交流》,2006年第2期。

（一）行政伦理的合法性维度

行政伦理的合法性，是指行政伦理应符合国家法律、法规和各种规章制度。合法价值，主要是依法和守法①，包括行政伦理的主体合法、内容合法、程序合法以及方式合法等。法律是社会公共伦理的最基本的准则，是行政伦理标准的"底线"。合法是行政伦理符合公共伦理的首要前提条件，因此行政伦理的合法性是行政伦理评价的首要维度。该维度的主要指标有：①行政伦理主体是否合法，主体是否具备提供行政伦理的资格，或是否依法设立，或是否经过政府部门依法定程序授权；②行政伦理内容是否合法，行政伦理的具体事项应不违背法律法规的规定；③行政伦理程序是否合法，即行政伦理主体的行政伦理过程是否符合法定程序，有无"错位"、"越位"、"缺位"的行为等；④行政伦理方式是否合法，行政伦理主体在行政伦理中是否采用了非法的方式（如暴力、非法强制等损害公众合法权益的方式）。

（二）行政伦理的服务绩效维度

行政伦理是一种非营利性的组织活动，目的是实现社会公共利益的最大化，最大限度地满足社会的公共需求。行政伦理的资金来源主要是国家财政拨款、政府补助，同时也包括部分社会资本（如企业和私人捐助款项），从这个层面上而言，行政伦理的资源是十分有限的。因此，行政伦理应当尽可能以最小的经济成本获得最大的社会效益，实现资源的最优化配置，确保行政伦理的公正、公平、高效、科学、合理。该维度的主要指标有：①服务效率，服务效率＝服务总收益/服务总成本，反映了行政伦理主体在提供行政伦理中对公共资源的利用状况和所完成的行政伦理目标项目之间的比例关系；②行政伦理的好评率，行政伦理好评率＝行政伦理好评人数/行政伦理对象的总体，可以通过行政伦理主体自身进行的问卷调查或者是公共媒介组织的民意调查来获得；③行政伦理的有效投诉量，主要是针对行政伦理负面效应的投诉，行政伦理虽然是以实现公共利益为目的，但也会在不同程度上损害部分人的利益，或者说不能满足全部社会成员的利益，通过行政伦理的有效投诉量可以从另一角度反映行政伦理社会效益的高低。

（三）行政伦理的目的伦理维度

美国学者登哈特认为："公共组织是而且事实上必须信奉价值，不仅仅是那些能够提高自我服务行为的价值，而且也包括那些与自由、正义和公共利益相关联的价值。"②所以，行政伦理的宗旨应是实现社会公共利益的最大化，行政伦理的目的就应是尽可能地满足社会对行政伦理的需求，而不能通过行政伦理来为特定的利益集团或者个人来谋取利益，或是通过损害一部分人的利益来满足另一部分人的利益。该维度的主要指标有：①年度行政伦理计划项目完成率，行政伦理主体每年针对自身的实际情况制定每年的服务计划项目，在年终对计划项目的完成量进行统计审核，计划项目完成率＝计划服务项目数/年终服务项目完成数；②年度行政伦理项目优评率，该指标衡量行政伦理计划项目年度内完成项目中的年终评审为"优秀"或"良好"的项目占总的计划项目数的比例。

---

① 王正平：《当代美国行政伦理的理论与实践》，载《伦理学研究》，2003年第4期，第24页。
② Denhardt R B. Morality as an Organizational Problem. Public Administration Review, 1992, 52(2): 354-366.

（四）行政伦理的工具伦理维度

行政伦理工具是行政伦理主体为了实现行政伦理目标而借助的事物或采取的手段和方法。行政伦理工具的选择会直接影响到行政伦理的质量、服务效率等，这就涉及能否以最佳的方式满足公共利益的期求，回应社会的行政伦理需要，进而也就会影响到行政伦理的合伦理性。该维度的主要指标有：①行政伦理电子政务的普及率，电子政务是提高行政伦理效率的有效工具，是拓宽社会力量参与行政伦理的重要途径，也是推进行政伦理公平化的积极举措；②行政伦理资源分配与管理的市场化水平，引入市场机制是实现公共资源有效分配和利用的重要方式，可以避免行政伦理资源被权力"引导"，导致行政伦理资源的私利化。

（五）行政伦理的制度伦理维度

从伦理学的范畴来考察，制度伦理是指蕴涵在制度安排中的伦理价值、道德原则以及在制度运行中非这样不可的道德实践要求。制度伦理研究既包括对制度是否具有合道德性的伦理评价，也包括对制度安排的道德性如何进行建设的伦理指引。[①] 行政伦理的制度伦理维度主要关注行政伦理制度及其实施的公平和公正问题。该维度的主要指标有：①行政伦理制度的规范化程度，该指标可以作为行政伦理主体自我评价和第三方评价的指标，也可以作为行政伦理客体评价的参考指标，规范化的制度可以保证行政伦理的有效实施，也是行政伦理公正性、公平性的保证；②制度的完善程度，指行政伦理主体是否制定了行政伦理的责任制、行政伦理权益的保障制度、行政伦理实施制度、行政伦理反馈制度等一系列完整的制度体系；③对行政伦理投诉的回应率，行政伦理要完全满足所有人的利益诉求不太现实，因而会存在对行政伦理不满意的现象，该指标主要衡量行政伦理主体对行政伦理反馈制度的执行力度和对公众反映的问题的回应程度。

（六）行政伦理的主体伦理维度

这是行政伦理主体应遵守的伦理规范以及应具有的价值取向。行政伦理主体是行政伦理的具体提供者，人是核心，人才是最重要、最关键的，行政伦理的资源由服务主体支配，行政伦理的目标由服务主体实现，要实现伦理的、负责任的公共行政，就必须先有伦理的公共行政管理者。行政管理者是塑造公共行政伦理的重要因素。[②] 因此，行政伦理主体的伦理水准直接影响着行政伦理的伦理水准，提高行政伦理主体的伦理修养是提高行政伦理主体服务能力的关键。该维度的主要指标有：①行政伦理主体违法犯罪的比例；②行政伦理主体的工作绩效合格率，在行政伦理组织总的组织规范和伦理守则的指导和约束下，行政伦理主体是否能将组织的伦理准则内化为自身的伦理信念，以及在这种信念的引导下所产生的服务效应水平，可以通过行政伦理主体的工作绩效合格率来考量；③行政伦理主体的社会优评率，该指标反映社会对处于行政伦理岗位上的个人的认可程度，为获得社会优评的人数与行政伦理主体总体之比；④行政伦理主体的人均服务成本，该指标衡量行政伦理中人均的资源损耗。

---

① 李仁武：《制度伦理研究：探寻公共道德理性的生成路径》，人民出版社，2009年版，第4～5页。
② 罗蔚：《美国行政伦理的四种话语方式》，载《公共行政评论》，2010年第1期。

(七) 行政伦理的公益实现度维度

公共利益具有社会公共性和社会共享性,公共利益的充实、增进和实现,是行政伦理的根本任务。行政伦理活动的核心即是公共利益的实现,而非某个组织或个人的利益的实现,行政伦理不能成为特殊利益群体获益的机制。所以,应对公共利益的实现程度进行评价。该维度的主要指标有:①年度行政伦理开支占政府财政预算的比例,行政伦理是政府的重要职能,政府的财政拨款是行政伦理的主要资金来源,行政伦理资金的多少直接决定着行政伦理能否开展,决定着公共利益能否得以实现;②一定区域内人均行政伦理拥有量(行政伦理设施的数量、行政伦理产品的数量等),可以反映行政伦理的覆盖率,覆盖率高,则客观上更能满足公共利益的期望和要求;③社会参与式行政伦理项目比例,社会参与式行政伦理项目,即行政伦理在实施前征求了社会的舆情状况,例如举行听证会、恳谈会等,该指标衡量社会参与式行政伦理项目占总体行政伦理项目数的比例关系,显示行政伦理主体对社会舆情的重视程度和对公共利益期望和要求的回应程度。

(八) 行政伦理的客体满意度维度

行政伦理客体即行政伦理的对象,是行政伦理的直接利益相关方。行政伦理客体的满意度,也即行政伦理主体所提供的行政伦理对社会公众需求的满足程度,是对行政伦理符合公共伦理程度的直接体现,也是现代公共行政伦理精神的不懈追求。如弗雷德里克森和沃尔灵等学者都认为官僚制行政忽略了公民及其需求,强调在公共行政的思想和实践中重视行政伦理,特别是要重建公民精神。[①] 该维度的主要指标有:①行政伦理客体的行政伦理参与率,政府实现职能转变主要是实现政府职能的社会化和市场化,行政伦理客体参与到行政伦理中,可以引导或者影响行政伦理的价值取向,使行政伦理更符合自身的利益需求或者与自身的利益不矛盾,至少不损害自身的利益,该指标主要衡量参与到行政伦理中的行政伦理客体数与行政伦理客体的总体之间的比例关系;②主要行政伦理项目人均优评率,该指标衡量的是获得社会优评的主要行政伦理项目与一定区域内人口的比例关系,反映了优评行政伦理项目的覆盖率;③行政伦理投诉处理合意比率,行政伦理主体对行政伦理客体的投诉事项处理的及时与否,处理的最终效果如何,都会在行政伦理客体中形成相应的合意与否的心理,可以通过对行政伦理客体进行调查,得出行政伦理投诉处理合意的比率。

第三节 当代中国行政伦理失范与重构

科学化解我国现时代的行政伦理困境,有效矫治行政伦理实践中存在的失范现象,并以此强化行政伦理主体的伦理意识并提高其伦理水准,从主客观角度督促行政伦理主体伦理水平的改进,对我国现阶段的服务型政府建设具有重要意义。

---

① Frederickson H G, Walling J D. Research and Knowledge in Administrative Ethics. 见 Cooper T L. Ed. Handbook of Administrative Ethics. New York: Marcel Dekker, Inc. 2001.

一、行政伦理失范现象

当前我国公共管理实践中存在的行政伦理失范现象,严重制约着行政伦理质量的提高。这些失范现象集中表现在以下几个方面。

(一)行政伦理"两个目标"之间难以协调

道格拉斯·C.诺斯认为:"国家具有两个目的,一是界定形成产权结构的竞争与合作的基本规则(即在要素和产品市场上界定所有权结构),这能使统治者的租金最大化;二是在第一个目的框架中降低交易费用以使社会产出最大,从而使税收增加。"[①]行政伦理同样具有两个目标,一是确立整个行政伦理体系的伦理标准,亦即诺思教授所述的"规则";二是在第一个目标所规定的标准和范围内对整个社会提供行政伦理,从而增进社会效益。一般而言,有效、合理的行政伦理标准有利于行政伦理产出的最优化,两个目标似乎并不矛盾,但是行政伦理主体在提供行政伦理的过程中,可能是建立在无效的行政伦理标准之上,也就是说第一个目标本身可能存在极大缺陷,甚至是错误的。因此,第一个目标能否正确确立,必然会影响第二个目标的实现效果。

(二)"经济人"的事实存在和行政伦理"公共性"的矛盾

"公共性"是行政伦理的本质属性,公共权力是其核心。建立在行政伦理理论基础上的政府理应是无私奉献的政府。然而,公共权力通过人民授权,最终实现却在较大程度上依赖于少数行政伦理主体,但这些行政伦理主体以及行政部门都存在一定的"经济人"属性,加上行政伦理日益扩大的自由裁量权,这就可能出现个人利益最大化思想指导下的公共权力私人占有,致使行政伦理背离其"公共性"的价值诉求。在"经济人"的事实存在和行政伦理"公共性"矛盾的相互作用下,无可避免地致使相当数量的行政伦理主体人格分裂,形成行政伦理困境。

(三)行政伦理制度安排不完善

随着改革开放的不断深入,我国社会主义市场经济体制正逐步完善。在全面的社会转型期这一特殊的历史阶段,当代中国社会呈现出价值多元、利益交叉等复杂的社会特点,同时,受历史上高度集中的政治经济体制的影响,我国目前行政伦理的制度安排存在着许多弊端。特别是当前我国正处于政治体制转型和经济体制转轨的关键期,体现行政伦理要求的各项制度从初步创立到良性运行还有一个过程,各种相配套的规章、制度等也需要一个健全的过程,在制度以及公众对行政伦理的价值观念等方面都可能对行政伦理的制度构建形成诸多障碍。

(四)行政伦理"组织文化"氛围不浓厚

组织文化广义上是一种社会文化,是一个组织由它的价值观、信念、仪式、符号、处事

---

① [美]道格拉斯·C.诺思:《经济史中的结构与变迁》,陈郁、罗华平等译,上海三联书店、上海人民出版社,1994年版,第24页。

方式等组成的特有的文化形象。在公共行政领域,我们称之为"行政文化",它包括外显文化和内隐文化两部分,两者分别包括了组织文化的硬件和软件,而内隐文化是组织文化体系的核心。当前行政伦理的"组织文化"氛围不浓厚具体表现在如下几个方面:行政伦理主体对塑造行政伦理软件的财政资源和物质资源投入不足;部分行政伦理主体对行政伦理的现状和趋势认识不充分,导致公职人员的行政伦理责任缺失;缺少一种有效的惩防结合的工作体系以及合理的行政伦理评估系统,以致无法保障行政伦理的效力等。

(五)缺乏有效的监督和制约机制

缺乏有效的监督和制约机制是行政伦理失范的客观表现之一。不论是政府的实践还是学术界的理论探讨,如何有效地对我国行政伦理进行监督和制约,始终是一个热点问题。尽管当前监督和制约机制不少,但是有效的监督和制约机制远远不够。监督和制约机制无效或低效的原因主要有:第一,我国公民的政治意识不够强,政治参与愿望不强烈;第二,公民表达政治意愿的途径不多,致使公民对于如何行使自己对行政伦理的监督权缺乏应有的认知;第三,行政伦理主体对公众的监督与制约重视程度不够,公众监督与制约行为的后续效果无法体现,导致"被监督者在监督之前与监督之后一个样、监督得好与监督得坏一个样",久而久之,监督与制约机制在公众心目中将失去公信力。

二、行政伦理重构路径

王伟在《行政伦理论纲》一文中对行政伦理建设提出了12条原则:行政伦理规范应当简明易行,行政伦理规范应当纳入法制框架之中,应当对公务员进行行政伦理教育和指导,公务员应当深刻认识面对不道德的行为时自己的权利与义务,领导人的支持有助于提高行政伦理水平,决策过程公开并接受公众监督,对政府部门与企业的交往要制定明确的伦理规范,各级领导要在履行行政伦理方面做出表率,管理政策、程序和做法应当促进行政伦理行为的改善,公务员待遇和人事政策应当促进行政伦理行为的改善,完善的责任机制应当切实到位,建立适当的程序和处罚手段制止违规行为。[①] 通过对以上12条原则的总结,简而言之,在实现行政伦理过程中,应遵循四条基本原则:第一,实现行政伦理的制度体系需体现法制化要求;第二,加强公职人员的行政伦理培训及考评;第三,建立健全监督预警机制;第四,建立一套完备的个体美德激励机制。基于此,在有效矫治失范现象并重构当代中国行政伦理的具体问题上,我们认为应该从制度建设与个体美德建设的双重维度着手,进而探求实现行政伦理的突破口。行政伦理的制度建设是个体美德建设的基础,它为个体美德建设提供了结构框架;同时,个体美德是制度建设的精神支柱,它明确了制度建设的价值追求。行政伦理的制度建设和个体美德建设是相辅相成、缺一不可的。两者的结合是我国服务型政府构建的重要保障,是我国以德治国和依法治国相结合的治国方略的必然要求,是我国行政伦理价值得以彰显的关键。

(一)制度建设是行政伦理得以建立健全的基础

制度化,即是将不规则不统一的规范或行为整合为社会成员共同认同和遵守的由系

---

① 王伟:《行政伦理论纲》,载《道德与文明》,2001年第1期。

统的规范、规则、制度等组成的硬性约束规定的过程。制度化的过程,既是规范、行为等的系统化、条理化、正规化的过程,又是规范、行为等内在化和被社会成员所接受的过程。[①] 现代社会正处于大碰撞时期,思想多样、价值观多元等使得公共利益关系复杂且矛盾日益突出,如果缺少了对行政伦理制度化的强制约束,合乎伦理的社会关系将难以得到确立和完善。

行政伦理的制度建设包括"制度的伦理建设"和"伦理的制度建设",前者是指行政伦理制度的制定、评估以及价值追求等,这些环节都应该把行政伦理寓于其中,从而使各种制度能与各项伦理的要求相符,它体现了制度的合伦理性要求,集中表现为对制度伦理性的评估;后者是指通过法律、制度等强制手段增强行政伦理的约束力。"制度的伦理建设"和"伦理的制度建设"相互联系、相互作用,两者不可分割。没有制度的伦理建设,在制度安排中对伦理重视程度不足,制度必然缺乏实施的基础,难以发挥应有的功能;没有伦理的制度建设,明晰的、具体的伦理要求就无法体现,宽泛的、抽象的伦理就会丧失承担者,不具备现实可操作性。总之,两者都是行政伦理建设的必要因素,是服务型政府构建的重要内容。

行政伦理的制度建设主要有以下几个方面的要求。

一是要建立充分体现尊严价值和服务精神的制度体系。尊严价值,是2010年全国"两会"上提出的行政伦理目标,同时也是行政伦理的本性要求。随着公共行政体制改革的逐步深入,"服务精神"日益成为社会公众对行政伦理主体的角色期望,因此,建立充分体现尊严价值和服务精神的制度体系是行政伦理得以实现的基础,它的构建有三方面的要求:一是把保障尊严价值和提高服务意识的要求融入各项制度之中,即在政治、经济、文化、社会等制度中,把保障尊严价值和提高服务意识作为更高的要求,体现强烈的人文价值关怀;二是彰显民主价值,从协调"政民关系"的角度拓宽公民民主意识表达渠道,建立反馈机制,营造友好宽松的民主氛围等;三是维护正义价值,在各项制度的制定和评估工作中,对公正价值予以考量。

二是要加强行政伦理立法。行政伦理立法是把行政伦理的要求上升到国家意志的高度,从而达到规范行为的目的。我国在公共行政伦理法制化建设方面虽已取得一定的成果,但还存在相应的缺陷,主要体现在行政伦理立法的全面性差、系统化程度低以及"法律可能出现规定与原则在制度层面上的断层"[②]。立法工作应对这些尚存缺陷及时地进行弥补。此外,行政伦理的立法应把杜绝行政伦理主体违反伦理规范的可能性作为重点,防止潜在的行政伦理缺失与失范。

三是要完善行政伦理评价机制。根据公共利益目标,对各项行政伦理的执行进行评价,主要从行政伦理主体"德"、"能"、"勤"、"绩"、"廉"五个方面是否达标和行政伦理是否实现两大内容进行,此外,还应当建立配套的后续制度,主要分为奖励机制和惩罚机制。对行政伦理进行评价的价值在于正确地认识行政伦理的实现程度,掌握实施过程中的优劣形势,总结正反两方面经验,从而增强它的现实可操作性,最终目标是保障行政伦理制度建设的全面实现。但行政伦理评价机制的建立健全取决于评价的有效性和可信度,而能否确保评价的有效性和可信度又取决于两大前提:一是评价本身的制度安排是否公正、公开、公平;二是评价的结果与后续制度是否相匹配,奖罚是否公正、及时。特别值得一提

---

① 于凯:《论行政伦理制度化》,载《四川行政学院学报》,2008年第2期。
② 王蓓:《论和谐社会视角下的行政伦理制度化》,载《东南大学学报(哲学社会科学版)》,2007年第S2期。

的是后续制度的及时性,按照 B.F. 斯金纳强化理论的观点:"当人们由于采取某种理想行为而受到奖励时,他们最可能重复这种行为。奖励紧跟在理想行为之后时最为有效。"①因此,与行政伦理评价机制配套的后续制度,不论是奖励机制和惩罚机制,都应注重时效性,从而保证其行为的示范性。

四是要健全行政伦理监督机制。监督是行政伦理过程不可缺少的重要一环。其功能按照行政伦理的过程可分为预防、控制和补救,是确保行政伦理的实现必不可少的环节。当前我国行政伦理监督主要是对公共行政监督的继承和发展,类型大体上可分为立法监督、司法监督、社会监督以及自我监督,尽管种类不少,但还存在一定的不足。在行政伦理的基础之上,构建对行政伦理的监督机制应做好以下几点:第一,提高监督主体的地位,保障各监督主体的权威和公信力;第二,促成监督主体的全民性和广泛性,进一步拓宽监督渠道,提高监督主体的素质,确保监督权利的实现;第三,透明、公开地开展行政伦理监督,保证公共权力时刻置于各监督主体的约束之下;第四,监督手段多样性和法制性的统一。正如权利与义务的关系一样,开展监督的手段与监督的法制化要求是相辅相成的,应把监督置于法律框架下,同时,法律必须为监督的多样化手段提供指导,否则,混乱无序的监督必然耗费大量的公共资源,造成行政伦理新的失范。

(二)个体美德建设是行政伦理得以实现的关键因素

制度建设主要是侧重于从制度方面为行政伦理的实现提供路径,而个体美德建设则是通过对个体诉诸符合行政伦理的品质和性格,促进行政伦理的实现,集中表现在对个体行为的自律。关于对美德的界定,学者们通常沿用亚里士多德的观点,认为美德"是经过修养的、持久性的性格特质,是那种影响着一个人如何看问题,如何行动以及实际上是如何生活的态度、情感和信仰"②。我们认为,这里所述的个体美德建设应该包括对行政伦理主体和客体两方面的美德建设。从个体美德角度进行行政伦理建设的目标就是培养和完善行政伦理主体与客体的美德,使行政伦理原则和本性内化为主体与客体的行政伦理价值规范,与行政伦理的制度建设一起,通过内在感化和外在约束,实现行政伦理。

一要加强个体美德培训,降低个体对行政伦理认知的模糊性。不论是行政伦理主体还是行政伦理客体,服务的价值、公共利益至上、公正等核心价值理念应当成为共同的规范,在具体要求上,两者由于所处地位的不同而存在区别:对行政伦理主体而言,个体美德建设应侧重于培养其对公共权力的忠诚,公正地提供行政伦理,恪尽职守等;对行政伦理客体而言,个体美德建设应侧重于培养其公共权利的意识,鼓励行政伦理客体有序参与民主治理,培养并提高其监督意识。这些举措主要通过对行政伦理主体进行培训、对行政伦理客体进行公民教育等方法来实现。

二要利用个体期望理论,完善个体美德的激励机制。由于行政伦理主体和客体共同处于复杂的社会关系之中而具有社会属性,为维持这种社会性,两者都需要有一定的

---

① [美]斯蒂芬·P.罗宾斯、玛丽·库尔特:《管理学》(第7版),孙健敏等译,中国人民大学出版社,2004年版,第459页。
② 王云萍:《当代西方公共行政伦理的规范性基础探讨——以美德视角及其启示为中心》,载《厦门大学学报(哲学社会科学版)》,2007年第2期。

物质基础或精神基础,这种需要使得通过满足个体期望对个体美德进行激励成为可能。通过适当的、合理的激励,满足行政伦理主体和客体在自身美德建设过程中的期望,有着科学的理论支撑。具体措施有:第一,个体期望在形式上虽呈多样化特征,但大体上包括物质期望和精神期望,因此,可以依据个体需要的层次性对其进行奖励,引导个体期望和行政伦理要求趋同;第二,注重个体美德激励的时效性,强化个体对个体美德的追求。

复习思考题

1. 什么是行政伦理?现阶段加强行政伦理研究有何重要意义?
2. 如何理解行政伦理的主要内容?
3. 评价行政伦理的基本维度有哪些?
4. 当代中国行政伦理失范有何表现?如何重构?

经典案例

一个被"红"与"黑"撕裂的邱晓华[①]

2007年,中纪委、监察部严肃查处了国家统计局原局长邱晓华严重违纪案件。经查,邱晓华在任国家统计局领导职务期间,收受不法企业主所送现金,生活腐化堕落,涉嫌重婚犯罪。

不少网民为又一名贪官被揭露而叫好,然而,笔者的心情却颇为复杂。因为,我了解到的是另一个"邱晓华",一个被分裂了的"邱晓华"。

他涉嫌重婚罪,但他曾经表示坚决不做"陈世美"。邱晓华与合法妻子乃中学同学,邱晓华读大学后,双方才恋爱。邱晓华被分配到国家统计局工作时,有人劝他最好在北京找对象,否则"将来弄不好要做陈世美",但邱晓华仍与她结婚。1995年邱晓华的《中国经济热点追踪》出版,他在前言里说:"我还要感谢我的爱人,对我工作和生活的无微不至的关怀。"字里行间深情一片。而现在,邱晓华是一个涉嫌重婚的人。

他收受不法企业主的现金,但他曾经高调宣扬要为国"尽忠"。邱晓华的老父一直住在家乡县城。邱晓华差不多三五年才回老家一次。他曾对代他照顾父亲的堂兄说:"我尽忠,你们尽孝了!"而现在,邱晓华已经为国法所不容,沦为阶下囚,"忠孝"皆被其背弃。

他生活腐化,但他曾被称为国家统计局的"拼命三郎"。为了工作,他曾在办公室里打地铺,每天工作学习时间在12小时以上,常常在办公室里吃饭。邱晓华自称:"我不是才子型的人,天赋可以让人看出差别,但是刻苦的差距是无法估计的。"而现在,他恰恰在生活作风上堕落。

他已经倒下去,但他曾经高调宣称"要让'人'从数字中站立起来"。在"官出数字,数字出官"的尴尬社会背景下,甫升任国家统计局局长的邱晓华曾经面对的最大挑战就是中

---

① 邓清波:《一个被"红"与"黑"撕裂的邱晓华》,载《解放日报》,2007-01-25,略有改动。

国统计遭遇严重的信任危机。在一次会上,邱晓华曾一口气指出了统计系统内部存在的好些问题。他说:"经济不仅是增长就行了,最重要的是国民要得到实惠。""要让'人'从统计报表上站起来!"而现在,他自己已经落马倒下了。

"红"与"黑"是如此矛盾地存在于同一个人身上。现实生活中,很多贪官善于作秀,用各种"正面"的表演来掩饰自己。然而,邱晓华显然不像一个纯粹的善于作秀的贪官那么简单,在当前的中国社会,他堕落的悲剧具有更深刻的参照意义。"善恶只在一念间。"对于每一个掌握权力的人来说,永远不要把自己当圣人,也不可甘为小人,而必须时刻警惕这种善恶之间的分野,制度也应该有更为完善的设计来帮助他们抵制恶的诱惑。邱晓华的悲剧值得现实生活中每一个为官者鉴戒。

【案例思考题】

1. 结合案例,从个体美德和制度建设的角度,谈如何重构我国行政伦理。

行政学研究需要得到伦理学的支持[①]

行政伦理学作为一门学科是近些年来才被确立起来的。我们在追溯行政伦理学这门学科的源头时,往往导向"新公共行政运动"以及美国20世纪70年代以来公共行政发展的现实,认为"新公共行政运动"的理论中包含着行政伦理学的生长空间。而且,美国70年代以来的公共行政实践也存在着强烈要求开展行政伦理研究的内在理论倾向。但是,就行政伦理学作为一门学科而言,它是中国学者的创造性贡献。我们知道,在西方国家,特别是在美国,20世纪后期出现了学科意识弱化而理论意识增强的趋势。这是由于两个方面的原因决定的:第一,科学在自身发展过程中由于交叉性、边缘性课题大量涌现,从而在科学界开始形成了打破学科界限的共识,科学家、学者们不再囿于具体的学科开展自己的研究,逐渐地走向对理论建构的关注,而不甚考虑这种理论建构应当被放置在哪一门学科中去;第二,是出于解决现实问题的需要,因为,一切现实问题都具有综合性的特征,它需要调动多学科的知识和方法去加以认识和思考,单纯地从某一学科出发去形成解决现实问题的方案,必然是片面的,这也使学者们尽力地去淡化学科边界。所以,就科学的发展而言,在西方国家,已经超越了凡事多从"形而上"的角度去思考的学术研究阶段,而是越来越注重直接地去解决现实问题。

在中国改革开放的过程中,我们翻译了大量西方国家的学术著作,在这样做的时候,往往简单地译为某某"学",实际上,认真地阅读这些著作,可以发现,作者们往往不是出于学科建构和完善的动机而写作的,反而恰恰包含着的是服务于理论叙述的目的。所以,对于20世纪后期以来西方国家的学术作品,我们也应尽可能少地从学科的角度去阅读,而是应当尽可能多地从理论探索的角度去理解。行政伦理学也是这样,在西方国家,很难说存在着严格意义上的作为学科的行政伦理学,关于这方面的学术作品,大都属于行政伦理方面的学科边缘模糊的理论研究成果。当然,中国在科学领域中还处于后发展的历史阶段,在一个较长的时期内,中国学者的学科意识还会表现出比理论意识强的状况。也正是

[①] 节选自张康之:《论行政伦理研究中的理论追求》,载《社会科学研究》,2007年第1期,第54~59页。

由于这个原因,我国的行政伦理学研究一开始就是从学科建构入手的。而且,就中国当前的学术氛围来看,学科建构由于具有形式化的特征,价值关涉较弱,往往能够得到学术界的认同,而理论建构往往价值关涉较强,总会受到来自各个方面的以及各种各样的批评和限制。所以,中国行政伦理研究一开始就走上了学科建构的方向也是由这一学术环境所决定的。这在某种意义上也说明,中国的社会科学发展还处于西方国家较早时期的那一学科建构阶段。

但是,行政伦理学是被作为公共行政学的一个分支学科而提出来的,是从属于公共行政学的学科体系和作为它的一个构成部分而存在的。这又说明,行政伦理研究是出于矫正公共行政学的形式化、效率导向、控制导向等片面性的发展需要。因为人类正处在一个从工业文明向后工业文明转变的过程中,这一转型也必然会反映在科学发展上,会要求科学发生一场根本性质的改变。其中,社会科学的几乎一切门类都转向寻找伦理支持就是一个科学发展的趋势。这样一来,行政伦理学这门学科的提出又契合了20世纪后期以来整个社会科学发展的基本趋势。

我们知道,20世纪的经济学可能是最少伦理关怀的一个社会科学门类,然而,从阿马蒂亚·森的研究工作中可以看出,即便是对工业文明条件下的社会生活所进行的经济学考察,也需要得到伦理学的支持。我们知道,工业文明在其起点上,用科学排斥了道德,用法律取代了伦理。然而,这种文明向其制高点的攀爬,却达到了这样一个顶点,只有引进伦理的视角,我们才能发现人类前进的正确方向。正如森所揭示的,不仅对于当代发达国家,而且对于欠发达国家和地区,财富的增长都不应视为社会发展的唯一目标,相反,恰恰需要包括伦理在内的其他指标来标志人类的进步。虽然在直接的意义上,我们可以把森的思想看作是罗尔斯《正义论》的摹本,但对于经济学这门学科来说,所反映的则是一个新的倾向。总之,森的贡献向我们证明,在走向后工业文明的时代,即使像经济学这样一个20世纪中无条件崇尚科学的社会科学门类,都开始思考社会的伦理结构了。事实上,20世纪后期以来,在社会科学的每一个领域中,一切有见地的新贡献,都表现出了与森的工作所具有的共同倾向。恰恰是这一点,反映了人类进入一个伦理思考的新时代。正是这一类型的思考,所要打开的是通向合作社会的大门,而公共行政学作为专门研究政府这一领导社会发展的力量的学问,发现了伦理向度并切实地实现对自身的改造,是有着极其重大的现实意义的。

社会发展会改变学科的性质,比如,早期的政治学、经济学等,都可以被看作为伦理学的分支,可以称作为伦理政治学和伦理经济学。在亚里士多德那里,政治学作为伦理学的分支或一部分是显而易见的,直到亚当·斯密开始研究经济学的时候,经济学一直是伦理学借以展开的一个途径,无论是在《道德情操论》还是在《国富论》中,都可以看到,斯密完全是从伦理学的视角出发来探讨经济学的问题。可是,后来伦理学与政治学、经济学等学科的关系颠倒了过来,关于政治活动的伦理思考被称作政治伦理学,同样,对经济活动的伦理审视,则被看作为经济伦理学的研究。也就是说,政治伦理学成了政治学的分支学科,而经济伦理研究成了经济学学科体系的一个组成部分。而在公共行政学的研究中,伦理向度却被完全地封堵了起来,由于马克斯·韦伯出于"形式合理性"的要求而对一切价值因素的"祛魅",使伦理以及道德的因素游离出了公共行政的过程。这是公共行政学这门学科片面化并进而导致公共行政实践畸形化的根本原因之所在。

从工业社会向后工业社会的历史转型过程中去考察现代公共行政学的研究思路,可以看到,行政组织与社会之间的关系有两条可能性的途径来连接:一条是行政组织与社会之间直接的协作关系的建立,属于这条思路的对策性建言总是要求政府更多地接受公众的参与,而政府自身则被要求根据服务价值来重塑自我,在行为上增强服务导向;另一条思路是在政府自我中心主义的传统框架下来对政府作出补充性的修正,要求政府在运行机制上增强对社会需求的"回应性",为了使这种"回应性"表现得更为积极,政府自身又需要拥有更多的"灵活性"。其实,前一个思路虽然表现出积极建构的愿望,但是,如何付诸实施,则是一个需要重点研究的问题,从现实的实践选择来看,更多地陷入到工业社会传统的窠臼中去了。至于后一种思路,显然是较为保守的,是在社会转型压力下作出的被动反应。恰恰是后一条思路,依然顽强地支配着公共行政实践的现实。所以,在人类走向后工业社会的过程中,社会治理模式及其制度设计如果不突破传统框架,是很难满足社会需求的;如果不扬弃那种在传统框架下所提出的增强"回应性"、"灵活性"的方案和措施,我们的政府可能就会失去正确引导社会实现从工业社会向后工业社会过渡的能力;如果不是通过伦理思考来重建服务型的社会治理模式,而是把服务型政府作为一种宣传性或宣示性的内容提出来,就很难成为解决后工业化过程中实际问题的有效途径。所以,公共行政学这门学科需要得到行政伦理研究的改造和重建,需要在行政伦理的研究中去发现政府引导社会走向未来的正确路径。

第十三章 行政监督

> 一切有权力的人都容易滥用权力,这是万古不变的一条经验,有权力的人们使用权力一直到遇到有界限的地方才休止。
>
> ——[法]查理·路易·孟德斯鸠

第一节 行政监督理论

一、分权制衡理论——以权力制约权力

分权制衡论是被西方国家普遍运用在政治体系和其他国家管理活动中的重要法理。分权制衡论对权力的制约最为直接,也最为有效。制衡学说源于分权思想,分权思想可以溯源于古希腊的亚里士多德。亚里士多德认为,一切政体都有三个要素——议事机构、行政机构和审判机构,"倘若三个要素(部分)都有良好的组织,整个政体也将是一个健全的机构"①。可见,亚里士多德开创了分权理论的先河,其理论孕育了以分权进行监督、以监督达到制约的基本精神。在分权思想基础上发展起来的制衡学说,形成于资产阶级革命时期。18世纪中叶,法国启蒙思想家、法学家孟德斯鸠在其名著《论法的精神》中,论述法和政体以及自由的关系时,强调了专制政体与法律的水火不容,认为一切有权力的人都容易滥用权力,要防止权力被滥用,保障人民的自由,"就必须以权力约束权力"。孟德斯鸠认为,国家权力不能集中掌握在一

---

① [古希腊]亚里士多德:《政治学》,吴寿彭译,商务印书馆,1996年版。

个人或一个机关的手中,否则就不能保障社会自由和公民自由。他说,政治自由是通过三权的分野而得以保障的。当立法权和行政权集中在同一个人或同一个机关之手,政治和社会的自由便不复存在了。如果司法权同立法权合而为一,将对公民的生命和自由施行专断,而如果司法权同行政权合而为一,法官便将握有压迫者的力量,公民的自由将荡然无存。一句话,没有分权就没有政治自由。

孟德斯鸠的分权学说中最重要的部分是关于权力制衡的必要性及其设置。在对各种政制进行详细考察之后,他提出了权力制衡的理论。他认为:"一切有权力的人都容易滥用权力,这是万古不变的一条经验,有权力的人们使用权力一直到遇到有界限的地方才休止。"因此,他强调权力的相互约束,通过特定的力量平衡,达到以权力控制权力的目的。在他看来,一个自由的健全的国家必然是一个权力受到合理和合法限制的国家。在以权力约束权力理念之下,孟德斯鸠的分权学说表现为一整套权力结构的设计。第一,孟德斯鸠主张立法权应当由人民选举的代表来行使。他强调,各个城市和地区的人民应各自选出代表参加议会。为数不多的代表能够讨论大众聚集在一起不适宜讨论的问题,这是代议制最大的好处。他认为,以出身、财富或荣誉著称的人应单独组成贵族院,由一般群众选举产生的代表则组成平民院。议会两院同时拥有立法权,相互牵制,以制止贵族和平民的相互侵犯。另外,涉及贵族的案件还应由贵族院审理。他还指出,立法机关的集会应由行政机关召集,以实现行政权对立法权的制约。第二,孟德斯鸠认为行政权力和军队应交由国王掌握。行政权力处事需要当机立断,急速行动,因而行政权力和军队由一人掌握比较合适。立法机关有权审查它所制定法律的实施,以实现对行政权的监督,但不应有权审讯执政者本人,这对防止立法机关的专制是很有必要的。他还认为行政机关有权制止立法机关的越权行为,以"反对权"参与立法。他提出立法机关有随时解散军队的权力,以防止军队成为行政权力压迫人民的工具。第三,孟德斯鸠强调司法独立原则。他所谓的"司法独立",就是司法权独立于立法和行政权力。由选自人民阶层的法官依照法律的规定行使审判权,不受立法权和行政权的干涉。这一概念的提出是孟德斯鸠对洛克分权理论的一大突破。司法被明确为与立法、行政并立的权能,使孟德斯鸠的分权学说成为真正意义上的"三权分立"。司法独立是"以权力制约权力"的关键,只有"司法独立"才能保障司法权对立法权、行政权的制约。

分权制衡理论受到后世很多西方思想家的推崇、继承与发展,在实践中更成为西方国家普遍的政府组织原则,对近现代西方政治民主化进程产生了深远的历史影响。

分权制衡论主导下的以权力制约权力的权力制约模式虽然能有效制约权力,但不可能解决所有的权力滥用问题。就三权分立自身而言,立法权、行政权和司法权三者虽然是并列的,但在事实上,司法权是其中最弱的,而行政权则是其中最具有扩张性的,因此,很难达到理想的制衡效果。可见,对权力的制约不能只寄托于分权与制衡。

二、人民主权理论——以权利制约权力

人民主权理论是西方思想家基于社会契约论和主权论提出的民主理论,是近代西方政治发展史上一个重要的理论成果,认为人民拥有主权,国家的主权源于人民权利的让渡,因此人民对国家有天然的监督权。人民主权论是人类在对政治发展历史经验的基础

上获得的并经检验为真理的认识,它意味着对"家天下"和野蛮政治的彻底否定,这种观念显然是对客观世界的正确反映,是较好的解释权力来源的观点。

最早比较全面提出人民主权论的是卢梭(J. J. Rousseau 1712—1778)。可以说,卢梭的人民主权论第一次以如此完整的形式、如此彻底的精神打开了西方近代政治的大门,他坚持人民主权的绝对性、神圣性和不可侵犯性,极大地鼓舞了大革命时代的政治先驱者。卢梭认为,以社会契约方式建立的国家,完全是出于人类自身的理性要求,人们在签订契约时无一例外地将自己的一切权利交给了国家,这样,其最高权力仍属于人民全体;人民行使国家主权称为人民主权。人民主权是"公意的运用","公意"所保护的是全体人民的"公共福利",是公正的和以公共利益为依归的。政府是在公民和主权者之间建立的一个中间体,它使两者得以互相适应,它负责执行法律并维持社会和政治自由,因此,主权是第一位的,政府是第二位的。权力的表现和运用只能以符合人民意志的社会契约为基础,政府权力的行使必须是为了维护"公意",不得违反主权意志,必须对人民负责,必须接受人民的监督和控制。可见,人民主权是政府权力的逻辑基础,没有人民主权就不可能有政府权力,政府权力是人民让渡的权力,必须受人民监督。

从实践上看,虽然当今世界存在社会主义政治意识形态和资本主义意识形态的分野,但自从资产阶级高举人民主权的旗帜号召人民起来推翻封建专制统治并取得历史性的胜利后,资本主义宪政国家无不以人民主权为核心来强化以公民监督、社团监督为代表的社会监督。美国总统林肯在第一次就职演说中宣称:"我们的国家,连同她的行政机构,都属于定居其上的人民。任何时候他们只要对现政府感到厌倦,便可以行使宪法赋予的权利改造政府,或使用革命的权利推翻政府。……最高行政长官的一切权力来自人民,人民并未赋予任何权力订立分裂各州的条件。如果人民愿意,他们也可以赋予这样的权力。……同样还是这些人民,他们明智地规定了我国的政体,使人民公仆的权力十分有限,不能为非作歹;他们还同样明智地规定了每隔一段很短的时间,便可将这极有限的权力收回自己手中。"马克思主义在创建社会主义理论时,也充分肯定了人民主权的历史进步意义,并将它作为社会主义革命和建设中的共同信仰和追求。

在现实中,政府作为代理人在实际上很难做到按照其委托人——人民的意志行事,其原因有三。首先,在人民主权的委托代理关系中,代理人的目标函数并不总是与委托人相一致。当一种行动不是直接代表公共利益,而是代表着行为者时,就可能会出现代理者的行为偏差,存在着代理人偏离、甚至背弃委托人利益的危险。其次,在委托代理中,人民或代议机构与政府之间信息始终是不对称的。作为代理人的政府可能通过提供不真实的信息来追求自身效用的最大化。由于信息不对称,委托人人数众多且相当分散,缺乏采取统一的集体行动的动力,从而加大了对政府监督约束的困难和风险。再次,在承接公共权力的代理中,不存在代理权的竞争,政府是独家垄断的,即享有垄断代理权。因为在任何国家都只存在一个统一的行政系统,人民不能在多个行政系统中进行选择,这种垄断性使政府处于明显的优势,从而扭曲了人民与政府的委托代理关系。政府凭借这种优势,常常不顾人民的利益,追求集团或个体利益的最大化。处于劣势地位的委托人难以对代理人的行为方式及其结果加以约束、监督。另外,体现委托人意志的法律通常只给法律执行者——政府提供原则性的规定和指导,政府具有较大的自由裁量权。

可见,虽然人民主权论很好地解释了权力的真正来源:人民的权利,并引申出人民应该起到监督政府和制约政府权力的作用。但事实上,由于作为委托人的人民本身对权力约束的弱势,因此,很难有效制约公共权力。

三、社会契约论——以道德制约权力

在西方,契约一开始就被人们作为一个社会的最高制度伦理看待,它制约一切具体的行为规范。"虽然这种理论的政治形式已经常被人们指责为一种虚构,但是由于这种理论具有一种较其政治形式具体得多的涉及到人与人之间关系的形式,因此人们已承认它为责任提供了一种即使不充分也是必要的条件。"①

在西方思想史上,霍布斯、斯宾诺沙、洛克、卢梭、康德和罗尔斯等都从不同层面来探讨社会契约论。霍布斯是 17、18 世纪流行的自然法和契约论的创始人之一。霍布斯认为,人的本性是趋利避害。在自然状态中,人的本性表现为求利、求安、求荣。人类为了求利便不断地运用暴力争夺财产;为了求安便相互猜忌,用暴力保护自己;为了求荣则不惜为小事而动用武力。总之,在自然状态中,人与人之间充满敌意和戒备,不存在什么是与非、公正与不公正等道德观念。但人类本身为了自我生命的保护,又会超越自然状态,制定和平与正义的自然法,并通过契约形成公共权力。霍布斯认为,人类的和平合作关系只能通过契约形成,因为契约是订约者彼此自由协商的结果。它不是一种思想,也不是一种强制。在制定契约的过程中,每个人在承诺自己的权利和义务的同时,也要考虑到对方所承担的权利和义务,契约在一定意义上,就是权利的相互转让。"权利的互相转让就是人们所谓的契约"②,契约产生国家,即通过签订契约,把一切权利交给某个个人或会议,即主权者。"政府的一切必要权力……一概委之于主权者"③,主权者就是伟大的"利维坦",是专横的、强权的象征。与霍布斯不同,斯宾诺沙则主张国家权力不是专横的,而是理性的,即国家的目的在于保护人民的福利和政治、思想自由。洛克提出社会契约的理论立足点则在于对个人权利的认定。洛克认为,契约一经订立,自然状态立即转化为公民社会,公民社会建立之后,个人的一切自然权利,如自由、平等,特别是财产权利,都仍然保留,个人的权利尤其是财产权是神圣不可侵犯的,对个人财产权界定和保护是政府的首要任务。政府实际上是一种社会权利和个人权利之间的一种契约关系。在这个契约中公民和政府是契约的双方当事人,公民放弃给政府的仅仅是一部分权利。公民放弃一部分权利给政府是为达到更好地保护他们的生命、自由和财产的目的,政府的权力决不容许扩张到超出公众福利的需要之外,也就是说政府行使权力必须严格服从这个目的。他主张政府之所以必需乃是因为它在保护个人的权利上发挥作用。因此,政府必须对公民负责。卢梭则进一步指出,社会契约产生的是"道德和集体的共同体",就是一个"公共的大我"。社会契约完全是出于人类自身的理性要求,是"要寻找一种结合的形式,使它能以全部共同的力

---

① [美]艾伦·格沃斯:《伦理学要义》,戴杨毅等译,中国社会科学出版社,1991 年版,第 90 页。
② [英]霍布斯:《利维坦》,黎思复、黎廷弼译,商务印书馆,1985 年版,第 100 页。
③ [美]乔治·霍兰·萨拜因:《政治学说史》(下册),托马斯·兰敦·索尔森修订,刘山等译,南木校,商务印书馆,1986 年版,第 530 页。

量来卫护和保障每个结合者的人身和财富,并且由于这一结合而使每一个与全体相联系的个人又只不过是在服从自己本人,并且仍然像以往一样地自由"①。这种结合的形式是通过每个人把自己的一切权利全部转让给集体,集体掌握管理社会的治权。因此,政府行使权力必须符合"公意",要对公民负责,并负有保护公民的行政道德。

康德则认为,契约的公正和权威,人们对契约的虔诚,是由于契约内在的道德规定使然。最高意义上的契约是以自身作为约束根据的具有普遍必然性的道德自律,这种道德自律能有效地促使政府有效地履行行政责任。

罗尔斯则对契约理论进行一种理性的提升,致力于用契约理论来构造其公平的正义,贯穿《正义论》全篇的中心思想,就是他对契约的道德规定。他强调道:"要理解它就必须把它暗示着某种水平的抽象这一点牢记在心。特别是我的正义论中的契约并不是由此进入一个特定的社会,或采取一种特定的政治形式,而只是要接受某些道德原则。"总之,道德本体构成了契约的题中之意。

由上不难看出,虽然各种契约理论的形式有所差别,但从其契约价值上讲,它们至少包含以下两个共同点。

第一,契约签订的直接动力在于契约双方当事人之间要达到某种目的。社会契约论中,政府权力的产生是公民与政府之间订立契约的结果,其直接动力和目的都是为了维护全体公民的公共利益,政府权力行为必须服从这个目的,为公民之公共利益负责。因此,维护社会公共利益是社会契约论对行政道德的内在规定。

第二,契约意味着双方当事人之间权利义务的对称,政府掌握管理社会的公共权力,同时必须负起维护公共利益的义务、责任,公民有服从政府公共权力管理的义务,同时公民有被保护公共利益的权利,有监督和制约公共权力的权利。因此,政府公共权力的执行者必须对自己的行政行为负责。布坎南认为,在公共权力机构担任公职的是既有理性、又很自私的人。如何保障公权的使用具有节制和理性,避免公权的滥用,除了通过政治契约的监督以外,还须通过价值的洗礼、道德的升华,消除公共权力使用者的心理灰色的一面。

以社会契约论为基础的以道德制约权力的权力制约模式主要通过两种方式来实现对权力的约束,即权力主体的自律和他律。权力主体的自律是在权力主体行使行政权力中以内在道德的力量来进行自我约束,促使权力的正确使用。它的约束范围非常广,在法律难以或无法干预的领域,能够发挥约束作用。权力主体的他律主要是公民、社会团体等对权力主体作出肯定、批评和建议,迫使其遵守道德规范。但是,由于权力主体的道德水平是无法衡量的,而且道德的约束是一种软约束,缺乏刚性,因此,虽然道德是对权力的制约的必不可少的因素,但其制约能力并不十分理想。

第二节 行政监督体系

行政监督体系是指具有法定监督权的多元的监督主体在对行政机关及其工作人员进行监督时的任务和权限划分体系。根据不同标准,可以将行政监督体系划分为不同的类

---

① [法]卢梭:《社会契约论》,何兆武译,商务印书馆,1980年版,第23页。

型;本书中,我们根据行政监督主体与监督客体的关系,可以将行政监督体系划分为内部监督体系与外部监督体系。

一、行政系统内部监督

行政系统内部监督是指上级行政机关对下级行政机关、专门行政监督机关对一般行政机关以及行政机关对其工作人员进行的监督,是行政系统内部建立的检查、督促等自我约束、自我制衡的自体监督体系。世界各国建立了形式各异的行政系统内部监督体系。在一些单一制国家,中央政府设有主管地方事务的机构,如日本的自治省,主要负责指导和监督地方政府实施法制,完成中央政府下达的任务,监督地方预算计划的制定并检查其完成情况。同时,由政府设立了监察机构,主要负责全面推进政府管理工作;了解公民意见、解决问题;通过对话,解决不良行为造成的后果。在联邦制国家,如在美国,各州政府享有很大的自治权利,依法建立了一套地方监督体系。同时,政府各部门内设监察机关,其职责是监督本部门的审计和调查、指导协调本部门的工作,纠举违法行为,并提出改正措施。另外,基于司法制度的不同,各国的内部监督体系构成也呈现出不同特点。以大陆法系为司法制度的欧洲大陆国家,一般在政府组织内部设立行政法院,审查和裁定政府机关公务人员的违法案件。英、美、法系等国家,其行政管理中的违法案件,包括行政案件,由独立于政府部门的司法机关裁决。

(一)行政系统内部监督的特点

1. 监督内容更具全面性

依据宪法和相关法律规定,权力机关对行政管理的监督涉及多个方面的内容。然而,由于权力机关的主要职责是制定法律,一般而言,人大代表们对行政管理的运作缺乏充分而又深入的了解;权力机关的议事程序和运行机制也有内在的局限性;加之出于职责分工的考虑,实践中,权力机关对行政管理的监督更多的是从宏观上把握政府施政的整体情况。司法机关对行政管理的监督主要集中在政府具体行为的合法性方面,几乎不涉及对政府抽象行政行为的监督问题。而行政系统的内部监督是建立在层级隶属的组织原则基础上,上下级的领导—服从关系、上下级在管理目标上相当程度的一致性、行政机关层级控制的需要以及行政机关对自身或下级行政管理运作的熟悉,这些都使得行政系统内部监督可以在更为全面的范围内展开。行政系统内部的监督既包括对具体行政行为和抽象行政行为的监督,也包括对行政行为合法性与合理性的监督,还包括对政府公务员的监督。

2. 监督方式更具多样性

相对于权力机关和司法机关的监督而言,行政系统内部的监督更具多样性。既可以依据职权采取积极主动的方式,也可以应相对人的申请被动地进行监督;既可以运用法定的正式的监督方式,也可以运用各种非法定的监督方式;既可以撤销违法或不当的决定,也可以直接变更违法或不当的决定;既可以通过法律的手段来惩罚作出违法行为的行政机关或公务员,也可以通过内部纪律处分的形式来规范公务员行为。

3. 监督程序更具时效性

由于受到监督程序和监督方式的约束,权力监督和司法监督通常无法及时发现或处理行政管理中出现的违法或不当行为。而由于上下级行政隶属关系和监督方式的多样性,使得行政系统内部监督可以更为及时、高效地发现并处理行政管理中出现的新情况、新问题。

当然,由于行政系统内部监督毕竟是一种自我监督,是由行政管理自身来发现并处理行政管理过程中出现的违法或不当行政行为,这就违背了"任何人都不得做自己案件的法官"这一公认的原则,其公信力通常弱于权力机关、司法机关和其他监督主体所实施的外部监督。在行政监督实践中,行政系统内部的监督通常很难避免或消除偏袒的可能性。即使行政系统内部的监督主体完全遵守相关法律法规,但由于监督权力本身的行使允许相当程度的自由裁量空间,监督机关也会出于尽可能减少违法或不当行政行为对行政管理带来的负面影响的考虑,从而无法完全满足合法利益受到损害的相对人的正当请求。

(二) 行政系统内部监督的构成

在中国,行政系统内部监督主要有一般监督、专门监督和特种监督三种基本形式。

1. 一般监督

一般监督,是指基于组织层级和隶属关系,上下级行政机关之间、同级行政机关之间以及行政机关对其自身或所属公务员进行的监督活动。

行政管理是一个规模庞大、内容复杂的系统,为了实现管理目标,就必须将目标层层分解到各个部门直至各个公务员,逐级融合成大规模的复杂活动。所以,行政系统必须是一个金字塔式的层级机构,各层级之间界限分明,下级必须服从上级,上级有权监督下级,下级有权向上级反映情况或提出申诉。中国实行双重领导体制,地方各级人民政府及其职能部门不仅要对本级权力机关负责,而且还要服从上级人民政府及其职能部门的领导或业务指导。处于领导或业务指导地位的上级行政机关享有相应的监督权力;同时,各级人民政府及其职能部门也可以依据法律法规和工作纪律对其公务员进行监督。可见,此种监督是行政管理的内在需要,它有助于保障政令的畅通无阻和良好的工作局面。

从中国行政管理层级上看,宪法、法律所规定的一般监督主要有三种,即上下级之间的监督、一级政府内部平行机关之间的监督和行政机关对其自身或所属公务员的监督。

1) 上下级之间的监督

由于上级拥有领导权和指挥权,上级对下级的监督是行政系统内部实施的一种最经常、最普遍的监督形式。在中国,这种监督又可细分为三种形式:一是国务院对所属部门和地方各级人民政府的监督。《宪法》第89条规定:国务院规定各部和各委员会的任务和职责,统一领导各部和各委员会的工作,并且领导不属于各部和各委员会的全国性的行政工作;统一领导全国地方各级国家行政机关的工作。《宪法》第110条规定:全国地方各级人民政府都是国务院统一领导下的国家行政机关,都服从国务院。二是地方各级人民政府对所属部门和下级人民政府实施监督。《宪法》第108条规定:县级以上的地方各级人民政府领导所属各工作部门和下级人民政府的工作,有权改变或者撤销所属各工作部门和下级人民政府的不适当的决定。《宪法》第110条规定:地方各级人民政府对上一级国家行政机关负责并报告工作。三是上级人民政府主管部门对下级人民政府主管部门的监督。《地方组织法》第66条规定：省、自治区、直辖市的人民政府的各工作部门受人民政府统一领导，并且依照法律或者行政法规的规定受国务院主管部门的业务指导或者领导。自治州、县、自治县、市、市辖区的人民政府的各工作部门受人民政府统一领导，并且依照法律或者行政法规的规定受上级人民政府主管部门的业务指导或者领导。

除此之外，下级行政机关也可以对上级行政机关进行监督。这种监督形式是下级向上级提出批评和建议，实施监督，这是组织内部的一种特殊的民主监督形式，有利于调动下级的积极性，防止与纠正上级在行政管理中出现的失误和偏差，提高上级行政管理的成效。这种监督形式主要通过提出批评、意见、建议以及进行举报、控诉等方式进行。但一般情况下，由于下级要接受上级的直接领导，其监督行为具有一定的风险性，下级由于害怕得罪上级，而不愿意主动去监督上级的行为。

2）一级政府内部平行机关的监督

这种监督形式主要是行政主体内部各平行部门在其职能范围内，基于其所管工作的需要，对其他部门实行的监督，如财政、人事等部门对其他部门财政事务和人事事务进行的监督。这种监督的优点是，各平行机关由于在日常工作中经常进行合作与交流，对彼此的工作、权限等都较为熟悉，监督起来较为得心应手。但缺点也较为明显，这种监督易于在彼此的妥协与报复下变得有名无实，影响正常工作上的合作关系。

3）行政机关对其自身或所属公务员的监督

行政机关若发现自己的行为有违法或不当之处，有权及时处理，变更或撤销已经作出的违法或不当行为，但应注意保护行政相对人的合法利益。例如，中国相关法律法规规定：行政机关可以在行政相对人提起复议或者诉讼后，作出变更或撤销违法或者不适当行政行为的决定，或者决定停止执行存在争议的行政行为。此外，行政机关自我监督还包括对所属公务员的监督。任何行政行为都是由公务员以行政机关的名义作出的，只有加强对公务员的监督，对违法乱纪的公务员进行惩戒，才能确保公务员的行为符合法律规范，从而有效地减少或预防违法或不当行政行为的发生。

行政体系内部的一般监督主要有以下几种形式。一是审查批准。它是指监督主体依据有关法律规定，对被监督主体作出的抽象或具体行政行为进行审核、加以认可的活动，这是一种对行政行为的事前监督形式。二是备案。它是指依据法律法规的明确规定或依据监督主体的要求，被监督主体将其作出的行政行为上报监督主体备案以供检查，这实际上是一种事后监督的形式。三是听取、审议工作报告。虽然我国宪法只规定地方各级人民政府对上一级负责并报告工作，但人民政府对其所属部门、上级主管行政机关对下级相应职能部门以及行政机关负责人对本机关的监督，通常采用听取、审议工作报告的形式。四是实施执法检查。它是指监督主体对监督对象执行法律法规或上级机关决定、命令的情况实施的实地考察。这是行政系统内部进行监督的手段，相对于其他手段，有助于监督主体更为直接地获取真实信息。五是行政复议。它是指监督主体应行政相对人的申请，对被申请复议的具体行政行为进行审查、作出决定。相对于其他监督方式而言，行政复议一方面更加规范，另一方面是应行政相对人的申请实施的监督，因此对行政相对人合法权益的保障更加直接有效。六是信访。国务院颁布的《信访条例》规定，信访是公民、法人或其他组织采用书信、电话、走访等形式,向各级人民政府、县级以上各级人民政府工作部门反映情况,提出意见、建议和要求,依法应当由行政机关处理的活动。信访制度为公民、法人或其他组织启动行政机关对其自身行为或其公务员行为的监督、启动上级行政机关对下级行政机关的监督,提供了一种有效的途径。七是惩戒。它是指监督主体对其自身或下级行政机关的违法或不当行为,除了可以根据法律规定予以撤销、变更外,还可视行政机关或行政机关负责人以及一般公务员在作出违法或不当行政行为过程中的过错程度,给予相应的惩戒处分。

2. 专门监督

专门监督指在行政系统内部设置专门监督机关,即专门监察机关实行的监察活动。目前,我国行政系统内部的专门监督中,最为核心、常用、有效的专门监督是国家行政监督机关实行的行政监察活动。国家行政监察机关以宪法和法律为依据,在我国县及县以上各级政府中都有设立。它在上级行政监督机关和所属人民政府的领导下,独立地行使监察权,只服从国家有关法律、法规和政策等,因而其监督地位具有公正性和权威性的特点。

中华人民共和国成立之后,中央人民政府政务院设立人民监察委员会,省级以上各级财政机关和国营财经企业部门设立监察室。1954年,国务院设立监察部,1959年第二届全国人民代表大会撤销了监察部,1986年,恢复设立监察部,1990年国务院颁布实施《中华人民共和国行政监察条例》,1997年《中华人民共和国行政监察法》正式颁布实施。

1) 行政监察体制

行政监察机关实行双重领导体制。实践中,中央、省级、市级和县级人民政府分别设立各自的监察机关。监察部主管全国监察工作,县级以上地方各级人民政府监察机关负责本地区的监察工作。地方行政监察机关同时对本级人民政府和上一级监察机关负责,而在监察业务方面以上级监察机关领导为主。值得注意的是,当前国家行政监察机关与中国共产党纪律检查委员会合署办公。

2) 行政监察形式

一是检查监督执法情况,检查监督行政机关在遵守和执行法律法规和人民政府的命令、决定中存在的问题;二是受理控告和检举,受理监察机关对行政机关、公务员和行政机关任命的其他人员的违法行为的控告和检举;三是调查处理违纪行为,调查处理行政机关、公务员和行政机关任命的其他人员的违纪行为;四是受理申诉,监察机关还受理公务员和行政机关任命的其他人员不服主管行政机关给予行政处分决定的申诉,以及法律、法规规定的其他由监察机关受理的申诉。

3) 行政监察权限

我国行政监察机关的权限包括:检查监察对象贯彻执行国家政策、法规的情况,查处其违法行为;受理对监督客体违法、违纪行为的申诉和控告;审议本级政府任命人员的纪律处分事项;教育监察对象遵纪守法;制定、颁布监察工作相关的规章、命令和指示。行政监察是行政监督中不可缺少的一种重要形式,它在确保政令通畅、维护行政纪律、推动廉政建设、促进行政管理等方面发挥着基础性作用。

3. 特种监督

特种监督是指行政系统内部依法实行的针对某种专门的行政管理活动进行的专

业性监督，如审计监督、物价监督等。其中审计监督就是国家审计机关进行经济监督的一种活动，它有权依法对政府组织、企事业单位以及其他同国家财政有关单位的财政财务收支的真实、合法和效益进行审核、稽查的活动。如果发现有违法行为，审计机关有权责成有关单位予以纠正，并有权对其作出没收非法所得、处以罚款、停止财政拨款、终止银行信贷等处理。由于专业性监督主体在公共组织内部具有相对的独立性，它与被监督对象既无隶属关系，又无经济利害关系，从而使其监督具有较高的自主性、主动性和客观性。

1) 审计监督体制

中华人民共和国成立之后的很长一段时间，审计职能是由监察机关来行使。1982年，新宪法规定国务院设立审计机关，在国务院总理领导下，依法独立行使审计监督权，不受其他行政机关、社会团体和个人的干涉。随后，1988年的《审计条例》、1994年的《审计法》和1997年的《审计法实施条例》相继出台，使中国的审计监督逐步走向规范化、制度化。实践中，审计机关实行双重领导体制，审计机关不仅对本级人民政府负责，更要对上一级审计机关负责，在审计监督业务上以上级审计机关领导为主。

2) 审计监督内容

审计监督的内容主要有以下几种：审计本级政府各职能部门和下级政府预算的执行情况和决算以及预算外资金的管理和使用情况；审计监督中国人民银行的财务收支情况；审计监督国家建设项目预算的执行情况和决算；审计监督政府部门管理的和社会团体受政府委托管理的社会保障基金、社会捐赠资金以及其他有关基金、资金的财务收支情况；审计监督行政机关接受的国际组织和外国政府援助、贷款项目的财务收支情况；其他法律法规规定应当进行审计的行政机关财政、财务收支情况。

3) 审计监督权限

审计机关履行监督职责的权限有四个方面。一是调查权。审计机关可以要求被审计单位报送预算或财务收支计划、预算执行情况、决算、财务报告，社会审计机构出具的审计报告，以及其他与财政或财务收支有关的资料；检查被审计单位的会计凭证、会计账簿、会计报表以及其他与财政或财务收支有关的资料和资产；就审计事项的有关问题向有关单位和个人进行调查取证。二是强制权。审计机关有权制止被审计单位正在进行的违法财政财务收支行为；审计机关发现审计对象转移、隐匿、篡改、毁弃会计凭证、会计账簿、会计报表以及其他与财政或财务收支有关的资料的，有权制止或采取强制措施；审计机关发现审计对象转移、隐匿违法取得的资产的，在法定权限内有权制止或申请法院采取保全措施。三是建议权。审计机关认为监督对象所执行的上级主管部门有关财政财务收支的规定与法律法规相抵触的，有权建议有关主管部门予以纠正；审计对象有违法的财政财务收支行为的，或转移隐匿、篡改、毁弃会计凭证、会计账簿、会计报表以及其他与财政或财务收支有关的资料的，或转移、隐匿违法取得的资产的，审计机关有权对负有直接责任的主管人员和其他直接责任人员提出行政处分的建议；审计对象有违法的财政财务收支行为的，审计机关有权作出审计建议书，向有关主管机关提出处理意见。四是出具审计意见和作出审计决定权。审计机关对审计事项必须出具审计意见书；若认定审计对象有违法的财政财务收支行为，需要依法进行处理的，除对审计事项作出评价、出具审计意见书外，还可以对违法的财政财务收支行为,在法定职权范围内作出处理的审计决定。

二、行政系统外部监督

行政系统外部监督,是指行政组织以外的各种监督主体对公共组织及人员的管理活动所进行的多渠道的、多种形式的异体监督。外部监督体系主要包括权力机关监督、司法机关监督、政党监督、社会监督等形式。

(一) 权力机关监督

权力机关监督是指国家立法机关对行政机构及其活动实施的监督,是具有法律效力的最高层次的异体监督。由于世界各国的政体和国体的不同,国家权力机关的监督内容与模式存在着差异性。在三权分立的国家,立法权、司法权、行政权分别交由不同的国家机关行使,以实现权力的相互制约、相互监督。因而,通常被称为议会或国会的权力机关,由选民选举的议员组成,行使立法职能并享有某种监督政府的权力,同时它也被政府监督。在实行"议行合一"的国家,国家权力机关拥有国家主权和最高的法律地位,在国家体系中居于核心地位,任何机关没有制约它的权力。例如,我国实行的是人民代表大会制度,这种制度的根本特点是国家的一切权力属于人民,人民通过选举人民代表大会的代表来行使国家权力,人民代表大会作为最高国家权力机关要对人民负责并接受人民的监督。在行政监督中,人民代表大会是通过中央和地方各级人民代表大会及其常务委员会来实施监督权。由于各级人民政府、人民法院和人民检察院都由人大产生,并对人大负责和报告工作。因此,人民代表大会的监督既是代表人民意志和国家利益的监督,也是最高层次、最具权威以及最高法律效力的监督。

世界各国权力机关监督的方式主要有质询、诘问、不信任表决、弹劾、审批、调查等。质询主要是指立法机关的成员在讨论会中就某个政府管理活动有关的问题向政府机关发问,并要求予以回答的做法,其目的是了解信息。诘问是指以严肃而正式的提问与答复方式对政府组织进行的立法监督活动。不信任表决是针对内阁制政府是否应当继续工作的议会表决,主要指当国会议员对内阁制政府行为感到严重不满时,可采用不信任表决的方式促使政府官员辞职。弹劾是指国会议员纠举违法失职的政府官员并罢免其职务的工作活动。弹劾的对象主要是各国的总统、副总统及高级公职人员。审批是指国会对于政府的重大措施所进行的审查批准的活动。调查是指各国国会在行使其立法职能的时候,都需要准确了解信息和资料,组织经常性的调查,从事信息和资料的收集工作。

我国由人民代表大会及其常务委员会对政府进行监督的主要工作方式有以下几种。①听取和审议同级人民政府的工作报告,其中包括年度报告、财政预算报告、各项重大措施和政策报告、政府各部门负责人工作活动报告等。②审查并撤销本级行政机关发布的不适当的法规、规章、命令和决议。③向政府及所属部门提出质询和询问,发表意见,同级政府组织的有关人员必须负责答复。④视察和检查政府工作,处理公民对政府的申诉、控告和检举。《宪法》第41条规定:中华人民共和国公民对于任何国家机关和国家工作人员,有提出批评和建议的权利;对于任何国家机关和国家工作人员的违法失职行为,有向有关国家机关提出申诉、控告或者检举的权利。当公民向国家权力机关提出对政府的申诉、控告和检举时，除了与人民代表联络以外，还可以诉诸各级人大常委会内设的信访机构。权力机关的信访机构通过处理公民的来信来访，发现政府工作中存在的问题，以督促其改进。⑤罢免政府组成人员。我国政府组成人员都是由各级权力机关选举或任命产生，权力机关可以进行多种形式的监督，如提出批评、建议、意见或进行评议，其中罢免是最为严厉的惩戒方式。《宪法》第63条规定：全国人民代表大会有权罢免国务院总理、副总理、国务委员、各部部长、各委员会主任、审计长、秘书长；而《地方组织法》第10条规定：地方各级人民代表大会有权罢免本级人民政府的组成人员。

（二）司法机关监督

司法机关的监督指国家司法机关作为监督的主体对机构及其活动实施的强制性的监督活动。司法监督是一种兼具公正性与合法性的监督形式，对于保障国家法制秩序的稳定、完善法制建设都有重要意义。其监督主体与监督内容都由国家法律明确规定，具有特定性。这种监督形式的重点是监督行政主体及其人员具体行为的合法性，其监督主体主要是国家检察机关和国家审判机关即国家法院，这两种机关的监督活动就构成了司法机关监督的主要内容。可以对行政立法进行审查。目前，世界各国的司法监督实践主要包括两个方面：一是由专门的宪法法院或普通法院系统对政府颁布的行政管理法规和行政措施进行审查，以判断其是否违反宪法；二是由司法机关对政府管理有关的行政纠纷进行审理和裁判，以维护当事人的合法权益，即行政诉讼和行政裁判。在我国，司法机关是指人民法院和人民检察院，它们对政府机关及公务员的具体的、违法的行政行为行使审判权和检察权。

我国人民法院作为国家的审判机关，它通过审理、判决与行政组织机构及其人员相关的案件，处罚违法犯罪的行政人员的行为，对行政管理活动实行监督。人民法院监督的具体方式有：①对刑事案件进行审理和判决，依法追究行政主体及其工作人员在刑法案件中应负的违法、侵权的刑事责任；②对民事案件进行审理和判决，依法追究行政主体及其工作人员在民事活动中应负的违法、侵权的民事责任；③对行政案件进行审理和判决，依法追究政府管理主体及其工作人员在行政活动中所应负的违法、侵权的行政责任，保证行政工作的公正合法进行；④通过司法建议通知书、司法建议书等形式，向有关机构及其主管部门提出改进工作的意见和建议。

我国人民检察院作为国家的法律监督机关，肩负着维护国家法制的职责，主要是通过对行政组织机构人员触犯法律的罪行和利用职权犯罪的事件进行侦查、批捕和提起公诉来实施监督的。检察机关的具体监督方式有：①对行政管理中触犯刑法的管理主体及其工作负责人进行批捕和提起公诉，以此来实行监督；②对利用职权徇私舞弊、贪污受贿、失职渎职以及重大责任事故之类的案件进行调查、批捕和提起公诉，履行监督职能；③依法监督刑事案件的判决、判决的执行以及监狱、看守所、劳改劳教机关的行为是否公正合法；④对专门负责侦察的公安机关的侦察活动的过程实行监督，保证侦察工作的合法性与公正性。

（三）政党监督

政党是当今世界各国政治中最重要的组成部分，它在监督领域中占有重要的地位。在西方实行两党制和多党制的国家中，政党对政府的监督主要是通过两个方面来进行的：

制造社会舆论来支持或反对政府的某些决策和行为;政党议员代表本党利益对政府工作进行监督。

我国的政党监督与西方国家的两党制或多党制的政党制度不同,我国实行的是以共产党领导的、多党合作的政党制度,相应的,我国的政党监督是以共产党监督为主、各民主党派监督为辅的政党监督形式。中国共产党是我国的执政党,对行政管理实行监督是党不可回避的政治责任,其作为执政党的长期执政地位和基于历史功绩形成的领导权威为其监督行为提供了合法性与政治支持。中国共产党从中央到地方各级党委、纪律检查委员会组织以及广大党员对行政组织进行的监督,是中国共产党作为执政党实行领导的一种重要方式。它具体通过三个方面来实现监督:①通过制定正确的路线、方针和政策来规定行政活动的方向;②通过党的纪检机关检查处理组织中党员的违法违纪行为;③通过对党员的教育,促进和保证公共组织中的公务人员依法办事,自觉履行党的义务和职责,充分发挥党员先锋模范作用。

当然,我国政党监督中也包括了各民主党派对行政管理活动的监督。各民主党派在中国共产党的领导下,对行政主体的活动进行监督,成为行政系统外部监督体系的一个重要组成部分。民主党派的监督是政治上民主的体现,它在一定程度上是对民主党派代表的特定阶层和范围的民众利益的尊重。民主党派通过下面几种方式来监督行政管理活动:以人民政协的方式实行监督;民主党派通过其在人民代表大会中的代表来监督政府工作,对政府工作提出批评和建议;出席国务院和地方各级政府召开的重要会议,提出自己的意见和建议;向国家高层领导人直接提出意见和建议,民主党派的领导人定期与国家领导人进行会晤,就某些重要的问题交换意见;民主党派党员作为国家公民,还可以通过其他途径实行监督。

(四) 社会监督

社会监督是指由各种社会组织和团体及公民作为监督的主体对行政机构及其活动实施广泛监督的活动。人民主权理论和社会契约理论告诉我们,公共权力来源于公民权利的让渡。因而,社会的各种组织、团体及人民群众有权对行政机构及人员的一切行为实施监督,这也是公民行使权力、参与管理的一种形式。虽然这种监督不具有任何法律强制力,不能直接改变和撤销行政机构的决定和行为,但这种监督的广泛性和灵活性仍然会对行政机构的权力形成一定的制约作用。社会监督一般包含以下三方面内容。

1. 社会团体的监督

社会团体的监督指各种社会团体作为监督的主体对行政管理实行监督的活动。社会团体是指由公民或单位自愿组成,为了实现其成员的共同意愿,按照有关国家规定及组织章程开展活动的非营利性社会组织。社会团体按照其成立的宗旨和所处的行业划分为三大类:①群众性组织,主要包括全国各级共青团、全国各级工会、全国各级妇女联合会以及其他群众性自治组织;②行业性组织,主要是指全国性和地方性的工商联合会、文学艺术界联合会、科学技术协会、记者协会、个体劳动者协会等;③公益性组织,主要是指消费者权益保护协会、红十字会、环境保护协会、慈善组织等。社会团体具有自愿性、非营利性、非政府性、自治性和开放性等特征。因此,社会团体监督是民主社会的产物,它基于宪法规定的各项公民权利和结社权以及普遍的人权来获得合法性支持,体现了国家对公民主权的尊重。

2. 公民的监督

公民的监督指公民作为监督的主体,按照宪法和法律所规定的公民权利,对行政管理实行监督的活动。这种监督是公民民主权利的体现,是在民主的基础上实现公民权利对政府权力的制约。公民监督是社会监督中一种最经常、最普遍的监督。《中华人民共和国宪法》第41条明确规定:"中华人民共和国公民对于任何国家机关和国家工作人员,有提出批评和建议的权利;对于任何国家机关和国家工作人员的违法失职行为,有向有关国家机关提出申诉、控告或者检举的权利……"我国各地也出现了"现场办公"、"市长热线电话"、"价格听证"等多种接受群众监督的途径和方式,对公民的监督做了有益的探索和实践。公民对行政管理实行监督的方式也是多样的,主要有:通过信访对行政管理活动实行监督;通过人民代表向行政机关提出批评、建议对行政活动实行监督;通过向人民法院提出诉讼对行政活动实行监督;通过向有关机关提出申诉、控告、检举等方式实行监督。

3. 社会舆论的监督

社会舆论监督指社会公众通过各种大众传播媒介形成舆论来对行政机构及其活动实施监督的活动。这项监督是宪法赋予社会公众的一项公民权利,从根本上来说是民主社会中新闻自由和公民享有的言论自由的必然延伸。公民可以利用新闻自由和言论自由,通过现代社会中覆盖面广泛的报纸、刊物、广播、电视、网络等大众传播媒介对行政主体及其工作人员的管理行为发表评论,提出意见和建议,并对行政管理实行监督。由于大众传播媒介通常具有信息量大、传播速度快、反应迅速和覆盖面广等特点,因而,社会舆论监督也体现了社会影响力大、迅速及时、覆盖面广以及公开透明等监督特点,在行政监督中发挥着重要作用。西方国家将其视为与立法、行政、司法三权并立的第四权力,甚至视为制约三权的权力,被誉为"无冕之王,布衣宰相"。各国通过立法保障公共舆论的自由,使新闻媒体成为特殊的监督主体。随着我国对外开放事业的不断发展和新闻媒体业的兴起,新闻媒体对行政机构及其人员行为的监督正日益扩大。近些年来,许多违法、违纪案件的调查和处理,就是在新闻舆论的帮助和支持下进行的。新闻媒体通过公正、客观、负有责任心的舆论监督,对揭示行政管理工作的失误,纠举公务员的违法失职行为,评价公共决策,增强行政管理工作的透明度,消除官僚主义和腐败现象等,起到了无法替代和积极的监督作用。

第三节 我国行政监督的完善

加强和完善我国的行政监督,可以协调各行政监督子系统的功能和作用的发挥,减少和避免各监督主体之间的摩擦与冲突,使各监督主体相互配合、相互制约,形成结构合理、功能互补、和谐统一的监督体系。

一、我国行政监督存在的问题

（一）监督机构内在动力不足

行政监督工作最终是依靠监督人员来完成的，而监督机构能否有效地实施监督，很大程度上取决于监督人员的主观能动性。这种主观能动性主要决定于三个方面：一是道德规范；二是责任机制；三是激励机制。公共监督人员的道德水平高低决定了他们在监督工作中是否公平，是否有较强的敬业精神。较高的道德修养是优秀监督人员极为重要的工作动力，只有具备了较高的道德修养，才能发挥道德对公共权力的制约作用。然而，当代中国正处于从传统社会向现代社会的转型时期，社会经济条件的变化，政治体制改革的不断深化和行政管理结构的调整，新旧价值观的相互交错与社会转型时期的拜金主义、享乐主义和极端个人主义等非现代化思想交织在一起，加之监督制约机制及法制建设的相对滞后，致使道德失范现象层出不穷，这主要是由于目前我国监督机构的内在动力主要依赖于监督人员的道德水平，缺少有效的责任机制的约束。因此有效的监督不可能仅仅依赖个人内在的精神力量，还应该依靠制度的力量。但在我国行政监督体系中，责任机制是不健全的，各项监督机构的工作业绩缺乏有效的考核和监督，也没有建立相应的奖惩机制和责任追究制度。①

（二）监督体系设置不合理

经过多年的建设，当前我国行政监督体系已形成一个主体多元、内容广泛、多层次的系统，发挥了很大的作用。但是，由于监督责任体系的构建、制度设计以及具体实施过程中的各种主客观因素的影响，并未形成一个明确的核心，各种监督机构不能组成一个整体，内外监督各不相属，国家、社会监督相脱节，监督合力较弱，"漏监"、"虚监"、"难监"等现象还不同程度地存在，主要是各种监督形式本身还存在着明显的缺陷和不足。在目前的具体运行过程中，一方面，我国行政机构及其人员受到多重监督，党的纪律检查委员会有责任对党的公职人员进行监督，政府的监察机关负责对政府官员及政府任命的其他人员的监督，有犯罪嫌疑的行政人员还受到司法监督，各级人民代表大会则要对政府组成人员和司法机关的主要领导进行监督；另一方面，我国各个监督机构分别隶属于不同的管理系统，立法监督属于人民代表大会，司法监督属于法院和检察院，行政监督属于政府。由于各个监督机构在体系上没有形成一个统一整体，因此在监督体系中群龙无首，缺乏必要的沟通和协调，相互之间推诿扯皮事件时有发生，严重影响了监督机构的威信，弱化了我国行政监督的整体效能。

（三）法律制度不健全

行政监督立法是建立和完善监督机制的前提和保证。监督主体的监督职能，必须以一定的法律法规为准绳，并通过一定的方式和程序来实现。有关监督的法律法规既是对

---

① 王德高：《公共管理学》，武汉大学出版社，2005年版，第287页。

行政监督权力及其行使的规范,又是这种权力及行使的保障。目前,我国立法的缺位还很严重,实施监督所必需的法制规范还很不完备,缺乏明确的监督标准和具体的实施细则,难以准确判断和及时纠正监督对象的违法行为,使具体的监督活动无法可依、无章可循,缺乏可操作性,无法行使监督权力,同时又会造成对监督权力缺乏有效约束的现象。这就难免导致监督的盲目性和随意性。再如,就群众监督而言,我国宪法中规定的有关群众的监督权利还没有通过专门法律加以具体规定,权利的行使还缺乏法律设定的可操作性程序。这样,群众对政府机关的监督不得不受到较大的限制。为此,当前有必要尽快健全行政监督法规,增强行政监督的可操作性,使监督真正落实到实处。

(四) 权力机关监督效力较小

人民代表大会是国家权力机关,享有至高无上的权力,有权力对一切国家行政机关实施全面监督,人大对行政机关及其工作人员的监督,是最高层次、最有权威的监督,其监督应该最具有权威性和强制性。但在实际政治生活中,监督的实际效力比较小,难以真正体现人大作为最高权力机关对行政机关的监督权。究其原因,主要有以下几个方面。第一,人大在实施监督时缺乏具体的法律作保障。尽管宪法和有关法律赋予了它重要的监督地位和权力,但现行法律只对监督的内容、范围和形式作了原则规定,而对行使监督的程序和违法行为的法律责任没有明确规定,从而使人大实施监督有时无章可循,无从下手,在实践中不便操作,难以落实到实处,导致人大监督搞"形式"走"过场"。第二,人大自身的工作制度也影响其监督效果。以全国人大为例,由于实行会期制,每年的会期只有十几天的时间。在此期间,代表们要讨论决定国家政治、经济和社会生活诸多领域的重大问题,很难有足够的时间和精力充分审议政府在各个方面的工作。全国人大常委会虽然是常设机构,但常委们大多身兼数职,在常委职务外还有正式职务,不能有效地行使监督权。第三,权力机关所能获取的相关信息非常有限。由于政务公开程度较低,人大信息获取量远远低于政府,形成严重的信息不对称。第四,人大代表的素质不能完全适应监督的需要。在实际政治生活中,由于非专业的人大代表自身的政治、业务素质问题,导致实际的参政议政能力不强,监督工作的基础不扎实,使得人大一年一次会议对政府的监督作用有限,缺乏经常性的监督,监督的力度也不够,难以真正体现人大作为最高权力机关对行政机关所应有的监督权。

(五) 新闻舆论和公众监督效力弱

新闻舆论和公众监督属于社会监督的范畴,当二者平衡时,社会权利能有效制约公共权力。但由于中国是一个在历史上缺少民主传统的国家,加之政府办事的制度、程序、行政活动公开化机制不健全,透明度不高,群众和社会监督渠道不畅,当前仍会表现出社会权利依附公共权力的现象。即使依宪法对行政管理过程进行监督,但由于没有规范的监督途径和确定的法律效力,以至于不能对公共权力产生应有的约束力。

二、完善我国行政监督的建议

从我国行政监督体系中存在的主要问题的分析,可以看出,要提高我国行政监督体系的整体效能,维护监督主体的独立性和权威性,应重点做好以下几个方面的工作。

(一) 增强监督机构的动力

首先,全面提高监督人员的素质,加强道德自律的教育。一是进行理想、信念教育,进行马克思主义权力观教育,明确权力与责任之间的关系,引导广大监督人员树立正确的世界观、人生观、价值观、权力观;二是大力弘扬先进,加强正面典型的示范导向作用。通过道德观念的教育,使监督人员在思想上树立爱岗敬业的奉献精神,形成道德内在约束机制,不断增强监督工作的自身动力资源,即使在制度力量薄弱的情况下,也能自觉、自愿地积极开展监督工作。其次,明确监督责任。这主要是建立和完善责任追究制度,包括责任确定机制和责任奖惩机制,并与晋升任用制度和物质利益分配政策紧密结合在一起。一方面,如果监督主体不负责任使公共利益受到损失,则监督主体的权力和利益就会被剥夺;另一方面,根据监督主体查办违法、违纪案件的业绩和监督对象能否高效、廉洁来开展行政管理活动,并决定对监督主体的奖惩。这些具体追究措施,会给监督主体形成强大的压力和动力,驱使监督主体高效地实施监督。

(二) 完善行政监督协调机制

只有建立监督体系的协调机制,使隶属于各系统的监督主体互相配合,协调一致,形成合力,才能充分发挥行政监督的整体功能,取得良好的监督效果。具体来说应做好两方面工作。首先,从加强监督立法入手,从法律上具体规范和明确各监督主体的地位、职责、权限,以及监督活动的范围、方式和程序等,建立监督主体之间以及监督主体与客体之间的责任、利益、权利、义务相统一和相协调的关系,形成一个全方位、多层次、强力的行政监督体系网络。加强监督的总体规划和避免不同监督机制间的重叠和冲突,增强其整体合力,使不同主体的监督体系各司其职、各负其责,明确监督目标。其次,为了更好地加强各监督主体的整合,应建立一个专司行政监督协调的权威机构,赋予其相对独立的地位和较大的权威来统一协调各个监督主体对公共权力的监督问题。我们知道,监督的独立性是保证监督公正性的前提,较大的权威则可以打破行政管理运行监督机制长期失衡的状态,并能对各监督主体进行综合指导和协调,使它们在监督过程或在有些案件受理、调查、移送、处理方面能互通情况、互相配合,形成有机整体,发挥整体效能。

(三) 加强行政监督法制建设

健全和完善行政监督的法律机制,从总体上说,要在行政监督立法、守法、执法三个环节齐抓共管。具体说来,就要制定一系列专门用于监督的法律,既要制定实体法规,还要制定公共监督程序法。这些法律中应明确监督的主体、监督的内容、监督的手段和方法,以及可操作的行政监督的程序等,使监督纳入法制化的轨道,形成科学、合理而又完善的监督机制。只有完善监督法制,才能为健全行政监督法律机制、依法实行行政监督提供基本的规范程序和保障。

(四) 提升人大监督效力

人大及常委会是代表人民行使国家权力的机关,行使对公共权力的监督职能,它是以人民为后盾,以国家强制力为保证的国家权力的监督。因此,强化人大监督机制是制约公共权力的重要途径。具体说来,一是健全组织机构,如建立人大监督委员会等专门监督机构,以担负起日常监督工作,保证人大监督权的落实;二是提高人大代表素质和监督能力,如通过培训等方式,让人大代表和常委会成员熟悉有关监督的法律、法规,了解监督的形式、程序和方法,引入公开竞争机制,选举人大代表,弱化代表荣誉感,强化责任感和使命感;三是加强人大代表的质询权、罢免权等监督权的落实,提高制约和监督力度;四是改进监督方式,变被动监督为主动监督、抽象监督为具体监督、一般监督为重点监督,尤其是需要把人民群众关心的热点或者焦点问题作为人大监督的重点,提高监督质量和效果。

(五)加强新闻舆论和公众监督

1. 充分发挥公众监督的作用

我国宪法规定:"中华人民共和国的一切权力属于人民。"因此,人民群众的监督是行政监督机制的基础力量源泉。具体说来,一是强化群众监督的法律保障,通过制定专门法律,确立群众监督的法律地位,明确人民群众监督的权限和程序,使之能够依法行使监督权,并受法律应有的保护;二是进一步提高行政机构工作的公开性和透明度,建立更广泛的公开办事制度,使社会各界的民众包括社会团体,切实参与到监督活动中,从多方位直接实施监督;三是继续加强信访举报工作,要完善群众信访举报的体系和网络,健全保护和保密制度,健全举报奖励反馈机制等制度,从机制上保证言路畅通、举报有门,保护举报者的合法权限,使举报者免受打击报复,维护正义;四是推行群众评议、领导干部任前公示等制度,加强群众对干部的监督。

2. 充分发挥新闻舆论的监督作用

舆论监督是监督体系中的先锋和桥梁,它的优点是时效性强,辐射面广,透明度高,威慑力大,与其他监督主体相结合,会产生无法替代的巨大监督力量。为此,应加强新闻立法,以法律形式明确规定舆论的监督权、审稿权、批评权,以及采访、报道程序、方法及侵权责任等,从而为舆论监督提供法律保障,使舆论工作者能更好地依法履行监督职责。在此基础上,实现舆论监督与其他监督相结合。舆论监督是行政监督体系中的一种非权力型监督形式,要保证其有效性需要通过权力监督机制的制衡才能真正得以实现。因此,人大权力机关以及政府行政监察等专门监督机关在履行各自监督职责时既要充分重视舆论监督的作用,又要善于主动从舆论揭露出的问题中发现重要案件线索进行有力查处。

复习思考题

1. 什么是行政监督?
2. 为什么要对公共权力进行监督?
3. 试述行政监督体制的构成。
4. 我国行政监督中存在哪些问题?如何完善?

 经典案例

审计风暴引发的思考①

2007年6月27日,国家审计署审计长李金华向全国人大常委会报告了2006年度中央预算和其他财政收支的审计情况,审计发现,发改委、文化部等25个部门所属的92个单位挪用财政资金和其他专项资金等27.54亿元。

2006年度中央预算执行和其他财政收支审计发现,环保总局、烟草局、民航总局3个部门多报多领财政资金8489.2万元。

2006年度中央预算执行和其他财政收支审计发现,南水北调办、海关总署等33个部门挤占挪用财政资金和其他专项资金等8.59亿元。

2006年度中央预算执行和其他财政收支审计发现,供销总社、新闻出版总署等15个部门截留、少报和转移资金等3.94亿元。

2006年度中央预算执行和其他财政收支审计发现,民航总局、信息产业部等4个部门所属的5个单位存在未经批准和超标准、超概算建设办公楼、培训中心等问题,涉及金额17.39亿元。

2006年度中央预算执行和其他财政收支审计发现,农业部、国资委等11个部门所属的16个单位违规收费或未严格执行非税收入管理规定,涉及金额2.49亿元。

2006年度中央预算执行和其他财政收支审计发现,中科院、水利部等13个部门所属的50个单位对外投资管理不严,转制不规范,少计国有资产和权益等,涉及金额22.84亿元。

审计发现,卫生部、国家信息中心等12个部门存在违规收费或未严格执行非税收入管理规定的问题,涉及金额1.85亿元。

已经有种种迹象表明,李金华以及由他发布的审计报告,已经或正在"击碎"着什么。

首先,审计的不断强化推动了"阳光政府"的建设,促使政府的行政行为更加公开、透明。有人评价认为,审计报告本身的内容固然重要,但比报告内容更重要的是它的公开性。这次报告在报纸上进行了公开的报道,在不同的网站上公开传播。伴随着报告的公开,是舆论界公开的报道,专家学者们的公开分析以及社会各阶层人士的公开议论。由于有了这种公开性、透明性,公众更多地了解到一些政府机构在怎样行使权力,纳税人的钱又是怎么花的。如此,政府机构不得不面对公众的审视,不能不拉近与公众的距离,自觉或不自觉地回归到它应有的位置上。正如李金华所言:"惩治腐败也好,惩治官僚主义也好,最好的办法就是公开透明,这是全世界都认同的看法。"

其次,"看门狗论"从另一个角度表述了公仆的责任。有人说,李金华自称"看门狗"是用自嘲的方式来进行自我保护。李金华说,"看门狗论"不是他的发明,是德国前审计长扎威伯格的名言。而从西方的审计观念来说,"看门狗"不仅表现为一种忠心,更表现为一种责任。事实上,这次审计报告公开后,人们更为关心的是应该追究谁的责任和怎样追究责

---

① 改编自《审计报告:25个部门共挪用资金27.54亿元》,见新华网,http://news.xinhuanet.com/politics/2007-06/27/content_6297236.htm。

任的问题,提出必须将审计结果与问责制联系起来的合理要求。人们心里在比较,如果李金华能当好"看门狗"的话,难道其他部门机构的领导们就不能当好公仆,把人民的利益放在首位吗?

再次,审计署的作为是执政为民观念的具体化。李金华感慨地说,审计公开主要是揭露了一些问题,老百姓感到为他们说了话。其实,审计报告是受国务院的委托而作的,通常可以看做是审计机关的"例行公事"。然而,由于这份审计报告认真、尽责,揭露的问题与老百姓的利益息息相关,其分量就不一样了。据了解,李金华正在酝酿"审计变法",决心从"收支审计并重"向"支出审计为主"的方向转化,加强效益审计的力度。这意味着,审计工作不再站在政府财政的立场上只是监督下面的工作,而是站在纳税人的角度上监督政府怎样把老百姓的钱用到位、用得好。

最后,李金华以一种前所未有的方式挑战"潜规则",在因循相袭、彼此默契、厚幕重重、盘根错节的官场之中扔下了一颗炸弹。中国的官场规矩多,潜规则更多。部门之间、地方之间各有各的利益。尽管他们相互之间也有利益冲突,但在不少人看来,既然同在官场上"混",彼此就要心照不宣,自己有了问题别人少管闲事,别人出了问题自己也闭口不言。正是由于这种官场潜规则积重难返,国家政法体制改革步履维艰。恰在此时,李金华毫不留情地向一批同僚开火,勇于揭露政府自身的问题,让人顿感耳目一新。人们不禁期望,如果我们认清战略机遇期稍纵即逝的形势,如果下定"再干一个20年"的决心,那就必须以破釜沉舟的勇气打响改革的攻坚战。

担心和争论集中在如下几个方面。

其一,在审计报告与被审计单位的意见出现矛盾的时候,人们相信谁?审计署有关官员曾表示,审计有两种风险:一是查错了;二是查不出问题来。实际工作中查不出来的情况是主要问题,查错的情况也有。为此,有学者建议,应该建立一种"报告—申辩"机制,允许被审计单位对自己的问题进行申辩,把问题说清楚。

其二,出了问题责任由谁承担?在现行体制下,明明是一把手或主要领导起决策的主要作用,但"集体决策"这一形式往往成为事后推卸责任的借口。为此,有学者建议应加强决策的科学化,解决领导责任界限不清的问题。同时严格实行问责制,使领导承担相应的领导责任。

其三,审计机关能否独立于政府之外?在欧美一些国家,审计机关独立于政府之外,只对议会负责,通过公开、透明的审计报告和舆论的力量发挥监督作用。我国目前的审计机关是政府的一个组成部分,虽然审计机关可以联合司法、行政监察等部门一道工作,而且审计机关还拥有一定的处罚权,但缺少独立性,当审计涉及政府强势部门,涉及政府相关领导时,不免遇到阻力。

其四,谁来监督审计机关?李金华说,他在任期内最想做的事情之一是加强内部的控制和管理,加强审计队伍的建设。同时,在即将进行的《审计法》修改中,建议将来设立专门的部门对审计机关进行监督,以保证审计工作的客观公正。

【案例思考题】

1. 审计监督属于什么监督?结合案例事实,谈谈审计监督的性质和内容。
2. 在市场经济下,审计监督有何特殊的重要作用?怎样才能更好地发挥审计监督的作用?
3. 结合具体案例,谈谈我国审计监督的可能途径。

体制转轨期的公共行政监督[①]

制约公共行政权力,加强公共行政监督,是当今世界各国历来普遍关心的问题。世界进入 21 世纪之际,随着经济信息化与经济全球化的快速发展,通过加强公共行政监督,改善公共行政水平,提高公共服务质量,更加成为全球关注的热点。为改进和加强公共行政监督,提高公共行政监督的质量与水平,我国政府与理论界一直在进行积极的探索,已初步积累了一些成功的经验和做法。当前,既要依靠行政权力推动体制转轨,又要制约行政权力,这是体制转轨期我国公共行政监督面临的特殊矛盾。一方面,行政权力只有保持一定的势能与力度,才具有推动体制转轨的能力;另一方面,行政权力只有依法受到足够的监督,才能使社会公共利益与公民个体利益得到应有的保护,才能推动计划经济向社会主义市场经济的转轨。究竟怎样才能走出由这对特殊矛盾形成的两难选择,真正加强公共行政监督?笔者认为,总的思路是不能仅就行政权力自身谈公共行政监督,而应该以广阔的视野来选择公共行政监督的路径。

一、推进依法治国,优化权力结构

中华人民共和国实行依法治国,建设社会主义法治国家。依法治国已作为基本治国方略载入了宪法,体现了执政党的执政方式与国家治理方式的基本特征。不受制约的权力使人腐败,绝对不受制约的权力使人绝对腐败。依法治国就是把所有的国家权力纳入法治的轨道,使每一种国家权力都受到制约,而行政权力与其他各项国家权力相比具有自身的特殊性。行政权既是一种管理领域最广、自由裁量度最大、与社会公共利益和公民个人利益关系最密切的一种国家权力,又是最动态、最容易违法或被滥用的一项国家权力。因而,制约国家权力的核心首先是制约行政权,依法治国的关键是依法行政。

解决公共行政监督深层次的问题,离不开按依法治国的要求优化权力结构,优化其他国家权力对行政权力的制约。我国虽然不是三权分立,却存在明确的国家权力分工。立法权力、司法权力、检察权力对中国的公共行政权力具有法定的制约权,关键是完善国家权力系统对公共行政权的监督,用整体权力结构的设置与运作,制约特定权力的行使;用整体利益机构的设置与运作,制约特定利益的获取。[②] 因此,不能单纯就行政权力本身谈公共行政监督,而应从依法治国的高度,以整体权力机构的优化,去奠定公共行政监督的制度基础。加强监督的根本出路在于改革,与经济体制改革相适应,继续推进政治体制改革,继续深化行政管理体制改革。

依法行政是当今各国制约行政权力的最基本的途径。依法行政已成为当代政府普遍奉行的行使行政权力的基本准则。依法行政从本质上要求行政机关的职权法定、行为法定、程序法定,在实践中落实法律优先原则和法律保留原则,要求进一步完善责任机制。在我国的体制转轨期,只有职权法定,才能遏制职责自定带来的部门职权利益化倾向。只

[①] 宋世明:《体制转轨期加强公共行政监督的路径选择》,载《理论探讨》,2001 年第 5 期,略有改动。
[②] 王忠禹:《关于全面推进依法行政的几个问题》,载《国家行政学院学报》,2001 年第 4 期。

有行为法定,才能最大限度保证行政处罚、行政审批、行政许可、行政收费等行为不被滥用。只有程序法定,才能在行政管理的过程中落实政务公开与公民参与的原则,才能为公民对公共行政行为的进行事中监督与事先监督创造条件。因此,我国应逐步落实行政组织的法定化,以规范行政职权的目的;应加快出台《行政许可法》等法律法规,以规范重要的行政行为;应将分散的程序立法适时地提升为统一的行政程序立法,以规范行政行为的步骤、形式。

提高公共行政监督效能,离不开破解自己决策、自己执行、自己监督一条龙式的行政权力运作机制。决策与执行高度合一是计划经济体制下行政管理体制特点。即在横向上把行政权力分配给各个职能部门,在部门职责范围内,决策与执行高度合一,自我封闭。在这种状况下,需要高度统一的计划与高度集中的权力,特别是有效的行政协调才能克服部门间的摩擦。如果部门间摩擦的力度大于行政协调的力度,整个行政管理体制就很难运转协调。人们经常所说的部门分割,不是因为正常专业分工的必然结果,而是决策与执行高度合一的结果。要正确运用决策与执行适当分开的原则,拆散部门利益实现的链条。在某种角度上说,决策是利益的划分,执行是利益的实现。决策与执行高度集中于一个部门,容易巩固部门职权利益化,容易造成部门之间的扯皮打架,容易使决策部门与执行部门彼此干扰。决策与执行适当分开,有助于政府突出自己的功能优势,集中精力制定政策以及研究起草相关法律法规,从而实现政令的统一与决策的公平;而根据组织性质与相对管理优势来确定行政执行组织,可以提高执行效率。决策与执行的相对分开,有助于决策部门相对超脱地监督行政执行。决策与执行相对分开,可以采取多种形式,可以将决策与执行分别依法授予不同的职能部门,可以将行政执行职能依法授予专门的行政执行部门,可以让决策部门直接将具体的执行职能委托给相对独立的事业单位、社会中介组织。决策与执行相对分开应成为各级政府机构一条不可替代的原则,也是加强公共行政监督的一条重要原则。

二、根据社会的需要确立合适的政府职能,调整监督者与被监督者力量之间的对比

监督主体与客体之间的监督与被监督之间的关系,在本质上是两种力量的较量,是两种利益关系作用力的对比。公共行政监督的主体与客体之间的力量对比,决定公共行政监督的实际效果。监督公共行政实际上是在监督公共行政权力。公共行政权力力量的大小,是由行政权力在社会经济发展中的实际作用决定的。简言之,是由特定阶段政府行政职能的实际状况决定的。政府行政职能越大,公共行政权力越大,对公共行政监督的难度也就越大,对监督主体的能力要求越高,对监督机制设计也就越复杂。因此,从公共行政监督这个角度讲,在满足社会需要的前提下,政府行政职能规模越小越好。处于体制转轨时期的中国应彻底转变政府职能,建立有限权力政府,切断行政权的无所不在,限制行政权的无所不管,转换行政权的无所不能,这是从源头上加强公共行政监督的治本之策。

在当前我国的体制转轨期,加强公共行政监督面对的基本现实是,行政权力在长期的计划经济过程中已积累了巨大的能量与力量,推动体制转轨内在需要还有可能增加其力量。如果被监督者行政权力的力量绝对地超过监督者力量,监督者的理性选择是依赖行政权力,腐蚀行政权力,千方百计地寻租行政权力,而不是规范地监督行政权力。这就是虽然体制转轨期多样化的利益主体已经出现,但并没有形成对行政权力有效监督的根本原因所在。因此,通过转变政府职能,调整公共行政监督者与被监督者的力量对比,是体制转轨期加强公共行政监督的一个重要方面,除按政企分开、精简、统一、效能、权责一致的原则进行行政改革以外,改革方案审批体制与清理部门法规,是通过转变政府职能制约行政权力的重要途径。

继续清理现行行政审批权、现行行政审批项目,可同时实现转变政府职能与制约公共行政权力的目的。行政审批是计划经济条件下占主导地位的管理手段,同时也是体制转轨期政府部门的一种重要调控手段,但必须以推动市场经济的发展为前提,必须以推动政府的清正廉洁为前提。市场主体的多元化,使有着独立经济利益的地方和企业为了获取有限的资源和相关优惠政策,千方百计地"跑部前进"。根据了解,在审核国企脱困三项经济政策(兼并破产、债转股、国债技改贴息)项目中,国家经贸委机关接待高峰时人数一天700多人,其中不乏省市领导干部。据对31个省市区1769份问卷调查,认为在项目审批中递批条子的有707份,占40.0%,"跑部前进"的792份,占44.8%,两项合计占84.8%,认为领导出面跑项目作用很大或较大的1695份,占95.8%;认为跑项目不合理但不跑不行的1195份,占67.6%。① 在这审批与"跑部"的互动过程中以权谋私、浑水摸鱼的大有人在。原国防科工委副主任徐鹏航就是其中典型的代表。

坚持职权法定原则,该取消的取消;坚持分级与属地管理相结合的原则,能下放的下放,能交给市场的不再审批而采取登记备案制,保留的审批项目要严格限定权力与责任。减少政府对微观经济活动的直接干预,真正实现政企分开,把职能转到提供公共服务、规范市场秩序、维护公平竞争上来,通过经济法规和必要的行政手段对市场进行规范、引导和监管。

清理部门现行的法规并建立科学的立法机制,扫清不利于政府职能转变与公共行政监督的法律障碍。以往的立法工作,主要是经济、社会管理的一些立法项目,难免不同程度地受到当时体制与认识的局限,存在着不能适应社会主义市场经济要求的这样那样的问题,国务院秘书长王忠禹将其归纳为五个方面:一是体现转变政府职能,实现政企分开的原则不够,政府机关管的事情过多,办事手续失之烦琐;二是政府部门之间职权交叉、重复,造成相互推诿、扯皮,甚至"依法打架";三是对行政管理部门规定的权力比较具体,责任比较抽象,权力与责任不够统一;四是对老百姓(公民、法人和其他组织)规定的义务比较具体,权利比较原则,权利与义务不够统一;五是比较重视对违法行为的制裁,而对法律规范的引导作用重视不够。

凡是不适应市场经济发展要求的政府立法,既不利于转变政府职能,又不利于公共行政监督。法治包含两重重要意义,已制定的法律获得普遍的遵从,而大家所服从的法律又应该是本身制定的良好的法律。良法之治是法治最基本的原则之一。恶法之治可能使老百姓哑巴吃黄连有苦难言。符合公共利益、符合社会主义市场经济发展的法律,是良法的重要标志。片面追求部门利益、阻碍社会主义市场经济发展要求的法律,是恶法的重要标志。恶法的存在,意味着行政相对方难以有效地利用行政诉讼、行政复议来监督行政行为。因此,对在计划经济条件下制定的不适应市场经济要求的政策法规一律取消,从维护

---

① 驻国家经贸委员会纪律组监察局课题组:《经济运行管理中源头防腐的理性思考》,2001年4月。

公共利益与市场经济发展需要出发,尽快遏制部门职权利益化和部门利益法定化的趋向,加强对部门立法行为的监督,同样是加强公共行政监督的治本之举。

三、通过体制创新,启动与开发公共行政监督机制的潜力

首先是启动与协同现存的公共行政监督机制。

专家学者有一个比较一致的看法,从数量上看,中国的公共行政监督机制并不比发达国家少,但监督效果不理想。否则,当前猖獗的腐败不会这样难以遏制。现有的公共行政监督机制之间存在职责交叉难以启动与协同是其主要原因。面对现行公共行政监督机制的困境,有的主张建立一个由各监督主体参加的监督协调委员会,以协同监督资源。有的则提出要彻底转换思路,建立起监督者地位相对独立的监督机制。例如,改变纪检委对党委和政府的同体监督体制,将纪检委收归上一级纪检委垂直领导,切实加强执政党对公共行政的监督。笔者认为,不能因为我国现在腐败猖狂就轻易否定我国现存的公共行政监督机制,但关键是如何启动与协同现存的制度资源,而最关键的是把制约监督机制的启动权交给群众。

其次是创新探索公共行政监督机制。

要创新国家权力系统对公共行政的监督机制。各级人大及其常委会对国家行政机关监督不力的原因是多方面的,但两个方面的原因不可忽视:监督工作缺乏具体的规范和操作程序;人大的预算拨款不是政府部门开支的单一来源,脱离人大控制的第二财政比重太大。这样人大没有完全掌握监督国家行政机关的财政控制权。而立法机构的财政控制正是西方发达国家提高公共行政监督效力的物质基础,正是其提高公共行政监督质量的关键因素。

提高人大所实施监督力度的对策当然是加快出台《监督法》的步伐,在《监督法》出台之前,地方政府人大可以出台地方性法规。如2000年广东省人大常委会讨论并通过了《广东省各级人大常委会讨论决定重大事项规定》,对落实人大对重大事项的决定权提供了可以操作性的规范。同时,在推进公共财政体制建设的过程中,加大人大对第二财政监控以及部门预算的审查力度。对政府部门财政行为的审计监督,是各国公共行政监督的重点。美国采取的是国家审计模式,即在立法机构中设置审计总署;葡萄牙采取的是司法审计模式,即设立专门的审计法庭对使用公共资金的部门进行财政监督;我国采取的是政府审计模式,如在政府系统设立审计署。从长远看,将政府审计模式提升到国家审计模式,可以加大我国立法机关对行政权力的监督。

在适当时候修改完善《行政诉讼法》,将抽象行政行为纳入受案范围,增强法院对公共行政的监督力度。创造条件切实做到司法独立,使司法监督成为最强有力的监督。适时创设行政公诉制度,增强检察机关对公共行政的监督力度。有专家认为,20世纪80年代后期中国法律在加强个体利益保护的同时却走向另外一个极端,那就是忽视公共利益。表现在行政诉讼制度中,忽略了通过行政公诉保护公共利益的程序。因此,应适时创设行政公诉制度。公诉主体是检察机关,公诉的对象是行政作为与不作为,目的是维护公共利益。

三是创新行政系统的内部监督机制。

有专家认为,可考虑将行政监察部门收归上一级监察部门垂直领导。应根据《预算

法》的精神,将各级地方政府的预算执行情况交由上一级审计部门执行,加强政府审计监督。除进行财务合规性审计、绩效审计、党政机关领导干部的经济责任审计以外,开展预算执行与决策审计监督,有重点地安排专项资金和行业审计项目,对推动政府部门依法行政具有明显的推动作用。

确立行政首脑办事机构(主要是指各级政府办公厅)的综合协调中心地位。加强综合协调中心与政府法制部门协同审查部门行政立法行为的力度。这一点在我国的当前更有现实意义。为了有效地统一与规范各行政部门的立法行为,消除部门之间在行政权力扩张过程中对职权、利益、项目的争夺,消除部门行政法规之间的冲突,维护政令统一,各国普遍加强综合协调中心的建设。美国的行政管理和预算局对联邦各部门都具有规划、协调、控制和分配资源的职能,各部门预算编制要经过该部门批准才能送交国会,并且对所有联邦行政机构部门规章的制定,拥有审查和否定的权力。综合协调中心的主要手段和杠杆在西方主要国家一般表现为财政控制权。掌握这种财政控制权,协调效果就会更好些。日本内阁协调能力历来不佳,根本原因就是大藏省拥有财政控制权。现在已有新的改进。西方各国的普遍做法是通过控制协调的资源(一般是财政资源)来达到协调的目的。我国也应加强各级政府综合协调中心的建设,强化对各行政部门对行政立法行为的协调。近年来,深圳市政府办公厅与法制局共同对各部门的抽象行政行为进行前置审查,取得较好效果。

四是创新公民监督与新闻舆论监督等社会监督机制。

公共行政的实质是为公民提供公共服务的,公民又是公共服务的消费者,因此,公民监督是公共行政监督的力量源泉,任何一国政府都不能无视公民的呼声。舆论监督的实质是公民监督。新闻舆论监督与其他监督形式相比具有不可替代的作用。但新闻舆论与行政权力相比还处于弱势,当前新闻舆论真正发挥监督作用离不开党政领导开明宽容、支持和保护。及早出台《新闻监督法》是全面发挥舆论监督作用的长远之计。

伴随着20世纪80年代以来的信息社会时代的日渐成熟,发达国家对行政权力的制约又出现了新的发展趋势。不否认合法性监督,更强调绩效监督,即强调对公共行政行为的经济性、效率性、效能性三方面进行监督。因此,处于体制转轨中的中国也应该加强绩效管理、绩效审计,以提高公共行政的质量。

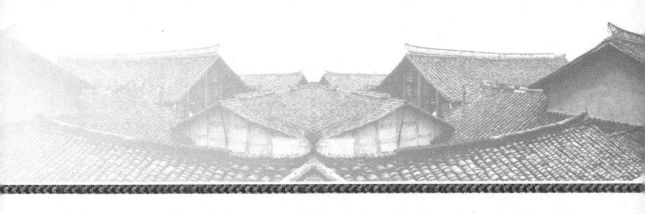

第十四章
行政发展

在政府工作方面如同在道德领域一样，最最困难的事情莫过于取得进步了。

——[美]伍德罗·威尔逊

第一节 行政发展概述

一、行政发展的概念

20世纪70年代末期，整个西方世界经济发展的"滞胀"和亚洲"四小龙"的崛起，引发了西方学术界对发展理论的再认识。人们在反思中认识到，发展不仅仅是经济的增长，某些经济发展快的国家却往往伴随着一定的社会危机和政治动乱。从长远的观点来看，经济增长对穷国来说是减少贫困的一个必要条件。但它不是充分条件。经济增长的高速度，其发展潜力的发挥取决于政策。一个经济增长缓慢或微不足道的国家也许正忙于重建它的政治制度，以便经济增长到来的时候能由此带来发展。从长远来看，这样一个国家的发展速度，可以超过一个目前增长快速，但政治权力牢牢掌握在少数富人手中的国家。①这意味着发展是一国在特定的环境和条件下使其政治、经济、

---

① [美]塞缪尔·亨廷顿等著，罗荣渠主编：《现代化：理论与历史经验的再探讨》，上海译文出版社，1993年版，第53页。

文化、社会等方面协调共进以推动其社会进步的过程。同时,学者们在研究发展问题时发现,除政治、经济、文化等因素之外,一国政府政策的失当及其短期行为、政府低下的管理水平是一国发展的巨大障碍。也即是说,国家行政管理方面的缺陷和弊端,即行政功能的负作用严重地阻碍着社会的发展。① 就现实而言,西方国家的政府在管理公共事务过程中,政府大量举债造成的巨额赤字、失业率居高不下、过度的规章制度的控制对经济发展的影响、日益严重的人口老龄化、青少年犯罪与毒品泛滥、人口控制与教育、经济发展与环境等问题都对公共行政能力和信誉提出了严峻挑战,导致了公众对政府的信任危机。理性的认识和现实的需要相结合,引起了西方学者对行政发展问题的极大关注。

在行政发展模式的构建上,美国学者戴维·奥斯本和特德·盖布勒继政治领袖范式和官僚制范式之后,明确地提出了企业型政府理论。他们在《改革政府——企业精神如何改革着公营部门》一书中严厉批评了当代美国政府中的官僚主义,主张用企业家精神来重新塑造政府,试图把企业经营管理的一些成功方法移植到政府中来,使政府能如私人企业那样,合理利用资源,注重投入产出,提高行政效率。中肯地说,当前对建立顾客导向型政府或服务型政府的研究和实践仍没有脱离企业型政府模式的窠臼。

虽然我国经济建设取得了令人瞩目的成就,但当经济和社会发展向纵深推进的时候,行政管理方面的弊端日益凸显,"高高在上,滥用权力,脱离实际,脱离群众,好摆门面,好说空话,思想僵化,墨守陈规,机构臃肿,人浮于事,办事拖拉,不讲效率,不负责任,不守信用,公文旅行,互相推诿,以至官气十足,动辄训人,打击报复,压制民主,欺上瞒下,专横跋扈,徇私行贿,贪赃枉法"②等行政现象和行政行为严重阻碍了经济和社会发展。于是,行政发展问题也成为我国学者和许多实践工作者探讨的热点之一。

关于行政发展概念的界定,我国学者主要有以下几种观点。行政发展是正向的行政变迁,是指建立在一定的社会历史基础上的行政体系,为适应和促进本国经济、政治、文化朝着有利于社会进步的方向发展而进行的自我变革和不断更新的过程。③ 行政发展就是行政主体(政府)通过一定的方法和途径,创造、维持和加强行政能力,改变原有的传统的行政体系及其运行状态,使其沿着预定目标取向发展到更高一级形态。④ 行政发展是带有价值理性规范的政府行政改革,是对现有实然行政在一定程度上的否定,是向应然行政的逼近,是一个系统进化、辩证运动,隐含价值追求在内的更富积极性的行政改革。⑤ 行政发展是整个社会发展的一部分,它是政府行政系统在社会环境发生重大变迁情况下的一种自谋调整、自谋适应的过程。从性质来看,行政发展是行政系统的自我否定,是行政系统为了适应环境的变化对故我的一种扬弃,其发展过程表现为连续性和阶段性的统一。⑥

综合以上观点,行政发展可以界定为:行政主体在一定的价值判断的指导下,在一定

---

① 何颖:《行政发展论》,载《中国行政管理》,1999年第7期。
② 邓小平:《邓小平文选》(第二卷),人民出版社,1994年版,第327页。
③ 彭国甫:《中国行政管理新探》,湖南人民出版社,2006年版,第240页。
④ 卓越:《行政发展研究》,福建人民出版社,2000年版,第5页。
⑤ 叶富春:《利益结构、行政发展及其相互关系》,社会科学文献出版社,2004年版,第99页。
⑥ 沈亚平、王骚:《转型社会与行政发展》,南开大学出版社,2005年版,第8～9页。

的社会历史背景基础上,在实现行政目标过程中,运用行政技巧,使行政体系不断适应和促进本国政治、经济、文化和教育的协调进步;它是每个国家在其现代化进程中所必然面临的重要任务,是与社会发展保持同一方向的一个连续的、不间断的过程。

二、行政发展的基本内容

(一) 行政机构改革

行政组织是行政活动与行政职能的载体,它是为履行国家职能依法建立起来的行政机关,是由机关人员、办公设备、组织目标、职位、制度等要素组成的综合系统。行政组织能否高效运转首先要看行政机构设置是否合理。合理的行政机构能够促进机构职能的发挥,适应政治经济社会发展要求,从而适应行政发展的要求。改革开放以来,在我国政治经济体制发展过程中伴随着一系列行政机构的变革,以1982年、1988年、1993年和1998年改革为例,这四次改革的特点在于以精简机构、精简国家行政机构工作人员为主要目的。1982年,国务院100多个工作部门精简到61个,建立了干部退休制度。1988年,国务院部委机构由45个调整为41个,在这次改革中人员减少7915人。1993年,将86个非常设机构减到26个,直属机构和办事机构由44个降到18个。1998年,国务院部委内设司局减少200多个,机构工作人员减少47%。2008年,国务院推进大部门体制改革后,保留了27个组成部门、1个直属特设机构、15个直属机构、4个办事机构、16个部委管理的国家局、14个直属事业单位,机构进一步精简,职能配置更加科学合理。这几次变革都是为了适应我国改革开放以来政治经济发展而作出的调整,提高了行政效率。

(二) 政府职能转变

从某种意义上说,从转变政府职能的能力与水平可以判断出一国政府的能力与水平。所谓职能是指职责与功能。行政职能是指行政机构在依法对国家社会生活领域进行管理时所应承担的职责与具有的功能。它的基本职能包括政治职能、经济职能、文化职能和社会职能。政治职能是指维护国家统治、保卫国家利益和实现社会安定的职能。经济职能是指管理社会经济的职能,包括制定长期与短期的经济政策、维护市场秩序、完善市场分配制度和加强对外经济交流与合作等。文化职能是指行政系统进行思想政治教育,对科技、文化、教育卫生等领域的管理的职能。社会职能是指对救灾救济、社会福利和社会保险等公共事务进行管理的职能。政府应该根据行政环境的变化和社会的需要调整职能结构。我国在20世纪80年代就已经提出职能转变的问题,1987年,行政职能被明确提出来作为行政改革的重要内容和机构改革的关键。1992年,确立建立市场经济后,政府机构改革的目标转为如何转变政府职能。1993年开始,政府机构改革中突出强调转变政府职能,按社会主义市场经济要求设置机构,配置职能,政府将宏观调控、社会保障和社会服务职能提到了一个新的高度。

(三) 行政人员发展

行政人员发展是行政发展的一个核心目标,在行政发展中处于重要地位。行政发展要追求人的全面发展,做到人尽其才。行政人员是行政组织最基本的构成要素,是行政活动的直接参与者与发起者,他们的观念、行为决定行政发展的性质、方向。行政目标的实现要依靠具体的行政行为,而行政行为最终要落实在行政人员身上。行政行为在行政决策、领导风格方面要做到科学化、规范化、法制化和民主化。在行政监督方面,行政人员要做到自我监督,批评与自我批评,自上而下地监督。要建立一支高素质的公务员队伍,专业知识要不断加强,道德素质也要不断提升,保持正确的观念与价值判断;根据机构职能体系及时调整机构人员素质结构,完善公务员制度,把好进口,畅通出口,加强管理,培养优秀人才。

(四) 行政技术发展

步入21世纪,科学技术取得了突飞猛进的发展,特别是信息技术的发展为行政发展提供了有力的技术支持。行政发展要重视科技成果在行政实践中的运用,用新的行政技术代替旧的行政技术,更新换代。比如运用办公自动化技术淘汰原先手工式的文书和档案工作,优化了工作方式,提高了行政效率;信息技术的采用加快了行政管理中信息的收集、传递、存储和反馈的速度,减少沟通层次,使行政组织结构趋于简化;行政技术的发展能使行政组织成员的素质提高,自觉规范自己的行为,从而使行政组织结构规范化。此外,行政技术的发展在行政组织决策、考核和评估工作中都奠定了坚实的物质基础。

(五) 行政文化发展

行政文化是指与行政管理相关的文化,它是行政人员共有的、非正式的信念、价值观,它是行政思想、行政制度和行政心理通过文化社会化形成的。文化为行政发展提供智力支持与道德约束,稳定或者变革行政体系,是行政管理之魂。良好的行政文化有利于增强组织的凝聚力,保证行政行为的合道德性,维持行政组织的有序运行。不同的文化背景下,行政文化有所不同。我们要在中国特色社会主义历史进程中,汲取中国传统行政文化精华,同时借鉴外国优秀行政文化元素,兼收并蓄,塑造有中国特色的行政文化。发展参与型行政文化,行政主客体形成良性互动,积极参与而非消极应付,一来可以监督行政主体,又可以激发行政客体的能动性;发展服务型行政文化,行政主体应全心全意为人民服务,当好人民的仆人,而不是高高在上的权力占有者,应摒弃"官本位"思想,树立公仆意识,发扬奉献精神;发展注重效益的行政文化,要求行政人员在行政活动过程中,不仅要降低行政成本,而且要注重效率与质量,运用现代办公技术,提高行政效益。

三、行政发展的基本特征

(一) 行政发展的目标性

行政发展是行政主体带有意识判断、具体目的能动活动的结果。任何行政活动都是在一定的目标指导下进行的,行政目标指导和规范行政活动的进行。行政目标应根据社会环境的变化及时调整,使其适应社会的发展。行政目标可设立长期目标与近期目标、综合目标与分目标,不同层次的目标之间构成一个目标体系。

（二）行政发展的进步性

事物是不断运动变化发展的,发展的方向是向前的,尽管在发展的过程中出现这样那样的曲折反复,但总的趋势是向前的、进步的。行政发展的发展方向要与社会发展目标一致,虽然在发展过程中要付出一定的代价,但是行政的发展最终要能符合人们的利益。

（三）行政发展的多元性

行政发展要以一定的社会历史条件为基础。由于各国的历史背景、经济社会发展水平不同,文化沉淀各异,人口素质、基本国情之间的差异决定了各国行政发展的道路、起点和发展方式的多元化。发展中国家的经济水平、政治制度化程度都比较低,他们在吸收西方发达国家的行政发展的经验时,不能全盘照搬,要取其精华、去其糟粕,要根据本国具体实情来吸纳其精华。

（四）行政发展的整体性

行政发展要与社会发展的方向一致,不能就行政发展而行政发展;行政发展要立足本国具体实情,结合社会发展需要。发展不是一味盲目地追求国民经济的增长,发展是要公平与效率兼顾,稳定物价,增加就业,缩小贫富差距。发展是社会各种利益之间的平衡、各种价值观的综合。行政发展是整个行政系统的发展,行政系统由各个子系统构成,各要素相互依存,各个子系统相互支持,行政发展不是单个系统的发展,而是整个行政系统的整体推进。

四、我国行政发展的目标模式

社会利益主体在追求自身利益的同时对政府提出了新的要求,要求建立参与的、法治的、开放的和服务的政府,形成行政发展的外在压力;在此压力下,政府自身,尤其是权力中心为维持政府的合法性,提高民众对政府的信任度,也对自身提出了新的要求,要求建立廉洁高效的政府,形成行政发展的内在动力。在这一基于社会利益结构分化基础上的外在压力和内在动力的合力作用下,与传统的行政体制相比较而言,我国的行政发展将包含以下五个主要方面的转变。

（一）由等级型向参与型转变

我国传统计划经济体制在行政体制中衍生出较浓厚的等级色彩。行政系统中等级森严,个人的人格权威往往高于其职务权威,"官大一级压死人"的现象比较普遍;上下级行政组织之间也存在类似现象。行政管理过程充斥着上行下效、唯命是从、只对人不对事的思维和行为倾向。这一传统造成了我国行政管理无的放矢、盲目指挥、高成本、低效率的现状。社会利益结构分化使利益主体形成了强烈的主体意识和利益意识,要求实现行政管理的科学化和高效化,以现代化的决策模式和执行手段为社会提供服务。这就要求充分发挥行政系统内部一般行政人员和低级行政机关以及社会组织的积极性、主动性和创造性,参与行政决策的制定和执行过程。

（二）由人治型向法治型转变

我国传统行政体制中与等级观念紧密相联的是人治观念。"政府本位"、"官本位"观念和"官大学问大"的观念结合在一起，更强化了这种人治传统。其必然结果是导致行政管理中的经验主义倾向和"人情风"盛行。经验主义扼杀了行政创新，助长了官僚主义；人情风置原则于不顾，混淆了公私界限。人治传统反过来又强化了"官本位"色彩，以致有法不依、执法不严的现象普遍存在，腐败现象也因之日趋严重。市场经济的勃兴和利益结构的分化为法治型行政体制的确立提供了契机，要求政府在保持合理的自律机制的同时，注重发挥以健全法制、依法行政为核心的他律机制的制约作用。

（三）由集权型向分权型转变

计划体制在政治上的集中表现就是中央高度集权。行政体制中的集权传统主要体现在中央向地方高度集权。在其影响下，我国的行政系统不可避免地产生了行政角色错位、行政功能失调以及行政边界模糊等诸多问题，严重束缚了行政发展的深入进行。同时，集权性质的行政体制也难以充分调动地方的积极性、主动性和创造性，致使资源配置不够合理，经济发展畸形失序。社会利益结构分化使利益主体与政府之间的关系带有某种自愿契约的性质，地方政府为谋求本地居民的政治支持，倾向于寻找发展经济与提供服务的最佳结合点。它们在不断增强其公共精神和服务意识的同时，必然要求中央政府在更大程度上的放权、分权。

（四）由扩张型向自律型转变

我国行政组织的过度膨胀是人所共知的事实，表现为机构的膨胀和人员的增加。这种扩张伴随着公共管理事务的增多，有其必然性的一面。但我国行政组织扩张如此之快，在世界各国都是少见的。据统计，新中国成立之初我国的官民比例是1：600，而当前是1：34，增长了17倍。行政事业费开支也远远高于同期财政收入增长速度。行政机构和人员的膨胀，使国家行政管理费用急剧增加，加重了社会的负担。随着社会利益主体利益意识的增强，国家与社会在利益博弈过程中的优势已愈来愈不明显，愈来愈难以维持行政费用支出。鉴于此，我国有必要建立廉价政府，在行政体制中增强自律成分，形成行政系统的一种动态平衡机制，避免自身的盲目膨胀。

（五）由封闭型向开放型转变

与根深蒂固的小农经济相联系，我国传统行政体制的封闭性、保守性和排外性非常明显，主要表现为部门主义和地方主义。行政系统中各部门、各地方各自为政、条块分割，致力于追求本部门、本地方利益的最大化，而不是以国家的整体利益为重。同时，行政系统也很少与社会其他系统交流，行政管理缺乏必要的信度和效度。由于社会利益结构的分化，社会系统的异质性空前增加，有关社会系统运行信息的种类和数量就空前地增多了，相应地就要求行政系统内部各组成部分统筹协调、互相配合，克服各种形式的部门主义和地方主义，而且还要与外部系统加强联系、扩大交流、协调发展。在行政发展上，要用普遍主义取代保护主义，用进取外向的开放意识取代故步自封、画地为牢的封闭意识。

第二节 行政发展的力场分析

一、行政发展的动力

行政发展是在一定社会历史基础上进行的对行政系统的否定与扬弃。根据里格斯的行政生态学理论,行政系统要受到自然与人类文化环境的影响,所以,行政发展的动力既来自行政系统外部,又来自行政系统内部。弗里蒙特·E.卡斯特和詹姆斯·罗森茨韦克认为:"组织必然地要进行变革,因为组织是一个不断地与其环境发生作用的开放系统。""促使其变革的动力可能来自外部或内部的刺激源。"[①]组织发展变革的动力来源于环境、目标、价值、技术、结构、社会心理和管理等6个方面。[②]

(一)行政发展的外部动力

行政发展要与社会的发展需要相适应。行政发展的外部动力包括行政系统所处的政治环境、经济环境、文化传统。这些因素推动行政系统的发展。

一国的政治环境决定了行政系统的性质、组织结构、职能设置、权力配置、指导思想。行政系统是政治系统的一个有机组成部分,政治系统赋予行政系统以行政权力执行政治机构所确定的路线、方针、政策。执政党为了更好地贯彻执行自己既定的政策纲领,获得社会各界的信任与支持,需要根据社会对行政发展的需求,推动行政发展。

经济环境是影响一个国家公共行政的第一因子,一个国家的行政体制基本上是由该国的经济结构所决定的。经济基础决定上层建筑,行政作为政治上层建筑,它由经济基础决定并服务于经济。经济环境要求行政体制要与经济体制协调一致,行政职能的设置要促进经济发展,经济环境的变化推动政治行政系统的发展。

一国的文化传统也影响着行政系统的发展,文化传统影响着行政系统的运行方式与行政价值观。文化传统通过社会化内化为社会成员的价值观、思想情感、办事态度。文化主要是通过影响行政主客体的行为进而达到影响行政系统的目的。随着市场经济的发展,市场主体的独立意识、自主意识增强,要求营造一个平等、公正、规范的环境进行竞争。在这种文化影响下,要求行政系统为促进经济进步创造一个公平竞争、规范有序的环境。在美国,根植于美国人心中的主权在民、天赋人权、人生而平等等观念,要求政府行政机构只对人民负责,如果美国的官员行为不符合"公仆"要求,将会受到来自公众的指责。

行政系统的发展要与政治体制、经济体制相一致,它是为了维护、发展这些制度而存在的。这些因素直接或者间接地影响行政系统,并且不断变化,要求行政系统为了适应这些变化而不断作出调整。

---

① [美]弗莱蒙特·E.卡斯特、詹姆斯·E.罗森茨韦克:《组织与管理——系统方法与权变方法》(第四版),傅严、李柱流等译,中国社会科学出版社,2000年版,第760页。

② [美]弗里蒙特·E.卡斯特、詹姆斯·E.罗森茨韦克:《组织与管理——系统方法与权变方法》(第四版),傅严、李柱流等译,中国社会科学出版社,2000年版,第760~770页。

(二) 行政系统的内部动力

1. 价值观与目标

行政主体都是在一定的价值判断与一定的目标指导下进行行政活动的。行政系统都会设立一定的目标。为了实现既定的目标，系统内各组织或成员为了适应工作的需要，会导致组织结构、人员数量、办事方式的改变。例如，随着社会的发展，政府面临的事务日益繁多，政府部门为了处理这些事务，通过自我完善和调节，扩充职能，扩张组织体系。从传统公共行政的效率中心主义，到新公共管理的经济与技术理性，再到新公共服务的"服务"内涵，这些价值观的变化都影响着行政系统的管理方式和工作态度。

2. 办公技术的发展

行政系统办公离不开具体的设备。办公自动化、信息技术的采用能畅通地沟通网络，减少行政机构层次，便于信息的传递与反馈，使得金字塔式的组织结构扁平化，提高行政效率。这就使得公务员工作形式发生改变，能在有限的时间里处理较多的工作任务，办公效率大为提高。管理层次减少意味着管理幅度的增大，信息技术的应用提供了多样的沟通渠道，方便了各部门之间的联系与合作。但也会带来一些问题，它会增加行政系统组织与领导的难度。

3. 公务员的情感态度

公务员群体也有自己的利益需求。根据马斯洛需求层次理论，将人的需求分为五种：生理需求、安全需求、情感和归属需求、尊重需要、自我实现的需要。公务员的利益需求既包括最低层次的生理需求，如工资报酬，也有较高层的需求，如职位的升迁，工作得到肯定。如果这些利益需求得不到满足，会在很大程度上影响公务员的思想、情感态度、工作的积极性，从而失去行政发展的内驱动力。

4. 管理者的职能

巴纳德认为，在组织中，领导者的职能就好像相对于身体其余部分的，包括大脑在内的神经系统一样。神经系统指挥着身体的各种活动，以使身体更有效地适应于环境，维持生存。[1] 他将管理人的职能归为三项：建立和维持信息交流的体系，促成组织成员提供必要的服务，规定组织的目标。福莱特认为，组织中的领导者应该能纵览全局，能够将情境与特定的目标和政策联系起来，能够保证由一种情境演变到另一种情境，能够懂得如何从一种情境过渡到另一种情境，能够为自己的团体尽心尽力，懂得如何调动人的积极性，知道怎样集思广益，能够从整体上把握最基本的经验，还能够对整个组织内在的关联性一目了然，并且能够说明命令与情境是统一的人。[2] 一个行政系统的管理方法是否正确，管理理念是否先进，都会在一定程度上使得行政系统获得或大或小的发展。政策的实施，需要得到管理者的推动与支持，好的管理方法与管理理念能使组织结构更加合理，从而推动行政发展。

---

[1] [美]巴纳德：《经理人员的职能》，孙耀君译，中国社会科学出版社，1997年版，第170页。
[2] 丁煌：《西方行政学说史》，武汉大学出版社，1999年版，第140页。

二、行政发展的阻力

(一) 利益障碍

从行政系统外部来说,改革开放以来,社会主义市场经济得到高速发展,市场经济主体多元化,社会分工不断细化,社会结构不断分化,市场主体的自我意识增强,代表着不同利益的社会团体不断增多,他们为了实现和维护自己的利益,参与政治决策,表达自己的利益需求。由于市场主体的多元性,决定了每个市场主体的利益需求不同,在这种情况下,就会出现利益冲突与矛盾,利益关系需要协调。"社团变成一个'媒介',通过它的作用,许多特殊的利益都可以从公民转迁到政府。"[①]这就是说社会各个阶层、各个利益团体通过社团向政府施加压力,影响行政。利益表达的不同,对政策的支持与参与的态度就不同,甚至阻碍政策的实施,这在相当大的程度上不利于行政发展。

行政系统内部也有着复杂的利益关系。行政领导既要维护党和国家的利益,又要维护人民群众的利益,党和国家的利益在根本上和人民群众的利益是一致的,但是行政领导者又处于具体的局部小团体中,当党和国家的利益不符合他的小团体利益时,就会阻碍国家政策的实施,损害党和国家、人民群众的利益。行政领导者作为理性人,在他所处的小团体中作为私人角色,也有自己的利益需求,当局部利益与他个人的利益冲突时,他会从维护自身利益出发阻碍行政系统的运转。

(二) 观念障碍

有什么样的观念态度就会有什么样的行为、情感。守旧观念与激进观念都不利于行政发展,这两种观念都是非理性的。守旧心理对行政系统的调整会持抵制态度,因为在长时间的工作中他对他的职业形成了职业认同,行政系统的调整会引起人际关系、组织结构的变化,原有安全感的消失会使他抵制行政系统的调整。行政发展要用理性观念来指导,如科学发展观。

(三) 制度障碍

威尔逊指出:"公共行政就是公法的明细而系统的执行活动。一部法律的每一次具体事实都是一种行政行为","我们的理想模式是通过某种方式建立一个有文化教养和自立精神的文官制度,它完全能够有理智有力量地开展活动"。[②] 西蒙认为制度是一种准则与约束,用来制约或激励组织成员行为,并具有预见性。可见,行政系统的运转要靠制度来支持,行政行为要靠制度来规范,行政系统要依法行政。行政系统内部监督机制与约束制度的缺乏与制度得不到贯彻执行都会阻碍行政发展。制度制定不实施,制度成为摆设,行政行为得不到规范,会产生不利于行政发展的行为倾向。行政系统制度的设立具有约束作用,但不应以惩罚为目的,而要鼓励与惩罚并举,共同促进行政发展。

对于行政发展的动力要加以好好利用,使其朝着有利于行政发展的方向发展,如果利

---

① [美]里格斯:《行政生态学》,金耀基译,商务印书馆(台湾),1978年版,第14页。
② 彭和平、竹立家等编译:《国外公共行政理论精选》,中共中央党校出版社,1997年版,第22~23页。

用不当就会转化为对立面,变为行政发展阻力。对于阻力,要积极创造条件,使它们转化为动力,为行政发展服务。

三、行政发展的成本

行政发展在强化动力和克服阻力的过程中需要付出成本。我国当前行政发展的特殊性,决定了投入成本的两种基本形式:一般成本和特殊成本。各国在其行政发展过程中都必须支付一般成本,包括模式成本和过程成本;我国转型期的行政发展还需要支付特殊成本,它具有非自然进程性、二元对立性、示范效应性、频度集中性等特征,包括政治成本、学习成本和时间成本。

(一) 行政发展的一般成本

撇开不同国家以及同一国家的不同发展时期在政治、经济、社会、文化等方面的差异,就一般意义而言,行政发展的成本包括模式成本和过程成本。模式成本是指为构建和实施一种新的行政体制模式而付出的成本,也称实施成本;过程成本是指在实现行政体制模式转换过程中为克服和消除各种阻力而付出的成本,也称摩擦成本。

1. 模式成本

首先是规划设计、组织实施的成本。行政发展是用新的行政规则和活动方式替代旧的行政规则和活动方式,因而需要对新的规则按照一定的程序组织实施,使之获得通过和正式建立起来,并开始投入运行。这个过程中直接和间接发生的一切费用,都构成行政发展的模式成本。其次是清除旧模式的成本。行政发展的模式转换需要对旧体制中不合理的成分予以清理。如随着社会的发展,有一部分政府职能相对萎缩,承担这些职能的行政组织需要拆撤或合并;另一部分政府职能相对强化,或需要政府履行新的职能,又会带来行政组织的扩张或重建。与此同时,这一过程还伴随着人员的精简、分流和培训。这些都需要付出一定的成本。再次是模式转换造成的损失。从某些时点上看,发展时期产生的损失可能比保持旧体制还要大。这是因为旧体制造成的信号扭曲等问题还没有解决,发展过程中新旧体制各自发出的信号相互冲突,人们不适应新体制、缺乏有关新体制的知识等原因会造成行政—社会沟通中更大的紊乱。最后是随机成本。行政发展具有较大的不确定性,发展过程中可能会遇到许多不可控因素的影响。尤其是政治事件,会使发展的风险激增,从而加大发展成本,甚至使这一成本达到极限,使行政发展无法进行。

2. 过程成本

行政发展作为人们之间利益关系的一种改变,总会有一部分人的利益要受到绝对或相对的损害,也就必然地要受到一部分人的抵触和反对。他们因为自己在行政发展中的利益将受到绝对或相对的损害而反对这种发展,或是在整体上反对,或是在许多具体的问题上反对,并且会采取实际的行动制造种种障碍,导致实际的成本发生。这种由"发展阻力"而引起的成本有多种形式。首先是一部分人为了不使自己的利益受损,千方百计阻挡行政发展的进程,为发展设置重重障碍,迫使社会浪费大量的时间进行关于要不要发展的争议,从而延误发展的有利时机、延长旧体制的寿命,不能及时地使行政效率有所提高,造成资源的浪费。其次,行政发展过程中,会遇到来自既得利益者各种各样的抵抗,造成种种损失。小的抵抗会使政策变形、政令不通;大的抵抗会导致社会不稳定,出现社会危机。再次是种种形式的旧体制"复辟"。任何一种体制"复辟"或发展过程中的"曲折"所造成的经济资源的浪费都是一个不可忽视的数量(如某些政府机构"分了又合、合了又分"过程中产生的资源浪费)。最后,为了克服发展阻力而进行的各种形式的劝说、赎买或补偿所耗费的时间和金钱,也应算作行政发展的一种成本支出,只不过在这种补偿费用与其他因反对发展而造成的损失之间,存在着一种颇为复杂的替代关系。比如,补偿增加,其他损失可能减少。

(二) 我国行政发展的特殊成本

我国行政发展的特殊成本特指我国当前转型期的行政发展需额外付出的成本,具有一定程度的特殊性。这种特殊性蕴含在其主要特征和主要构成方面。

1. 我国行政发展成本的主要特征

1) 非自然进程性

我国转型期行政发展的主要特征表现为"非自然进程性"。所谓非自然进程性,即指我国的行政体制并非呈现为同质的行政体制的连续过程,而是在实行了相当长时期的计划体制,且这种体制在行政—社会生活的各个层面已根深蒂固,只是这种体制对社会发展已失去动力,将"人为地"选择另一种适应市场经济的新的行政体制来为社会发展提供动力。问题在于带有很强计划特征的行政体制被舍弃后,它的种种显性制度与隐性制度的因素和影响还会相对独立存在,在新的制度中还会若隐若现地表现出来。克服旧行政体制的制度惯性作用,要支付相当大的成本,而这种成本也具有明显的非自然进程的特征。

2) 二元对立性

20世纪80年代以来,西方国家的行政发展注入了市场化的内容,注重建立"企业家政府"。这种新的行政范式试图把企业经营管理的一些成功方法借鉴到政府管理中来,使政府这类公共组织能如私人企业那样有效配置资源,注重投入-产出比较,提高行政效能。它掌舵而不是划桨,注重引入竞争机制,重视"顾客意识",是一种参与型分权治理模式。[①] 这种现代因素被借鉴到我国转型期的行政发展中,不可避免地与"官本位"的传统因素发生矛盾,从而导致这种二元对立的复杂化,提高了转型期行政发展的成本。

3) 示范效应性

西方国家行政发展所取得的成绩不可避免地对我国转型期的行政发展产生了一些示范作用,其中的一些积极价值成为我国推进行政发展的动力和压力。但是另一方面,这种示范效应也给我国当前的行政发展带来了许多消极影响,引发了许多错误选择,造成了许多浪费和损失。事实上,根本就不存在纯粹的西方的行政发展模式。欧美国家的行政发展模式多种多样,各国迈向行政现代化的道路不同,实现的具体步骤和策略不同,从而为我们提供了各种各样的经验教训,我们可以借鉴,但不可照搬。

4) 频度集中性

典型的"自然进程"的行政体制的确立,时间长达数百年。在如此绵长的历史时期中,这种体制的确立在一个时段内一般只解决一个重大问题或应付一项危机,在历史的序列

---

① 丁煌:《西方行政学说史》,武汉大学出版社,1999年版,第414~427页。

中是依次解决诸多的重大问题和克服各种危机的。从而,这种体制确立的成本是非集中支付的。相对于漫长的历史进程,其频度是较为稀疏的。但我国当前的"非自然进程"行政体制的确立,却要用短得多的时间来建构。那么,在这一建构过程中,诸种重大问题和各种危机不是依次而是共时性地出现,被挤压在比较短的时间内予以克服和解决。因此,我国转型期行政发展的成本,是一种频度相当集中的支出。

2. 我国行政发展成本的主要构成

1) 政治成本

在转型期行政发展过程中,传统意识形态对行政与政治关系认识上的一元化倾向,严重制约了行政发展。在今后的发展过程中,我们必须支付为克服行政体制的政治化倾向的成本。在我国,构建行政与政治的二元化关系,淡化行政体制的意识形态政治化倾向,绝非一朝一夕之功,恐怕还要付出相当大的理论成本和新体制的实践成本。

2) 学习成本

我国转型期的行政发展还面临着新体制意识形态普遍缺乏的困扰,因此为新体制确立而支付一定的学习和动员组织成本是必要的。新体制意识形态普遍缺乏表现在以下两方面。①行政理论的准备不足。我国在相当长的时期内与国际流行的现代和当代行政学理论几乎处于绝缘状态。当我国转型期行政发展的实践已经启动时,与之相适应的现代行政理论显得相形见绌。即便随之我们引入了极为丰富的现代行政理论,但一方面有一个理解、吸收的过程,另一方面并非把它们简单、直接地植入中国的新体制中即告成功。如何将这些理论舶来品本土化,使之契合我国的市场取向的行政体制的确立和运行,恐怕是更为困难的任务。②公众的新体制观念准备不足。当市场取向的行政体制作为一种现实发生于转型期时,在典型市场经济国家中已经融入人们日常生活行为的市场经济观念,在我国还远未成为人们行为的前提。我国市场取向的行政发展过程中,一方面有一个真正学懂弄通现代行政理论的问题;另一方面,由于其强烈的"非自然进程"的特性,缺乏上述必要的思想观念铺垫,因此必须有一个公众"后天"学习的不可逾越的过程。这种学习一方面可以通过一定形式的社会动员与组织来使之强化,另一方面可通过主体在行政—社会生活中的亲历性,在实践中习得。当然,这两种形式的学习都是要支付成本的。

3) 时间成本

在我国转型期的行政发展进程中,我们不得不支付较为高昂的时间成本。①新体制明确确立的时间成本。我国转型期的行政发展在其初始点就已经隐含对计划取向的否定。但囿于既有的理论思维定式,在发展的初始点便明确地否定计划取向显然是不现实的。这期间,一些时间成本是必须支付的,但某些在目标取向上的迂回反复则拖延了新体制明确确立的时间。②公众对新体制的适应期成本。一种新的行政体制在被实施的初始阶段或其后的运行区间中,往往并不能达到体制运行效率最优。因为并非新体制一经启动,公众行为便与新体制运行并行不悖。公众的心理、行为必然与新体制有一个磨合期。因此,要使新的行政体制运行的效率最优,必须支付一个适应期成本。③计划体制惯性和影响的弱化期成本。计划体制在我国有过长期的运行区间,虽然在新体制目标被确立后,计划体制作为一种既有的制度已经终结,但其惯性与影响在行政—社会生活中仍会若隐若现,有时甚至是强烈地释放出它的作用。这种作用对新体制的强化和确立形成逆向制约,只能在新体制确立的时间流程中逐步予以弱化。

第三节 行政发展的价值导向

一、公共行政价值导向的演变

从威尔逊的《行政学研究》发表以来，公共行政学的发展已有百余年历史。期间，公共行政研究和实践先后出现了传统公共行政、新公共行政、新公共管理、新公共服务等主要的理论流派，提出的公共行政价值导向对行政发展具有重要影响。

(一) 传统公共行政

19世纪末20世纪初到第二次世界大战期间，自由资本主义向垄断资本主义过渡，高效率的政府成为时代发展的要求，原有的管理方法已不适应管理的要求。在此背景下，公共行政学应运而生。威尔逊主张政治与行政二分，应把行政管理作为一门独立的学科进行研究。随后，古德诺的《政治与行政》一书更为明确地提出"政治是国家意志的表现，行政是国家意志的执行"，从而使政治与行政二分法得以确立。以泰勒为代表的科学管理学派，以提高组织效率为目的，主张建议标准化、规范化的工作方式和管理方法。韦伯的官僚制"纯粹从技术上看可以达到最高的完善程度，在所有这些意义上是实施统治形式上最合理的形式"①。传统公共行政强调效率中心主义，追求一种工具理性，而忽视了价值理性。在这种价值追求下，公共行政学的民主价值色彩明显式微，更多的是追求一种工具理性，即强化效率在公共行政目标体系中的地位。

(二) 新公共行政

20世纪40年代开始，政府权力膨胀，行政效率低下，官僚主义严重，腐败层出不穷，政府公信力下降，学者们在对传统公共行政的"效率中心主义"反思的基础上创立了新公共行政理论。新公共行政理论认为，"实现以较少的投入换取较大的产出即经济和效率目标固然是公共行政的价值追求和目标之一，但决不是其核心价值，更不是唯一的价值准则和终极目标。公共行政的核心价值在于社会公平，在于促进公民社会所拥有的、以社会公平为核心的基本价值。"②弗雷德里克森等学者主张"公共行政组织通过'了解'和理想情境沟通对话来促使公共行政与其服务对象——人民产生诚挚的互动，以通过增加对其广大民众的需求作出积极反应来抵消传统公共行政理论下的无效率观，引导社会价值，进而实现公共行政的民主责任与义务"③。

(三) 新公共管理

20世纪80年代末，西方国家出现财政危机与信任危机的困境。在这个背景下，西方

---
① [德]马克斯·韦伯：《经济与社会》，林远荣译，商务印书馆，1998年版，第248页。
② 丁煌：《西方行政学说史》，武汉大学出版社，1999年版，第340页。
③ 丁煌：《西方行政学说史》，武汉大学出版社，1999年版，第338页。

国家兴起了政府再造运动,主张把企业管理方法引入政府,实质上是基于实证社会科学的经济理论,它的人性假设是"经济人"或自利的决策人,主导其价值的是技术和经济理性。在该理论的影响下,新公共管理的伦理要求集中体现为"掌舵",即政府充当催化剂,强烈推崇市场经济机制,以致对公共服务主体的社会公信力造成冲击,使公共政策在实践中受阻,无法贯彻落实。其把3E(经济、效率、效益)作为核心价值,虽然增强了公民的自主意识,但是造成的后果是损害了社会公平、平等价值观,政府的公信力受到冲击,合法性基础动摇。

(四)新公共服务

21世纪90年代后期,以美国亚利桑那州立大学著名公共行政学家罗伯特·B.登哈特为代表的一批公共行政学者通过反思和批判新公共管理理论而形成的新公共服务理论起源于民主理论,其倡导的伦理要求是"服务",即公共行政主体通过协调公民和社区团体的利益关系,科学界定公共服务的产权结构,营建共同的价值观。新公共服务更加注重民主价值、公民权和公共利益,主要关心公共服务质量的提高,公共组织不应该、也不必像企业那样来管理,它应该像民主政府那样来管理[①]。它既注重公共部门公共服务的提供,又主张引进私营部门的管理方法,注重服务质量的提高。

二、我国行政发展的价值导向

"价值是公共行政的灵魂"[②],行政活动的进行都凝聚着一定的价值理念,并将这种价值理念贯穿行政活动的始终。这种价值理念应当符合公共预期,有利于公共利益的实现,有利于推动社会政治、经济、文化等方面全面协调共进。借鉴国外公共行政的基本价值理念,形成我国行政发展的价值导向,用以指导我国行政发展实践,是当前我国行政管理理论和实践迫切需要解决的问题。

(一)服务型政府

我国是一个社会主义国家,应该秉持全心全意为人民服务的理念来推动行政发展,立党为公,执政为民。随着社会主义市场经济的不断发展,公民的自主意识得到增强,公民的需求逐渐多元化和个性化,原有的政府管理方式和行政体制不能很好地满足公民对公共服务的需求。在此背景下,我国政府应该对政府职能重新进行定位,实现从"全能政府"向"有限政府"转变,从"管制政府"向"服务政府"转变,重新审视自身的价值观,政府应该站在公众的立场考虑问题,树立人民公仆意识,政府应为公众、社会服务而存在、运行和发展。政府部门除了切实履行自身的职责与义务外,还应当适当放权于社会,放权于社会第三部门,通过社会组织来提供公共服务,以更好地满足公众的需求。

(二)廉洁政府

"执政党的最大危险就是腐败。这个问题解决不好,政权的性质就可能改变,就会'人

---

① [美]珍妮·V.登哈特、罗伯特·B.登哈特:《新公共服务:服务,而不是掌舵》,丁煌译,中国人民大学出版社,2004年版,第1页。

② [美]乔治·弗雷德里克森:《公共行政的精神》,张成福等译,中国人民大学出版社,2003年版,第142页。

亡政息'"。温家宝总理在国务院2012年第五次廉政工作会议上的讲话,措辞之严厉、口气之强硬、决心之坚决,为当前反腐倡廉工作敲响了警钟。"人亡政息"绝非"小题大做",而是向全党传达出一种时刻保持清醒头脑、随时居安思危的理念。坚决惩治和有效预防腐败,已成为我们党在新的历史时期面临的一个极为严峻的重大问题。政府的权力来自于人民,政府代人民行使国家权力,政府机关应做到廉洁奉公、勤政为民,要完善法律机制与监督机制,预防和惩治腐败,加强社会监督与做好自我监督。能否建立一个廉洁的政府系统,直接关系到我国社会转型的进程,关系人心向背和党的生死存亡,关乎党的合法性基础问题,关系到国家的长治久安。

(三)更加关注公平正义

正义是合乎全体社会成员共同利益的道理、原则和标准,是人类群体生活所不可缺少的伦理精神和道德原则的最直接表述。① 公平是一种行为指令和评价标准,对个人、团体、政府起引导、规范作用,表现为人民对某种社会秩序的渴望。② 公平正义是一种价值追求,是一种社会理想,是一种对现实的渴望。公平正义最终目的在于建立一个均衡合理的有序社会,从古代的"等贵贱,均贫富"到罗尔斯"作为公平的正义"都反映了对公平正义的渴望。在我国经济社会转型时期,伴随着许多前所未有的矛盾、冲突,如果处理不好,将会影响国家的长治久安,影响到和谐社会的建设。行政发展担负着公众的价值诉求与期望,政府一切职能的行使都要把追求公平正义作为最终的目标,通过制度安排、政策调节等手段,保证每个公民平等发展的机遇与条件,均衡公共利益在不同群体中的分配,保障公民基本的权利,维护社会公平正义,解决矛盾,建立一个良序社会。

(四)法治与德治的结合

依法治国就是人民群众在党和国家的领导下,按照宪法和法律的规定,管理国家事务、经济文化事务和社会事务,保障国家各项事务都有法可依。依法治国,作为一种治国理政的方式,它的作用大于人的作用,它具有稳定性、可预期性。政府官员运用法治思维,就会促进法治实践,法治实践为廉洁政府建设、维护社会公平正义提供保障。在我国社会经济转型时期,各种矛盾、冲突的解决与克服需要法律来支持,良好的秩序需要法律来维护。法治作为一种价值追求,是我国政治体制改革的核心价值。政府部门应依法行政,使法律成为行政活动的行为准则。鉴于法律的上述作用,要不断完善行政管理的民主化、科学化、规范化的立法,加强行政监督与问责制度建设,保障人民监督政府的权利得到落实,依法化解社会矛盾,维护社会稳定。如果没有法律的保障,行政发展的服务价值取向、廉洁政府建设、公平正义价值取向的发展将举步维艰。

法治要与德治相结合,人的行为是受思想支配的,在对人的行为进行"硬控制"的同时,还应加强"软控制"。道德是情绪、感觉、情感、内在强制力的结果,而不是基于理性或深思熟虑的结果。要吸收我国传统道德中的精华,以德育人,从而使人们自觉地约束自己的行为,把德治作为法治的一种重要的补充。法治与德治的结合将共同保障行政发展的服务导向、廉洁政府建设、公平正义价值取向的发展。

---

① 张康之、李传军:《行政伦理学教程》,中国人民大学出版社,2004年版,第50页。
② 张康之、李传军:《行政伦理学教程》,中国人民大学出版社,2004年版,第60页。

第四节 行政发展的未来模式

20世纪后期,由于政府规模过大、效率低、财政压力大、社会问题的不可治理性等问题,使人们开始反思传统的科层官僚制。我国改革开放以来,经济建设虽然取得举世瞩目的成就,但同时出现了贫富差距的不断扩大、社会保障体系的不完善、就业和住房等社会问题,再加上频频发生的自然灾害,政府已不能用传统的治理方法来解决这些问题。随着人类进入"全球风险社会",危机时有发生,虽然政府针对风险建立相关的危机预警机制应对危机的发生,但是危机并不是固定的,世界银行于1989年首次提出"治理危机"的概念,自此以后,治理理论逐渐兴起,西方政治学家、政治社会学家希望通过不断丰富和完善治理理论以提高政府治理水平。合作治理日益成为当代行政发展的基本模式。

一、合作治理

治理理论的主要创始人之一詹姆斯·罗西瑙在《没有政府的治理》一书中,把治理界定为一系列活动领域里的管理机制,是一种由共同目标支持的管理活动。这些管理活动未必获得正式授权,主体也未必是政府,也无须依靠国家的强制力量来实现,却能有效地发挥作用。[1] 詹姆斯·罗西瑙认为治理是一种在共同机制的规范下实现治理目标的活动,他并不是将政府排除在所有的治理活动之外,但是他富有创造性地提出有些治理活动是可以脱离政府的,并且治理效果会更好,谁参与治理不重要,重要的是要提高治理成效。

罗伯特·罗茨认为:治理意味着统治的含义有了变化,意味着一种新的统治过程,意味着有序统治的条件已经不同于以前,或是以新的方法来统治社会。[2] 他认为治理理论包括多种含义,其中有:作为最小国家的管理活动的治理,它指的是国家削减公共开支,以最小的成本取得最大的效益;作为善治的治理,它指的是强调效率、法治、责任的公共服务。

国内学者张康之教授认为,综合历史的发展,如果从公共利益的原点出发去思考社会治理的问题,就会合乎逻辑地得出结论,包括政府和一切社会自治性力量在内的公共组织,都应当是服务于公共利益的,它们应当在维护和增进公共利益的共同目标下开展广泛的合作,共同去营建合作治理的治理模式。[3] 毛寿龙教授指出:治理是指政府对公共事务进行治理,它掌舵而不划桨,不直接介入公共事务,只介入于负责统治的政治与负责具体事务的管理之间,它是对于以韦伯的官僚制理论为基础的传统行政的替代,意味着新公共行政或者新公共管理的诞生。[4] 俞可平教授则认为,治理一词的基本含义是指官方的或民间的公共管理组织在一个既定的范围内运用公共权威维持秩序,满足公众的需要。[5]

从以上学者们的观点中可以看出,要提高治理水平,取得治理的理想效果,就得适当分权,把一部分权力下放给其他治理主体,提高他们的自主性,政府与其他组织进行协商

---

[1] [美]詹姆斯·罗西瑙:《没有政府的治理》,剑桥大学出版社,1995年版,第5页。
[2] [英]罗伯特·罗茨:《新的治理:没有政府的管理》,载《马克思主义与现实》,1999年第5期。
[3] 张康之:《行政伦理的观念与视野》,中国人民大学出版社,2008年版,第350~351页。
[4] 毛寿龙:《西方政府的治道变革》,中国人民大学出版社,1998年版。
[5] 俞可平:《全球治理引论》,载《政治学(人大复印报刊资料)》,2002年第3期。

沟通，实现对社会的合作治理。

所谓合作治理，是指在处理公共事务时，就其治理主体来说，由政府组织与民营企业、非营利组织、社会组织以及公众组织等第三部门，通过一定的制度安排，采用一定的手段和方式合作管理，通过社会契约的形式，达成"双赢"的目的。合作治理强调治理主体的多元性、协调性，目的与责任的明确性，方式的多样性，是一种基于共同参与、共同出力、共同安排、共同主事等互动关系的伙伴情谊的治理形式。它主张通过持续的互动式行动来实现公共利益目标一致条件下的利益整合，强调的是构建一个公民社会，在政策执行的过程中，不只是由上而下的专家指导和政府全能，更希望由公民、非政府组织（NGO）共同参与制定政策，借此形成与政府间的相互对话，实现共识的凝集。①

实现合作治理并不是要否定政府在治理中的角色，而是在治理中，政府不再是唯一的权力中心，政府与第三部门之间是平等互惠的合作伙伴关系，政府与其他社会组织之间多向互动，相得益彰而又各尽其责，共同承担起治理的任务，增进公共利益。

二、合作治理的条件与困境

我国当前社会经济高速发展，加上我国处于经济体制与政治体制转轨的关键时期，公众的自主意识复苏并得到发展，参政意识高涨，利益主体、价值观念多元，利益关系复杂，正如中共十七大报告所言"人们思想活动的独立性、选择性、多变性、差异性明显增强，同时社会结构、社会组织形式、社会利益格局发生深刻变化"。这就为第三部门的发展提供了条件，截至2011年第一季度，我国第三部门数已达到44.72万个，其中基金会2243个。第三部门的飞速发展为合作治理主体奠定基础。其次，市场经济得到高速发展，而社会发展滞后，带来了一系列的公共问题，大量的公共事务使得政府不再是万能的，政府精力有限，特别是在我们这样疆域辽阔、人口众多的国家。这就使得政府与第三部门之间产生一种相互依赖关系，如果不采取新的治理方式，只会加剧社会矛盾，积累社会风险。为了解决这些矛盾，平衡社会差距，实行合作治理势在必行。

第三部门是指独立于政府组织与营利组织之外的非营利性组织，包括各类社团、学会、行业协会、基金会、民办非企业事业单位。政府部门与第三部门进行合作治理，能有效地促进社会经济的发展。首先第三部门能从事政府与市场不愿做或者做不了的事情，弥补社会发展的空白，比如说扶贫救灾，环境保护，等等。其次，它在一些长期由政府掌管的区域内比政府做得更有效率，比如一些培训教育。最后，它能更好地了解公众的个性化需求，提供优质的公共服务，提供一定的就业岗位，分流富余劳动力。第三部门虽然能有效地利用人力物力与自然资源有力地支持社会主义现代化建设，但也存在一些问题。

（一）第三部门自主性较差，依附性较强

民间组织发展依然受到既有制度框架的极大约束。社会团体的组建与获得合法地位，在很大程度上取决于国家的意愿。② 我国第三部门的成立要得到政府部门的批准，要符合国家的法律制度，它的宗旨、目标和运行规则必须与党中央保持一致，这是它组织成

---

① 陈世伟：《政府与NGO信任关系研究——以"合作式治理"模式为视角》，载《江西社会科学》，2008年第11期。
② 顾昕、王旭、严洁：《公民社会与国家的协同发展》，载《开放时代》，2006年第5期。

立的前提,资金来源方面也依赖于政府,"官办"色彩浓厚。第三部门应由民间组织自发成立,但是许多第三部门由政府部门派生机构组成,常常扮演"政府助理"的角色,显得不伦不类,这种与政府部门"剪不断、理还乱"的关系,使得第三部门的优势难以发挥。

(二)第三部门法律规范不健全,监管不力

我国的第三部门受到来自政府的监管,制定了与第三部门相关的法律制度,这些为后来 NGO 的发展起到了很大的推动作用。但是这些法律条文都过于陈旧,内容抽象,操作性不强,特别是近年来大量中介组织的出现,使得原有的相关法律制度难以适应新形势的要求。NGO 登记取得合法地位后,管理松弛,它的活动脱离了政府的视线,出现了在财产处置和非营利性行为方面的失范行为,使得其发展受到阻碍。

(三)管理水平低,民众基础弱

我国 NGO 的发展历史并不长,在计划经济体制下,他们完全被行政化,公民社团意识并不强,对 NGO 缺乏足够的认识,在农村甚至见不到非政府组织的影子。另外,第三部门的资金来源缺乏必要的支持,以及资金的使用与管制机制不健全,导致部分第三部门组织打着公益的旗帜大肆敛财,大大降低了公众对第三部门的公信力。

三、合作治理的保障机制

合作治理是在变革以往政府单一公共服务提供主体的前提下进行的,职能的转变意味着权力的再次分配,需要将现有的政府权力部分转移到市场,因此诸多模式的运作必然会遇到许多阻力及来自政府本身和对模式前景的担忧,如:认为合作治理的基础的建立不可靠及合作治理中公共权力和社会活力的替代不现实等。当然,这些担忧是必然的,任何变革都是尝试,都有风险。模式的运作只有建立在一系列的保障机制的前提下,才能减小其风险性,真正实现其高效运作。

(一)提升政府的主导地位,规范合作的市场秩序

首先,传统的管理是以资源稀缺性为理论基础,注重政府对资源的控制。随着信息化、网络化和全球化浪潮的到来,人本思想将成为新经济时代真正的管理思想。作为合作治理的主导者,政府应当强化其治理的主导地位,重视人才的培养与知识、技术的创新,为合作治理的进行创造良好的经济环境。

其次,在合作中,政府最大的功能就是进行正式的制度设计,并促进制度的实施,在法律与法规上,健全社会保障机制,降低私营企业和非营利性民间组织进驻政府公共服务领域的门槛,细化准入机制,为合作的进行奠定良好的制度基础。我们都非常清楚,目前政府针对非营利性组织的法律法规的建设还很不完善,缺乏制度的保障与严格的自律和他律机制,制度和现实的严重不协调会导致非营利性组织的扭曲发展。同时,在和政府合作处理公共事务过程中,针对其治理范围与治理权限都需要一系列的法律法规来保障,可见只有在制定和完善法律制度的前提下,合作治理才能更加健康地发展,公共服务的质量才能从根本上得到提高。

最后,合作治理需要政府和第三部门的共同努力,因此,培养和发展符合社会需要的

第三部门是合作的前提和重点。作为居于主导地位的政府,应当以"同辈中的长者"的身份,给有竞争实力的第三部门创造更多更好的机会,放宽合作准入机制,提供良好的经济保障和社会福利制度,解决合作中第三部门的后顾之忧,为合作治理的进行提供良好的市场主体环境。

(二)细化合作主体间的权限,明确治理中的责任机制

在传统管理中,政府作为单一的公共服务提供主体,权责很难对等,甚至在公共服务过程中,出现大量浪费公共资源的现象。将公共服务职能转交给第三部门后更应注重权限的划分和责任的明确。由于市场经济的本质是追求利润的最大化,利益也是市场经济体制下每个主体决策的出发点。在此基础上,第三部门往往会忽视社会责任和社会公共效益,只盲目地追求自身的经济利益。

政府职能部分转交后,政府应当细化合作中政府和第三部门之间的权限。政府职能部分转移给第三部门,不等于第三部门可以干涉政府的其他公共事务,同时在合作中,政府也不应当干涉第三部门具体的合法的公共服务执行方式。政府同样应当承担合作治理中的主导责任,这不等于权责的分离,而是政府主导合作治理下政府权力的延伸,只有这样才能在有效地促进第三部门健康发展的同时,防止政府利用职权,在出现问题后以"甩包袱"的手段推卸责任,进一步保障合作的进行。

(三)强化合作中的监督与调控机制,构建多主体网络监督体系

所谓监督,"监者,临下也,领也,察也,视也。督者,监察也"。是指对决策实施情况的检查和评价,其包括行政监督、法制监督和社会监督等。调控,即对组织内外部环境的调节和控制,使组织保持平衡稳定。

由于合作中第三部门的行为容易受利益的驱使而偏离公共利益,为自己牟利,不管是在制度上还是具体执行中,合作治理的进行既需要政府内部的行政监督、社会与法制的监督,同时也需要政府对第三部门的行政监督与调控。另外,政府在公共服务政策制定与公共服务提供的过程中,难免会出现诸多纰漏,随着第三部门的发展壮大与参与政府公共服务的推进,人们对政府在公共服务方面的问题也有了进一步的认识,因此,政府也需要第三部门和社会的监督。只有在这种多主体网络监督体系中,监督才能发挥它最大的效能。

多主体网络监督的作用在于以下方面。首先,监督是实现政府职能管理的重要环节与手段,绝对的权力导致绝对的腐败,缺乏监督的政府等于无政府。因此,在提供公共服务的过程中,必要的监督有利于保障权为民所用。其次,有效的监督与调控机制能提高政府和第三部门的工作效率,高效的工作也是实现治理目标的有效途径。最后,政府对第三部门的有效监督与调控能进一步明确合作双方的权责关系,给第三部门在执行公共服务过程中出现的诸多问题提供合理的建议和有效的解决途径,促进第三部门的良性发展。

(四)落实合作中的公共承诺和信任机制

公共承诺机制即在合作的同时,强化双方承诺的行为,承诺将道德与法律联系起来,使承诺双方在注重道德行为的同时,也明确其自身的法律责任。

20世纪以来,在行政管理实践中,中外很多地方政府和服务部门大力推行服务承诺机制或社会承诺机制,如英国布莱尔政府时期推行的社会承诺机制,新加坡政府推行的社会服务承诺机制。在中国,以公开办事标准、公共承诺自律为主要内容的社会服务承诺机制在实践中也取得了显著成效,政务运行的透明度提高了,行政行为规范了,干部的事业

心、责任心增强了,服务质量、办事效率和依法行政的水平提高了,政府的形象也改善了,党群关系进一步密切了。应该说是当前促进党风廉政建设、塑造政府新形象的一个极好举措。① 这也是承诺机制在社会治理中的恰当描述。公共承诺机制是服务型政府实现服务理念的良好途径,是消除公共产品中"搭便车"和"看门人"现象的有效手段,它将促进公共责任的恢复和合作主体间信任度的提高。

  公共事务的处理,首先要加强政府与第三部门的公共承诺机制,同时也要促进政府对第三部门的信任的提高。信任也是合作的基础与保障,没有信任就没有保障。尽管现阶段我国的私营企业、非营利性组织发展还很不完善,但政府应当给予其更多的信任与支持。

  "合作式治理"在公共事务中的实践并非想要取代国家政权中心而成为一种优势典范,其主要目的是在政府对资源权威分配的优势之外,提供另一种根植于人性的参与、关怀、信任与集群性的备择通道,重建以公民资格为基础的公民社会。Tam 指出公私包容的合作式治理旨在解决包括"共同价值与相互责任感"的相互依赖问题,"只有通过这种追求维护共同价值的共同责任,才能确保追求个人目标而不至于影响社会的共同价值"②。这种公共承诺与信任机制的完善也正是促进合作式治理模式推行的基础与动力。

复习思考题

1. 什么是行政发展?它有哪些基本特征?
2. 行政发展的主要内容有哪些?你认为其目标模式是什么?
3. 行政发展的动力和阻力有哪些?如何理解行政发展的成本?
4. 我国现阶段的行政发展应遵循哪些价值导向?
5. 合作治理对实现行政发展有何意义?如何推进?

经典案例

广东行政体制改革观察:公务员改革破除官本位③

  30多年前的改革开放在广东起步,20年前邓小平南方谈话在广东发出坚持改革的强音。如今改革进入深水区,继经济体制改革之后,历来以"敢为天下先"著称的广东在行政体制改革方面再次担当起先锋角色,为全国的行政管理体制改革和政府角色转换投石问路,并提供了鲜明而重要的实践经验。

  2009年,深圳、佛山顺德、广州先后启动大部制改革。其中深圳31个政府部门调整为16个"委"、"局"、"办",精简幅度近1/3;顺德41个部门精简至16个大部,精简幅度接近2/3。2009年3月省委、省政府印发《广东省人民政府机构改革方案》,新一轮行政管理体制改革正式拉开帷幕。随后深圳、佛山顺德、广州先后启动大部制改革,而不同地区的改革又因地制宜,各具特色,为不同地区的改革摸索经验。

---

  ① 张建华:《推行社会服务承诺制,塑造政府新形象》,载《地方政府管理》,1998年第3期。
  ② Tam Henry. Communitarians: A New Agenda for Politics and Citizenship [M]. New York: New York University Press,1998.
  ③ 节选自王卫国、黄庆杏:《广东行政体制改革观察:公务员改革破除官本位》,载《南方都市报》,2012年5月5日,略有改动。

其中,深圳大部制改革以"行政三分"为主线,产业管理、规划国土、文体旅游、交通、城市管理、人居环境等部门都调整为大部制,31个政府部门调整为16个"委"、"局"、"办",精简幅度近1/3。改革后,政府部门中的"委"是决策机构,"局"是执行机构,"办"是办事机构,这就将决策权、执行权、监督权分开,形成了对权力的制衡与监督。

为了破解行政体制改革带来的公务员编制难题,2010年2月,深圳市政府常务会议通过了《深圳市行政机关公务员分类管理改革实施方案》,将深圳市公务员队伍分为综合管理类、行政执法类和专业技术类公务员三个类别。其中执法类和专业技术类公务员将不再走传统意义上的官员晋升通道,而是另有一套职级评价体系。

据统计,深圳有2.4万名来自公安、规划、国土、税务、城管等10个部门的执法人员,被归为"行政执法类"公务员,而气象局气象预报、信息网络人员归类为"专业技术类"公务员,两者之和约占深圳公务员总数的七成。这两类公务员是根据工作年限和工作业绩来进行考评,随着职级的上升,公务员同样能获得良好的薪资待遇,不用再千军万马过独木桥去争官职。

2008年新一轮政府机构改革以来,广东积极创新行政管理体制和社会管理体制,大力推进行政审批制度改革,着力转变政府职能。据统计,2008年以来,广东省政府共取消和调整行政审批事项570项,并向地级以上市下放107项行政审批事项。

朱小丹强调,广东的行政审批制度改革必须突出三个字:"减",包括取消审批、压缩审批;"放",把该由下一级审批的权限下放,县一级、镇一级、面向基层;"转",不该由政府管的,应该由有资质的社会组织承担管理职能。

广东省社科院科研处处长丁力教授认为,现有的既得利益格局还没有被触动。"为什么政府抓权,为什么不肯放,很简单就是因为背后有利益。我深深感到政府部门放权的痛苦,目前官员在这方面还缺乏改革的动力。"他呼吁广东的改革要拿出更多的勇气来。

【案例思考题】
1. 结合案例,谈谈行政审批制度改革的本质。
2. 从大部制改革到简政放权,改革面临的最大的阻力是什么?

善治:通往幸福之路[①]

个人的幸福与尊严,是人类一直追求的永恒价值。在中国,这类价值过去更多地体现在学者的论述和人们的理想中,很少体现在政府的行动计划中。但是近年来,特别是自从温家宝总理在2010年年初郑重提出,政府的责任就是"要让人民生活得更加幸福,更有尊严"之后,许多地方政府纷纷推出了各种各样的"幸福计划",发布了一系列的"幸福指数"。建设一个"幸福社会"、"幸福城市"、"幸福社区"被一些地方政府正式列入了当地的社会经济和政治发展规划。由此就提出了这样一个重要的政治哲学问题:政府应当对人民的幸福承担何种责任?毫无疑问,在现代社会中,政府应当对人民的幸福生活负有重大的责任。政府对人民所承担的责任是一个开放的概念,在不同的时期和不同的国家这种责任可以有极大的不同。我认为,在全球化时代,政府对人民的幸福所承担的基本责任就是实现善治。

[①] 俞可平:《善治:通往幸福之路》,2011年1月1日,http://www.21cbh.com/HTML/2011-1-1/zNMDAwMDIxNDAzNw.html,略有改动。

一、什么是善治

一般认为,幸福是个人在需求和欲望得到满足时产生的愉悦感。从根本上说,个人是幸福的主体,幸福应当是一种个人的主观体验。任何人都不能替代别人的幸福体验,任何政府或组织也同样不能取代公民的幸福体验。幸福不能"被代表"。然而,人们产生并实现其各自的需求和欲望却通常要受到客观现实条件的制约,政府正是通过创造、提供或取消个人的外部条件直接或间接地决定和影响人们的幸福。正如罗素所指出的那样,人们的幸福与社会制度和个人心理相关,我们需要通过改造社会来增进人类的幸福。政府之所以对人民的幸福生活负有不可推卸的责任,是因为人们的幸福生活所必需的某些基本条件,只能由政府来提供。简单地说,在当今世界,政府应当为公民的幸福生活提供的最重要的条件就是善治。

我把善治界定为公共利益最大化的公共管理。善治是政府与公民对社会公共生活的共同管理,是国家与公民社会的良好合作,是两者关系的最佳状态。

善治有10个要素:①合法性,即政治秩序和公共权威被自觉认可和服从的性质和状态;②法治,即法律成为公共政治管理的最高准则,在法律面前人人平等;③透明性,即政治信息的公开性;④责任,即管理者应当对其自己的行为担负基本的公共责任;⑤回应,即公共管理人员和管理机构对公民的要求作出及时的和负责的反应;⑥有效,即管理的效率;⑦参与,既指公民的政治参与,也包括公民对其他社会生活的参与;⑧稳定,意味着国内的和平、生活的有序、居民的安全、公民的团结、公共政策的连贯等;⑨廉洁,主要是指政府官员奉公守法,清明廉洁,不以权谋私,公职人员不以自己的职权寻租;⑩公正,指不同性别、阶层、种族、文化程度、宗教和政治信仰的公民在政治权利和经济权利上的平等。

二、善治与幸福

近一个时期内,中国国内忽然出现了许多关于居民幸福感的调查和城市幸福程度的测评。这些调查和评估表明,公民的幸福程度与政府的治理有着极其密切的关系。因此,无论从哲学的角度还是从日常生活的角度看,善治事关人民的幸福,它集中体现了政府对人民幸福应当提供的必要条件和应当承担的责任。

第一,政府责任与人民幸福。在全球化时代,政府责任的清单中应当增加醒目的一条,即如温家宝总理所说的"让人民生活得更加幸福,更有尊严"。为公民的幸福生活创造外部条件,努力让公民有更大的幸福感,应当是政府义不容辞的责任。建设责任政府已经成为世界各国的共同目标。什么是责任政府?责任政府就是政府要对人民负责,对人民的幸福生活负责。进而言之,要建立一系列的制度和机制,要保证政府履行对人民幸福生活的承诺和责任。如果政府失职,没有履行应当履行的责任,没有兑现自己的承诺,应当有制度追究失职官员和政府的责任。公民的幸福指数,应当成为评价政府民主治理的一个重要指标。

第二,经济发展与人民幸福。人民群众的物质生活水平,是其幸福生活的基础条件。正如亚当·斯密所说:如果一个社会中的大部分成员贫穷而又悲惨,这个社会就谈不上繁荣幸福。没有必要的经济收入和财产,幸福生活就无从谈起。俗话说,"钱不是万能的,但没有钱是万万不能的"。要使人民群众过上一种富足的生活,就要大力发展经济,就要转变经济增长的方式,改善民生。这就与政府的发展战略直接相关,在中国尤其如此。发展是硬道理,无论是发达国家还是发展中国家,经济发展仍然是政府的核心任务。但是,发展应当是政治、经济、文化、社会和生态的协调发展。仅有经济增长,没有社会的全面发展,不仅不可能有人民的幸福生活,甚至可能会破坏生态环境,造成社会不公,从而给社会带来灾难,给人民造成痛苦。

参考文献

[1] 夏书章.行政管理学[M].4版.北京:高等教育出版社,2008.
[2] 夏书章,王乐夫,陈瑞莲.行政管理学[M].广州:中山大学出版社,2008.
[3] 张康之,李传军.公共行政学[M].北京:北京大学出版社,2007.
[4] 张康之,李传军.行政伦理学教程[M].北京:中国人民大学出版社,2004.
[5] 张康之.行政伦理的观念与视野[M].北京:中国人民大学出版社,2008.
[6] 张康之.寻找公共行政的伦理视角[M].北京:中国人民大学出版社,2002.
[7] 张成福,党秀云.公共管理学[M].北京:中国人民大学出版社,2001.
[8] 丁煌.行政管理学[M].北京:首都经济贸易大学出版社,2009.
[9] 李文良.中国政府职能转变问题报告[M].北京:中国发展出版社,2003.
[10] 杜创国.政府职能转变论纲[M].北京:中央编译出版社,2008.
[11] 吴爱民,沈荣华,王立平,等.服务型政府职能体系[M].北京:人民出版社,2009.
[12] 吴爱明,王淑清.国外电子政务[M].太原:山西人民出版社,2004.
[13] 曹闻民.政府职能论[M].北京:人民出版社,2008.
[14] 郭咸刚.西方管理思想史[M].北京:管理经济出版社,2002.
[15] 唐兴霖.公共行政学:历史与思想[M].广州:中山大学出版社,2000.
[16] 席巧娟,吴铁榜,王武岭.中国行政学[M].北京:北京理工大学出版社,2004.
[17] 张国庆.行政管理学概论[M].北京:北京大学出版社,2006.
[18] 张国庆.公共行政学[M].北京:北京大学出版社,2007.
[19] 丁煌.西方行政学说史(修订版)[M].武汉:武汉大学出版社,2009.
[20] 尹钢,梁丽芝.行政组织学[M].北京:北京大学出版社,2011.
[21] 朱立言.领导科学与艺术[M].北京:中国人事出版社,2008.
[22] 王之璋.协调论[M].上海:上海社会科学院出版社,1995.
[23] 杨文士,张雁.管理学原理[M].北京:中国人民大学出版社,2003.
[24] 李成言.现代行政领导学[M].北京:北京大学出版社,1997.
[25] 李德志.人事行政学[M].北京:高等教育出版社,2006.
[26] 刘俊生.公共人事制度[M].北京:中国人民大学出版社,2009.
[27] 郭小聪.行政管理学[M].北京:中国人民大学出版社,2008.
[28] 李景鹏.权力政治学[M].哈尔滨:黑龙江教育出版社,1995.
[29] 吴春华.行政管理学[M].天津:南开大学出版社,2008.
[30] 应松年.行政管理学[M].北京:首都师范大学出版社,1990.

[31] 应松年,马庆钰.公共行政学[M].北京:中国方正出版社,2004.

[32] 张永桃.行政管理学[M].北京:高等教育出版社,2003.

[33] 蔡立辉.电子政务:信息时代的政府再造[M].北京:中国社会科学出版社,2006.

[34] 汪向东,姜奇平.电子政务行政生态学[M].北京:清华大学出版社,2007.

[35] 徐晓林,杨锐.电子政务[M].武汉:华中科技大学出版社,2009.

[36] 张锐昕.政府上网与行政管理[M].北京:中国大百科全书出版社,2003.

[37] 张锐昕.电子政府概论[M].2版.北京:中国人民大学出版社,2010.

[38] 周宏仁,唐铁汉.电子政务的理论与实践[M].北京:国家行政学院出版社,2002.

[39] 张强.美国联邦政府绩效评估研究[M].北京:人民出版社,2009.

[40] 刘旭涛.政府绩效管理:制度、战略与方法[M].北京:机械工业出版社,2003.

[41] 卓越.政府绩效管理概论[M].北京:清华大学出版社,2007.

[42] 王德高.公共管理学[M].武汉:武汉大学出版社,2005.

[43] 叶常林.公共管理学概论[M].北京:北京大学出版社,2005.

[44] 江美塘.制度变迁与行政发展[M].天津:天津人民出版社,2004.

[45] 彭国甫.中国行政管理新探[M].长沙:湖南人民出版社,2006.

[46] 卓越.行政发展研究[M].福州:福建人民出版社,2000.

[47] 叶春富.利益结构、行政发展及其相互关系[M].北京:社会科学文献出版社,2004.

[48] 沈业平,王骚.转型社会与行政发展[M].天津:南开大学出版社,2005.

[49] 毛寿龙.西方政府的治道变革[M].北京:中国人民大学出版社,1998.

[50] 金太军.电子政务与政府管理[M].北京:北京大学出版社.2005.

[51] 国外公共行政理论精选[M].彭和平,竹立家,等,编译.北京:中共中央党校出版社,1997.

[52] [美]哈罗德·孔茨,西里尔·奥康奈.管理学[M].中国人民大学工业经济系外国工业管理教研室,译校.贵阳:贵州人民出版社,1982.

[53] [美]史蒂文·海斯,理查德·卡尼.公共人事行政:问题与前景(影印本)[M].北京:北京大学出版社,2006.

[54] [美]怀特.行政学概论(中译本)[M].上海:商务印书馆,1947.

[55] [美]阿尔文·托夫勒.第三次浪潮[M].2版.朱志焱,译.北京:新华出版社,1996.

[56] [美]道格拉斯·霍姆斯.电子政务[M].詹俊峰,等,译.北京:机械工业出版社,2003.

[57] [美]J.佩帕德,P.罗兰.业务流程再造精要[M].高俊山,译.北京:中信出版社,2003.

[58] [美]简·芳汀.构建虚拟政府:信息技术与制度创新[M].邵国松,译.北京:中国人民大学出版社,2004.

[59] [美]拉塞尔·M.林登.无缝隙政府:公共部门再造指南[M].汪大海,等,译.北京:中国人民大学出版社,2002.

[60] [日]白井均,城野敬子,石井恭子,永田祐一.电子政府[M].陈云,等,译.上海:上海人民出版社,2004.

[61] [印]M.P.古普塔,普拉波哈特·库马,扎伊基特·布哈特塔卡亚.政府在线:机遇和挑战[M].李红兰,等,译.北京:北京大学出版社,2007.

[62] [英]安德鲁·查德威克.互联网政治学:国家、公民与新传播技术[M].任孟山,译.北京:华夏出版社,2010.

[63] [美]乔治·弗雷德里克森.公共行政的精神[M].张成福,等,译.北京:中国人民大学出版社,2003.

[64] [美]戴维·H.罗森布卢姆.公共行政学:管理、政治和法律的途径[M].5版.张成福,等,译.北京:中国人民大学出版社,2002.

[65] [美]威廉·F.韦斯特.控制官僚[M].张定淮,译.重庆:重庆出版社,2001.

[66] [美]特里·L.库珀.行政伦理学:实现行政责任的途径[M].张秀琴,译.北京:中国人民大学出版社,2001.

[67] [法]卢梭.社会契约论[M].何兆武,译.北京:商务印书馆,1980.

[68] [澳]欧文·E.休斯.公共管理导论[M].2版.彭和平,等,译.北京:中国人民大学出版社,2001.

[69] Terry L Cooper, Diane Yoder. Public Management Ethics in a Transnational World[J]. Public Integrity,2002(4):333-352.

[70] Foley Delores. We Want Your Input: Dilemmas of Citizen Participation. In Government Is Us:Public Administration in an Anti-Government Era[M]. edited by Cheryl Simrell King and Camilla Stivers,1998. 140-157. Thousand Oaks,CA: Sage Publications.

[71] [美]弗莱蒙特·E.卡斯特,詹姆斯·E.罗森茨韦克.组织与管理——系统方法与权变方法[M].4版.傅严、李柱流,等,译.北京:中国社会科学出版社,2000.

[72] [美]巴纳德.经理人员的职能[M].王永贵,译.北京:中国社会科学出版社,1997.

[73] [美]珍妮·V.登哈特,罗伯特·B.登哈特.新公共服务:服务,而不是掌舵[M].丁煌,译.北京:中国人民大学出版社,2004.

[74] [美]塞缪尔·亨廷顿.现代化——理论与历史经验的再探讨[M].罗荣渠,主编.上海:上海译文出版社,1993.

[75] [美]戴维·奥斯本,特德·盖布勒.改革政府——企业精神如何改革着公营部门[M].上海市政协编译组东方编译所,译.上海:上海译文出版社,1996.

[76] [美]蓝志勇.行政官僚与现代社会[M].广州:中山大学出版社,2003.

[77] [美]简·芳汀.构建虚拟政府:信息技术与制度创新[M].邵国松,译.北京:中国人民大学出版社,2004.

[78] [印]M.P.古普塔,普拉波哈特·库马,扎伊基特·布哈特塔卡亚.政府在线:机遇和挑战[M].李红兰,等,译.北京:北京大学出版社,2007.

教学支持说明

"全国普通高等院校公共管理类核心课程'十二五'归家精品教材"系华中科技大学出版社重点图书。

为了改善教学效果,提高教材的使用效率,满足高校授课教师的教学需求,本套教材备有与纸质教材配套的教学课件及相关教学资源。

为保证本教学课件及相关教学资料仅为教材使用者所得,我们将向使用本套教材的高校授课教师和学生免费赠送教学课件或者相关教学资料,烦请授课教师和学生通过电话、邮件或 QQ 号等方式与我们联系,获取"教学课件资源申请表"文档并认真准确填写"教学课件资源申请表"发给我们,我们的联系方式说明如下。

地址:湖北省武汉市东湖新技术开发区华工科技园华工园六路华中科技大学出版社有限责任公司营销中心

邮编:430223

邮箱:yingxiaoke2013@163.com

电话:027—81339688 转 502

课件咨询及服务 QQ:3098247382

华中出版课件服务 QQ 号:1669973496

教学课件资源申请表

填表时间：___年___月___日

以下内容请按实际情况写，以详尽、字迹清晰为盼，★为必填项，如方便请惠赐名片！

★教师姓名		★性别	□男□女	出生年月		★职务			
						★职称	□教授 □副教授 □讲师 □助教		
★学校				★院/系					
★教研室				★专业					
★办公电话		家庭电话				★移动电话			
★E-mail（请清晰填写）						★QQ号/微信号			
★联系地址						★邮编			
★现在主授课程情况				学生人数		教材所属出版社	教材满意度		
课程一							□满意	□一般	□不满意
课程二							□满意	□一般	□不满意
课程三							□满意	□一般	□不满意
其他							□满意	□一般	□不满意
教材出版信息									
方向一				□准备写	□写作中	□已成稿	□已出版待修订	□有讲义	
方向二				□准备写	□写作中	□已成稿	□已出版待修订	□有讲义	
方向三				□准备写	□写作中	□已成稿	□已出版待修订	□有讲义	

请教师认真填写表格下列内容，提供索取课件配套教材的相关信息，我社根据每位教师/学生填表信息的完整性、授课情况与索取课件的相关性，以及教材使用的情况赠送教材的配套课件及相关教学资源。

ISBN(书号)	书名	作者	索取课件简要说明	学生人数(如选作教材)
			□教学 □参考	
			□教学 □参考	

★您对我社的其他意见和建议：